일본 보수정치의 농촌사회적 기원

—농협·정부·집권당의 '농정 트라이앵글' 형성과 전개

일본 보수정치의 농촌사회적 기원 —농협·정부·집권당의 '농정 트라이앵글' 형성과 전개

초판 1쇄 인쇄 2015년 2월 17일
초판 1쇄 발행 2015년 2월 25일

지은이 이향철
펴낸이 정순구
기획 농협대학교 협동조합연구소
책임편집 정윤경
기획편집 조원식 조수정
디자인 에디하우스
마케팅 황주영

출력 블루엔
용지 한서지업사
인쇄 한영문화사
제본 우진제책사

펴낸곳 (주) 역사비평사
등록 제300-2007-139호 (2007.9.20)
주소 110-260 서울시 종로구 북촌로 46 - 2, 3층 (구주소 : 가회동 173번지)
전화 02-741-6123~5
팩스 02-741-6126
홈페이지 www.yukbi.com
이메일 yukbi@chol.com

ISBN 978-89-7696-752-7 94900
ISBN 978-89-7696-750-3 94900 (set)

농협대학교
협동조합총서

02

일본 보수정치의 농촌사회적 기원

— 농협·정부·집권당의 '농정 트라이앵글' 형성과 전개

이향철 지음

역사비평사

책머리에 _ 11

제1부 :: 협동조합의 동아시아적 전통의 형성

제1장　농민적 소상품 생산과 협동조합 유통구조의 확립
　　ㅡ나가노현의 '산업조합 확충운동'을 중심으로

1. 머리말 _ 24
2. 농민적 소상품 생산과 '산업조합 확충운동' _ 32
3. 농민적 소상품 생산과 협동조합 유통구조의 확립 _ 48
4. 협동조합 유통기구의 확립과 중소 상공업자의 반발 _ 69
5. 맺음말 _ 86

제2장　일본 농업협동조합법의 성립과정
　　ㅡ1945~1952년 미국 점령개혁 시기를 중심으로

1. 머리말 _ 90
2. 농회·산업조합·농업회의 전통과 일본적 협동조합 원리 _ 100
3. 점령 당국의 일본 농업단체 개혁 구상 _ 109
4. 농업협동조합법 제정을 둘러싼 점령 당국과 일본정부의 대립과 타협 _ 117
5. 맺음말 _ 136

제2부 :: 농정 '철의 트라이앵글' — 형성과 전개

제3장   농업단체재편성과 농업·농촌 부문에 대한 이익유도정책의 형성

1. 머리말 _ 150

2. 농지개혁 이후의 농업단체 세력판도 변화 _ 161

3. 농업단체재편성 문제의 전개와 귀결 _ 185

4. 맺음말 : 농업·농촌 부문에 대한 이익유도정책의 형성 _ 213

제4장   고도성장기 일본농촌의 사회경제구조 변화와 농업단체

1. 머리말 _ 221

2. 고도성장과 농촌사회구조의 변화 _ 231

3. 고도성장기 농업·농촌문제에 대한 인식과 농업기본법 _ 247

4. 농협 계통조직의 농정운동체제와 보수정치 _ 265

5. 맺음말 _ 280

제5장　일본농업의 국제화와 이해관계자의 대응

1. 머리말 _ 284
2. 농협 계통조직의 농정운동과 정치과정 참여 _ 290
3. 산업계·재계의 농정 비판과 국제화농정으로의 전환 _ 305
4. 맺음말 _ 323

제6장　쌀 수입관세화 전후의 쌀 유통구조 변화와 그 함의

1. 머리말 _ 328
2. 일본 쌀 유통구조의 역사적 변천 _ 331
3. 신식량법의 제도적 특징과 쌀 유통 _ 341
4. 신식량법체제 아래의 쌀 유통구조 변화 _ 350
5. 맺음말 _ 358

제3부 :: 농정 '철의 트라이앵글' 구조의 와해

제7장   일본농업의 정치구조 변화와 정권교체

1. 머리말 _ 364
2. 농촌사회구조의 변화와 농협 계통조직의 기반 침하 _ 370
3. 농가조합원의 이익 다원화와 농협 계통조직의 이완 _ 377
4. 선거구제 개편 및 농정 '철의 트라이앵글' 구조의 와해 _ 388
5. 맺음말 _ 395

글을 맺으며 _ 401

부록 : 참고문헌 _ 406 / 찾아보기 _ 423

표·그림 차례

〈표 1-1〉 나가노현 산업조합의 조합원 1가구당 사업실적 추이 _ 47

〈표 1-2〉 농가생산물 출하단체의 조직별 현황(1927) _ 49

〈표 1-3〉 소작미와 생산자미의 상품화 상황 _ 52

〈표 1-4〉 산업조합의 쌀 판매량 추이 _ 56

〈표 1-5〉 농업창고의 발달과 그 이용 상황 _ 58

〈표 1-6〉 나가노현 산업조합 차입금·예입금의 거래기관별 비율 _ 64

〈표 1-7〉 산업조합의 시나노은행에 대한 예입금(1931. 1. 10) _ 68

〈표 2-1〉 일본 농가의 구성 및 구조 변화 _ 92

〈표 4-1〉 고도성장기 농업취업인구와 농가 호수 추이 _ 237

〈표 4-2〉 농외 산업에 취업한 농가세대원 추이 _ 238

〈표 4-3〉 주요 내구소비재의 도농 간 보급률 추이 _ 246

〈표 5-1〉 농협저축의 원천별 내역 추이(1960~1994) _ 300

〈표 5-2〉 정부의 쌀 매입·판매 가격 및 식량관리회계 추이 _ 302

〈표 5-3〉 미국의 무역수지·경상수지 적자 및 대일 부문의 비율 _ 314

〈표 6-1〉 식량관리법과 신식량법 비교 _ 344

〈표 6-2〉 최소의무수입 쌀의 수급 현황 _ 346

〈표 6-3〉 쌀 소매 단계에서의 신구 제도 차이 _ 351

〈표 6-4〉 신식량법 시행 이후 쌀 소매업자 실태 _ 352

〈표 6-5〉 쌀 수입관세화 전후의 소비자 쌀 구입처 변화 _ 353

〈표 6-6〉 쌀 도매 단계에서의 신구 제도 차이 _ 354

〈표 6-7〉 쌀 도매업계의 재편 동향(1993~1999) _ 356

〈표 6-8〉 신식량법 아래 쌀 생산농가의 판매 의향(1997~1998) _ 357

〈표 7-1〉 일본의 지역별 농가인구 및 농촌 표 비율(2010) _ 372

〈표 7-2〉 도호쿠 지방 업계단체의 선거 대응(2010년 7월 참의원 선거) _ 387

〈그림 1-1〉 나가노현의 주민 생활권 단위 _ 43

〈그림 3-1〉 주요 농업보조입법 지정지역 _ 190

〈그림 4-1〉 고도성장기 일본의 5년 단위 평균 실질경제성장률 _ 232

〈그림 4-2〉 고도성장기 도농 간의 인구이동 _ 236

〈그림 4-3〉 고도성장기 벼농사 생산성 추이 _ 243

〈그림 4-4〉 농가와 근로자세대의 소득 및 가계비 비교 _ 245

〈그림 4-5〉 고도성장기 농촌지역 보수정당 지지율 추이 _ 269

〈그림 6-1〉 메이지기의 쌀 유통 체계도 _ 333

〈그림 6-2〉 식량관리제도 아래의 쌀 유통 체계도 _ 339

〈그림 6-3〉 신식량법 아래의 쌀 유통 체계도 _ 342

〈그림 6-4〉 최소의무수입 특례 조치와 쌀 수입관세화 개념도 _ 349

〈그림 7-1〉 국정선거 도농 1표 격차에 대한 최고재판소 판결 _ 374

〈그림 7-2〉 2009년 8월 중의원 총선거 민주당 소선거구 의석 획득률 _ 385

책머리에

일본 보수정치의 농촌사회적 기원

이 책은 세 가지의 얼굴을 가지고 있다. 농협 계통조직의 농정운동론, 농정을 둘러싼 농협·정부·집권당의 관계론, 그리고 농업·농촌의 정치론이 그것이다. 『일본 보수정치의 농촌사회적 기원─농협·정부·집권당의 '농정 트라이앵글' 형성과 전개』라는 다소 난해하고 딱딱하고 학구적인 제목을 붙인 것은 바로 이 때문이다. 쉬운 글이 가장 좋은 글이라는 것을 알면서도 제목부터 돌부리에 걸려 넘어진 모양새가 되어 독자에게 면목이 없다.

먼저 목차를 한번 훑어보면 금방 알 수 있듯이, 일본의 계통농협이 펼쳐온 농정운동이 역사를 굽이치며 파노라마처럼 전개되는 모습을 만날 수 있다. 농업생산과정에 흡착한 전근대적인 고리대금업자인 지주계층의 등쌀에 기를 펴지 못하던 농촌협동조합이 농업공황이라는 미증유의 위기 속에서 경작농민의 조직으로 우뚝 서고 유통합리화에 저항하는 상공업자들과 싸워나가는 장면을 보면서, 흙바람 속에서 농촌 현장을 지켜온 한국 농협운동 1세대는 아련한 상념에 잠기리라. 농지개혁 이후 새로운 민주농협의 주인공으로 거듭난 농가조합원이 도농 간의 소득격차 해소를 위해 대거 상경하여 쌀값 인상운동을 펼치거나 농산물시장개방 저지 투쟁을 벌이는 대목에서는 같이 불끈 주먹을 쥐고 연대를 표시하다가도, 근년 반목과 분열을 거듭하며 날로 그 사회적 비중이나 영향력이 약화되고 있는 계통농협과 농가조합원의 모습을 보면서는 가슴아파할지도 모른다.

본문 속으로 한 걸음 들어서면, 농협 계통조직, 집권여당, 정부가 농정을 둘러싸고 맺은 삼위일체적 결탁구조가 우여곡절을 겪으면서 장기간에 걸쳐 맞물려 돌아가는 모습을 확인할 수 있다. 저변에 농가조합원을 독점적으로 조직한 계통농협은 국정선거 등에서 자민당을 지지함으로써 안정적인 정권 재생산에 기여했다. 집권당은 그 대가로 쌀값을 위시한 주요 농산물의 가격 인상이나 각종 농업 보조금 배분 등을 통해 계통농협을 경유하여 농업·농촌 부문으로 물질적 이익을 유도했다. 농정 당국도 여기에 공조하여 농업 관련 예산을 안정적으로 확보하고 각종 인허가권을 전가의 보도처럼 휘두르며 영향력을 확대했다. 말하자면, 농업·농촌 부문의 경제적 가치보다 정치적 역할을 중시하여 재정투자를 확대하고 보호농정의 제도적 장치를 강구해온 일본형 공공정책의 무대가 다이내믹하게 펼쳐지고 있는 것이다.

끝으로, 본격적인 논의에 들어가면 이 책은 다시 한 번 농업·농촌의 정치 론으로서의 면모를 일신하게 된다. 경작농민과 농촌사회의 지배체제 확립을 둘러싸고 두 차례에 걸쳐 정부여당과 농협 계통조직이 벌인 농업단체재편성 문제가 그 시작이었다. 농촌민주화의 상징인 농협 계통조직을 약체화시키려는 정부여당의 시도는 광범한 국민적 저항에 부딪혀 좌절하고, 그 뒤 계통농협을 통해 농업·농촌 부문으로 물질적 이익을 유도하고 보수정당의 정권재생산을 담보하는 이익유도 정치의 기본구조가 확립되었다.

고도성장에 의한 사회모순의 심화로 지방정치무대를 중심으로 혁신세력이 득세하자, 자민당을 중심으로 하는 범보수세력은 농공 간의 소득격차 확대를 민주주의 사조와 양립할 수 없는 정치사회적 문제로 인식하고 소득 균형의 실현을 통해 사회적 긴장을 해소하는 것이 농업의 기본문제라는 인식을 공유했다. 아울러 농촌 지지기반의 약화에 상응해 도시지역의 중소 상공업자·회사원·전문직 종사자 등 이른바 '신중간계층'에게 적극적으로 파고들면서 '포괄정당'으로 변신을 시도했다. 지지기반 개편이 거의 마무리되는 1990년대 중반에 고비용 정치구조를 타파할 목적으로 도입된 소선거구제는 다시금 경작농민과 농촌사회를 저 '질풍노도의 정치' 속으로 내몰았다. 계통농협과 농가조합원의 이해관계 대립과 내부분열이 가속화되는 가운데 농업이익의 '수호천사'를 자처하던 자민당 농림의원들도 지역구 사정에 따라 분열되고, 결국은 중앙당의 하수인 혹은 대리인으로 전락해 지역구 농가조합원의 이익보호에 등을 돌리게 되었다. 2009년 8월의 역사적인 정권교체는 전국의 경작농민이 농업기반 그 자체를 파괴하는 자민당 농정에 반기를 들고 농업자 호별보상제도를 내세운 민주당 지지로 대거 돌아섰기 때문에 가능했다. 그렇다. 이 책은 그동안 정치분석의 대상에서 도외시되어온 농업·농촌의 창을 통해 본 매우 독창적인 일본정치론인 것이다.

가지 않은 길

이 책은 필자에게, 비유적인 표현을 빌리면, 고교시절 국어 교과서에 실려 있던 로버트 프로스트(Robert Frost, 1875~1963)의 시 〈가지 않은 길(The Road not Taken)〉이었고 "훗날을 위해 남겨놓은" 길이었다. 지금으로부터 25년 전 대망의 유학길에 올랐을 때, 필자는 이 책의 6장, 7장을 제외한 내용을 정리한 연구계획서를 제출하여 히토츠바시대학 경제학연구과 나카무라 마사노리(中村政則) 교수와 도쿄대학 법학정치학연구과 미타니 다이이치로(三谷太一郞) 교수 양측으로부터 입학허가서를 받고, 당시 이 분야 연구가 활발히 이루어지고 있던 나카무라 제미나르의 문하생이 되었다. 그러나 그 뒤 '제출한 연구계획서는 박사학위 취득 후에 혼자서 추진해보는 게 어떻겠느냐, 박사학위논문은 좀 더 원리적이고 근본적인 주제에 관해 연구하는 편이 좋을 것 같다'는 지도교수의 지적을 받고 일본 공업화 자금의 원천론으로 연구테마를 바꿈으로써 이 책의 과제는 결국 "가지 않은 길"이 되고 말았던 것이다.

귀국 이후 지도교수의 지적대로 "한참을 그렇게 바라보다가" "훗날을 위해 남겨놓은" "가지 않은 길"을 걷기로 스스로에게 다짐했다. 그러나 일단 작업을 시작하고 보니 한국연구재단과 같은 연구자 지원제도는 특정 주제에 관한 집중적인 글쓰기를 방해하고 체계적인 이론 구축을 원천적으로 불가능하게 하는 고약한 제도임을 알게 되었다. 연구비 수혜를 위해 과제공모의 트렌드를 쫓아 계획서를 작성하고 작업을 진행하다 보면 학문 연구의 세계적인 추세와 동떨어지고 일관성·체계성·관련성이 결여된 단편적인 결과물만 수북이 쌓이는 것이 비단 필자만의 경험은 아닐 것이다. 이런 식으로는 안 된다는 생각으로 이 책의 내용과 같은 자기 중심의 연구세계를 내보이면, 이번에는 "지금 무슨 농업문제냐", "중국이 부상하는데 하필 일본이냐", "농업의 정치구조라니 들어보지 못한 소리인데", "현재가 중요하지 옛날이야기가 무슨 의미 있어", "한국의 학문 발전에 무슨 도움이 될까" 등등, 본질과 관계없는, 듣기에 따라서는 인신공격성 핀잔 같은 반론이 돌아오기 일쑤였다. 그러나 필자는 연구자가 무슨 주제에 대해 어떻게 연구하든 그것이 엄격한 '동업자의 평가(peer review)'를 거친 자기완결적인 것이라면 그 나름 충분한 의미가 있고, 그것을 제대로 평가해주지 않는다면 학문 연구의 미래는 없다고 생각한다.

결국 이 책의 장절을 구성하는 저본(底本)의 논문은, 아무런 외부기관의 도움 없이, 연구주제에 시시콜콜 개입하지 않는 광운대학교 교내연구비의 지원만으로 빠듯하게 자료를 수집해가며 장기간에 걸쳐 써 모았다. 가장 오래된 제1장의 저본은 히토츠바시대학 박사과정 입학논문을 바탕으로 2001년에 발표한 것이고, 가장 새로운 제7장의 저본은 민주당으로의 정권 교체 이후 집필하여 2012년에 발표한 것이니 무려 10년 이상 걸린 셈이다. 물론 단행본으로 묶으면서 전체적으로 문장을 고쳐 쓰고 중복되거나 불필요한 부분은 들어내고 그 후의 연구성과나 자료 발굴로 새로이 알게 된 내용을 보완하여 저본의 형체조차 확인하기 힘들게 되었지만, 여기에 그 출처를 밝혀 책임소재를 분명히 하고자 한다.[1] 다만 아무리 단행본이라 해도 본래의 완결된 구조를 최대한 살려 어디에서 시작해도 의미가 통하고 일부 장절만 골라 읽어도 되도록 배려했기 때문에 그런 의미에서 중복되는 내용이 일부 있음에 미리 양해를 구해둔다.

---

1) 각 장의 저본은 다음과 같다. 제1장 「일본에 있어서의 농민적 소상품 생산과 유통구조의 확립—나가노현의 산업조합 확충운동을 중심으로」, 『한국협동조합연구』 제19집, 2001. 12; 제2장 「일본 농업협동조합법의 성립 및 제도 형성에 관한 연구」, 『한국협동조합연구』 제21집 제2호, 2003. 12; 제3장 「일본 농업단체재편성과 농업·농촌에 대한 이익유도정책의 형성」, 『한국협동조합연구』 제23집 제2호, 2006. 2; 제4장 「고도성장기 일본농촌의 정치경제 구조의 변화와 농업단체」, 『한국협동조합연구』 제26집 제1호, 2008. 8; 제5장 「농업의 국제화와 이해관계자의 대응에 관한 일고찰」, 『한국협동조합연구』 제27집 제2호, 2009. 12; 제6장 「쌀 수입관세화 이후 일본의 미곡유통구조 변화에 관한 고찰」, 『한국협동조합연구』 제22집 제2호, 2004. 12; 제7장 「일본농협의 정치구조 변화와 정권교체」, 『한국협동조합연구』 제30집 제1호, 2012. 1.

논의의 구성과 전개

이 책은 크게 세 부문으로 구성되어 있다. 1부는 '협동조합의 동아시아적 전통의 형성'(1~2장), 2부는 '농정 '철의 트라이앵글'—형성과 전개'(3~6장), 3부는 '농정 '철의 트라이앵글' 구조의 와해'(제7장)로 이름 붙였다. 전체적으로 다루고 있는 내용이 방대할 뿐만 아니라 분석의 시기와 대상도 넓기 때문에 앞으로의 장별 내용을 간단하게 요약·정리함으로써 전체 논의의 구성과 전개에 대한 이해를 돕고자 한다.

먼저, 제1장에서는 산업조합이라는 농촌협동조합이 명실 공히 경작농민의 조직으로 탈바꿈하여 농촌의 중추적 기관으로 자리 잡는 농업공황 아래의 '산업조합확충 5개년 계획'을 분석한다. 여기서 강조된 조직 방침은 산업조합의 주요 업태인 신용, 판매, 구매, 이용사업을 하나의 단위조합에 통합하여 경영하는 이른바 '4종 겸영'의 종합조합을 전국 행정촌락에 설치하는 것이었다. 나아가 전국의 농가를 빠짐없이 가입시키고 단위조합-현중앙회-전국중앙회로 이어지는 피라미드형 계통조직을 정비하여 농가조합원에 대한 통제를 강화하는 것이었다. 이로써 종합적인 사업경영, 속지주의적 조직 기반, 지역주민을 빠짐없이 조직한 조합원 구성의 망라주의, 농정의 하청기구, 체제 내 압력단체라는 일본형 협동조합의 원형이 거의 갖추어지게 된다. 이것은 이후 협동조합의 일본적 전통으로 형성되고, 역사의 우여곡절 속에 동아시아적 전통으로 확산되었다.

제2장에서는 농지개혁으로 창출된 자작농이 다시 소작농으로 전락하는 것을 막기 위한 합리적 보호장치로 등장했던 농업협동조합의 법률 제정 및 제도 창설 과정을 분석한다. 농지개혁 관련 법안은 연합군총사령부의 원안을 받아들여 4개월도 채 되지 않는 이례적으로 짧은 기간 내에 성립을 보았

다. 그러나 농업협동조합법의 경우 점령 당국이 제시한 "비농업세력을 배제한 민주적 농업단체 창설"이라는 총론에는 찬성했지만, 구체적인 형태를 어떻게 할 것인가 하는 각론에서는 점령이라는 특수 상황에도 불구하고 농업구조의 일본적 특징을 내세우며 집요할 정도로 점령 당국의 개혁안에 반론 및 대안을 제기하며 상당부분 일본 측의 구상을 관철시켜 나갔다. 자유·자주·민주를 조직 원리로 하는 농업협동조합운동은 애초에 '아시아태평양전쟁에 패배함으로써 얻어낸, 말하자면 패취(敗取)한 민주주의'를 농촌사회에서 지켜낼 수 있는가 하는 실험무대였지만, 식량집하와 공출을 위해 새로운 농업단체를 이용하거나 농업경영의 영세성과 복합영농이라는 구조적 특징을 들어 관료적 통제를 온존시키려 했던 점령 당국과 일본정부 양쪽의 의도가 복잡하게 얽히면서 당초 구상했던 조직 원리에서 크게 후퇴할 수밖에 없었다.

제3장에서는 일본이 국제사회에 복귀한 시기를 전후해 촉발되어 1955년 보수합동 이후까지 이어지는 두 차례의 농업단체재편성 문제를 분석한다. 당시 구(舊)지주세력이 강력히 포진하고 있던 집권보수당은 농지개혁에 끝까지 저항했을 뿐 아니라 자작농 창설 이후에도 새로운 헌법의 재산권 보호 조항을 근거로 정당한 보상을 요구하는 소송을 이어갔기 때문에, 경작농민들의 불신과 경계를 사고 이들을 조직한 농협 계통기관을 지지기반으로 포섭하는 데 한계가 있었다. 그런 가운데 농협 계통기관을 위시한 농업단체들이 하나같이 경영부진, 제도적 미비 등으로 식량 증산을 통한 자립농정의 확립이라는 국가적 과제를 감당하지 못하자, 이들을 통폐합하여 복고적인 행정·농회·산업조합 삼자정립 체제로 되돌려 효율적인 농정침투 및 농촌지배를 시도했다. 나아가 이런 구상은 최소비용으로 최대의 정치적 효과를 거두려는 보수당의 농촌지배체제 구축과 맞물려 농업협동조합으로부터 농

정지도사업을 박탈하고 신용사업을 분리하여 경제사업조직으로 순화하는 구상으로까지 발전했다. 이것은 결국 농촌민주화의 상징인 농업협동조합 그 자체를 공격하고 무력화하는 것으로 받아들여져 여론을 등에 업은 농협 계통기관의 맹렬한 반대운동을 만나 좌절했다. 이후 농협·정부·집권당 간에 이익분배 내지 이익유도를 골자로 하는 농정의 '철의 트라이앵글'이라는 유착구조를 형성하는 계기가 만들어졌다.

제4장에서는 20년 가까이 계속된 고도성장기의 농촌 정치사회구조 변화와 농협 계통조직의 관계를 분석한다. 일본의 고도성장은 농지개혁으로 창출된 600만의 영세 자작농가를 분해하여 청장년층을 중심으로 하는 양질의 농업노동력을 흡인하는 형태로 이루어졌다. 농촌의 과잉인구 해소는 유출농가의 경지를 잔존농가에 집중시켜 경작면적을 확대함으로써 농지개혁 과정에서 정치적 안정을 이유로 우선순위에서 밀려났던 '농업경영' 문제를 제기하는 동시에, 산업구조 및 취업구조의 변화에 따른 보수·혁신 정치지형의 지각변동을 초래할 가능성을 내포한 것이었다. 그것은 농업기본법 제정과정에서 각 정책주체의 힘겨루기로 표출되고 결국 어정쩡한 타협으로 마무리된다. 말하자면, 기본법농정은 영세 농가의 희생과 퇴출을 강요하는 경제합리주의의 '쓴 약'에 농업보호주의라는 '감미료'를 입힌 '당의정' 같은 것이었다. 그것마저도 세대주가 농지를 방출하지 않은 채 농외에 취업하는 겸업화가 진전되면서 두 차례 궤도수정 끝에 1980년대 중반 결정적으로 붕괴된다. 한편으로 국제적인 냉전체제가 국내정치에 투영되어 각각 농협 계통조직과 노동조합을 주축으로 하는 농촌지역과 도시지역의 대립으로 나타나고, 고도성장에 따른 농공 간 소득격차 확대는 오히려 농촌지역의 정치적 중요성을 증대시키는 결과를 가져왔다. 이에 자민당은 미가심의회에 대한 개입을 강화하여 쌀값 결정의 주도권을 장악함으로써 경작농민의 보호자를 자

처했고, 이러한 이익유도를 매개로 농협 계통조직에 수직적·수평적으로 조직된 경작농민의 에너지를 집표메커니즘을 통해 흡수하여 안정적인 정권재생산을 도모했다.

　제5장에서는 국내적으로 주요 농산물의 생산 과잉이 중요한 농정 현안으로 등장하고 국제적으로 농산물무역자유화의 급속한 진전에 따라 국내농업 정책의 조정이 이루어지는 1970~1980년대를 대상으로 일본농업의 정치구조를 분석한다. 이 시기에 일본은 공산품의 '집중호우식 수출'에 따라 대내외로부터 집중적인 농산물시장개방 압력을 받았다. 먼저 농업보호를 체제유지의 기회비용으로 받아들이고 있던 산업계·재계가 범보수세력 연대에서 이탈하여 농업 현안 비판 및 국제화농정 제언으로 돌아섰다. 그런 가운데 계통농협은 급격한 농가조합원 구성원의 이농에 따른 정치적 위상 저하에다 농가의 겸업화와 농촌의 혼주화에 따른 농업이익의 분화·다양화에 적절한 대응책을 마련하지 못한 채 계통농협의 경제사업을 지키기 위해 농가조합원의 이익을 희생시키는 형태로 스스로 쌀 생산 조정을 제안하며 적극적인 추진자를 자처하고 나섰다. 자민당 농림의원도 작목 간에, 혹은 같은 작목 내부에 산지 경쟁이 격화되어 이익유도의 성격과 내용도 분화되고 하나의 의원 집단으로서 농업보호자를 자처할 수 없게 되었다. 정부는 미국의 압력을 방패삼아 농협 계통조직이나 자민당 농촌 출신 국회의원의 저항을 무력화하고, 산업계·재계의 농정 제언에 맞추어 경제합리주의 국제화농정으로 전환했다. 고도성장기에 형성된 농업·농촌 부문에 대한 이익유도정책은 서서히, 그렇지만 확실하게 와해되었다.

　제6장에서는 WTO체제의 출범에 따른 쌀의 무역자유화, 그리고 그와 병행하여 이루어진 신식량법 시행에 의한 쌀의 유통자유화가 일본농업의 정치구조에 미친 영향을 분석한다. 우루과이라운드에서 쌀 수입자유화에 강경

하게 반대했던 일본정부는 1993년 12월 협상기간 종결에 임박하여 쌀 수입 관세화의 특례 조치인 최소의무수입을 받아들였다. 당시로서는 쌀 수입관세 화보다 최소의무수입을 선택하는 쪽이 쌀 수입량이 적고 농가에 주는 피해 도 상대적으로 경미할 것이라고 보았던 것이다. 그러나 막상 최소의무수입 쌀이 들어오자 국내산 쌀의 재고량이 누적되는 가운데 수입미의 재고가 큰 압력으로 작용하여 1999년 4월부터 쌀 수입관세화를 전격 수용하게 되었 다. 현실적으로 높은 관세를 지불하면서까지 외국쌀을 수입하는 것은 불가 능할 것이라는 판단에서였다. 그 후 최소의무수입 쌀은 매년 67만 톤 전후 로 묶인 반면, 높은 관세를 지불하고 수입한 외국쌀의 물량은 외식산업용 등 극히 제한된 용도의 소량에 머물러, 정부의 예상은 맞아떨어진 듯하다. 오히려 쌀의 무역자유화보다 신식량법 시행에 따른 쌀의 유통자유화가 농 업의 정치구조에 미치는 영향이 더 큰 것으로 보인다. 쌀 생산자와 지역농협 이 새로운 쌀 유통환경에 걸맞게 경영체질을 개선하지 못하는 계통조직을 통한 공판을 줄이고 직접 판매를 확대하고 나섬으로써 계통조직 내부의 분 열이 가속화되기 시작한 것이다. 생산지 간, 혹은 지역농협 사이에 쌀 집하 율과 계통조직 판매율의 격차가 확대되는 것은 전국 공통의 농협 계통기관 의 쌀 판매사업이 존립근거를 잃어가고 있음을 뜻한다.

마지막으로 제7장에서는 자민당에서 민주당으로의 정권교체를 사이에 둔 1990년대 중엽부터 현재에 이르기까지 일본농업·농촌을 둘러싼 정치구조 의 변화를 분석한다. 일본의 역사적인 정권교체는, 농촌사회구조의 변화에 의한 계통농협의 정치적 위상 변화, 농가조합원의 다양화와 이해 대립, 농협 계통조직으로부터 농가조합원의 이탈과 같은 내재적 문제, 그리고 선거구제 개혁과 관료기구의 위상 변화 같은 외재적인 문제가 맞물려 정치지형의 변 화를 촉구하는 에너지가 축적되어오다가 커다란 정치의 지각변동을 일으킨 것이라고 할 수 있다. 그런 외중에 표출된 농협 계통조직의 조합원 농가구성원 생산활동 조직화 및 집표력(集票力) 이완, 농림수산성의 예산 확보 규모 및 운용재량권 축소, 자민당의 지지기반 다양화 및 농가의존율 저하 등은 끊임없이 이들 3자 간의 결탁구조를 변질시키는 요인으로 작용했다. 업계단체(농협 계통조직)·관료기구(농림수산성)·자민당(집권당)이 농정의 '철의 트라이앵글'을 형성하여 고도성장기와 그 후의 안정성장기를 통해 얻은 과실을 농업·농촌 부문에 배분함으로써 장기적인 정권재생산을 담보해온 자민당의 이익유도 정치가 제도피로를 일으키고 기능부전에 빠지게 되었다. 더 이상 정국을 움직일 정치적 영향력을 갖지 못한 것으로 간주되던 전국의 경작농민이 대거 전통적인 지지정당 대신 새로운 정치세력에 자신들의 영농활동과 생활안정을 위탁하게 되면서 기적적인 정권교체의 혁명이 일어난 것이다.

감사의 글

이 책은 방대한 분량에다 내용도 쉽지 않아 좀처럼 상재(上梓)의 기회를 얻기 어려울 것으로 생각했으나 많은 고마운 분들의 도움을 받아 빛을 보게 되었다. 여기에 적어 감사의 마음을 전하고자 한다.

먼저, 필자로 하여금 협동조합의 선량한 이해자를 넘어 냉철한 관찰자·분석가가 되게 한 한호선, 원철희, 최원병 전현임 농협중앙회 회장에게 깊은 감사의 마음을 전한다. 학문 연구에 과도한 감정이입은 금물이지만, 일본농업의 정치구조를 분석하는 주제의 특성상 이 책에서 분석대상으로 삼은 농정의 고비마다 한국의 농협 지도자라면 어떻게 대처했을까 하는 문제를 많이 생각해보았다. 나아가 이분들의 소개와 인맥에 힘입어 구하기 힘든 일본 농협 계통조직의 내부 자료를 구하거나 귀중한 증언을 확보하여 책의 완성도를 높일 수 있었음을 밝혀둔다.

다음으로, 이 책을 농협대학 협동조합연구총서의 한 권으로 출판하도록 허락해준 남성우 농협대학교 총장과 최경식 부총장에게 감사의 말씀을 드린다. 사실 책의 원고를 거의 마무리한 무렵부터 출판을 위해 백방으로 알아보았으나 사정이 여의치 않았다. 모 재단으로부터는 심사위원이 생각하는 동아시아 연구 트렌드와 맞지 않다고 퇴짜를 맞았고, 또 다른 곳에서는 내용이 너무 어려워 팔리지 않을 것이라는 이유로 퇴짜를 맞았다. 마지막으로 희망을 걸었던 한국연구재단의 저술지원사업에는 원고가 너무 많이 작성되어 있으면 안 된다는 이상한 자격조건에 걸려 아예 신청조차 하지 못했다. 농협대학교를 협동조합 연구의 중심으로 키우겠다는 동 대학 관계자의 취지에 부족하나마 일조하게 되어 다행으로 생각한다.

끝으로, 난삽한 원고를 일일이 읽고 교정하여 제대로 된 책의 체재를 갖추게 해준 역사비평사 책임편집자 정윤경 선생에게 깊은 감사와 존경의 마음을 전한다.

—2015년 2월 5일 북한산 사자능선 우거에서
이향철

제1부

협동조합의 동아시아적 전통의 형성

제1장
농민적 소상품 생산과 협동조합 유통구조의 확립
—나가노현의 '산업조합 확충운동'을 중심으로

1. 머리말

1) 협동조합의 동아시아적 전통의 형성

이 장에서는 협동조합의 일본적 전통이 형성되고 그것이 역사의 우여곡절을 거쳐 동아시아적 전통으로 확산되는 경위를 살펴보겠다. 이를 위해 먼저 일본열도의 한가운데 위치한 나가노현(長野縣)의 1930년대 지역사회로 들어가보기로 한다. 왜 뜬금없이 나가노현인지 의아하게 생각할지 모르지만 자세한 이야기는 뒤로 돌리고 이 지역이 '소바'로 불리는 일본식 메밀국수의 본고장임을 상기해주기 바란다. 메밀국수는 지금이야 건강식으로 누구나 즐겨 먹는 음식이지만, 본래는 벼농사를 할 만한 넓은 평야가 없는 산간지역에서 허기를 채우는 구황식(救荒食)이었다.

나가노현은 높은 산에 둘러싸여 평야가 협소하고 만성적으로 쌀 생산이 부족한 지역이다. 때문에 지역주민은 산비탈을 깎아 밭을 일구고 거기에 메밀을 재배하여 부족한 식량을 보충하거나, 뽕나무를 심어 누에를 쳐서 마련한 현금으로 외지에서 쌀을 사오고 자녀를 교육할 수밖에 없었다. 이처럼 경작 가능한 토지가 부족하고 농업생산에 불리한 지역이었던 만큼 어떤 형태로든 지역주민의 연대가 불가결했고, 근대에 들어 협동조합운동을 비롯한 다양한 스펙트럼의 농촌사회운동이 활발하게 전개된다. 요컨대 나가노현은 일본의 협동조합운동을 이끌어간 선진지역이었던 것이다.

당시의 협동조합은 '산업조합'이라 불렸다. 경작농민을 중심으로 하는 '농업' 협동조합이 아니라 지역주민을 대상으로 하는 '농촌' 협동조합이었던 것이다. 그런데 1930년대에 들어 사회정세가 크게 바뀌면서 농촌협동조합을 강화하여 농가의 경제생활을 독점적으로 조직해 들어가는 운동이 전국적으로 시작되었다. 이른바 '산업조합 확충운동'이 바로 그것이다.

그런데 왜 이 시점에 그동안 유명무실하게 방치하다시피 했던 산업조합을 재평가하고 확충·보급하려 했던 것일까. 산업조합은 1900년에 설립되었다. 그러나 1920년대 후반까지 실제로 농민을 장악하고 있었던 것은 산업조합이 아니었다. 지주와 상층농민을 주체로 하고 관료가 지도하는 농회(農會)라는 조직이 중심적인 역할을 하고 있었다. 산업조합이 명실 공히 농민의 조직으로 탈바꿈하여 농촌의 중추적 기관으로 자리 잡은 것은, 역설적이게도 1929년 세계대공황의 여파로 일본농촌이 심각한 위기를 맞게 되면서였다. 쇼와공황(昭和恐慌)을 말한다. "농촌이 망하면 농협이 흥한다"는 말이 인구에 회자된 것도 이때부터였다.

일본정부는 심각한 농촌위기에 대한 대책으로 '자력갱생(自力更生)'과 '인보공조(隣保共助)'를 기치로 하는 '농촌경제 갱생운동'을 전개하기로 했다. 농촌과 농업에 대한 재정 투입의 여유가 없었기 때문에 '이웃끼리 서로 도와(隣保共助)' '스스로의 힘으로 일어서라(自力更生)'는 정신주의적 가치를 슬로건으로 내세웠다. 그리고 그 추진기관으로는 저변의 지역주민을 조직한 산업조합이 제격이라는 이유로 정책적으로 지원·육성하게 되었던 것이다.

산업조합 계통조직도 이러한 정부시책에 적극적으로 호응하여 1932년

'산업조합확충 5개년 계획'(이하 '5개년 계획')을 수립하여 농촌재편성 작업에 착수했다. 여기서 강조된 조직 방침은 산업조합의 주요 업태인 신용, 판매, 구매, 이용사업을 하나의 단위조합에 통합하여 경영하는 이른바 '4종겸영'의 종합조합을 전국 행정촌락에 설치하는 것이었다. 그 전까지 산업조합이라고 하면 대개 신용조합, 판매조합, 구매조합, 이용조합과 같이 업태별로 분리되어 있었다. 나아가 전국의 농가를 빠짐없이 지역조합에 가입시키고 단위 산업조합-현중앙회-전국중앙회로 이어지는 피라미드형 계통조직을 정비하여 농가조합원에 대한 통제를 강화하고자 했다.

이로써 종래 절반의 수준에도 미치지 못했던 산업조합의 농가조직률은 급격히 상승하여 1935년에는 75%에 이르렀다. 종합적인 사업경영, 속지주의적 조직기반, 지역주민을 빠짐없이 조직한 조합원 구성의 망라주의, 농정의 하청기구, 체제 내 압력단체라는 일본형 협동조합의 원형이 거의 갖추어진 것이다.

2) 농민적 소상품 생산의 조직화

그런데 '산업조합 확충운동'이 어떻게 농업과 농촌의 위기 속에서 뿌리를 내릴 수 있었던 것일까. 정신주의를 강조하는 위로부터의 강력한 관료적 지원만으로 가능한 것이었을까. 아니다. 그것은 1920년대를 통해 농업생산의 직접적인 담당자인 중소 농민들이 인격적 자립과 함께 농촌사회에서 무시할 수 없는 세력으로 성장한 것을 배경으로 했다. 이들이 지주제와 대항하면서 농민적 소상품 생산의 영역을 확대하고, 그 토대 위에서 산업조합을 통해 농산물 및 농업자재 유통구조의 변혁에 적극 가담했기 때문이다.

지금까지 쇼와공황 이래의 농촌재편 과정을 밝히기 위한 작업의 하나로, 일본정부에 의한 '농촌경제 갱생운동'이나 그 중심적 과제였던 '산업조합 확충운동'에 관한 분석이 상당할 정도로 이루어지고 학문적인 성과도 쌓였다.[1] 일찍이 '산업조합 확충운동'의 성격에 관해서는 이노우에 하루마루(井上晴丸)와 곤도 야스오(近藤康男)가 대립적인 두 가지 견해를 제시했다. 이노우에는 산업조합을 "일본 자본주의 지배구조의 사회적 기초"인 "반(半)봉건적 중견 자작농·중농 상층을 유지하고 보강하는 강력한 지주(支柱)"로 파악하여 '일본 자본주의(=지주제)'의 위기회피를 위한 사회적 요인으로부터 '산업조합 확충운동'을 설명했다.

이에 대해 곤도는, 산업조합을 궁극적으로 상업이윤의 절약을 통한 상품 유통과정 합리화를 임무로 하는 자본제 생산의 합법칙적 산물로서 자본의 운동법칙과의 합리적인 관계에서 파악하고, '산업조합 확충운동'을 총자본의 유통합리화 요청과 파시즘체제에로의 민중동원이라는 관점으로부터 분석했다.[2]

양자는 '산업조합 확충운동'의 계층적 성격 부여나 국가정책의 성격 파악에서는 서로 상반된 입장을 취하면서도 산업조합 확충운동을 '위로부터'의 농촌경제 갱생정책의 하강과정으로 정태적으로 이해했다는 점에서는 일치한다. 동시에 양자 공히 농촌에서의 실질적인 계층적 이해관계를 반영한 경작농민의 '아래로부터'의 '산업조합 확충운동' 상승과정은 구체적으로 분석하지 않았다는 한계를 지니고 있다.

이러한 정태적 이해를 비판하고 소상품 생산의 전개를 기초로 하는 농민층의 전진·상승 동향에 착목하여 '산업조합 확충운동'을 평가하려는 시도도 이루어졌다. 필자가 유학한 히토츠바시대학 경제학연구과 나카무라 마사노

---

1) 森武麿(1971); 森武麿(1974); 上條宏之(1973); 高橋泰隆(1974); 加瀬和彦(1974); 大門正克(1983); 大門正克(1987).
2) 井上晴丸(1949), 275~277쪽; 近藤康男(1966), 25~34쪽, 95~132쪽.

리 교실이 그 중심이었으며, 필자도 그 문하생으로 말석을 차지할 수 있었다. 이것은 기본적으로 구리하라 하쿠주(栗原百壽)의 문제제기를 수용하는 입장으로, 모리 다케마로(森武麿), 가세 가즈히코(加瀬和彦) 등을 중심으로 하는 연구가 대체로 이 문제의식에 기초하고 있다고 할 수 있다.

모리는 농촌경제 갱생운동을 예로부터 전해오는 지주적·공동체적 질서의 재편으로 파악해온 전 도쿄대학 교수 이시다 다케시(石田雄) 등의 견해를 비판하고 수정을 시도했다.[3] 오히려 이 시기에 자작농·자소작농 등의 중농층이 성장하여 산업조합·농사실행조합(農事實行組合) 및 촌정(村政)에 진출하게 되었고, 이들 중농층은 농촌 말단에서 파시즘 지배의 에이전트로서 중요한 역할을 담당하게 되었다는 것이 그의 지적이다.

이어 가세도 중농의 농산물 상품생산(농민적 상품화) 진전에 착목하면서 촌락 내 각 계층의 대립양상에 규정되어 산업조합의 '사회정책적 기능'이 변화해가는 것을 설득력 있게 설명해냈다. 여기서는 '산업조합 확충운동'을 지주가 일본 자본주의(=지주제)의 위기극복을 위해 사회정책적으로 산업조합 재편에 착수하여 실현한 것으로 이해하고, 농민적 상품생산의 진전에는 이를 가능케 한 조건을 제공했다는 정도의 의미만 부여되었다.

이상에서 살펴본 논의는 1910년대 이후 농업생산의 증대에 힘입어 나타난 자소작농 등 중농층의 성장과 산업조합의 전개가 지닌 관련성을 간과하고 있으며, 농가경제의 변화가 산업조합에 미친 영향이나 농가조합원 각층의 산업조합에 대한 대응양태 분석을 소홀히 하고 있는 것처럼 보인다. 구체적인 농촌문제에서 산업조합의 발전을 검토하는 과정에서도 산업조합의 정치적 기능이 일면적으로 부각되어 결국 국가정책의 일방적인 관철, 국가의

---

3) 石田雄(1956).

정치적·경제적 주도성이 강조되는 경향이 있다. 특히 모리의 경우 산업조합·농가소조합을 말단 정치지배의 중추로서 전국적인 농정 차원에 위치시켰다. 실제의 산업조합·농가소조합의 지역적 전개는 해당 지역의 농민적 소상품 생산의 발전 상황이나 지주·소작관계를 중심으로 하는 농촌 내 계층 대립의 발현양상과 관련되면서 다양한 유형을 보이고 있다는 점에 충분히 유의하지 않은 듯하다. 1930년대의 농촌경제 갱생운동에서 산업조합·농가소조합이 농촌의 파시즘적 재편의 말단기관이었던 것은 사실이지만, 이는 어디까지나 농업·농촌자금의 융통, 쌀·누에고치 등으로 대표되는 농산물 판매를 통한 농민적 소상품 생산의 장악=조직화라는 경제적 역할을 주요한 수단으로 했다.[4] 따라서 농촌의 어떠한 필요에 의해 산업조합의 발전이 요구되고 농촌의 어떠한 조건을 이용해 현실적 발전이 가능했는가를, 산업조합의 정치적 기능 외의 그 본래적 기능, 즉 소상품 생산과 농업자재 구매를 집결해서 시장 교섭력을 높이는 경영체라는 관점에서 해명할 필요성이 있는 것이다.

3) 일본 협동조합의 거울로서의 나가노현

이미 언급했지만, 앞으로의 논의는 1930년대 나가노현의 산업조합 발전을 실마리로 풀어 나가려 한다. 결론부터 말한다면, 1930년대 나가노현의 산업조합 발전은 1920년대를 통해 지주제와의 대결을 강화하면서 농산물의 상품생산(상품화)을 지렛대 삼아 상승해온 농민이 유통구조의 변혁에 자발적으로 참여하는 운동의 성격을 띠었다. '산업조합 확충운동'이 농촌에 수용되어 농민이 그 중심으로서 주체적으로 관련되어간 물리적 기초와 필연성

---

4) 森武麿(1971); 森武麿(1974).

은, 농민적 소상품 생산과 농업자재 구매를 집결해서 시장 교섭력을 높이기 위해 유통과정에 적극적으로 가담했던 데 있다는 것이다.

본격적인 논의에 들어가기 전에, 먼저 나가노현의 산업조합을 분석대상으로 하는 이유에 대해 몇 가지 설명해두고자 한다.

첫째로, 나가노현은 누에고치·쌀 등을 통해 상품경제의 그물망에 편입되어 일본 자본주의 및 미국을 주축으로 하는 세계자본주의 시장의 동향에 직접적으로 연계되어 있었다. 나가노현은 1920~1930년대의 일본경제를 세계사적 틀 속에 위치시키면서 근대 일본의 전체사와 부분사(지역사)를 통일적으로 파악할 수 있는 지역이다.

나가노현의 경제구조를 보면, 1914년 이후 공산물 생산가격 총액이 농산물 생산가격 총액을 웃돌게 되고, 1916~1930년에 걸쳐 산업생산가액의 약 70%를 차지하는 잠사업(누에고치와 생사)을 축으로 상품경제화가 급속히 진전된다.[5] 나가노현의 농업은 양잠·쌀을 중심으로 양계·축산·양어 등의 부업을 결합한 복합경영이 지배적이었다. 1920~1930년에 걸쳐 양잠농가는 현내 전체 농가 호수 20만 호의 75~77%(15~16만 호)를 차지하게 되었고 1929년에는 그 생산액이 8,247만 엔에 달해 농업생산가액 총액의 58%를 기록했다.

이에 비해, 벼농사는 농업생산 총액의 평균 25~30%를 차지하여 그 비중은 누에고치 생산액과 비교도 되지 않을 정도로 낮은 수준이었다. 벼농사는 주로 자가소비를 위한 것이었으며 자가소비미도 부족하여 쌀을 구입하는 농가가 전체 농가의 60%에 이르렀다. 현내 쌀 생산량 125~140만 석 가운데 70~80만 석이 상품화되었으며 다른 지역으로부터 25~60만 석에 달하

---

5) 『長野縣史』, 1990, 89쪽.

는 부족한 쌀을 들여와야 했다.[6]

둘째로, 나가노현은 잠사업을 통해 일본 자본주의, 나아가 자본주의 세계경제의 동향과 직접적으로 연계되어 있었던 만큼, 쇼와공황에 의한 생사 가격의 폭락으로 양잠농가와 지역경제가 심한 타격을 받음으로써 일본 자본주의의 모순이 가장 전형적으로 표출되는 지역이 되었다. 공황에 의한 누에고치 가격의 폭락과 제사 여공의 실업은 농가소득의 격감으로 이어졌고, 나가노현의 농가경제는 막대한 적자와 경영기반의 파탄을 면할 수 없었다. 이러한 나가노현의 경제구조를 반영하여 소위 좌익 농민운동에서 우익 농민운동에 걸친 다양한 농촌사회운동이 발생하여 각각 독자적인 존재 논리를 가지고 중층적으로 전개되었다.[7] 특히 '농촌경제 갱생운동', '산업조합 확충운동', 나아가 그 일환으로 실시된 만주 농업이민정책에서 보이는 것처럼 쇼와공황으로부터의 탈출 모색에서도 일본 자본주의 모순 해결의 특징이 잘 드러난다.

나가노현은 1909년 이곳을 방문한 히라타 도스케(平田東助, 1849~1925) 내무대신으로부터 "산업조합의 상황에 대해 누가 물으면 나가노현에 가보아라"[8]라는 말을 들을 정도로 전국 유수의 산업조합 선진지역이었다. 본격적인 '산업조합 확충운동'이 시작되기 직전인 1932년 말 당시 조합 수(전국 2위), 조합원 수(전국 2위), 출자금(전국 1위), 판매사업(전국 2위), 차입금(전국 2위), 대부금(전국 4위), 구매사업(전국 6위) 등 거의 모든 지표에서 전국 수위를 다투고 있었고, 산업조합의 농가조직률은 전국 평균 62%를 훨씬 웃도는 98%에 이르고 있었다.[9]

---

6) 『長野縣政史』 第2卷, 1972, 120~121쪽, 389~392쪽.

7) 安田常雄(1979).

8) 『信濃每日新聞』 1907. 7. 4.

다음에서는, 농민적 소상품 생산의 발전이 산업조합 확충의 토대를 구축했다는 관점에서 1920년대 나가노현의 상업적 농업의 발전과 산업조합을 중심으로 농가의 농산물 판매와 농용자재 구매가 결집되는 전제조건을 살펴볼 것이다. 이어 '산업조합 확충운동'을 통해 농가소조합–단위산업조합–현연합회–전국연합회의 산업조합 계통유통기구가 확립되는 과정을 분석할 것이다. 이 경우, 농촌자금, 쌀, 비료 등으로 대표되는 자금과 주요 상품의 유통과정을 산업조합의 각 계통유통 단계의 역할에 기초해서 분석하는 작업이 반드시 필요하겠지만, 여기에서는 지면관계상 농촌자금과 쌀에 한정해서 분석을 시도한다. 끝으로 산업조합 유통기구의 확립으로 농산물 판매·농용자재 구입의 유통과정에서 배제된 도시 소부르주아=중소 상공업자의 저항과 여기에 대항한 산업조합 청년연맹을 중심으로 한 산업조합 측의 대응을 분석한다.

2. 농민적 소상품 생산과 '산업조합 확충운동'

1) 농민적 소상품 생산과 산업조합

(1) 산업조합의 조직 원리와 현실

산업조합은 본래 상품경제의 침투에 단독으로 적응하기 곤란한 중소 농가가 서로 힘을 합해 일정한 조직을 만들어 주로 상품유통 및 신용에서 규모의 경제를 실현함으로써 상인자본, 고리대자본의 개입을 배제하고 상품경제에 스스로를 적응시키고자 하는 조직이다. 그러나 아시아태평양전쟁 이전의

---

9) 『産業組合要覽』, 1933; 『産業組合要覽』, 1934.

산업조합은 일본 자본주의의 특수한 발전과정과 구조에 규정되어, 일반적으로 협동조합이라는 조직의 기본적인 성립조건인 자유롭고 평등한 구성원, 말하자면 자작농민의 광범위한 창출 위에서가 아니고, 기생(寄生)지주제와 지주-소작 간의 계급 대립이라는 특수 일본적인 농업구조·농촌계층구조 위에서, 게다가 아래로부터의 자주적인 운동이 아니라 위로부터의 관료적인 지도에 의해 만들어진 경위가 있다. 이러한 협동조합의 이념적 원형과 현실의 갭으로 인해, 지금까지 산업조합의 분석과 성격 파악은 그 외견적인 조직 원리로부터 추상적으로 이루어지거나, 아니면 그 발족의 역사적 경위에만 착목해서 정태적으로 이루어져온 경향이 있었다.

설립 당초의 산업조합을 관찰한 야나기타 구니오(柳田國男, 1875~1962)는 "산업조합의 현황에 대해 듣기로, 그 조합원 된 자는 대부분 상당한 자산이나 지위 있는 자에 한정되어 있다. 소작농처럼 자신의 근면과 정직 외에는 신용의 근거로 내세울 수 없는 자는 거의 모두 공동사업의 편익을 균점(均霑)할 수 없는 것 같다"고 기술했다.[10] 산업조합은 대개 '자연부락(村)=무라'를 범위로 하여 한 사람 혹은 수명의 유력지주를 중심으로 지주 및 자작, 적어도 자소작 상층을 조합원으로 조직하고 있었다. 소작인의 참가는 신용력 내지 담보력을 기초로 한다는 조직의 원칙으로 볼 때 사실상 어려운 일이었다. 따라서 산업조합의 사업운영은 지주의 이익에 배치되지 않는 범위 내에서 추진되었고, 경제적 보호를 가장 필요로 했던 자소작(自小作) 이하의 농민층이 조직으로부터 배제되었던 만큼 극히 소극적일 수밖에 없었다.

---

10) 柳田國男(1902); 本位田祥男·東畑精一·川野重任編(1971), 10쪽.

(2) 산업조합을 억압한 농회와 지주세력

당시 지주계급이 가장 관심을 기울인 부분은 농사개량 관련 사업을 직접적으로 관장하는 농회 조직이었다. 지주는 스스로 고리대금업자인 동시에 독자적인 농산물 판로를 갖고 있었다. 또한 농촌시장에 흡착한 '미비상(米肥商)'이라는 전근대적 상인과 공생관계에 있었기 때문에 산업조합이 경제사업(판매·구매사업)에 나서는 것을 탐탁하게 여기지 않았다. 또한 지역사회의 유력자 행세를 하고 있던 고리대금업자나 '미비상' 등 상인들도 "조합원을 사주하여 차입신청을 취소하게 하거나 저금을 인출하게 했으며", "고의로 가격을 내려 조합과 경쟁하거나 도매상, 중개인과 결탁하여 조합에 대한 불매동맹을 조직하는"[11] 등 산업조합의 경영을 방해했다.

따라서 산업조합의 판매·구매사업은 이들 세력의 이익을 침해하지 않는 범위 내에서 극히 한정된 품목과 수량을 취급하는 것에 지나지 않았고, 사업 경영도 신용사업에 치우칠 수밖에 없었다. 그것도 고리대금업자가 내세우는 이율 수준에 규제되면서 오히려 그것을 보완하는 역할에 그쳤던 것이다.

고율·고액의 소작료를 기본으로 하는 지주제는 단순히 경제적 관계로서만 존재한 것이 아니었다. 인격적·신분적인 종속관계라는 성격을 강하게 지니고 있었다. 전근대적 유통자본의 수탈로부터 경작농민의 경제적 이익을 보호하는 기능이 '산업조합'이라는 형태로 객관화되기 위해서는, 무엇보다도 지주—소작관계를 주종관계가 아닌 계약관계로 인식 전환할 정도로 경작농민이 인격적으로 자립하는 것이 필요했다.

러일전쟁에서 제1차 세계대전에 걸친 자본주의의 급속한 발전과 도시화의 영향으로 농촌사회도 시장경제에 포섭되고 농업생산의 상품화도 피할

---

11) 産業組合中央會(1926), 158~159쪽.

수 없게 되었다. 대소비지의 쌀 도매상은 쌀의 품질평가와 등급화를 엄격하게 실시하고, 산지의 집하·운송업자, 중매상을 통해 생산농가에 대해 쌀 품질의 개선과 통일을 요구했다. 농업생산자는 싫든 좋든 생산된 쌀의 시장평가를 높이기 위해 생산·판매되는 쌀의 품질과 용량을 검사하여 시장의 요구에 부응하는 자세를 보이지 않을 수 없게 되었다.

이와 때를 같이하여 소작농민의 사회의식도 바뀌어 "단체를 조직하고 다중(多衆)의 힘으로 지주에 대항하여 자신의 주장을 관철하려고 하는"[12] 조직적인 움직임을 보이게 되었다. 그것은 소작료의 감면, 경작권의 존중 등을 요구하는 동시에 지주로부터의 경제적·사회적·인격적 자립을 지향하는 운동이었다. 기후(岐阜)·효고(兵庫)·니가타(新潟) 등 소작쟁의 다발지역을 중심으로, 비료 값이나 노임 등을 계상하여 수지를 계산하고, 나아가 수지 잉여를 일당 노임으로서의 농업 일고(日雇) 노임과 비교하여 소작료 감면 요구의 근거를 객관화하는 '소작수지계산서(小作收支計算書)' 전술이 사용되기 시작했다. 소작농민은 지주제와의 대결을 통해 자신의 노동을 '인부임(人夫賃)'이나 '노동력'의 형태로 인식하고 그 대가를 계산하는 경제적 관념을 형성하기 시작했고, 노동주체인 자신에 대한 인격의식도 싹트게 되었다.[13]

자가노임평가로 구체화된 경작농민의 인격적 자립은, 상업적 농업의 발전이라는 물질적 기초 위에서 이루어진 것이었다. 소작인에게 상업적 농업의 발전은 단지 과수·원예 등 소상품 생산의 성장뿐만 아니라 벼농사에서 소작미를 뺀 자가소비미를 상품화하는 방식으로도 이루어졌다. 소작인의 인격적 자립 주장은 가능한 한 상품가치가 뛰어난 양질미를 자가 판매로 돌리는 방식의 저항을 일반화시키게 된다.

---

12) 農林省農務局(1922); 農民運動史研究會編(1961), 4~11쪽.
13) 暉峻衆三(1970), 164~171쪽.

러일전쟁 이후 농회(農會)가 계통조직을 총동원해서 실시한 산미개량운동(産米改良運動)은 사실상 농산물시장의 변화와 "소작인의 인격적 자립에 수반되는 도의심 저하"에 대한 지주계층 나름의 처방전이었다. 고액 현물 소작료 징수를 기초로 하는 거대한 쌀 판매주체였던 지주는 당연히 이런 시장의 요구에 민감한 대응을 보였다. 판매 소작미가 시장에서 높은 등급을 받을 수 있도록 지주가 직접 소작인의 생산과정에 개입하여 쌀의 비배(肥培)관리, 조정, 건조, 포장 등 벼농사의 모든 과정에 걸친 개선과 통일을 요구했다.

그것은 단순한 시장대응의 차원을 넘어 소작관리대책의 성격을 지니고 있었다. 즉, 농회를 매개로 지주의 지역적 연합체인 '지주회'를 만들고, 그 지도하에 전통사회의 주민통제조직인 오인조(五人組)의 계보를 잇는 농가소조합(農家小組合)을 마을마다 조직하여 연대책임 아래 품종개량, 시비(施肥)·재배관리, 포장 개선 등을 상호 감시하에 추진하게 했다.[14] 소작미의 품평회나 '우량소작인' 표창 등, 생산관계에 대한 소작인의 불만을 생산량 증강을 위한 상호 경쟁으로 돌리기 위해 다양한 조치가 취해지기도 했다.

이와 같은 지주 주도의 강제적인 미곡검사사업과 산미개량운동의 바탕 위에서, 각지 쌀의 품질은 확실히 향상되고 지주는 큰 이익을 얻을 수 있었다. 그러나 이는 어디까지나 소작농가의 노력과 부담을 가중시킴으로써 비로소 가능했던 것으로, 오히려 지주와 소작농가 간의 모순을 한층 첨예화하는 결과를 가져왔다.[15] 나아가 지주는 러일전쟁의 전비를 마련하기 위한 1904, 1905년의 비상특별세 창설 이후 큰 폭으로 인상된 토지세인 지조(地租)를 소작료의 엄중한 징세·증징을 통해 소작인에게 전가하려 했기 때문에 지주─소작 간의 모순은 한층 격화되었다. 이런 모순은 1920년의 '전후(戰後)

---

14) 奧谷松治(1947), 107~109쪽.

15) 東山農事株式會社新潟支店(1922); 西垣恒矩(1913), 348쪽; 暉峻衆三(1970), 157~161쪽.

공황'을 계기로 대규모 소작쟁의로 폭발했고, 전국의 농촌을 저 '질풍노도 시대'로 몰고 갔다.

(3) 질풍노도 시대의 산업조합

1906년 및 1909년의 산업조합법(産業組合法) 개정으로 신용조합이 다른 업태의 사업을 겸영할 수 있게 되었고 그 창립과 운영도 보다 현실적이고 용이해졌다. 그리고 그때까지 임의기관이던 대일본산업조합중앙회(大日本産業組合中央會)가 법적인 인정을 받아 산업조합중앙회로 탈바꿈하여 산업조합을 본격적으로 보급하는 체제를 갖추게 되었다.

또한 권업은행법(勸業銀行法), 농공은행법(農工銀行法)이 개정되어 이들 은행을 통해 무담보 저리의 정책자금을 산업조합에 융자하는 길이 열렸다. 정부의 농상무성(農商務省)이나 지방행정청도 각종 명의로 보조금을 교부하여 산업조합의 자금기반이 강화되었다. 산업조합은 토지개량사업과 화학비료 투하를 위한 막대한 소요자금을 장기저리의 국가자금을 도입해 공급함으로써 신용사업의 역할을 높이는 한편, 비료공급을 통해 구매사업에서도 큰 발전을 이룩했다.

산업조합으로부터 사실상 배제되고 있었던 소작농가도 화학비료의 추가 투입을 내용으로 하는 산미개량운동을 통해 화폐경제에 편입되어, 점차 자신들의 농산물을 생산·판매하고 농업자재를 구입하는 등의 경제활동과 산업조합 기능의 접점을 확대시키고 있었다. 지주의 주선에 의한 것이기는 했지만, 소작인들 사이에서 금비(金肥: 돈을 주고 사서 쓰는 거름, 화학비료) 공동구입조합, 비료구입자금의 확보를 위한 저금조합이 광범하게 형성되었으며, 이것들은 지주를 매개로 산업조합의 신용사업, 판매사업과 밀접한 관계를 가지게 되었다. 소작농가의 경제적 보호라는 산업조합 본래의 기능이 농가소조합의 단계로 하강하여 비로소 객관화되고 있었던 것이다.

제1차 세계대전에 의한 경기호황에 힘입어 자소작·소작 상층 등 경작농가는 소생산품 생산자의 지위를 확고히 하고 경영비 가운데 최대 항목을 차지하는 고율·고액의 소작료에 반대하는 소작쟁의를 본격적으로 전개하기 시작했다. 소작쟁의의 급전개로 지주의 소작관리방식인 농회 계통조직에 의한 농사개량은 유효성을 상실하고 지주경영은 경제적 한계에 부닥쳐 농촌지배구조가 크게 동요되었다.

1922년의 일본농민조합(日本農民組合) 창립대회는 "농촌 산업조합의 완성"을 내세우고 "농촌산업조합법을 개정하여 계급적 소비조합을 만들고 신용조합 및 그 밖의 조합을 소작인 계급에 적합하게 개량할 것"[16]을 결의했다. 영세농이 소상품 생산자로 등장하여 농산물의 상품생산에 따르는 가격 동향에 관심이 높아지고 있는데도 산업조합은 여전히 재촌지주·상층농가 본위로 운영되고 경제력이 약한 영세농은 여전히 사업이용에 제약을 받고 있던 현실을 비판한 것이다. 이들은 재촌지주 주도의 '관제 산업조합'에 대항하여 농촌의 다수자인 자소작·소작농이 자주적 산업조합을 조직하여 스스로 유통과정에 진출해 자신들의 이익을 도모하고자 했다.

그러나 무산(無産) 산업조합은 사업 규모도 작고 경영기반도 취약하여 관제 산업조합에 대해 경영면에서 경쟁자가 되지도 못한 채 단기간에 해산되는 경우가 많았다. 이에 비해 대부분의 농민조합에서는 관제 산업조합의 민주적 개혁이 현실적인 과제로 부상했다. 이들은 산업조합의 지주적 성격을 타파하고 조합의 주도권과 사업내용의 '소작농 본위' 및 '민주화'를 달성하고자 했다. 이 운동은 1920년대에 들어서자마자 농촌의 단위농민조합에

---

16) 産業組合史編纂會編(1966), 2권, 319~322쪽.

의해 자발적으로 추진되었으며, 1927년부터는 중앙단체의 방침에 의거해 전국으로 확대되었다.[17]

이제 산업조합은 소작쟁의의 기반이 된 자소작·소작상층의 소상품 생산자로서의 성장에 대응하여 그들을 소상품 생산자적 측면에서 포섭하고 지주·상층농가와의 이해를 조정하면서 새로운 '인보공조'의 그물망에 조직·편입하지 않을 수 없었다. 소작농가를 사실상 조직으로부터 배제함으로써 그들을 대변해 전근대적 상인·유통자본이나 고리대금업자와 싸우는 것이 불가능했던 산업조합의 지주적 성격이, 1920년의 경제불황을 계기로 체질적 결함에 직면하게 되었던 것이다. 그때까지 방만한 상태로 방치되어왔던 산업조합의 경영은 벽에 부딪쳤고, 결손금과 회수불능 불량채권이 쌓여 도산·해산하는 조합이 속출했다.[18]

(4) 농민조합에서 산업조합으로 영세 농민의 이동

이런 움직임과는 반대로, 산업조합 조직 밖에서는 소작인의 농가소조합이 급격히 발달했다. 1920년대 중엽에는 채소·과일·계란 등 상품작물의 출하단체 가운데 산업조합이 차지하는 비율이 겨우 6%에 지나지 않았는데, 농가소조합의 비율은 실로 91%에 이르렀다.[19] 산업조합으로서도 계통조직 및 사업 전반을 정비하여 새로운 상황 변화에 대응할 수 있는 체제로 조직을 개편하지 않을 수 없었다.

---

17) 산업조합과 소작인의 계급적 협동조합운동의 관계는 産業組合中央會, 『産業組合と小作問題に関する調査』, 1928 참조.

18) 『産業組合要覽』에 의하면, 1924~1928년에 걸쳐 해산 조합수는 신설 조합수를 웃돌 정도였다. 제1차 세계대전 이후의 불황 중에는 사실상 해산에 가까운 상태의 조합이 법률상의 해산 절차를 거친 조합보다 훨씬 많았던 것으로 추정된다. 奧谷松治(1947), 191쪽.

19) 帝國農會(1929); 産業組合史編纂會編(1966), 第2卷, 464~469쪽.

1925년 산업조합중앙회는 「산업조합 진흥쇄신에 관한 요강」을 통해 "산업조합은 중소 산업자의 상호조직에 의해 그 산업 및 경제의 발달을 꾀하고 사회적 지위 향상과 생활의 안정을 기하는 조직이므로 조합의 사업량 증진은 즉 조합원의 보편적인 이용을 기초로 하지 않을 수 없다. 만약 그 조합 사업의 이용이 조합원의 일부에 한정되고 그 효과가 일반 조합원에 미치지 않는 일이 있으면 조합의 존재 목적은 없어질 것"[20]이라고 진단했다. 이는 "지금까지의 조합활동에 대한 적나라한 자기비판으로, 지주 등 호농을 중요한 대상으로 한 종래의 활동 방침을 수정하고 새로이 조합원의 보편적 이용으로 방향전환을 시도한 점에 그 중요한 의의가 인정"[21]된다고 할 것이다.

이처럼 1920년대 후반 이후의 산업조합은 '아래로부터'의 자소작·소작 상층농가의 소상품 생산자로서의 성장이라는 새로운 농촌사회 현실을 발판으로 지역사회의 모든 계층을 산업조합에 가입시킨다는 방향을 명확히 내세웠다는 점에서 이전과는 질적으로 다른 특징을 보인다. 소상품 생산자를 산업조합의 유통기구에 조직·편입하는 이른바 '조합원 대중화'는 영세 농민을 농민조합에서 산업조합으로 대거 이동시켰고, 반체제적·계급투쟁적 성격을 갖는 농민조합의 고립을 초래하는 결과를 낳았다.

2) 나가노현 '산업조합 확충운동'의 농촌사회적 기반

(1) '산업조합 확충운동'의 지역적 전개와 다양성

지금까지는 '산업조합 확충운동'을 "공황에 의한 농촌의 타격이 계급투쟁을 격화시켜 제국 일본의 기초를 무너뜨리는 것에 대한 대응"으로 이해하는 경향이 있었다. 그 구체적인 조직 방침인 "1촌락(町村) 1조합, 미설치지역의

---

20) 産業組合中央會(1925); 全國農業協同組合中央會編(1988), 188~189쪽.
21) 辻誠(1937), 232쪽.

해소, 모든 농가의 조합원 가입, 4종 겸영 조합의 확대, 계통조직의 이용"
등을 일본 파시즘의 농촌통합정책 하강과정으로 주목했던 것이다.[22] 그러
나 이러한 이해는 '산업조합 확충운동'의 추진을 필요로 하고 이를 가능하
게 한 1920년대 후반 이후의 농촌 내부동향, 즉 지주제적 토지소유, 촌락지
배구조, 농민적 소상품 생산을 둘러싸고 전개된 다이내믹한 변화와 역사적
인과관계를 너무 소홀히 다룬 것이다.

만약 '산업조합 확충운동'을 농촌의 파시즘적 재편정책의 일방적 관철로
파악한다면, 그 추진과정에서 획일성이 두드러지게 나타나야 할 것이다. 그
러나 산업조합과 농가소조합의 실제적인 확충과정은 농민적 소상품 생산의
발전 정도, 토지소유의 양상, 지주-소작 간 계급 대립의 출현양상과 상호
관련하여 커다란 지역적 편차를 보였다. 이를 나카무라 마사노리(中村政則)
가 말하는 농업생산력의 지대구조에 대응시켜본다면, 크게 벼농사지역인 동
북형(東北型), 나가노 지역을 중심으로 하는 양잠형(養蠶型), 도시근교 농업지
대인 긴키형(近畿型)의 세 지대로 유형화할 수 있을 것이다.[23]

이는 결국 같은 내용과 목표를 내건 '산업조합 확충운동'이 1920년대에는
현실적인 유효성을 제약받고 있었으나 농촌위기가 심화되는 1930년대에 스
스로 그 한계를 극복하고 성공을 거두어가는 원인을 산업조합의 사업전개
와 그를 둘러싼 여러 조건 및 양상 변화에 비추어 파악해야 함을 의미한다.
산업조합 확충운동은 한편으로는 1920년대 산업조합의 발전 상황을 전제조
건으로 하지만, 다른 한편 1920년대 산업조합운동의 한계를 극복하려는 시

---

22) 森武麿(1973), 69~70쪽.
23) 中村政則(1979), 142~172쪽. 양잠형에 대해서는 大門正克(1981); 森武麿(1973)을, 동북형
　　에 대해서는 大鎌邦雄(1979)을, 긴키형에 대해서는 伏見信孝(1974)와 大門正克(1983)을
　　참조하라.

도이기도 했던 것이다.

(2) 동쪽은 나가노, 서쪽은 후쿠오카

나가노현은 1920년대를 통해 '동쪽은 나가노(長野), 서쪽은 후쿠오카(福岡)'라 불릴 정도로 전국에서 가장 산업조합운동이 활발하게 전개된 지역이었다. '모든 농가의 가입'을 슬로건으로 내건 산업조합 확충운동이 본격화되기 직전에, 나가노현의 산업조합은 이미 전국 평균 농가조직률 62%를 훨씬 넘어서 거의 모든 농가를 조합원으로 망라하고 있었다.

이는 제1차 세계대전 이후 급격한 발전을 이룬 양잠업의 광범한 농민적 소상품 생산을 기초로 신용사업이 발전하고 농가조합원이 확대된 결과였다. 양잠업의 경우 그 생산물인 누에고치가 완전히 상품화되어 있었고 거래도 대부분 현금으로 결제되었기 때문에, 양잠경영을 매개하는 화폐유통량은 벼 농사에 비해 현저히 높았다. 또한 생산과정에서도 뽕나무밭에 투입하는 '금비(金肥)'의 양이 상당히 많았고 그 구입을 위한 현금 지출도 소작 내지 자소작층 양잠농가의 경영에 압박을 가할 만큼 높았다.

관내 제19은행의 조사에 따르면, 1920년 당시 뽕나무밭 10a를 빌려 누에를 치는 양잠농가의 생산비는 자기노임을 포함해 167엔 10전이었다. 그 구성을 자세히 보면, 임차료 37엔 50전, 비료대금 45엔 60전, 뽕나무밭의 관리노임 24엔, 잠종(蠶種)대금 9엔, 누에사육노임 51엔으로 비료대금이 전체 생산비의 28.3%를 차지했다.[24] 1925년 우에다시(上田市)를 교역시장으로 하는 지이사가타군(小縣郡)의 농촌 29개의 경우를 보면, 소득의 33.7%가 화학비료 구입자금으로 투입되고 있고 여기에 부채 상환, 이자 지불 등을 더하

---

24) 第十九銀行(1920).

<그림 1-1> 나가노현의 주민 생활권 단위

면 현금 지출은 실로 56%의 높은 수준에 달했다.[25]

---

25) 早川直瀨(1927), 378쪽.

이처럼 많은 자금을 필요로 하는 양잠경영이 자기임금을 최대한 착취하는 형태의 농가부업으로서 나가노현 전역에서 이루어지고 있었고, 이는 나가노현 산업조합 발전의 원동력이 되었다. 특히 제1차 세계대전 중 전쟁특수에 의한 경기호황은 나가노현 양잠업을 한층 발전시키는 계기가 되었다. 전체 농가 가운데 양잠농가의 비율은 1915년 62%에서 1916년에는 78%, 1917~1919년에는 78%로 약진했다. 1923년에는 72%로 약간 감소하지만, 밭농사 전체 면적에서 뽕나무밭이 차지하는 비율은 1919년에 이미 30%대에 들어섰고 1932년까지 계속 증가했다.[26] 지역적으로는 시모이나(下伊那), 가미이나(上伊那), 지이사가타, 히가시치쿠마(東筑摩)의 상위 4군이 뽕나무밭의 면적과 누에고치 수확량 및 생산액에서 각각 전체의 48%, 53%, 54%를 차지할 정도였다.

(3) 농업의 상업화와 산업조합의 발전

이들 지방에서는 노동력을 대량 고용해 누에고치 1,000관(1관=3.75kg)을 수확하는 대규모 양잠농가가 곳곳에 출현했다.[27] 양잠제조농가를 중심으로 하여 부분적으로 '대규모 전업경영'의 경향이 생겨났던 것이다. 양잠경영에 대한 노동투입량은 소규모 양잠농가(평균 잠종 채취량 14톤 정도)의 경우 가족 노동력으로 충당할 수 있었지만, 중규모 양잠농가(동 30톤 정도), 대규모 양잠농가(동 50톤 정도), 초대규모 양잠농가(동 90톤 정도)는 각각 7~8인, 12~14인, 22~26인의 노동력을 필요로 했기 때문에, 양잠업의 규모 확대는 다른 지역으로부터 유입되는 노동자나 지역 노동자에 의지할 수밖에 없었다.

1919년 당시 지이사가타군에는 다른 지역으로부터 2만 명 가까운 '떠돌

---

26) 『長野縣統計書』, 『長野縣蠶絲業統計』의 각 연호.
27) 『長野縣政史』 第2卷, 117쪽.

이 노동자(漂泊勞動者)'가 들어와 있었으며, 여기에 지역 출신 양잠 노동자를 더하면 농가 호당 평균 2.5명을 고용했다는 계산이 나온다. 이 기준에 의하면, 나가노현 전역에서 적어도 20만 명 이상의 노동자가 양잠농업 현장에 고용되어 있었던 것으로 추정된다.[28]

  이와 같이 양잠경영을 매개하는 상업적 농업의 진전과 과다한 화폐유통량은 나가노현의 산업조합 발전을 가져왔다. 나가노현은 일본 제일의 양잠지인 동시에 제사 관련 주요 기업을 관내에 거느리고 있었기 때문에, 누에고치의 판매수입과 제사 여공의 임금수입은 농업경제의 상품·화폐에 대한 의존도를 높이는 한편 경종(耕種) 부문의 경제적 비중을 낮추어 농가경제 그 자체를 비자급적 상품경제에 편입시키는 결과를 낳았다. 이는 한편으로 농민의 경제적 이해에 대한 관심을 첨예화시키고, 다른 한편 농업생산과정에서 유리된 기생지주의 경종 부문에 대한 수탈을 경제적으로 보충함으로써 반지주 투쟁의 발생을 억제하는 역할을 했다. 나가노현의 토지소유 상황을 보면, 1정보 미만의 영세 소유자가 전체의 4분의 3을 차지하고 있는 반면, 농업생산과정에서 이탈해 농지임대를 통해 농업생산과정에 기생(寄生)했던 10정보 이상의 지주층은 전체의 0.5%에도 미치지 못했다.[29] 게다가 제1차 세계대전 이후에는 대토지소유가 뚜렷하게 후퇴하는 가운데 양잠업의 번영에 의한 농업생산력의 상승과 함께 자소작층이 증가하여 1~2정보의 중농층이 늘어가는 경향을 보였다.[30]

---

28) 早川直瀬(1923), 151~155쪽; 日本農業發達史調査會編(1978), 97~99쪽, 183~188쪽; 『長野縣政史』 第2卷, 114~115쪽.

29) 『長野縣政史』 第2卷, 125쪽.

30) 『長野縣史』 通史編 第8卷, 96~98쪽, 118~119쪽.

(4) 나가노현의 산업조합 보급과 대중화

1906년 1월 산업조합중앙회 나가노지회가 발족하면서 나가노현에 산업 조합 보급이 본격화된다. 또한 같은 해 산업조합법의 개정으로 신용조합이 다른 업태의 사업을 겸영할 수 있는 길이 열렸다. 이로써 계절에 따른 자금 수요의 많고 적음에 고초를 겪고 있던 신용조합은 농용자재 구매사업과 농 산물 판매사업을 같이 할 수 있게 되어, 연간을 통해 저축·출자금 등의 운전 자금을 유효하게 활용할 수 있게 되었다. 그 결과 단영 신용조합이나 단영 구매조합은 급격히 감소하고 신용판매조합, 신용구매조합, 신용구매판매조 합, 신용구매판매이용조합 등의 겸영조합이 증가하여 1921년에는 전체의 80%를 차지하기에 이르렀다. 특히 농촌지역의 산업조합은 신용, 판매, 구매 의 3종류 업태를 종합적으로 경영하는 곳이 많았다.[31]

그에 따라 산업조합 조합원도 제1차 세계대전을 계기로 급격히 증가해 구성원의 '대중화'가 현저히 진행되었다. 1915년 말 당시 산업조합의 수는 485개소, 조합원 수는 3만 7천 명으로 전국에서 두 번째로 높은 조직률을 기록하고 운전자금도 548만 엔에 달했다. 그러나 1개 산업조합당 조합원 수는 평균 75인으로 전국 평균 117인보다 적었고, 1개 산업조합당 자본금 도 1,900엔으로 전국 평균 2,900엔을 훨씬 밑도는 수준이었다. 말하자면, 나가노현에는 소규모 영세 산업조합이 광범하게 존재하고 있었던 것이 다.[32]

이런 까닭으로 1916년 나가노현은 '1촌락 1조합주의'를 내세우게 되었다. 높은 산악으로 둘러싸인 지형·교통상 조건 때문에 경제적 생활권의 획일적 인 합병은 어렵다는 것을 전제하면서도, 100명 이상의 조합원을 갖는 산업

---

31) 『長野縣の産業組合』 각 연호.
32) 『長野縣農會報』 第78號, 1916.

조합을 목표로 조합 규모의 확대에 적극적으로 나섰던 것이다. 예컨대 1918
년 12월 가미미노치군(上水內郡)·나가노시(長野市) 산업조합 부회의 총회에
출석한 관할 행정청 수장 가미미노치 군수는 "산업조합은 (…) 종래의 편협
한 관념을 버리고 (…) 통일하여 (…) 대규모 조합이 되는 것이 필요하다.
(…) 각 촌락에 존재하는 소규모 조합은 지역사회의 모든 농가를 조합원으로
망라하고 수개의 동종조합은 합병해서 대조합으로 확장하는 것"이 필요하
다고 훈시했다.33) 이런 움직임에 따라 나가노현은 말단 행정단위 이하에
다수 존재하는 부락조합을 말단 행정단위인 정촌(町村)조합으로 정리·통합
한다는 계획을 세우고, 신설조합은 정촌 단위가 아니면 인가하지 않는다는
행정지도 방침도 세웠다. 그 결과 관내의 조합 수는 점차 감소하는 한편,
1조합당 조합원 수는 큰 폭으로 늘어나 조합활동도 훨씬 원활해졌다. 1925
년 말 당시 나가노현 산업조합의 전국적인 위상은 조합 수 1위, 조합원 수
2위, 차입금 2위, 판매액 1위, 저축액 7위, 대부금 9위였다. 전국 유수의
산업조합 선진지역으로 발돋움한 것이다.

〈표 1-1〉은 1912년부터 1925년까지 나가노현 산업조합의 조합원 1가구
당 사업실적의 추이를 나타낸 것이다. 출자금과 저축액은 제1차 세계대전
시기까지 조합원의 주류를 형성하고 있던 지주·상층농가의 경제상태를 반

〈표 1-1〉 나가노현 산업조합의 조합원 1가구당 사업실적 추이

(단위: 엔)

연도	출자금	저축액	대부금	판매액	구매액
1912	21	13	42	70	16
1919	30	60	56	573	53
1925	59	178	110	267	47

* 자료: 長野縣, 『長野縣の産業組合』의 각 연호로부터 작성.

---

33) 『産業之礎』 1919. 1.

영하여 지속적인 성장추세를 보였다. 그러나 이미 1916년 무렵부터 '1촌락 1조합'과 '관내 모든 농가 가입'의 방침하에 그 이전까지 사실상 계통조직에서 배제되어왔던 자소작, 소작층이 새롭게 조합원으로 가입함에 따라, 이들의 빈약한 경영 및 생산력 수준에 영향으로 1919년 이후 대부금은 증가하고 판매액·구매액이 공히 감소 내지 정체하고 있다. 1촌락 1조합, 지역주민 전원 가입의 산업조합 사상에는 제1차 세계대전 이후 전후공황을 경험하면서 새로운 의미가 부여되어, 1920년 9월 나가노현 아카보시 덴타(赤星典太) 지사는 관내 시군(市郡) 서기관회의에서 "본 현의 산업조합은 현금 그 사회정책적 효과가 매우 크다"는 평가를 내리기도 했다.34)

3. 농민적 소상품 생산과 협동조합 유통구조의 확립

1) 농민적 소상품 생산의 결집과 산업조합

(1) 농가소조합의 등장

산업조합은 1920년대에 이미 쌀, 밀, 누에고치, 생사 등을 중심으로 공동판매 및 공동구매사업을 실시하고 있었다. 그러나 산업조합 계통조직의 시장망(=유통망)은 정비되어 있지 못했으며, 그 시장점유율도 미미한 수준이었다. 농민적 소상품 생산의 결집과 공동판매는 산업조합 조직 바깥에서 개별적·분산적으로 이루어졌다. 그 주체로 등장한 것이, 농회 계통조직의 장려 및 보조에 의해 촌락 단계 내지 그 이하 지역에 설립된 출하단체인 '농가소조합'이었다.

---

34) 『産業之礎』 1920. 10.

농가소조합 구성원의 계층구성을 보면 자소작 42%, 자작 29%, 소작농 23%, 지주 3%로 소상품 생산자적 성격이 압도적이다.[35] 제1차 세계대전 이후 농산물의 상품생산이 급속히 진전됨에 따라 영세 농민들은 감자, 토란, 고구마, 우엉, 파, 양파, 죽순, 수박 등의 채소류, 사과, 배, 감, 감귤 등의 과일류, 계란 등의 축산물류, 무절임 등의 농산물 가공품을 농가소조합에 결집시켜 공동출하, 공동판매의 형태로 적극적인 시장대응을 모색하고 가격 교섭력을 높여 나갔던 것이다.

역설적이게도, 농가소조합이 괄목할 만한 발전을 이룩한 것은 산업조합이 전반적으로 경영부진에 빠졌던 제1차 세계대전 말부터 1920년대의 만성불황에 걸친 시기였다. 〈표 1-2〉에서 보듯, 1927년 현재 농산물의 공동출하 단체 2,809개 가운데 농가소조합과 산업조합이 차지하는 비율은 각각 전체의 91%, 6% 수준으로 극명한 대립을 보인다. 이는 경종(耕種) 부문의 전반적인 정체와 상업적 농업의 발전이라는 농업구조의 변화 속에서 농가경제를 재건하고 시장 변화에 적극적으로 대응하는 데 있어, 촌락을 단위로 하는 산업조합보다 그 이하의 부락에 기초를 두고 농가의 일상적 경제활동과 밀착되어 있었던 농가소조합이 훨씬 적합한 체질이었음을 암시하는 것이다.

〈표 1-2〉 농가생산물 출하단체의 조직별 현황(1927)

조직	단체 수	비율(%)
농회	72	2.6
산업조합	109	6.0
동업조합	5	0.2
농가소조합	2,562	91.2
합계	2,809	100.0

* 자료: 帝國農會, 「農家生産物需給竝共同出荷狀況調査」(1928).

---

35) 農林省農務局(1936), 37쪽; 帝國農會編(1928), 35~37쪽.

당초 산업조합의 판매사업은 쌀, 보리, 누에고치, 생사 등 중농 이상의 농업생산물을 대상으로 하고, 농가소조합의 공동출하는 야채, 과일, 축산물, 절임류 등 주로 농민적 소상품 생산물을 대상으로 했다. 양측의 사업은 이분화되어 있었고 중복되는 부분이 적었다. 그러나 산업조합이 경영부진을 타개하기 위해 지역사회와 밀착하는 형태로 사업의 저변을 확대함에 따라, 농산물 공동판매 등을 둘러싸고 농가소조합과 경합 내지 마찰을 빚는 것은 시간문제였다.

(2) 농가소조합의 법인화와 산업조합 편입

이미 1926년 말 무렵, 판매사업을 전업으로 하는 2,271개 산업조합 가운데 17%에 해당하는 380개 조합이 채소, 과일, 농산물 가공, 부업 축산물을 취급하고 있었다. 농가소조합의 판매사업에서도 쌀, 보리, 누에고치의 물량이 가장 많고 청과물이 그 다음을 차지하여 판매품목만 보면 산업조합과 다를 바 없었다. 나아가 농가소조합은 대부분 비료, 농기구, 종자 등을 공동구매하고 있었기 때문에 구매사업에서도 산업조합과의 경합 내지 마찰은 피할 수 없는 형국이었다.[36]

한편 농가소조합의 발달은 산업조합의 조직과 사업을 경작농민부락의 단계까지 끌어내림으로써 산업조합의 기반을 개척하는 구체적인 가능성 및 활로를 보여준 일이기도 했다. 1930년대 '산업조합 확충운동'은 바로 이 출하조합, 양잠조합 등 다양한 형태의 농가소조합을 농사실행조합(農事實行組合)이라는 이름으로 법인화하여 산업조합 하부조직으로 편입하는 형태로 이루어졌다. 산업조합은 자연부락 단계의 소생산자 유통조직을 매개로 농산

---

36) 産業組合發達史編纂會編(1965) 第2卷, 470~471쪽.

물의 판매와 비료 등 농업자재의 구매를 지역 단위조합-현연합회-전국연합회로 집적하여 '규모의 경제'를 추구하고 시장 교섭력을 강화해 나갔던 것이다.

(3) 영세 농가 경제활동에 대한 국가의 개입

물론 여기에는 유통합리화를 통해 영세 농민의 이익을 확대하는 것을 새로운 농촌통합의 축으로 자리매김하여 농업공황에 의한 '벼농사·양잠 복합영농'의 파탄으로 한층 심각해진 지주-소작 간 계급 대립의 위기를 누그러뜨리려는 정부 당국의 의도가 개입되어 있었다. 산업조합법 개정과정에서 아래로부터의 자립성과 소상품 생산의 에너지에 뒷받침되어온 농가소조합의 다양성은 법적으로 인정되지 않은 채, 농사실행조합-지역 단위조합으로 채널이 일원화되고 상품과 자금 흐름에 대한 국가통제가 한층 강화되었다.

산업조합은 농업생산과 관련된 대표적 상품인 쌀과 화학비료의 유통과정에 대한 국가개입이 강화됨에 따라 그 독점적 실행주체의 지위를 얻게 되었다. 또한 농업·농촌 부문에 축적된 자금의 운용이나 부족한 자금의 융통을 통해 국가자금 및 자본시장과 연결되고 농촌사회와 자본시장·상품시장을 매개하는 연결고리 역할을 수행하게 되었다. 따라서 '산업조합 확충운동'의 역사적 의미를 올바로 파악하기 위해서는 무엇보다도 쌀과 농촌자금의 흐름을 산업조합 계통조직의 역할에 유의하면서 분석하는 작업이 불가결한 과제로 등장하는 것이다.

(4) 쌀 유통에 대한 통제 강화

본래 산업조합의 판매사업에서 쌀의 비중은 전국적으로 그리 높지만은 않았다. 1920년대 중반까지 산업조합은 주로 신용조합, 구매조합을 중심으로 발달해왔으며 판매조합의 주력상품도 수출품목의 대종을 이루는 생사 및 그 원료인 누에고치였다. 생사제품의 판매액이 전체의 50%를 웃돌았던 반면 쌀의 비율은 10% 전후에 그쳤다.[37] 쌀이 농산물시장에서 수량이나 금액 모두 수위를 차지하고 있던 품목이라는 점을 감안하면, 산업조합의 판매사업 실태는 개별 농가의 경영활동이나 농업생산구조로부터 크게 괴리되어 있었다는 이야기가 된다.

당시 시장에 유통되는 쌀은 경작농민이 직접 판매하거나(생산자미) 지주가 경작농민에게 현물 소작료로 받은 쌀을 판매하는(소작미) 두 가지 경로를 통해 공급되었다. 〈표 1-3〉에서 볼 수 있듯이, 1921년 당시에는 쌀 생산량 총 5,530만 석 가운데 3,670만 석(66%)이 경작농민의 수중에 남고 나머지 1,860만 석(34%)은 소작료 명목으로 지주에게 넘어가고 있었다. 이 쌀 중에 지주와 경작농민이 각각 1,160만 석(62%)과 1,370만 석(37%)을 시장에 내

〈표 1-3〉 소작미와 생산자미의 상품화 상황

단위: 만 석(%)

		1921년	1925~1929년	1936년
생산미	소 작 미	1,860 (34%)	1,420 (24%)	1,750 (25%)
	생산자미	3,670 (66%)	4,580 (76%)	4,980 (75%)
	소계	5,530 (100%)	6,000 (100%)	6,730 (100%)
판매미	소 작 미	1,160 (46%)	1,230 (37%)	1,050 (28%)
	생산자미	1,370 (54%)	2,090 (63%)	2,680 (72%)
	소계	2,530 (100%)	3,320 (100%)	3,730 (100%)
상품화율(%)		46%	55%	55%
생산자에 의한 미곡상품화율(%)		25%	35%	40%

* 자료: 1921년과 1936년은 坂本楠彦,『日本農業の經濟法則』, 東京: 東京大学出版会, 1956, 126쪽; 1925~1929년은 東畑精一,『農産物價格統制』, 東京: 日本評論社, 1933, 156~157쪽으로부터 작성.

---

37)『産業組合要覽』각 연호.

놓았다. 양자를 합하면 2,530만 석(46%)이 상품화된 것이다. 경작농민 자신이 상품화한 쌀은 유통량 전체의 25% 수준이었다. 따라서 판매미곡 2,530만 석 가운데 경작농민의 판매분(1,370만 석)이 차지하는 비율은 54%, 지주의 소작미 판매분(1,160만 석)은 46%로 쌀 유통시장에서 경작농민과 지주는 쌀 공급을 대략 절반씩 분담하고 있었다는 이야기가 된다.

1920년대 후반기에 들어서면서 쌀 시장에서 지주의 소작미 판매비율은 계속 낮아지는 반면 경작농민의 판매비율은 증가하여 점차 쌀 상품화의 주역으로 등장하고 있는 모습을 확인할 수 있다. 그러나 경작농민에 의한 쌀 상품화는 전체적인 양에서는 지주를 능가했다고 할지라도 질적인 면에서는 여전히 지주에 의한 상품화의 하위에 머무를 수밖에 없었다. 경작면적이 넓은 자작농이나 자신의 농지에 일부 소작지를 부치는 자소작층을 제외하면, 대부분의 농민은 주로 쌀을 소상품 생산으로서가 아니라 자가소비용·소작료용으로 생산하고 그 잔여분을 판매하는 데 지나지 않았기 때문이다.

이는 농업경영의 내발적인 힘이라기보다는 외적인 힘에 의해 상품화되는 이른바 '잉여적 공급'이었으며, 그런 의미에서 유통과정의 전근대적 성격을 규정하는 것이었다.[38] 지주의 경우 1호당 평균 쌀 판매량이 현미 60킬로그램들이 26부대였던 반면, 생산농가는 10부대에도 미치는 못하는 수준이었다.[39] 이와 같은 판매단위의 영세성은 상인에게 쌀을 팔 때 경작농민의 시장 교섭력을 현저하게 떨어뜨렸다. 지주는 많은 판매물량을 배경으로 연간을 통해 산지집하상인이나 운송도매업자와 직접 거래할 수 있었다. 그러나 판매물량이 적은 경작농가는 산지집하상인이나 운송도매업자가 아니라 그 아래 부락에 거점을 둔 쌀 중매상에게 추수 무렵부터 겨울에 걸쳐 '홍수출

---

38) 東畑精一·大川一司(1939), 13쪽.
39) 『米穀時報』(1933) 第9卷 第5號.

하'를 하지 않을 수 없었고, 중매인의 이익분만큼 가격차를 감수해야 했다.

(5) 산지유통업자의 횡포

부락의 쌀 중매상은 유통업자와 경작농민 사이에 '기생'하면서 경작농민의 쌀 판매자로서의 약점, 즉 시장 교섭력의 취약성을 교묘하게 이용하여 농촌지역에서 영세 농민이 판매하는 쌀을 구매하는 독점적인 지위를 유지하고 있었다.[40] 이들은 대개 농사철에 자금사정이 어려운 경작농가에게 비료를 외상으로 공급하고 추수기에 그 원금과 이자로 생산된 쌀을 받는 비료상인, 말하자면 약탈적 미비상(米肥商)을 겸했기 때문에 농민의 불이익은 더욱 가중되었다. 미리 공급되는 비료에는 턱없이 비싼 가격을 매기는 반면 그 대금으로 지불되는 쌀은 가능한 한 후려쳐 염가로 계산하는 전근대적인 고리대금업자의 거래행위가 상투적인 수법으로 사용되었기 때문이다.[41]

산지집하상인이나 운송도매상들도 그 거래수법이 부락의 쌀 중매상과 크게 다르지 않았다. 이들은 쌀 생산지의 화물 출하역 근처에 영업소를 두고 부락의 미곡중매상을 휘하에 부리기도 했으며, 스스로 지주, 경작농민, 산업조합(농업창고)으로부터 지역의 쌀을 사모아 화물차 10톤(160부대), 15톤(240부대) 단위로 소비지의 쌀 도매상에게 팔아넘겼다. 이들 역시 대부분 경작농가에 비료를 외상공급하고 추수기에 쌀로서 원금과 이자를 회수하는 금융업 겸영의 전근대적 고리대금업자였다.[42]

---

40) 渡邊信一(1927), 198~200쪽.
41) 『産業組合要覽』(1930).
42) 井上晴丸(1949), 147쪽.

(6) 농업지대별 쌀 상품화의 전개양상

제1차 세계대전 이후 농업생산력의 발전을 기초로 하여 시장에 상품으로 내다 팔기 위한 벼농사가 이루어지고 영세 농민에 의한 쌀의 상품화도 진전되었다. 특히 긴키 벼농사지대에서는 밀과 쌀보리를 이모작으로 생산하여 자급용 주식으로 대체하고 상대적으로 수입이 좋은 쌀의 상품화 비중을 높이거나 판매용 밀을 생산해 현금수입을 확보하는 경작농민이 늘어났다.[43] 이모작 경영은 종종 대도시, 대소비지 근교라는 지리적 이점을 살려 야채 등의 상품작물(=환금작물) 재배에도 확대되어갔다. 이렇듯 농산물의 상품생산을 통해 긴키 벼농사지대에서는 일찍이 근대적 소농경영이 성립되고 경작농민에 의한 쌀의 상품화가 확립될 수 있었다.

한편 나가노현과 같은 양잠지대에서는 완전한 상품생산인 누에고치를 위시한 밭농사 중심의 농업생산이 현저하게 발전하여 쌀 판매의 전근대적 형태를 무력화시키는 역할을 했다. 누에고치 판매에 의한 현금수입 증가로 농가의 자금사정에 여유가 생겨, 굳이 불리한 조건으로 쌀을 처분할 필요성이 없어졌기 때문이다. 다만 쌀 외에 특별히 상품화할 만한 작물이 없었던 도호쿠(東北) 벼농사지대는 생산력 수준이 여전히 뒤떨어진 데다 이른바 '협상가격차(鋏狀價格差)'라고 하는 농가경제의 구매가격과 판매가격 격차가 심했다. 이런 농업지대의 특성을 반영하여 1920년대 말까지 산지중매상, 집하상인, 운송도매업자와 같은 전근대적 유통업자들이 영농자재 공급, 자금대여, 입도선매 등 쌀 생산에서 판매에 이르는 전 과정에 흡착하여 위력을 떨치고 있었다. 그러나 1930년대에 들면서 벼농사의 생산성이 크게 발전하고 지주제가 궁지에 몰리면서 마침내 도후쿠 벼농사지대에서도 경작농민에

---

43) 『産業組合要覽』(1926).

의한 쌀 상품생산 및 판매가 서서히 본격화되기 시작했다.

(7) 산업조합의 쌀 유통기구 정비 및 사업 강화

이처럼 농업지대에 따라 편차는 존재했지만 시장에 상품으로 내다 팔기 위한 벼농사가 일반적인 영농형태가 되어갔다. 이에 발맞추어 경작농가가 쌀 시장에서 주체적인 지위를 확보하기 위해서는 산업조합의 조직적 대응이 불가피했다. 산업조합 계통조직을 개편하여 개별 농가의 판매미를 결집·대량화함으로써 판매의 영세성과 분산성을 극복해야 했던 것이다. 그러나 산업조합은 상품경제의 침투에 따른 농가의 긴급한 필요성으로부터 신용·구매사업을 중심으로 발전해왔다는 태생적 한계를 안고 있었다. 1924년 말 현재 판매조합의 59%가 개점휴업 상태였다는 사실이 말해주듯, 농산물 판매사업에 대한 개별 농가의 관심은 상대적으로 희박했다.[44)

〈표 1-4〉 산업조합의 쌀 판매량 추이

단위: 1,000석(%)

연도	쌀 상품 총량(a)	산업조합에 의한 쌀 판매량(b)	산업조합 쌀 판매량의 시장점유율(c=b/a x 100)
1914	28,477	179 (8.1)	0.6
1917	27,242	216 (6.0)	0.8
1920	31,564	500 (12.6)	1.6
1923	27,690	706 (14.9)	2.5
1926	27,773	1,308 (21.8)	4.7
1929	29,750	2,172 (23.8)	7.3
1932	30,146	3,173 (33.1)	10.5
1935	28,667	5,102 (41.3)	17.8

* 자료: 持田惠三, 『米穀市場の展開過程』, 東京: 東京大學出版會, 1970.
* (a)는 『産業組合要覽』의 각 연호에 의한다. (b)는 산업조합 판매사업 가운데 쌀 판매량과 그것이 차지하는 비율(괄호안)이다. (c)는 쌀의 상품화율을 50%로 하여 각 연도 총생산액에서 추계한 산업조합의 시장점유율이다.

---

44) 東畑精一·大川一司(1933), 49쪽.

〈표 1-4〉는 산업조합의 쌀 판매량 추이를 나타낸 것이다. 1925년 '산업조합 진흥쇄신운동'을 계기로 산업조합의 판매사업에서 쌀이 차지하는 비율과 시장점유율이 급격히 높아졌지만, 1926년에도 여전히 각각 21.8%, 4.7%라는 낮은 수준이었다. 산업조합의 사업이 농업생산에서 가장 큰 비중을 차지하는 쌀 부문에서 국내시장과 괴리되어 있었다는 사실은 당시 농촌협동조합의 조직 및 사업전개와 관련해 중대한 문제를 제기하는 것이었다.

결국 산업조합으로서는 쌀 유통기구를 정비하여 벼농사 부문의 농민적 소상품 생산에 대응하는 것이야말로 조직의 사활이 걸린 과제였다. 무엇보다도 경작농민의 쌀을 공동판매하기 위해서는 신용·판매·구매사업의 겸영을 통해 농가조합원에 대한 금융지원을 강화하고 쌀 상품을 결집하는 데 필요한 보관창고를 정비하는 것이 필수조건이었다. 농가가 영농자금을 마련하지 못해 전근대적 상인으로부터 쌀값을 가불받는 '공생관계'를 맺고 있었기 때문이다. 이 관계를 청산하지 못하는 한 산업조합이 존재해도 경작농민은 높은 이율로 비료대금 등을 빌려 쓰고 있는 상인에게 쌀을 넘겨줄 수밖에 없었다. 그리고 영세한 쌀 상품을 대규모화하고 계절적으로 출하가 집중되는 수확기를 피해 연중 평균적인 판매를 실시하며, 다수의 상인을 대상으로 경쟁입찰을 실시해 시장 교섭력을 높이기 위해서는 무엇보다 경작농가가 내놓는 쌀을 공동으로 보관해둘 창고시설이 필요했다.

(8) 농업창고의 위력

1917년에 '농업창고법'이 제정되었다. 보조금을 교부하고 세금면제 등의 특전을 주어 판매하는 쌀 상품을 보관하고 이를 담보로 금융 내지 금융알선을 행하는 농업창고를 조성하기 위해서였다.[45] 산업조합의 판매사업에서 쌀이 차지하는 비율이 상승곡선을 긋기 시작한 것은 농업창고 정비와 궤를

〈표 1-5〉 농업창고의 발달과 그 이용 상황

단위: 개소, 1,000포대(%)

연도	경영주체 수	곡물수용량	현미입고량	내역		
				농업자(%)	지주(%)	상인(%)
1920	850	6,317	3,018 (100)	999 (33)	1,201 (40)	819 (27)
1925	1,919	11,307	8,123 (100)	3,178 (39)	2,842 (35)	2,103 (26)
1930	2,756	15,761	17,238 (100)	9,746 (57)	4475 (26)	3,016 (18)
1935	4,334	26,432	23,436 (100)	14,479 (62)	5,344 (23)	3,613 (15)
1938	5,153	30,506	32,612 (100)	21,285 (65)	6,958 (21)	4,368 (13)

* 자료: 農林省經濟更生部, 『産業組合要覽』, 1938, 123~125쪽.

같이했다.

〈표 1-5〉에서 보는 바와 같이, 1920년 이후 정부의 각종 장려책에 힘입어 산업조합의 농업창고가 급속히 보급되어 1920년부터 1938년에 걸쳐 곡물수용량이 거의 5배로 확대되었다. 농업창고법 제정 당시에는 지주의 의탁비율이 1위였으나(예컨대 1920년 40%), 벼농사에서도 농민적 소상품 생산이 진전됨에 따라 지주·상인의 의탁비율은 매년 큰 폭으로 떨어지고 대신 경작 농가의 이용비율이 현저하게 증가하여 1930년에는 50%를 훨씬 넘어섰으며 1938년에는 전체의 2/3를 차지하게 되었다.

이에 발맞추어 산업조합 판매사업에서 쌀이 차지하는 비율도 덩달아 증가하여 1929년 23.5%, 1932년 33.1%로 급속히 높아지다가 1935년에는 드디어 40%대에 오른다. 같은 해 산업조합의 쌀 판매량은 500만 석을 넘어 시장에서 거래되는 쌀 총량의 17.8%를 차지했다. 산업조합이 명실 공히 쌀시장의 유력한 공급주체로 등장하게 된 것이다.

---

45) 水野武夫(1935), 47~48쪽.

2) 농촌자금의 흐름과 산업조합

(1) 농업지대별 농촌자금의 흐름

앞에서 살펴본 바와 같이, 농업공황대책으로 시작된 '산업조합 확충운동'으로 경작농민 및 농가소조합의 농산물 공동판매 및 농업자재 공동구매사업이 촌락 단계 단위조합-부락 단계 농가실행조합의 라인으로 일원화되었다. 나아가 그것을 전국 단계-현 단계 산업조합 중앙회와 연결하여 국가정책자금이나 계통조직의 금융자금으로 지원하는 체제도 갖추어졌다. 그러나 실제의 사업전개에서는 1920년대 농민적 소상품 생산의 발전 정도에 따라 농업지대별로 커다란 격차가 존재하고 있었음을 주목할 필요가 있다.

1928년 1월 말 현재 농업지대별 산업조합의 평균 운전자금을 보면, 도호쿠 벼농사지대 6현이 7만 4천 엔, 나가노·군마(群馬) 양잠지대 2현이 16만 8천 엔, 긴키 도시근교 농업지대 6현이 27만 9천 엔으로, 대소비지를 배후에 둔 긴키 상업농업지대가 두드러진다. 이런 현상은 운전자금에서 여유자금이 차지하는 비율에도 그대로 나타났다. 벼농사지대가 20% 정도인 데비해, 양잠지대와 도시근교 상업농업지대가 각각 33%, 39%의 높은 수준을 보였던 것이다.[46] 산업조합의 운전자금이 주로 조합원 출자금과 이용자의 저축으로 구성되었다는 점을 감안하면, 농업지대별 농민적 상품생산의 정도와 금융기관으로서 산업조합의 위상에 따라 규정된 결과일 것이다.

(2) 지방은행에 종속된 벼농사지대의 산업조합 신용사업

먼저 도호쿠 벼농사지대의 산업조합 금융은 1920년대에도 여전히 대토지를 소유하면서 농업생산과정에서 유리된 채 "기생지주가 경영하는 지방은

---

46) 『産業組合要覽』(1930).

행의 종속적 기관"[47]이라는 평가를 벗어나지 못하고 있었다. 소작이나 자소작 농가로부터 징수한 고율의 소작료 등 지주자금을 원천으로 하는 지방은행에 의존하여 산업조합의 신용사업이 이루어지고 있었던 것이다. 1925년 말 현재 저축 잔액에 대한 대출 잔액의 비율, 즉 저대율(貯貸率)을 보면 아오모리(靑森)가 182%, 후쿠시마(福島) 177%, 미야기(宮城) 168%, 이와테(岩手) 137%, 아키타(秋田) 133%, 야마가타(山形) 115%로 농가조합원의 저금 등 자기자금으로는 자금수요를 채우지 못하고 지방은행으로부터의 차입금으로 대처하는 형국이었다.[48]

산업조합의 차입금은 대부분 미곡금융에 기반을 둔 지주적 지방은행에서 유입되었고, 조합저축도 이러한 지주적 지방은행에 흡수되어 차입금과 저축 모두 산업조합 계통조직의 이용률은 극히 낮았다. 따라서 지역 금융시장에서 조합금융이 차지하는 비중도 매우 미미한 수준에 머물렀다. 예를 들면, 지역 전체 금융기관(보통은행, 저축은행, 산업조합 등)의 예저금 가운데 산업조합 저금이 차지하는 비율이 가장 높았다고 하는 후쿠시마조차 채 5%가 되지 않았던 것이다. 이처럼 도호쿠 벼농사 단작지대는 쇼와(昭和)공황으로 농촌의 질서가 붕괴될 때까지 지주제의 강력한 지배하에 있었다. 경작농가에 의한 농민적 소상품 생산의 조직화도 활발하지 않았고, 그만큼 조합금융의 발전 여지도 적었다.[49] 산업조합이 고리대금업자의 체질을 갖는 지방은행의 지배에서 벗어나 독자적인 금융권을 형성해 나가는 것은, 농업공황이 지주경영을 강타하여 지방은행과 지주계층의 자금관계를 질곡에 빠뜨리고 나서부터였다.[50]

---

47) 井上晴丸(1949), 147쪽.
48) 『産業組合要覽』(1926).
49) 暉峻衆三(1983), 134쪽.

(3) 도시근교 상업농업지대의 산업조합 신용사업

이와 반대로, 대소비지를 끼고 있는 긴키 도시근교 상업농업지대에서는 채소, 과일, 축산물, 농산가공물 등 농민적 소상품 생산이 두드러지게 발전했다. 이에 힘입어 산업조합의 자금도 풍부해져, 1920년대 중엽이 되면 저축자금의 70%, 운전자금의 50% 이상을 이들 자작·자소작 영세 농가의 가계자금이 차지하게 된다.[51] 산업조합은 이 여유자금을 기초로 경작농가에게 생산자금 및 가계자금을 적극적으로 공급하여 명실 공히 농민적 소상품 생산의 발전을 뒷받침하는 금융기관으로 자리 잡았다. 그러나 농업·농촌 부문에서 운용처를 찾지 못한 여유자금의 절반 가까이는 상대적으로 금리가 높은 계통기관 외의 다른 금융기관으로 흘러나가, 현 신용연합회–산업조합 중앙금고로 이어지는 계통기관 이용률은 20% 정도에 머물렀다.[52]

긴키 농업지대의 농가 소상품은 사치품의 원료인 누에고치나 생사와 달리 소비자의 식생활에 직결되는 것이었기 때문에 농업공황기에도 가격하락폭이 경미한 범위에 그쳤다. 농가소조합을 매개로 한 농민적 소상품 생산의 조직화는 붕괴되지 않고 유지되었으며, 농촌의 모든 계층, 특히 영세 경작농가의 생산과 생활이 산업조합을 중심으로 한층 결집됨에 따라 다른 농업지대에 비해 소작쟁의 발생이 크게 억제되는 결과를 보였다.[53]

그러나 여태까지 경험해본 적 없는 농촌위기는 경작농가의 농산물 판매자금과 생활자금을 바탕으로 하는 산업조합의 여유자금 운용을 더욱 어렵게 만들었다. 산업조합으로서도 남아도는 자금을 유리한 조건으로 운용하기 위

---

50) 伊藤正直(1976), 62~64쪽, 67~68쪽.

51) 大門正克(1983), 24쪽.

52) 産業組合中央金庫編(1926)/(1927)/(1929).

53) 暉峻衆三(1983), 134쪽.

해 침체에 빠진 농업·농촌 부문보다 농외 부문으로 눈을 돌리고 외부의 금융기관으로 자금을 유출시키지 않을 수 없었다. '산업조합 확충운동'에서는 외부 금융기관으로 농업·농촌자금이 유출되는 것을 막고 산업조합 계통기관의 이용률을 높이는 것이 중요한 과제로 부상하게 되었다.

(4) 양잠지대의 산업조합 신용사업

나가노·군마의 양잠지대는 농가경제의 양잠 의존도가 높고 관내에 전국 굴지의 제사산업을 가지고 있었던 만큼, 이 지역에서는 양잠·제사금융이 활발하게 전개되었다. 산업조합도 양잠경영을 매개로 하는 방대한 화폐유통량, 자금수요의 계절성, 다량의 화학비료 투입, 고용노임의 지불 등 농업지대적인 특성 위에, 경작농민에 대한 영농자금 공급을 중요한 기반으로 하여 신용사업을 중심으로 발전했다.

나가노현의 금융구조를 보면 제19은행, 제63은행, 시나노(信濃)은행 등 상위 3개 은행이 자본금 및 대출 규모 등에서 나머지 약소 지방은행을 제치고 압도적인 우위를 차지했으며, 거기에 농업·농촌 금융기관으로서 산업조합이 일익을 담당하는 중층적인 구조를 이루고 있었다. 1920년대 중엽, 관내 제사업에 대한 대출은 자본금 1,000만 엔 이상의 상위은행에 집중되어 있었다. 자본금 50만 엔 미만의 은행은 대출 액수나 비율에서 제사업을 대상으로 하기에는 역부족이었다.[54] 약소은행 가운데 자본금을 100만 엔 이상으로 증자한 일부 은행(시가志賀은행, 우에다上田은행, 신요信陽은행 등)은 제사업자나 영세 생산자에 흡착한 누에고치상인, 비료상인, 쌀 유통업자와 같은 상인을 대상으로 대출을 확대해 나갔으나 그 외의 은행은 대체로 영세 생산

---

54) 日本銀行調査局編(1928), 110~112쪽.

자를 주요 고객으로 했다.

권업은행(勸業銀行)이나 농공은행(農工銀行)과 같은 정책금융기관의 역할도 있었으나 "자금융통은 중류 이상의 지주, 특히 대지주의 부동산 구입에 국한되어 있었고" "농가에 대한 장기저리 자금의 공급"과는 무연의 존재였다. 이런 상황에서 "중류 이하의 지주, 자작, 자소작 농가에 대해 부동산 구입 내지 대인신용자금을 융통하고 있었던 것이 지방은행, 특히 영세 은행"이었다. "다수의 농가, 특히 중류 이하의 농가가 영농이나 토지구입, 황무지 개간 등에 필요한 소규모 자금을 융통받는 것도 대개 이러한 지방은행을 통해서"였다.[55]

(5) 농업금융을 둘러싼 지방은행과 산업조합의 경합

이러한 지방은행과 산업조합(신용조합)의 관계는, 예입과 차입에서 직접적인 자금수수가 이루어졌던 시나노은행 등 극히 일부 지방은행의 경우를 제외하면, 기본적으로 농촌금융시장을 두고 경합하는 관계였다. 〈표 1-6〉에서 보듯, 1920년대를 통해 나가노현 산업조합은 필요한 자금은 주로 계통기관에서 조달하고 여유자금은 주로 지방은행이나 도시은행 지방지점을 통해 운용했다.

제1차 세계대전 종결 이후 만성적 불황이 계속되는 가운데 지방은행은 심각한 침체상태에 빠져 상당수가 합병 내지 해산에 내몰렸고, 쇼와공황 이후에는 존속 은행의 절반 이상이 "개점휴업" 상태에 빠지게 되었다.[56] 생사가격의 폭락으로 그때까지 축적해온 이윤을 모두 쏟아 붓고 나아가 차입금에 의존해서까지 규모 확대에 몰두해온 제사경영이 가타쿠라(片倉)제사

---

55) 『帝國農會報』 第9-1號, 1919. 1.
56) 八十二銀行(1968), 140~158쪽.

〈표 1-6〉 나가노현 산업조합 차입금·예입금의 거래기관별 비율

단위: %

	차입금					예입금				
	중앙금고	신용연합	보통은행	특수은행	개인	현청	중앙금고	신용연합	은행	개인
1925. 2	–	55.6	19.8	8.4	–	16.0	–	28.9	70.9	0.2
1926. 1	3.0	65.8	5.8	21.3	0.1	4.0	–	33.6	65.9	0.4
1927. 1	4.5	62.8	11.7	13.3	–	7.7	0.0	32.7	67.0	0.2
1028. 1	49.5	32.1	3.1	13.4	0.1	1.6	0.0	49.7	50.1	0.1
1929. 6	–	–	–	–	–	–	0.0	50.9	50.0	0.1
1931. 6	29.3	35.7	28.5		6.4		0.0	60.1	38.6	0.5
1933. 6	44.5	30.8	18.3		6.4		0.0	58.2	38.7	0.5
1935. 6	45.8	31.0	16.7		6.6		0.0	64.0	28.7	0.4

* 자료: 1925~1928년은 産業組合中央金庫編, 『農村市街地信用組合金融事情調査』第一回·二回·三回, 東京: 産業組合中央金庫(1926/1927/1929); 1929~1935년은 農林省農務局編, 『産業組合要覽』, 東京: 農林省農務局, 1930~1937으로부터 작성.

등 일부 대자본을 제외하고 결정적인 타격을 받게 되었기 때문이다.

제사자본에 직접 자금을 제공하고 있었던 나가노현 지방은행은 도시은행에 대한 종속적 지위에다 제사금융의 특징에 규정되어 양잠업·제사업의 부진과 함께 경영내용이 크게 악화되었다. 이들 지방은행은 거대 시중은행(도시은행)으로부터 부족한 자금을 공급받아 제사자본에 융자해왔다. 시중은행은 경기변동에 민감한 양잠업·제사업에 직접 융자하기보다는 지방은행을 통해 융자하여 위험을 분산하는 체제를 구축했다. 말하자면, 지방은행은 시중은행의 '위험전가기구'로 자리매김되어 구조적으로 경영환경의 변화를 견딜 만한 내재적 생명력이 취약했던 것이다.

또한 제사금융은 제사기업의 내부 자본축적이 취약한 데다 생사 생산비의 80%를 차지하는 누에고치 구입비의 지출이 계절적으로 집중되어 있고, 그

것도 농가를 구매대상으로 하고 있었기 때문에 거의가 현금결제라는 특징이 있었다. 지방은행의 제사자금 회수율은 1920년에는 연말 기준 0.9%, 제사연도(製絲年度) 말인 이듬해 5월 말 기준 47% 정도였다. 대출의 반액 이상을 회수하지 못하고 있었던 것이다. 이후에도 상황은 그다지 개선되지 않았다. 대출의 장기화와 거액에 달하는 원리금의 미회수라는 제사금융의 불량채권화는 지방은행의 경영내용을 악화시키는 주요 원인이 되었다.

(6) 지방은행 경영위기와 산업조합 신용사업

이러한 지방은행의 경영부진과 대조적으로, 산업조합(신용조합)은 저축 및 대출에서 공히 비약적인 발전을 이룩했다. 이는 조합 수의 증가라는 외연적 발전에 의한 것일 뿐만 아니라 양잠농업을 축으로 한 자작 및 자소작 농가의 성장과 이들을 대출기반으로 한 자금 규모의 확대라는 내포적 전개에 의한 것이기도 했다.

당시 양잠농가는 생사 1관을 생산하기 위해 소요되는 누에고치의 가격계수에 따라 원료 가격을 결정하는 '가케메(掛目)'라는 유통메커니즘에 의해 제사자본에 종속되어 있었다. 즉, 제사자본이 주도하는 누에고치 가격 결정과 대금 산정이 양잠농가의 경영과 재생산을 규정하는 구조였던 것이다. 1927년 금융공황 발생 이전까지는 제사자본이 생사 생산량 증대를 통해 경영악화를 메우고자 꾸준히 노력했기 때문에 양잠농가의 누에고치 생산량도 증대하고 일정한 범위 내에서 농민적 소상품 생산의 전개도 가능했다.

양잠농가와 이들에게 흡착한 누에고치상인, 비료상인, 쌀 유통업자 등 전근대적 상인을 주요 대출기반으로 하고 있던 약소 지방은행은 '소상품 생산이 더욱 발전할 수 있다'는 전망이 존재하는 한 영세 생산자를 대상으로 '이자를 낳는 근대적 은행자금을 융통하는 활동'을 계속할 수 있었다. 그러나 1920년 이후 만성적인 불황으로 경영이 악화됨에 따라 태생적으로 가지고 있던 고리대금업자의 성격이 표면화되고 점차 소생산자를 위한 금융기관으로서의 존립 근거를 잃게 된다. 그에 따라 약소 지방은행에서 산업조합으로 농가의 저축이 이동하기 시작하고, 비료대금 등 농용자재 구입비의 차입도 산업조합에 의존하는 부분이 커지게 되었다.

농가의 경영악화를 막기 위해 산업조합이 권업은행과 지방자치체로부터 저리의 정책자금을 융자받아 제사업 경영에 나서는 이른바 '조합제사(組合製絲)'의 발전을 배경으로, 양잠농가도 적극적으로 산업조합운동에 참가하기 시작했다. 그 결과 1925년 말 현재 나가노현 산업조합의 계통조직 이용률은 차입금과 예입금이 각각 69%, 34%에 달하게 되었다. 산업조합 계통 금융기관은 지주형 지방은행의 종속에서 벗어나 독자적인 금융권을 형성해 나가는 양상을 보이게 된 것이다.[57]

(7) 생사·제사산업의 붕괴와 산업조합 신용사업의 질곡

그러나 1927년 금융공황 이후 생사 및 누에고치 가격이 하락하고 서리로 인해 뽕나무밭이 궤멸적 피해를 입게 됨에 따라 나가노현 양잠농가는 거액의 적자를 기록하게 되었다. 여기에 엎친 데 겹친 격으로 쇼와공황이 농촌을 강타하여 양잠농가와 제사자본을 가릴 것 없이 파멸의 늪으로 내몰렸다. 양잠농가는 자기노임을 포기하는 형태로 누에고치 생산비를 실로 1/3까지 줄여야 했다. 나아가 누에고치 대금을 제대로 받지 못하고, 인근 제사공장에 나가 가계를 보조해온 농가 부녀자의 임금도 체납되어 농가부채액은 1929년 1억 8천만 엔(1호당 약 868엔)에서 1934년 4억 엔(1호당 약 1,966엔)으로

---

57) 産業組合中央金庫編(1926) 第一回.

급등했다.[58] 이런 까닭으로 농촌위기를 계기로 지방은행의 예금을 흡수하여 자금 규모를 확대해 나간 도호쿠 벼농사 농업지대나 긴키 도시근교 상업 농업지대의 산업조합과 달리, 나가노 등 양잠지대에서는 산업조합의 저축이 지방은행 못지않게 줄어드는 모습을 보였다.

더욱이 1930년 11월 시나노은행의 지불유예 발표는 지역 금융시장을 한층 위축시켰다. 시나노은행은 1928년 5월 나가노 동북부 지방의 9개 은행을 합병하여 약소 지방은행의 총결집체로서 출범했다. 자본금은 1,400만 엔으로 제19은행에 이어 관내 2위였고, 대출금은 4,300만 엔으로 제19은행과 제63은행을 웃돌았으며, 점포 수는 제63은행의 2배로 관내 1위를 차지할 정도였다. 그러나 출범 당초부터 불량채권을 끌어안은 무리한 합병과 경영개혁 및 책임체제 미비 등의 문제가 표면화되어 예금의 위험성이 지적되고 있었다.

시나노은행은 나가노현을 비롯한 지방자치체, 은행, 산업조합 등의 단체예금과 6만에 달하는 농민·상공업자로부터 3,000만 엔이 넘는 개인예금을 맡고 있었던 만큼 그 파탄이 지역경제나 지역주민의 생활에 미친 영향은 심대했다.[59] 지불유예가 장기화되면서 다른 금융기관으로도 영향이 파급되어 지이사가타은행 등이 해산되고 살아남은 은행도 대부분 수중의 자금이 고갈되었다. 나아가 담보로 제공했던 토지가 은행으로 유입되고, 새로운 대출은 물론 현금 인출까지 막히면서 사실상 휴업상태에 빠져들었다.[60]

특히 부채농가의 관리 및 자금 공급에 중심적인 역할을 담당하고 있던 산업조합은 1931년 2월 10일 현재, 전체 저축금액(1,432만 엔)의 30%에 해

---

58) 八十二銀行(1968), 302쪽; 長野縣內務省農務課(1932) 참조.
59) 長野縣內務省農務課(1932) 참조.
60) 長野縣農會(1936), 85~91쪽.

당하는 429만 엔을 시나노은행에 예치하고 있었기 때문에, 지불유예는 조합경영에 직접적인 영향을 미쳤다(〈표 1-7〉 참조). 특히 시모미노치군(下水內郡)의 산업조합은 여유자금의 75%, 가미타카이(上高井), 가미미노치(上水內), 하니시로(埴科) 3군은 여유자금의 50% 이상을 시나노은행에 예치하고 있었기 때문에 이들 지역을 중심으로 경영위기를 겪는 산업조합이 속출했다.[61]

이런 사태는 농가조합원 등이 산업조합에 쇄도하여 저금을 인출해가는 이른바 '뱅크런' 소동을 야기했다. 그 대책으로 1931년 말에는 115개 조합이 저금지급을 제한하고 79개 조합이 신규대출을 중단함으로써 나가노현 산업조합 절반 가까이가 사실상 신용사업을 정지하는 사태로 발전했다.[62] 그럼에도 1930년 11월부터 1932년 6월 사이에 산업조합의 저축자금 감소율은 32%에 달했다.

산업조합에서 인출된 자금은 국가금융기관인 우편국이나 시중은행 지점에 예치되어 역외로 유출됨으로써 경제공황 아래서 나가노현의 금융 상황은 더욱 어려워졌다. 시나노은행이 지불유예를 발표한 당일 나가노 우편국

〈표 1-7〉 산업조합의 시나노은행에 대한 예입금(1931. 1. 10)

단위: 1,000엔

산업조합 예금	신용조합 수	예금 잔고	현신용연합 재입금	계
현신용연합	396조합	8,476		
중앙금고	11조합	101	2,700	2,801
시나노은행	162조합	2,623	1,666	4,289
기타 은행	464조합	3,057	1,728	4,785
우편국	64조합	58		
합계	1,100조합	14,318	6,094	

* 자료: 産業組合中央會長野支會,「信濃銀行の休業と産業組合の對策槪要」(1931. 12).

---

61) 産業組合中央會長野支會(1931); 長野縣編(1990), 977~986쪽.
62) 八十二銀行(1968), 300~309쪽.

의 저금은 평일의 3배, 우에다 우편국은 11배로 급증했다. 그때까지 산업조합에 예금자를 뺏겨 존재감이 희박했던 우편국은 금융위기를 계기로 국가가 운영하는 금융기관이라는 확고한 대외신인도를 등에 업고 서민을 위한 금융기관으로서 위치를 다지게 된다.

시나노은행의 도산을 계기로 산업조합과 지방은행 간의 자금수수관계는 상당부분 해소되었지만, 그것이 산업조합 계통조직의 신용사업 발전에 뒷받침된 것은 분명 아니었다. 1933년 이후 '산업조합 확충운동'이 본격적으로 전개되면서 농가조합원 수가 증가했지만, 조합의 출자금, 적립금은 정체되고 대출금은 거꾸로 축소되었다. 나가노현은 양잠농업과 제사산업을 기축으로 했고 금융구조도 여기에 규정되어 있었기 때문에 세계공황의 여파로 인한 관내 산업의 궤멸적 붕괴는 산업조합 신용사업을 포함하여 금융시장의 총체적 축소를 초래할 수밖에 없었던 것이다.

4. 협동조합 유통기구의 확립과 중소 상공업자의 반발

1) 중소 상공업자의 반발과 반산운동의 전개

(1) 산업조합 중심의 유통합리화정책

'산업조합 확충운동'의 핵심내용은 농촌협동조합 계통조직의 판매·구매 사업 체제를 정비하여 농가조합원의 영농 및 생활과 관련된 상품유통을 합리화하는 것이었다. 그것은 1932년 농산물 판매 및 농용자재 구매에서 중간 상인을 배제하여 유통마진을 줄여 나가는 '5개년 계획'으로 구체화되었다. 그러나 여기서 합리화의 대상으로 지목된 지방의 중소 상공업자들은 '산업조합 확충운동'의 진전에 따라 점차 생업의 터전을 잃고 전국적으로 생존권 유지를 위한 집단행동에 나서게 되었다. 이것이 곧 '산업조합을 중심으로 하는 유통합리화에 반대하는 운동', 즉 반산운동(反産運動)이다.

당시 중소 상공업자들은 전국 총취업인구의 17%라는 상당히 큰 사회적 비중을 차지하고 있으면서도 재벌자본을 중심으로 하는 독점적 부르주아와 농촌 지주층이라는 양대 사회계층의 틈새에 끼여 어떤 의미에서는 사회적 모순에 가장 집중적으로 노출되어 있었다.[63] 이들 못지않게 취약한 사회계층이었던 경작농민은 쇼와공황을 계기로 '농촌구제'라는 이름 아래 정치·경제·사회의 가장 중요한 과제로 등장하여 1932년의 '농촌경제 갱생계획'과 '5개년 계획'의 수립으로 그 정책적 대응이 이루어졌다. 재벌자본을 중심으로 하는 독점 부르주아는 오히려 경제위기에 편승하여 자본집중을 한층 강화하고 중소 상공업자 영역까지 넘어와 그 지배력을 확대하는 형국이었다. 그러나 막상 중소 상공업자들의 문제는 늘 정치쟁점이 되면서도 농촌문제에 가려져 정책적으로 구제의 길은 마련되지 않은 채 방치되다시피 하며 그만큼 불평불만도 누적되다가 '산업조합 확충운동'을 계기로 폭발했다.

(2) 반산운동의 역사적 의미

일본에서 가장 뛰어난 협동조합 이론가인 이노우에 하루마루(井上晴丸, 1908~1973)는 '산업조합확충 5개년 계획'을 농업 부문에서 "반(半)봉건적 영세 농업(…)의 광범한 존재의 기초 위에 군림하는 중소 상공업자본을 정리·재편성"하는 과정으로 보았다. 여기서 "가장 핵심적인 것은 농용자재 구매와 농산물 판매에 관련된 유통기구의 합리화이며 특히 비료 구입과 쌀 판매에서 이룩한 괄목할 만한 성장"이다. 반산운동의 역사적 의미를 "농업

---

63) 江口圭一(1976), 7~18쪽, 517~530쪽.

공황의 대책으로 관료적 지도에 의해 이루어진 일본형 유통합리화정책에서 배제된 중소 상공업자들의 상권옹호운동"으로 파악한 것이다.[64]

더구나 "이러한 구매사업·판매사업의 현저한 진전은 산업조합 계통기관, 특히 그 중앙기관의 제도적 정비를 수단으로 하여, 구매사업에서는 비료공업의 독점자본과 연계하고, 판매사업에서는 각각 국가(쌀), 독점적 산업자본(보리류), 거대 금융자본의 분파인 수출무역 관련 상업자본(견사·밀감) 등과 연계하여 전개되었다"[65]고 했다. 반산운동은 이러한 산업조합 계통 유통기구의 확립에 대항하여 비료상인, 미곡상인, 소도매상인 등 중소 상공업자가 전개한 집단적인 생존권 투쟁의 성격을 띠고 있었던 것이다.

반산운동의 발단은 1921년 10월 호쿠리쿠(北陸) 상업회의소 연합회가 「판매조합 및 유사단체의 위법행위 단속을 요망하는 건의문」을 채택한 데서 찾아볼 수 있다. 이 단계에서는 아직 지방 중소 상공업자가 분산적으로 산업조합의 판매사업 확대와 국가적 보호정책에 반대하여 관계 당국에 그 개선을 진정하는 수준이었다. 그러나 1929년 나가노, 시즈오카(靜岡) 등의 상공회의소가 "비료단속법을 산업조합에 적용하고 산업조합의 투기적 행위를 단속할 것"을 요구하는 결의문을 채택하고, 전국조직인 일본상공회의소(日本商工會議所)에 그 개선을 위해 노력할 것을 요구함에 따라 중소 상공업자의 저항운동은 중앙조직을 중심으로 결집되기 시작했다.[66]

1932년 10월 '산업조합확충 5개년 계획'의 수립을 계기로 "반산운동은 질적인 변화를 이루어" "한편으로는 강력한 정치운동으로 전개되고 다른 한편으로는 산업조합에 대한 강력한 경제적 마찰"을 불러일으키게 된다.

---

64) 井上晴丸(1949), 275~276쪽.
65) 井上晴丸(1949), 161~208쪽.
66) 『産業組合年鑑』(1936), 27~28쪽.

특히 제67회 제국의회(1934. 12. 26~1935. 3. 25)에서는 산업조합을 구체적인 사업주체로 하는 미곡자치관리법안(米穀自治管理法案), 산잠처리통제법안(產蠶處理統制法案), 비료사업통제법안(肥料事業統制法案) 등 농업유통합리화 관련법안의 상정을 둘러싸고 반산운동이 격화되어 질량 공히 일대 발전을 이룩했다.[67]

일본상공회의소에 결집된 지방 중소 상공업자의 주장은 다음과 같았다. 먼저, 구매조합 및 동 연합회에 대한 과도한 보호 및 자금조성의 특전을 철폐하라는 것이었다. 구매조합 등에 주어지는 제세공과금 면제, 금융상 특전, 보조금 공여, 운임할인 등의 특혜가 공정한 경쟁기반을 무너뜨리고 중소 상공업자의 생존권을 심각하게 침해한다고 보았다. 나아가, 산업조합이 조합원이 아닌 농가나 지역주민을 대상으로 제품을 판매하거나 원료를 구입하는 행위는 법률에 저촉되는 것이므로 비조합원을 대상으로 하는 경영상의 위법행위를 단속하여 중소 상공업자에 대한 부당한 압력을 제거하라고 요구했다.

반산운동의 열기가 고조되고 조직화되는 과정에서 "이론적 지도자 겸 기획역"[68]으로 혜성처럼 등장한 인물이 와타나베 데츠조(渡邊鐵藏)였다. 그는 도쿄제국대학 교수 출신으로 일본상공회의소로 옮겨와 반산운동을 이끌었다. 1933년 11월에 발표한 그의 논문 「판매조합이 받는 총우(寵遇)와 상공업자가 받는 압박」은 반산운동의 본질과 방향을 제시한 문건이라는 점에서 중요하다.

그는 이 글에서 "산업조합에 대한 정부의 과다한 보호정책"은 "편파적이고 온당치 않은 조치"라고 지적했다. "이러한 불공정하고 부당한 처사는

---

67) 『產業組合年鑑』(1936), 17쪽.
68) 鈴木茂三郎(1936), 235~242쪽.

결코 국가가 할 일이 아니며", 산업조합은 "자연스러운 발달에 맡겨두고 공정의 관념에 의거하여 이에 대한 보호를 점차 철폐해 나가야 한다." "적어도 불합리한 보호는 당장 철폐해야 하며 또한 산업조합의 부당행위는 단속하여 급격하게 고조되는 상공업자의 원성을 진정시켜야 할 것"[69]이라고 주장했다.

(3) 나가노현의 반산운동 전개

나가노현은 일본열도 동부 지역에서 '산업조합 확충운동'이 가장 활발하게 전개된 곳이었던 만큼 중소 상공업자의 상권옹호운동도 가장 치열하게 전개되었다. 산업조합운동과 반산운동이 서로 상승작용을 일으키며 일대 정치사회운동으로 발전하고 각각 전국적인 흐름을 주도하게 된다. 특히 쇼와공황의 직격탄을 맞아 지역사회경제의 존립기반이 크게 동요하는 가운데 산업조합만이 농촌구제의 중심기관으로 자리매김되어 많은 정책적 특전을 얻자, 여기에서 배제되고 오히려 합리화의 대상으로 지목되었던 지방 중소 상공업자의 불만이 일시에 터져나왔다.

나가노현 산업조합은 신용사업 부문에서 시나노은행의 지불유예 등에 타격을 받아 성장세가 둔화되었음에도 '산업조합확충 5개년 계획'의 결과 판매사업과 구매사업을 중심으로 괄목할 만한 성장을 이룩했다.[70] 이 가운데 죠쇼(上小)·사쿠(佐久)·이나(伊那)·사라시나(更級)·하니시로와 같은 양잠농업·제사산업이 가장 왕성했고, 그래서 쇼와공황의 타격이 가장 심각했던 지역을 중심으로 산업조합의 조합 수, 농가조합원 수, 사업물량이 급속한 신장을 보인다. 이는 기본적으로 농산물 판매와 농용자재 구매를 산업조합 계통

---

69) 渡邊鐵藏(1932)/(1934).
70) 『産業之礎』 第252號, 1933. 7, 14~15쪽.

유통조직의 확립을 통해 독점화하는 형태로 달성한 것이었기 때문에, 그대로 지방 중소 상공업자의 경영기반을 위협하고 반산운동을 격화시키는 요인으로 작용했다.

나가노현의 반산운동은 우에다시(上田市)를 중심으로 조직화되기 시작하여 나가노시, 마츠모토시(松本市) 등 도시지역으로 확산되었다. 우에다 상공회의소 협의회는 1921년 2월에는 내무성(內務省), 대장성(大藏省), 철도성(鐵道省), 농상무성(農商務省) 장관에게 각각 「판매조합의 위법행위 단속 요망의 건」을 제출했다. 그 내용은 "국가가 사회정책으로 장려하여 (…) 현재 점점 융성하는 판매조합의 사업은 (…) 시가지 소매상인에게 가하는 타격이 적지 않으므로 조합의 존립과 소상인과의 이해관계를 완화할 방법을 강구해주기 바란다"[71]는 것이었다. 이어 같은 해 7월에는 농상무성(1925년 농림성農林省과 상공성商工省으로 분리)의 자문에 답신하는 형태로 "판매조합 취급품목을 필수품에 한정하고 소매업자의 판로확장을 도모할 것"을 요구했다. 우에다시, 나가노시 등 도시부를 중심으로 하는 중소 상공업자의 움직임은 전국의 중소 상공인을 각성시켜 조직화하고 상권옹호운동으로 이끌어내는 기폭제가 되었다.

1929년을 분기점으로 그때까지 지방적·분산적인 상권옹호운동의 성격을 띠고 있던 반산운동은 전국적인 차원의 정치사회운동으로 전환된다. 특히 1932년의 '산업조합확충 5개년 계획' 수립을 계기로 각각 전국조직의 움직임에 호응하여 산업조합과 중소 상공업자의 대립이 한층 격화되는 모습을 보이게 되었다. 그 과정에서 우에다시, 나가노시, 마츠모토시 등 나가노현 3개 도시지역 상공회의소가 핵심적인 역할을 했다.

---

71) 上田商工會議所(1943), 173~175쪽.

1929년 2월 우에다 상공회의소 협의회는 비료관리법안(肥料管理法案) 반대 결의안을 채택하고, 이어 같은 해 10월에는 나가노현 상공회의소가 혼슈 북부 지역(北本州) 상공회의소 연합회의를 주최하여「판매조합의 위법행위 단속 요망의 건」을 결의한다. 나아가 여기에서 결집된 요구안을 중앙조직인 일본상공회의소에 올려 그 정치적 해결을 요구함으로써, 반산운동은 전국적인 상권옹호운동으로 성격이 바뀌었다. 현 상공회의소나 전국 상공회의소와 긴밀하게 협조하여 산업조합의 위법업무 단속방안이나 업무영역 조정완화를 현청이나 정부 당국에 청원하고, 직접 상경하여 담당부서인 농림성(農林省)에 진정운동을 전개했던 것이다.[72]

'산업조합 확충운동'의 전개에 발맞추어, 나가노현의 반산운동도 관내 모든 중소 상공업자를 동원하는 조직운동으로 거듭났다. 1933년 11월 전국적인 상권옹호운동에 호응하여 결성된 전일본상권옹호연맹(全日本商權擁護聯盟) 나가노현 지부가 그 중심 역할을 했다. 나가노현 지부의 강력한 지도하에 하부조직 정비도 순차적으로 진행되어 1935년 7월까지 군별 분회조직이 완성되었다. 사쿠, 죠쇼, 스와(諏訪), 마츠모토, 지쿠마(筑摩), 미나미아즈미(南安曇), 기타아즈미(北安曇), 사라시나, 하니시로, 가미타카이, 시모타카이(下高井), 시모미노치, 가미미노치, 시모이나, 기소(木曾) 등 관내 모든 군 단위를 망라한 정연한 반산운동의 조직체계가 갖추어진 것이다.

1935년 6월 우에다에서 발족한 죠쇼 상권옹호 분회의 사례를 통해 군 단위까지 뿌리를 내린 반산운동의 의미를 조금 구체적으로 살펴보도록 하자. 죠쇼 상권옹호 분회는 발족과 더불어「상권옹호에 관한 선언」이라는 결의문을 채택했는데, 이 결의문은 반산운동이 갖는 의미를 다음과 같이

---

72) 上田商工會議所編(1935), 18~20쪽.

기술했다.

산업조합은 (…) 본래 자발적·자치적으로 맡겨두어야 하는 것임에도 불구하고
정부가 과대하게 한쪽으로 치우친 특별대우를 하여 상당한 면세의 은전을 베풀고
또한 각종 보조금과 조성금 등을 과도하게 남출(濫出)하며 나아가 공무원으로
하여금 그 사업을 원조까지 하게 하고 있다. (…) 그러한 잘못된 정부정책 때문에
중소 상공업은 격심한 위협과 압박을 받고 몰락의 위기에 처해 공존·공영해야
할 농촌과 시가지가 대립하는 사태가 생기게 된 것은 실로 개탄해 마지않은
바이다. (…) 먼저 사회의 공정한 비판을 받아들여 여론에 따라 이 잘못된 정책을
바로잡고 하루라도 빨리 중소 상공업자의 위기를 구하고 농촌의 복리를 증진하여
도시와 농촌의 공존·공영의 성과를 거두고 이로써 국가사회의 발전에 공헌하기
위해 상권옹호운동에 나서게 되었다. 그리고 이러한 목적을 관철하기 위해서는
커다란 힘이 필요하다. 대중이 자진하여 의기투합하여 동참할 것을 희망한다.[73]

이 결의문은 단순히 산업조합 계통조직을 중심으로 하는 농산물 판매 및
농용자재 구매의 유통합리화에 대한 비판에 머무르지 않았다. 산업조합 "한
쪽으로 치우친 특별대우"라는 정부의 "잘못된 정책"이 중소 상공업자의 생
존권에 "격심한 위협과 압박"을 가하고 그들을 "몰락의 위기"로 내몰았다
고 경고하고 있다. 그리고 이는 "공존·공영해야 할 농촌과 시가지를 대립하
게" 하고 "사회의 공정한 비판"에 반하는 것으로 "의기투합"한 "대중"의
저항을 불러일으킬 수 있다며 정부의 정책을 직접적으로 강렬히 비난했다.

---

73) 上田商工會議所編(1943), 138쪽.

(4) 반산운동의 성과와 한계

　나가노현의 중소 상공업자들은 지역적 분산성·고립성을 극복하고 산업조합을 중심으로 하는 유통합리화정책에 대한 전국적인 반대운동을 주도했다. 또 그러한 동향에 호응하는 형태로 관내 군 단위, 말단 행정단위까지 반산운동을 침투시키고 지방 중소 상공업자를 최전선으로 이끌어내면서 일대 사회운동으로 발전시켰다. 이렇게 전국과 지역을 아울러 치열한 상권옹호운동을 전개한 결과, 제67회 제국의회에 상정된 농업 관련 3법안 심의를 저지할 수 있었다. 또한 1935년 12월에는 우에다 상공회의소와 미곡상이 연대하여 산업조합의 백미 소매업 진출을 봉쇄하는 등 일정한 성과를 거두는 듯했다.

　그러나 도시지역 중소 상공업자의 도발적인 반산운동은 산업조합 측의 강력한 반격을 초래했고, 이들의 조직화된 반반산운동(反反産運動)에 직면하여 예봉이 꺾였다. 나아가 1936년 2월 28일, 농촌위기가 농촌 출신 하사관·병사의 동요를 일으키고 여기에 심정적으로 동조한 청년장교가 '국가개조'를 위한 군사쿠데타를 일으킨 것을 계기로 정치경제정세가 급속히 파시즘 체제로 재편됨에 따라 반산운동은 그 존립기반을 상실하게 되었다.[74]

　1937년 7월 2일, 정부 담당부서인 농림성과 상공성 양 대신은 산업조합, 농회, 상권옹호연맹, 상업조합 등 이해관계자를 관사로 초청하여 의견조정을 시도했다. "산업조합은 신규사업계획을 연기하고 중소 상공업자는 산업조합을 자극하는 발언을 삼가야 한다. 중일 전면전을 앞두고 양자가 협조하고 이로써 거국일치에 유감이 없기를 기대한다"는 것이었다. 양자가 결국 이런 내용의 협정에 서명함으로써 1920~1930년대 장기에 걸쳐 격렬하게 전개된 반산운동-반반산운동은 일단 종결을 고했다.[75] 그러나 이 협정으로

---

74) 이향철(1987), 115~166쪽.
75) 日本商工會議所(1939), 102쪽.

즉각 반산운동의 요인이 소멸한 것은 아니었으며, 양자의 이해갈등은 여전히 수면 아래 잠복한 채로 지속되었다.

이상에서 살펴본 바와 같이, '산업조합 확충운동'에 의한 산업조합 판매사업·구매사업의 조직화는 농산물 판매 및 농용자재 구매의 유통과정에서 지방 중소 상공업자를 배제해 나가는 유통합리화 과정이었다. 그랬던 만큼 여기에 저항하는 지방 중소 상공업자의 운동은 상권옹호 내지 생존권 투쟁의 성격을 띨 수밖에 없었다. 그것은 단순히 산업조합 계통 유통기구의 확립에 대한 반대에 그치지 않고, 배후에 있는 국가권력 자체에 공격의 화살을 겨누었다. 즉 "산업통제라는 이름 아래 점점 산업조합을 확대·강화하는 것은 국가정책에 의해 중소 상공업자를 사지로 내모는 일이다. 이것은 혹여 근본적으로 상업을 부정하고 이를 산업조합으로 하여금 대신하게 하려는 것이 아닌지 의심스럽다"[76]는 것이었다.

그러나 반산운동은 산업조합에 대한 정부의 보호정책과 특전의 폐지를 주장하면서, 거꾸로 자신들의 상업조합이나 상업창고에 대한 국가예산지원과 각종 면세 등의 특권부여를 요구하는 모순된 집단이기주의와 국가권력에 대한 의존태세를 벗어나지 못했다. 이렇게 보편성을 결여한 운동의 한계성 때문에 도시 소부르주아를 결집한 전면적인 반정부 투쟁·반권력 투쟁으로 발전할 가능성은 거의 없었다고 할 수 있다.

'산업조합 확충운동'은 밑으로부터의 농민적 소상품 생산에 부응하여 산업조합 유통기구의 확립을 통해 쌀 생산과 유통에 대한 국가의 통제 및 비료 등 농용자재에 대한 독점자본의 지배 강화를 추구하는 과정이었다.[77] 여기에 저항하는 전근대적 중소 상공업자의 반산운동은 최종적으로 압살될

---

76) 伊藤淑太編(1961), 234쪽.
77) 産業組合史編纂會編(1965/1966) 第5卷, 232~239쪽.

운명이었다. 결국 제67회 제국의회에서 보류되었던 농업유통 관련 법안은 이듬해 제69회 제국의회에서 강압적으로 채택되어 산업조합의 독점적인 유통기구의 완성을 보게 된다.

2) 산업조합 청년연맹의 주체적인 활동

(1) 협동조합 농정운동의 전위부대 등장

중소 상공업자에 의한 반산운동이 고조되던 1933년 4월 8일 산업조합 청년부를 주축으로 하는 전국조직 '산업조합 청년연맹 전국연합'(이하 산청련産青聯)이 결성되어 반산운동 저지의 선봉에 서게 되었다. 산업조합 청년조직은 협동조합의 전위부대로서 반산운동을 막아내는 데 그치지 않고 제2차 세계대전 이후의 농업협동조합 농정운동으로 수렴되어갔다는 점에서 중요한 의미를 갖는다. 협동조합 청년조직의 열정과 추진력은 쌀값 인상 투쟁 등 체제 내 압력단체 활동을 대중운동 차원으로 끌어올려 농가조합원의 이익을 관철하는 데 커다란 원동력이 되었던 것이다.

나가노현은 산업조합운동, 반산운동뿐만 아니라 전국적으로 산업조합 청년조직운동이 가장 활발하게 전개된 지역으로도 유명하다. 그 기원은 1925년 7월 지이사가타군 산업조합 청년부 일부가 조직한 '신광회(新光會)' 창립까지 거슬러 올라간다. 이는 중도에 소멸된 초창기의 다른 청년조직과 달리 1925년 무렵부터 시작된 '산업조합 진흥쇄신운동'에 자극을 받고, 또한 때를 같이하여 나타난 계급협조·공존공영의 협동조합 사상에 고무되면서 나중의 산업조합 청년조직운동으로 발전해 나갔다는 점에서 사실상 산청련(産青聯)의 시초라고 할 것이다.

'신광회'의 열성적인 활동에 자극을 받아 각 시군 지역에 산업조합 및 연합회의 직원이나 농촌청년을 주체로 연구수양단체를 조직하는 움직임이 확산되었다. 1927년 9월 사라시나군의 '소영회(昭榮會)', 1928년 3월 기타사쿠군(北佐久郡)의 '산흥회(産興會)', 히가시치쿠마군의 '산우회(産友會)', 가미이나군의 '공영회(共榮會)' 등이 그것이다. 1928년 9월에는 이들 조직의 연합체로 나가노현 산업조합 청년연맹이 결성되고, 1930년 12월에는 시군 지역 산업조합 청년단체가 13개로 확대됨에 따라 종래의 연맹을 해소하고 관내 농촌청년을 망라한 새로운 산업조합 청년조직 연합체가 출범했다.[78]

(2) 산청련의 전국조직화

산업조합을 주축으로 하는 농촌청년의 조직화는 나가노현에 그치지 않고 오카야마(岡山), 홋카이도(北海道), 아키타(秋田), 히로시마(廣島), 아이치(愛知), 시마네(島根), 후쿠오카(福岡), 후쿠이(福井), 야마구치(山口), 도쿠시마(德島), 니가타(新潟) 등 전국 각지로 확산되었다. 산업조합중앙회의 조사에 따르면, 1932년 말 현재 전국 도부현(道府縣)의 거의 절반에 가까운 18개 지역에 산청련 조직이 결성되었으며 회원은 1만 2천여 명을 헤아렸다.

이들 조직은 대부분 일반 농촌청년의 가입을 인정했지만, 산업조합 및 연합회 직원, 여기에 현청의 산업조합 관련 직원이 주축을 이루었다. 구성성분으로 보면 단순히 아래로부터 자주적으로 결성되었다고 볼 수 없는 측면이 있다. 산청련 운동이 시종 활발하게 전개되었고 다른 지방에 대한 영향력도 지대했던 나가노현의 경우, 초창기 시군 지역 조직화 단계에서는 아래로부터 자주적으로 이루어졌다. 그러나 1930년 현 청년연맹 결성 단계에서는 현청과 산업조합중앙회 나가노지회가 개입하여 이들이 정부와 산업조합의 통제에서 벗어나 폭주하는 사태를 막는 조치를 강구한다. 당시 나가노현

---

78) 産業組合史編纂會編(1965/1966) 第4卷, 342~347쪽.

지사 스즈키 신타로(鈴木信太郎)는 현청에서 산업조합 관련 업무를 담당하고
있던 지방사무국 농림주사 오쿠하라 기요시(奧原潔)를 불러 "나가노현 산청
련이 만들어지면 자네가 이사장을 맡게"라고 지시하고 그대로 나가노현 산
청련의 초대 이사장이 되도록 영향력을 행사했다.[79]

(3) 산업조합의 비판적 지지자

산청련은 계급투쟁을 내세우는 농민조합과는 달리 본래 "산업조합주의를
보급하여 조합운동의 촉진·확충에 이바지하는 것"을 명백한 목표로 내세운
산업조합 관계자의 단체로서 출범했다. 그러나 '산업조합 확충운동'의 전위
부대로서 산업조합의 대중화에 적극 개입하면서 서서히 광범한 농촌청년을
주축으로 하는 대중운동단체로 변모했다. 1936년 9월 말 현재 산청련의 인
적 구성을 보면, 농림업자가 86.1%로 산업조합 및 현 연합회·중앙회 지회
등 산업조합 관련자가 8.4%를 크게 웃돌아 농촌청년이 압도적 비중을 차지
했음을 알 수 있다.

산청련에 참여한 농촌청년들은 한편으로 산업조합의 조직이나 사업행태
를 강력히 비판하고 산업조합의 자주화·대중화를 추구했다. 동시에 반반산
운동에서 보듯이 최전선에서 중소 상공업자 등 다른 세력의 공격으로부터
산업조합을 지키고 협동조합의 이념을 전파하는 전위부대의 역할을 자임했
다. 말하자면 산업조합의 '비판적 지지자'였던 것이다.

산업조합에 대한 이들의 비판의 핵심은, 자주적이어야 할 조직이 자주적
이지 않다는 점, 경영이 보수적이고 이익을 최우선한다는 점(잉여 제일주의),
사업내용이 농촌 상층부에 편중되어 있다는 점 등이었다. 이런 문제의식

---

79) 古桑實編(1982), 122쪽.

아래 농가의 자주성을 바탕으로 조직을 개편하고 경영자의 보수적인 태도를 바꾸어 '잉여 제일주의'와 '특정계층 편중의 사업추진'을 청산할 것을 주장했다. 그러나 농촌청년 주도의 산업조합 대중화 시도는 산업조합의 경영체질과 사업내용을 개혁하는 실천적 운동으로까지 발전할 만한 논리성과 추진력을 갖춘 것은 아니었다.

오히려 산청련은 '산업조합주의'의 기치 아래 경작농민의 에너지를 산업조합의 대중화정책에 동원하여 계급투쟁적인 농민운동을 진정시키는 역할을 했다. 또한 산업조합의 전위조직으로서 중소 상공업자의 상권옹호운동을 막아내거나 산업조합 중심의 유통기구 확립을 위한 정치운동을 전개하는 데서 위력을 발휘했다. 특히 농업공황의 후유증이 심각했던 나가노현에서 '산업조합주의'를 내건 산청련의 이데올로기 공세와 활동은 괄목할 만한 것이었다.

'산업조합주의'란 1920년대의 만성적인 불황 속에서 산업조합을 중심으로 하는 사회경제체제 구축이 자본주의 경제를 대체하는 유력한 수단이 될 수 있다고 생각한 이념이다. 산업조합 계통조직을 확충·정비하고 이를 주축으로 경작농민과 지역주민의 경제활동과 생활을 독점적으로 재편하는 것은 구조적 위기와 모순에 빠져 있는 자본주의 경제를 극복하고 "산업조합주의적 경제조직"인 "신경제제도"를 창도하는 과정이라고 인식되었다.[80] 나가노현 산청련은 그 규약에서 "산업조합주의를 보급하여 조합활동의 촉진·확충에 이바지하는 것을 목적으로 한다"고 밝혀, 산업조합주의를 조직이념으로 표방하고 있었다.[81]

---

80) 千石興太郎(1928/1929) 참조.
81) 坂本令太郎編(1958), 52쪽.

(4) 농촌 중간계층의 불안정한 격정주의

'산업조합주의'에 공명해 산청련으로 결집한 농촌청년들은 대개 농촌 중간계층 자제들이었다. 1933년 설립된 나가노현 우라사토무라(浦里村) 산청련을 실증분석한 나카무라 마사노리(中村政則)는 "우라사토 산청련의 사회적 기반은 자작지주 및 중농층(자작 및 자소작 상층)의 소부르주아였다. 이 계층적 지위를 반영해 산청련 지도자들의 사상과 행동은 소부르주아 특유의 동요적이고 불안정한 격정주의를 품고 있었다. 아니, 급진적 측면과 보수적 측면의 이면적 특징이 혼재되어 있었다고 해도 좋을 것"이라고 지적했다.[82] 농업공황 발생과 함께 종래 자주적 청년운동을 주도해온 청년단, 농민조합을 중심으로 전기료 인하, 농촌불황대책 요청운동을 전개했다. 산청련은 이런 급진적 청년층의 움직임을 견제하거나 그와 경합하는 형태로 '산업조합주의'의 기치를 내세운 농촌사회운동을 전개했던 것이다.

나가노현 산청련은 1930년 4월 제1회 대회에서 '산업조합주의에 의한 사회동화방책'을 협의하고,[83] 1931년 4월 제2회 대회에서는 '본 현 청년의 사상적 경향과 산업조합 청년의 사명'을 중심과제로 삼는 등 청년층에 대한 산업조합주의 전파를 내세웠다.[84] 나아가 1932년 4월 제3회 대회에서는 '일본사회에 걸맞은 산업조합주의'의 이념을 제창하고 "자본주의의 지양운동"으로서 산업조합운동의 추진을 결의했다.[85]

여기에 출석한 각 지역 산청련 대표자들은 대부분 농촌의 궁핍화에 따른 청년층의 동요와 "좌경화"를 우려하고 "산청련 회원이 청년조직에 진출하

---

82) 中村政則(1979), 362쪽.
83) 『産業之礎』 第218號, 1930. 8, 16~17쪽; 産業組合長野縣支會(1935), 37~39쪽.
84) 『産業之礎』 第227號, 1931. 5, 18~35쪽.
85) 『産業之礎』 第239號, 1932. 5, 31~32쪽.

여 일반 청년의 사상전환을 도모하는 것"이 초미의 사명이라고 입을 모았다. 그러나 그 "방향전환의 이데올로기"로서 "자본주의 제도도 급진좌경주의 제도도 공히 농촌청년들 사이에 불만을 야기하고 있다"는 인식 아래 "사회개조를 목표로 하는 산업조합주의"를 그 대안으로 제시했다.[86] 본질적으로 이 산업조합주의 이념의 제창이라는 것은 의사적(擬似的) 반자본주의 선동에 지나지 않는 것이었다. 그러나 그것은 농업공황 아래 중견 농가의 청장년층에 침투하여 그들의 불안정한 격정주의를 자극했고, 마치 "자본주의의 지양운동"인 것처럼 이해되었다. 산업조합운동을 통해 농촌경제 및 농가경영이 활로를 찾을 수 있다는 환상을 심어주었던 것이다.

산청련의 주장과 활동은 실제로 농촌사회에 파고들어 상당한 변화를 가져왔다. 당장은 계급투쟁적인 청년조직과 농민조합에서 산청련으로 '전향'하는 활동가가 속출했던 것이다. 당국의 회유와 탄압이 있었다지만, 사회 저변의 불안과 불만을 조직화한 급진적 청년단과 농민조합운동이 퇴조하는 것과 대조적으로 산청련 운동은 농촌 청장년층 사이에서 급속도로 세력을 확장했다.[87] 이는 계급투쟁에 적대적·대항적이면서도 '사회개조'의 이념을 함의하고 있던 '산업조합주의'의 이데올로기성이 농업공황에 상당히 노출되어 있던 농촌청년의 불안과 위기의식에 호소하여 산업조합을 주축으로 하는 사회운동에 현상타개의 희망을 가탁(假託)하게 되었음을 말해준다.

(5) 협동조합 정치활동의 태동

산청련의 이름을 널리 사회에 각인시킨 또 하나의 두드러진 활동은 중소상공업자들의 산업조합 공격을 저지한 정치활동이었다. 산청련은 본래 중소

---

86) 『産業之礎』 第227號, 1931. 5, 18~35쪽.
87) 産業組合長野縣支會(1935), 37쪽.

상공업자의 상권옹호운동 분쇄를 기치로 출범한 것이 아닐뿐더러 오히려 반산운동 자체를 대수롭게 여기지 않는 태도를 보였다. 이는 1933년 10월 전국대회에서 "산업조합확충 5개년 계획을 완성하는 데 적극 협력하여 산업조합운동의 목적을 달성함으로써 산업조합에 반대하는 운동을 해소한다"는 결의안을 채택한 데서도 알 수 있다. "일단 상대 측의 움직임을 도외시"하고 "스스로의 확충·충실에 노력하면 반산운동은 자연스럽게 소멸할 것"이라고 판단했던 것이다.[88]

그러나 제67회 제국의회(1934. 12. 26~1935. 3. 25)에서 산업조합을 구체적인 실행주체로 하는 미곡자치관리법안(米穀自治管理法案), 산잠처리통제법안(産蠶處理統制法案), 비료사업통제법안(肥料事業統制法案)이 상정되면서 산청련은 정치무대 전면에 떠밀려 나오게 된다. 이른바 농업유통합리화 관련 3법안을 둘러싸고 상공회의소를 중심으로 하는 중소 상공업자의 의회 공작이 격화되자, 여기에 대항하여 산청련이 산업조합 측의 전위부대로서 법안의 무수정 통과를 당면의 목표로 정치과정에 개입하게 되었던 것이다. 국정차원에서 각각 관련 법안의 의회 통과 저지와 무수정 통과를 목표로 하는 중소 상공업자세력과 산업조합세력이 정면충돌함으로써 중앙 정계는 커다란 논쟁의 소용돌이에 빠지게 되었다.

이는 의회에서 "도시와 농촌 출신 의원의 대립"을 초래했고, 나아가 "도시와 농촌의 대립"을 전국적으로 확산하는 결과를 낳았다. 상권옹호 나가노현 지부 죠쇼 분회가 나가노현 지사에게 낸 진정서에서 "산청련의 정치적 진출은 상공 청년의 정치적 진출을 야기하고 도시와 농촌에서 산업조합 청년과의 대립을 낳아 종합적 산업정책 수립에 장애가 될 것이다"고 우려할

---

88) 産業組合靑年聯盟全國聯合常任書記編(1935), 83~84쪽.

정도였다.[89] 결국 농업유통합리화 관련 3법안은 양 세력이 첨예하게 대립하는 가운데 제대로 심의도 못한 채 폐기되어, 일단 제안자인 정부와 사업주체인 산업조합의 패배로 귀착되었다.

이에 대해 산청련은 제67회 제국의회가 "정부의 무력, 정부의 무통제"를 드러내고 "의회와 정당에 대한 신뢰심을 상실시켰다"면서 정당정치를 강하게 비판했다. 나아가 "이번 사태의 결과는 농민의 정치적 자각을 환기"했으며, 앞으로 "정말로 강력한 정치공작을 추진하려면 근본을 대중동원에 두어야만 한다"고 주장하여 독자적 정치화의 움직임을 보이기 시작했다.[90]

제67회 제국의회에서의 패배를 계기로 산청련은 점차 정치활동에 집중했으며, 아오모리(青森), 군마(群馬) 등지의 일부 산청련은 산업조합당(産業組合黨)이라는 정당까지 결성했다. 산청련 전국연합은 산업조합중앙회의 의향을 반영하여 일부 지방조직의 독자적인 정치화 움직임을 견제하고 이들을 산업조합 계통조직의 틀 속에 묶어두기 위해 적극적인 설득 작업에 나섰다. 이 과정을 통해 산업조합 계통조직은 기성 정당에 의존하면서 그 위에 "정당·정파를 초월해서" "산업조합의 조직과 사업에 이해를 보이는 후보자 내지 의원을 지지한다"는 방침을 확립하게 된다.[91]

5. 맺음말

지금까지 일본 협동조합의 원형을 형성시킨 '산업조합 확충운동'의 내재

---

89) 上田商工會議所(1943), 239~240쪽.
90) 『産業組合年鑑』, 1938, 11~18쪽.
91) 産業組合靑年聯盟全國聯合常任書記編(1935), 131쪽.

적 구조를 전체적인 동향을 주시하면서 가장 앞서 나간 나가노현 지역사회에 초점을 맞추어 살펴보았다. 농업지대별로 편차는 존재하지만, 1920년대 이후 경작농민은 농민적 소상품 생산을 수단으로 농촌사회에서 무시할 수 없는 세력으로 성장했다. 그리고 이들이 산업조합을 중심으로 결집하여 농산물 판매, 농용자재 구매의 유통기구 확립에 적극적으로 관여하게 되었던 것이다.

세계공황이 일본농촌을 휩쓸고 지나간 뒤 농촌사회를 재구축하는 과정에서 산업조합-농가소조합은 당시 '파시즘'으로 불렸던 농촌사회경제의 통제·재편을 위한 말단기관으로 자리매김되었다. 이전처럼 지주 등 농촌 내부의 유력자를 주축으로 국가가 일방적으로 개입한다고 해서 경작농민이나 지역주민의 경제활동이 개선되고 분해되어가는 농촌사회의 질서가 회복될 수 있는 상황이 아니었다. 밑으로부터 성장해 올라오는 경작농민의 경제활동과 주체적 역량을 유력한 수단으로 하지 않으면 더 이상 어떻게 해볼 수 없는 상황이었다.

그것은 국가가 개입·통제할 수 있도록 농업·농촌자금의 융통, 쌀·누에고치 등으로 대표되는 농산물의 판매, 비료 등 농업자재의 구매체제를 정비하여 농민적 소상품 생산을 장악·조직하는 것이었다. 1920년대 이후 농촌사회 내부의 동향, 다시 말하면 지주적 토지소유의 이완, 촌락지배구조의 와해, 농민적 소상품 생산을 둘러싸고 전개된 다이내믹한 변화야말로 '산업조합 확충운동'을 통해 농촌경제의 갱생을 추진하고 가능하게 한 시대적 조건이었던 것이다.

'산업조합 확충운동'은 다양한 형태의 자생적인 농가소조합을 산업조합의 하부조직으로 편입시켜 농촌의 모든 농가를 조합원으로 망라하고, 부락 단계의 농사실행조합-촌락 단계의 산업조합의 일원적인 라인을 통해 농가조합원의 경제활동과 생활을 독점적으로 조직한 것이었다. 지역조합-현 연합회-전국 연합회라는 정연한 산업조합 계통조직의 상품경제 유통망에 농사실행조합을 매개로 농가 소상품 생산자를 연결하고, 개별 농가의 농산물 판매, 농용자재 구입을 집적하여 유통과정을 공동화함으로써 농촌·농가의 이익을 지킨다는 '산업조합에 조직화된 경제주의'에 다름 아니었다.

여기서는 농업생산과 관련된 유통과정을 공동화하여 경작농민의 이익을 확보하는 것을 새로운 농촌통합의 축으로 설정하고 있었다. 쇼와공황의 직격탄을 맞아 '벼농사·양잠 복합영농' 구조가 무너지면서 한층 심각해진 지주-소작 간 계급 대립의 위기를 막아보자는 정책적 의도였다. 산업조합 계통조직의 유통망 확립을 통한 농산물 판매 및 농용자재 구매의 공동화는 결국 농촌시장에 대한 국가의 개입을 강화했다. 1920년대 이후 두드러진 발전을 보인 농가소조합은 아래로부터의 자립성과 소상품 생산 지향에 뒷받침되어 다양한 형태를 취하고 있었으나, 농촌경제 갱생운동의 추진과정에서 그러한 다양성은 일체 용납되지 않은 채 상품유통에 대한 국가개입의 통로 확보라는 목표 아래 산업조합-농사실행조합으로 획일화되고 말았다.

1947년 농업협동조합법의 제정으로 새로이 출범한 일본농업협동조합은 조직과 사업에서 세계 협동조합사상 그 유례를 찾아 볼 수 없을 정도로 특이한 것으로 평가되고 있다. 100%에 가까운 농가조직률, 조합원의 생산활동 및 경제생활의 거의 모든 부문에 관련된 사업의 종합적인 경영, 시정촌(市町村)-현-전국 단계로 쌓아올린 정연한 피라미드형 계통조직, 그리고 체제 내 압력단체로서의 정치력 등과 같은 특징이 그러하다.

그런데 따지고 보면 농촌시장에서 신생 농업협동조합이 독점적 지위를 확보하는 것은 1920년대 이후의 농가 소상품 생산과 그 귀결로서 1930년대 '산업조합 확충운동'을 통해 원형이 형성된 것이라고 할 수 있다. 종합적인 사업경영(종합농협), 속지주의적인 조직 방침(1지역 1조합), 조합원의 망라주의(관내 모든 농가의 조합원 가입), 국가통제로 연결되는 행정대행 기능 등은 전시체제하의 통제단체 농업회를 거쳐 패전 후 그대로 신생 농업협동조합에 계승되었던 것이다. 당시 『아사히신문(朝日新聞)』은 사설에서 "농민이 함부로 각종 조합을 조직하지 못하게 하고", "동일 농민 또는 조합이 동종의 사업을 행하는 조합 또는 연합회에 이중 가입하는 것은 무의미하게 하며", "각종 사업을 겸영하는 종합조합은 말단행정단위인 시정촌(市町村)을 구역으로 하는 출자조합으로 한다"[92]는 등의 행정지도 아래 일제히 설립되는 신생 농업협동조합의 행태에 대해 의문을 제기했다. "새로운 농업협동조합"이라는 것도 결국 "산업조합–농업회의 직원과 자산을 계승하고" 통제단체인 "농업회에 간판만 바꿔 다는 것"[93]에 지나지 않는다는 비판이었다.

---

92) 小倉武一·打越顯太郎編(1961), 408~418쪽.
93) 『朝日新聞』 1947. 10. 23.

제2장
일본 농업협동조합법의 성립과정
─1945~1952년 미국 점령개혁 시기를 중심으로

1. 머리말

1) 자유·자주·민주의 농업협동조합

여기서는 주로 1945년 8월 일본정부의 포츠담선언 수락에서 1952년 4월 샌프란시스코 강화조약 발효에 이르기까지, 사실상 미국의 단독점령 아래 이루어진 일본의 농업개혁을 다룬다. 특히 그중에서도 농업협동조합 관련 법률 제정 및 제도 창설을 둘러싼 점령 당국과 일본정부, 점령 당국 내부, 그리고 농민조합·농업회 등 농민조직 간의 논쟁점을 분석하고 그 내재적 의미를 모색하는 데 초점을 맞추도록 하겠다.

농업협동조합은 "농지개혁으로 창출된 자작농이 다시 소작농으로 전락하는 것을 막기 위한 합리적 보호장치(reasonable protection of former tenants against to tenancy status)"로서 등장한 것이다.[1] 그런 의미에서, 농업협동조합법은 농지개혁의 법적인 표현인 농지법과 함께 아시아태평양전쟁 이후 일본농정의 근간을 이루어온 자작농체제의 핵심적인 구성부분이라고 할 수

---

[1] General Headquarters Supreme Commander for Allied Powers(1945); 小倉武一·打越顯太郎 編(1961), 8쪽.

있다.

종래의 국가권력이나 비농업세력의 지배로부터 경작농민을 해방시키고 이들을 주체로 농업생산력의 증진과 농촌의 민주화를 실현함으로써 정책적 국면을 농지라는 '소유'의 개혁에서 농업이라는 '경제'의 개혁으로 전환시키는 계기를 제공한다. 농업의 소유, 경영, 노동이라는 3요소를 단일가족에 귀속시키고 가족노동력의 완전연소를 통해 식량 증산을 추진하여 1950년대 중반까지 쌀 자급체제를 확립한다. 그것은 주곡 수입을 대체하여 무역수지 개선에 공헌했을 뿐만 아니라 생산수단·소비수단 등 공업제품의 내수시장을 확대하여 일본경제의 자본주의적 부흥과 발전에 중요한 영향을 미치게 된 것이다.[2]

2) 자작농체제의 한계

그러나 자작농체제가 개별 농가의 영세한 사적 토지소유의 틀 안에서 가족노동의 완전연소를 통해 농업생산력의 증강을 도모하는 방향으로 나아가기에는 필연적인 파탄의 시나리오가 내재되어 있었다. 1950년대 중반에 이미 생산력 발전은 한계에 부딪혀 대부분의 자작농은 농업소득만으로 생계를 유지할 수 없는 상황이 된다. 나아가 고도성장을 거치면서 농업의 소유, 노동, 경영의 괴리현상은 더욱 표면화되어갔다.

먼저 농업의 생산단위인 개별 농가의 노동력 구성 및 노동의 질에 변화가 발생했다. 〈표 2-1〉에서 보듯이, 농가의 2, 3남이 농외로 전출하여 비농업 부문에 취업하거나 농촌에 남은 세대주나 후계자도 농업만으로 생활을 유지할 수 없어 다른 생계수단을 강구하는 겸업화(兼業化) 현상이 심화된 것이

---

2) 経済企画庁(1976), 115쪽.

〈표 2-1〉 일본 농가의 구성 및 구조 변화

연도 \ 항목	전업농가(%)	겸업농가(%)		농업취업구조	
		제1종 (농업 〉 농외)	제2종 (농업 〈 농외)	농가 수 (만 호)	농민 수 (만 명)
1955					
1960	34.3	33.6	32.1	606	1,196
1965	21.5	36.7	41.7	567	981
1970	15.6	33.7	50.7	540	811
1975	12.4	25.4	62.1	495	588
1980	13.4	21.5	65.1	466	506
1985	14.3	17.7	68.0	438	444

* 자료: 農林水産省 大臣官房統計情報部 構造統計課,「農林業センサス」,「農業構造動態調査
報告書」 각 연호 참조.

다. 이는 고도성장과 함께 진전된 농업 기계화로 어느 정도 대응할 수 있고, 경우에 따라서는 단일가족의 범위를 넘어선 복수 농가의 협업을 유도하여 영세 경작의 한계를 극복할 수 있는 가능성을 제시한 현상이기도 했다.

그러나 이에 대한 농정 당국의 정책적 대응은, 제4장에서 다루게 될 '기본법농정'의 구조 개선정책이 상징하듯이 자작농체제의 틀을 유지하면서 그 안에서 가능한 대안을 모색하는 수준에 지나지 않았다. 그것은 오히려 농가의 겸업화를 확대하고 땅값 폭등을 배경으로 농지를 경작지가 아닌 자산으로 보유하려는 경향을 부추겨 토지의 유동화를 더욱 어렵게 만들었다. 그런 가운데 전국적으로 청부경작 등 다양한 형태의 농지 임대차를 통해 경영 규모의 확대를 추구하는 농가가 출현하면서 자작농체제의 근간인 '노동과 경영의 일치'라는 원칙이 파국을 맞게 되었던 것이다.

자작농체제의 핵심부분을 차지하는 농업협동조합도 전통적인 부락공동체적 유대가 이완되고 농가조합원이 이질화됨에 따라 그 조직기반이 현저하게 약화되었다. 내부적으로는 농가의 세대주나 후계자가 농업생산과정에서 이탈하고 농업이 '부업'으로 전락하는 이른바 '겸업화' 현상이 농업협동조합에 대한 소속감을 현저히 떨어뜨렸다. 그리고 취업구조의 변화 등에 의해 외부로부터 도시적인 생활양식을 지닌 비농업종사자들이 농가 중심의 농촌사회에 들어와 뒤섞여 사는 혼주화(混住化)가 진전되었다.

이러한 농가구성원의 이농 및 겸업화, 농촌주민의 이질화와 다양화는 농업협동조합이 뿌리를 내리고 있는 전통적인 촌락사회의 구조적 틀을 이완시키기에 충분했다. 여기에 농지를 빌려 대규모 영농에 도전하는 임차농이 증가하여 농협 계통조직을 통하지 않고 농산물 판매나 농용자재 구매를 시도하게 된다. 1970년 농지법의 근본적인 개정은, 농지개혁 이후 일본농정의 이념과 정책방향을 규정해온 자작농체제의 종언과 붕괴를 공식 선언하고, 이를 기반으로 한 정책체계 및 운용메커니즘의 근본적인 변화를 예고하는 획기적인 사건이었다고 할 수 있을 것이다.[3]

3) 경작농민의 합리적 보호장치

사실상 패전 이후 일본의 3대 경제개혁 가운데 미군의 단독점령 아래 이루어진 재벌해체나 노동개혁과 달리, 농업 관련 개혁은 이미 전시 중에 일본 농림관료에 의해 스스로 모든 농민을 자작농으로 전환하려는 계획이 준비되어온 경위가 있다.[4] 점령 후 연합군총사령부(GHQ/General Headquarters) 주도의 개혁이 분명해진 다음에도 농업협동조합 제도 등 주요 농업 현안을 둘러싸고 점령 당국과 일본정부 사이에 첨예한 의견 대립이 발생했는데, 농업 관련 개혁에서는 상당부분 일본 측의 주장이 관철되는 특이성이 드러났다. 게다가 다른 분야의 전후개혁과 달리 냉전의 격화에 따른 점령정책의

---

3) 今村奈良臣(1983), 61~85쪽.

4) 農地改革資料編纂委員会(1974), 104~108쪽, 123~124쪽.

제2장 일본 농업협동조합법의 성립과정 93

변경이나 일본의 국제사회 복귀 이후에도 이 부분의 개혁방향은 그다지 영향을 받지 않았다.

그것은 광범한 자작농 창설을 통해 "사유재산제도 최대의 취약점인 피라미드형 사회구조의 기층부분을 강화"하는 것에 대해 점령 당국과 일본정부가 시종 일치된 생각을 가지고 있었기 때문이다. 소규모 농지나마 골고루 나눠 가진 자작농을 광범하게 창출하여 농촌사회를 계급적으로 안정시키고, 가족노동의 완전연소를 통해 식량생산을 확대하여 최대의 사회불안 요인인 만성적 식량부족문제를 해결하겠다는 것이었다. 나아가 이들을 농협 계통조직의 저변에 편입함으로써 농촌을 "반공의 사상적 기반", "공산주의의 침투를 막는 금성탕지(金城湯池)"[5]로 만들고자 했다.

농업개혁의 구체적인 현안을 둘러싸고 점령 당국과 일본정부 사이에 의견대립이나 논쟁이 발생했을 때 타협이 가능했던 것은 일본 특유의 패전양태와 이를 근거로 한 간접통치라는 독특한 점령방식에 연유하는 바가 크다. 일본점령 연합국군최고사령관 맥아더(Douglas MacArthur)는 독일이나 이탈리아와는 달리 패전과 점령이라는 새로운 사태의 전개에도 불구하고 천황제 국가권력에 전쟁책임을 추궁하거나 권력 타도를 위한 투쟁이 나타나지 않음에 주목했다. 그리고 점령군에 조직적으로 반항하는 세력도 출현하지 않았고 패전과 점령 후에도 여전히 침략전쟁에 반대한 사회주의 지도자는 감옥에 수감된 채였기 때문에 특별히 억압해야 할 사회주의운동도 존재하지 않았다.

곧 맥아더는 천황을 비롯한 기존의 통치기구를 개편·이용하면서 점령정책을 수행하는 것이 유효하다고 판단하게 되었다.[6] 그리하여 별도로 입법 조

---

5) ラデジンスキー(1952), 16쪽; 農地改革記錄委員会編(1952), 135쪽; 農地改革資料編纂委員会(1974), 108쪽.

치를 취하지 않고도 '명령'만으로 긴급을 요하는 사안을 처리할 수 있는 절대적인 권한('포츠담 긴급칙령' 등)을 확보하여 일본정부에 각종 지령, 각서, 권고, 메모 등을 발령하고 일본정부가 이를 충실히 이행하는 형태로 간접적인 점령 프로그램이 실시되었다.[7]

4) 농업협동조합 개혁 구상을 둘러싼 갈등

1945년 12월, 연합국총사령부(GHQ)는 일본정부에 '농민해방지령'으로 불리는 「농지개혁에 관한 각서」를 발령했다. 농지개혁을 실시하고 이를 통해 창출된 자작농(=경작농민)이 "다시 소작농으로 전락하는 것을 막기 위한 합리적인 보호장치를 강구하라"는 것이었다. 농업협동조합제도, 농업금융제도, 농산물 가격보장제도, 농업개량 보급제도 등이 농지개혁으로 "해방"된 자작농을 보호하기 위한 제도적 장치로 출범했다.

농지개혁 관련 법안의 경우, 4개월도 되지 않는 이례적으로 짧은 기간에 일사천리로 통과되었다. '농민해방지령'이 발령되자 일본 농림관료들이 주도하던 미온적인 농지개혁(제1차 농지개혁안)은 좌초되어 더 이상 추진할 수 없게 된다. 일본정부는 어쩔 수 없이 1946년 6월 17일 연합군총사령부에 의해 제시된 「농지개혁 각서안」을 그대로 받아들여 '자작농창설 특별조치법', '농지조정법 개정법'(제2차 농지개혁안)을 작성했다. 점령 당국의 승인이 떨어지자 바로 의회에 법안을 제출해 같은 해 10월 11일 특별한 수정 없이 성립을 보게 된다.

그러나 농지개혁과는 달리 농업협동조합제도 구상을 둘러싸고는 1945년 12월부터 1947년 7월에 이르는 1년 7개월 동안 연합군총사령부와 일본정

---

6) 斎藤孝(1974), 4쪽.

7) 現代法制資料編纂会編(1984), 24쪽.

부 사이에 좀처럼 의견 일치를 보지 못하고 팽팽한 공방이 이어졌다. 연합군 총사령부는 '농민해방지령'을 포함하여 4차례에 걸쳐 각서·제안 등을 제시했고, 여기에 일본 농림 당국은 8차례에 걸친 농업협동조합 법안 작성으로 반론하는 형태였다. 농지개혁 관련 법안이 연합군총사령부의 원안을 그대로 받아들여 짧은 기간에 통과되었다는 점에서 이례적이었다고 한다면, 농업협동조합 법안은 점령이라는 상황하에서도 오랜 기간에 걸쳐 연합군총사령부의 제안에 반론·저항하며 대부분 일본 농림 당국의 구상을 관철시켜 나갔다는 점에서 이례적이었다.

전시통제경제의 쓰라린 체험 때문에 경작농가들이 산업조합과 농업회에 대해 뿌리 깊은 반발심을 지니고 있다는 것을 점령 당국과 일본정부는 누구보다 잘 알고 있었다. 기생지주(寄生地主), 비료상, 쌀 유통업자 등 농업생산 과정에 흡착한 비(非)농민세력을 배제하고 새로운 협동조직을 설립하기를 절실히 바라는 경작농가의 여망을 반영하여 민주적인 농업협동조합을 설립해야 한다는 총론에서는 일본정부와 점령 당국이 다르지 않았다. 그러나 구체적으로 어떤 농업협동조합을 만들 것인가 하는 각론에 들어가자, 점령 당국과 일본정부, 점령 당국 내부, 그리고 농업회, 농민조합 등 농민조직 사이에 상당한 의견 차이가 드러나게 되었다.

5) 전후 농업개혁의 정치적 함의

점령개혁 시기에 이루어진 농지개혁과 농업협동조합의 법률 및 제도 정비는, 자작농체제라는 농업·농촌의 기본구조뿐만 아니라 그 이후의 정치경제 질서를 규정하는 중요한 의미를 갖게 된다. 농지개혁으로 창출된 광범한 자작농은 영세하나마 사적 소유를 절대시하는 '소자본가' 의식으로 무장하여 본래의 보수성을 회복하고 농민운동 전선에서 이탈해 나갔다. 농협 계통조직은 보수화된 저변의 농민계층을 농가 단위로 수직적·수평적으로 조직하여 장기에 걸쳐 보수세력의 정치적 기반이 되었고, 보수정권과 이익을 교환하는 '체제 내 압력단체'의 성격을 분명히 하게 된다. 패전 이후 '노농동맹(勞農同盟)'을 조직의 근간으로 삼고 있던 일본사회당이 농민계층의 대거 이탈로 "노동조합의 정치부"로 왜소화된 것도 이러한 움직임과 무관하지 않다.

이처럼 농업협동조합은 아시아태평양전쟁 이후 일본의 정치경제체제 형성과 구조적으로 연결되어 있는 문제임에도, 그 역사에 대한 구체적인 연구가 매우 빈약한 것이 현실이다. 농지개혁에 관한 연구가 폭넓게 축적되어 있는 것과 비교하면, 농업협동조합의 제도적 정비나 그 지역적 전개에 관한 분석이 빈상(貧相)을 면치 못한 것이 오히려 이상할 정도이다. 이는 1980년대 이후에 아시아태평양전쟁 이전의 지주제적 토지소유 문제 연구가 1920～1930년대의 농가 소상품 생산 발전과 이를 조직한 산업조합의 지역적 전개에 관한 연구로 발전해 나간 것과 비교해도 그렇다(이 문제에 대해서는 이 책 제1장에서 자세하게 다루고 있다).

지금까지 농지개혁과 농업협동조합의 내면적 관계를 부분적으로 다룬 연구는 몇몇 보이지만,[8] 농업협동조합법 제정을 둘러싼 점령 당국과 일본정부, 점령 당국 내부, 그리고 농업회, 농민조합 등 농민조직의 내부 논리와 상호 간의 역학관계를 본격적으로 다룬 연구는 관견(管見)하는 한 보이지 않는다. 따라서 이 문제를 분석하기 위해 참고했거나 새로이 발굴한 기초자료에 대해 간단히 언급하고 넘어가는 일이 필요할 것으로 보인다.

---

8) 斎藤仁編(1983); 大豆生田稔·松村敏(1994), 417～530쪽.

6) 농업협동조합법 제정에 관한 기초자료

먼저, 농업협동조합법의 제정과 농업협동조합의 설립과정에 관한 사료를 체계적으로 수집·편찬한 『농협법의 성립과정』(小倉武一·打越顯太郎編, 1961)을 들 수 있다. 이는 농업협동조합법의 제정에 직접 관여했던 농림관료들이 작성했거나 수집한 사료를 묶은 것으로, 맥아더의 '농민해방지령'에서 농협 제도의 출범에 이르기까지 기본자료가 망라되어 있다. 본문에서 사용하는 "농림성 제1~8차 법안"이나 "천연자원국 제1~2차 법안"과 같은 명칭, 그리고 시기구분은 모두 이 자료집에 준거한 것이다.

이와 아울러, 아시아태평양전쟁 이후 농업협동조합제도에 관한 가장 기초적인 연구로 『농업협동조합제도사』(農業協同組合制度史編纂委員会編, 1967~1969)를 빼놓을 수 없다. 통사편 3책, 자료편 3책으로 구성된 이 방대한 연구는 앞에서 소개한 『농협법의 성립과정』과 마찬가지로 실제로 농림성에서 법률 제정이나 제도 창설 등 농업협동조합 행정에 종사한 이들이 수집한 자료와 그에 대한 분석을 집대성한 것이다. 중요한 학문적 성과라고 아니할 수 없지만, 어디까지나 일본 농정 당국의 입장에서 접근한 자료수집과 분석이 주류를 이루고 있다. 농업협동조합의 조직과 사업의 존재형태를 강력하게 규정한 미국 점령 당국의 의도와 그 내부의 역학관계를 파악하기 어려운 점 등 점령정책에 관한 분석에서 엄연한 한계를 안고 있다.

따라서 여기서는 그동안 그다지 주목받지 않았던 농업협동조합법의 성립 및 제도 창설과정에 관련된 연합군총사령부(GHQ) 측의 내부자료를 적극적으로 발굴 활용해야 할 필요성이 있다. 다행히 1990년대에 들어 미국정부가 점령개혁 당시의 출판물이나 자료 등의 마이크로필름을 공개하거나 자료집으로 묶어 출판하기 시작하면서, 일본의 농업개혁을 둘러싼 관련 당사자들의 논리와 이해관계의 논쟁을 입체적으로 조명할 수 있는 단서가 열리게 되었다. 이 가운데 다음의 분석에 사용한 농업협동조합법의 제정과 제도 형성에 관련된 기초자료만을 정리하면 다음과 같다. 그 구체적인 내용은 본문에서 다루기로 한다.

- General Headquaters Supreme Commander for the Allied Powers(GHQ), *History of Nonmilitary Activities of the Occupation of Japan: The Rural Land Reform(1945 through June 1951).*
- GHQ, *History of Nonmilitary Activities of the Occupation of Japan: Agricultural Cooperatives(1945 through December 1950).*
- GHQ, *History of Nonmilitary Activities of the Occupation of Japan: Agriculture(September 1945 through December 1950).*
- GHQ, *Cooperatives, vol. I, January 1948 through December 1948.*
- GHQ, *Administration: Agricultural Organizations, Oct. 1946~Mar. 1949.*
- GHQ, *Cooperative File: Classified, Feb. 1948~June 1948.*
- GHQ, *Agricultural Cooperative Association Legislation, Sept. 1947~July 1950.*
- GHQ, *Inactive Administration(Ag Org), vol. I/II, January 1, 1948~April 30, 1948.*
- GHQ, *Daily Divisional Note, 16~31 March 1948.*
- GHQ, *Daily Divisional Note, 1~15 April 1948.*
- GHQ, *Agricultural Cooperative Association vol. I, January 1946 to December 1946.*
- GHQ, *Agricultural Cooperative Association vol. II, 1 January 1947 to 31 December 1947.*
- GHQ, *Antitrust & Cartels Division, Feb. 1947~Aug. 1949.*

· GHQ, *Control Associations, Cooperatives, Kodans, and Allocations–Distribution,* *Mar. 1947~Mar. 1949.*

다음에서는 먼저 농회, 산업조합, 농업회, 농업협동조합으로 이어지는 일본 농업단체의 역사 속에서 일본적 협동조합 원리가 어떻게 형성되고 정착되는지 살펴보도록 하겠다. 이어 일본의 패전을 전후하여 미국정부 내에서 검토되어온 일본 농업단체 개혁 구상을 살펴보고, 그것이 어떻게 점령 당국의 농업협동조합 개혁으로 구체화되는지 검토한다. 또한 이러한 점령 당국의 개혁 구상에 대해 일본정부가 어떻게 저항·타협하면서 농업협동조합의 조직과 사업에 일본 농업구조나 농업정책의 특질을 반영시켜 나가는지 검토하도록 하겠다. 끝으로, 점령이 종료된 이후 일본정부가 점령 당국과의 타협의 산물인 농업협동조합에 중앙회를 신설하는 등 정부통제를 강화하는 과정과 의미를 살펴보도록 하겠다.

2. 농회·산업조합·농업회의 전통과 일본적 협동조합 원리

1) 일본 협동조합의 태생적 한계

1900년에 출범한 일본형 농촌협동조합(=산업조합)은 협동조합 조직의 기본적인 성립조건인 자유롭고 평등한 구성원의 주체적인 활동을 통해 이루어진 것이 아니었다. 당시 일본농촌에서는 농업생산과정에서 유리된 대토지소유자가 소작·자소작 농가로부터 고리의 농지임차료(소작료)를 징수하는 '기생지주제'가 주류를 이루고 있었고, 이러한 농촌지배구조에 대해 경작농가가 직접간접으로 저항하는 지주—소작 간의 계급 대립이 내공(內攻)하고 있었다.

이러한 특수 일본적인 농업생산과 농촌지배구조 아래, 광범한 영세 농민은 아직 농민적 소상품 생산의 주체로 성장하지 못하고 있었다. 상품경제의 농촌 침투에 대해 유통이나 신용 면에서 일정한 규모의 경제를 실현하여 상인자본이나 고리대자본의 흡착을 배제하고 스스로 시장경제에 적응하려고 하는 조건이 형성되어 있지 않았던 것이다. 요컨대 일본의 농촌협동조합은 상품경제의 침투에 대응한 '아래로부터의' 자주적인 운동에 의해 촉발되었다기보다는, 정부관료나 정계, 농회 등 관변단체와 지배계급에 의해 '위로부터' 입안되고, 그 보급도 관료적 지도에 의존하는 바가 컸다.[9]

얄궂은 운명 같지만, 초창기 협동조합의 제도를 정비하고 보급하는 역할을 맡은 것은 1900년 산업조합과 같은 해에 법제화되어 출범한 지주계층의 농회 조직이었다. 청일전쟁 이후 전국의 지주세력이 의기투합하여 그들을 주축으로 하는 자주적인 농업단체를 결성하려는 움직임이 표면화되었다. 농정 당국은 당초 정부의 통제에서 벗어날 뿐만 아니라 경우에 따라서는 정부에 압력을 가하게 될 상층농민의 이익단체 결성에 극단적인 경계심을 보였다. 그러나 러일전쟁의 전비조달을 위해 지주계층의 조세저항을 완화하면서 토지수익세(地租)를 강화할 필요가 있었던 정부로서는 마냥 반대만 할 수도 없었다.

여기서 나온 타협책이 상층농민의 이익단체인 농회의 결성을 인정하되 정부의 강력한 감독권 아래 묶어두면서 이들의 협력을 끌어낸다는 복안이었다. 지주계층이 요구한 강제가입 및 회비징수의 권한은 인정하지 않는 대신에 국고보조금을 지불하기로 했다. 전국조직은 인정하지 않고 부현(府

---

9) 産業組合史刊行会編(1965), 第一巻, 329~337쪽.

縣) 농회-군(郡) 농회-정촌(町村) 농회의 계통조직 설립은 가능하게 한 것도 그런 맥락에서였다. 계통조직의 회장에는 각각 부현 지사, 군수, 촌장을 앉히고, 차석인 부회장에는 대지주를 앉히는 등 조직과 예산 면에서 관료통제를 강화한 형태였다.[10]

이후 전국조직인 제국농회까지 법제화되어 정연한 4단계 농회 계통조직이 완성되기에 이르렀다. 러일전쟁 이후 지주적 토지소유의 정치적·경제적 지위가 크게 저하되어 더 이상 관료농정에 의존하지 않을 수 없게 된 1910년의 일이었다. 하여튼 이러한 지주와 상층농민을 주체로 하는 농회 계통조직의 정비를 통해 농민에게 농업기술을 보급하고 위로부터 산업조합을 육성·보급하는 체제가 마련되었던 것이다.[11]

2) 곁방살이 전전하는 농촌협동조합

그러나 1910년대에 이르기까지 정부의 농업정책은 주로 권업은행이나 농공은행과 같은 정책금융기관을 주축으로 추진되었으며, 산업조합을 육성·보급하고 이를 통해 경작농가를 지원하는 특별한 정책적 조치는 없었다. 당시 산업조합은 별도의 사무실도 없어 농회의 곁방을 얻어 쓰는 신세였으며, 자연부락을 범위로 하여 한 사람 혹은 수 명의 유력지주를 중심으로 지주 및 상층농가가 조합원으로 참여하는 것이 일반적이었다. 따라서 산업조합의 사업은 지주의 이익에 배치되지 않는 범위 내에서 추진되었고, 당연히 경제적 보호를 가장 필요로 하는 광범한 경작농가는 조직에서 배제되었던 것이다.

지주는 스스로 고리대금업자인 동시에, 독자적인 농산물 판로를 갖추고

---

10) 暉峻衆三編(1996), 85~86쪽.
11) 農林大臣官房總務課編(1957), 第1卷; 帝国農会史稿編纂会(1972) 참조.

농촌시장에 흡착한 전근대적 상인과 '공생관계'에 있었다. 따라서 산업조합의 판매·구매사업은 이들 세력의 이익을 침해하지 않는 범위 내에서 극히 한정된 품목과 수량만 취급해야 했다. 결국 사업경영도 신용사업 위주가 되었고, 그나마 고리대금업자가 내세우는 이율 수준에 규제되어 그들을 보완하는 역할에 그쳤다.

3) 산업조합의 체제 정비

1906년과 1909년에 산업조합법이 개정되어 신용조합이 농산물 판매나 농용자재 구매 등 다른 업태의 사업을 겸영할 수 있게 되었다. 또한 그때까지 임의기관이었던 전국조직이 법적으로 인정되어 산업조합중앙회가 출범하는 등 자체적인 보급체계를 갖추었다. 여기에 권업은행, 농공은행의 업무와 관련된 법률이 개정되어, 산업조합이 이들 정책금융기관을 통해 무담보 장기저리의 농업자금을 융자할 수 있는 길이 열렸다. 농정 당국이나 지방정부도 각종 명의로 보조금을 교부하여 산업조합의 자금기반을 확충시켰다.

이러한 변화는 농촌사회의 지배구조와 농업생산력이 지주 등 상층농민으로부터 자작·자소작 등 경작농가로 서서히 이동함에 따라 농업정책의 대상도 하강한 것으로 파악할 수 있을 것이다. 산업조합은 각종 정책금융자금과 보조금을 농가의 토지개량사업이나 화학비료 구입에 공급함으로써 신용사업의 역할을 높이고 구매사업에서도 커다란 발전을 이루었다. 산업조합으로부터 사실상 배제되어왔던 소작농민들도 화학비료의 추가 투입을 내용으로 하는 '산미개량운동(産米改良運動)'에 적극 참가함으로써 화폐경제에 편입되었고, 점차 농산물 생산·판매 및 농용자재 구입 등 자신들의 경제활동과 산업조합 기능의 접점을 확대시켜 나갔다.

제1장에서 살펴본 바와 같이, 제1차 세계대전에 의한 경제호황 국면이

끝나고 만성적인 불황이 시작된 1920년대에 들어 산업조합의 조직 바깥에서 영세 농가를 결집한 소규모 출하조합이 속속 나타났다. 농회 계통조직도 말단행정단위 아래의 자연부락에서 경작농가의 결집과 농산물 공동판매를 지원·보조하는 체제를 갖추었다. 농산물의 상품생산이 급속히 진전됨에 따라 경작농가들 사이에서도 출하조합을 만들어 채소류, 과일류, 축산물류, 농산 가공품 등을 결집하여 공동출하·공동판매의 형태로 시장대응을 모색하고 시장 교섭력을 높여 나가는 것이 대세가 된 것이다.

이는 경종(耕種)농업이 전반적으로 정체하는 가운데 시장 변화에 적극 대응하여 농가경제를 재건하기 위해서는, 말단행정단위를 범주로 하는 산업조합보다 그 밑의 자연부락에 기초를 둔 농가소조합이 농가의 경제활동 및 생활에 밀착되어 훨씬 적합한 체질을 가지고 있었음을 시사한다. 당초 산업조합의 판매사업과 농가소조합의 공동출하는 쌀, 보리, 누에고치, 생사 등 중농 이상의 생산물과 채소류, 과일류, 축산물류, 절임류 등 농민적 소상품으로 이분화되어 중복되는 부분이 적었다.

그러나 산업조합이 점차 판매사업의 영역을 확장하여 지역사회에서 생산된 채소·과일, 농산물 가공, 부업 축산물 등 농민적 소상품을 취급하게 되면서 농가소조합의 업무내용과 경합하게 되었다. 또한 농가소조합과 출하조합의 업무내용도 쌀, 보리, 누에고치 판매량이 가장 많고 청과물이 그 다음을 차지했기 때문에 취급품목에서 산업조합과 다를 바가 없었다. 여기에 농가소조합은 대부분 비료, 농기구, 종자 등의 공동구매를 하고 있었기 때문에 구매사업에 있어서도 산업조합과의 경합을 피할 수 없었다. 어떠한 형태로든 산업조합과 농가소조합의 조직과 업무를 조정하는 것은 미룰 수 없는 정책과제로 부상하고 있었던 것이다.[12]

4) 자력갱생과 인보공조의 산업조합

산업조합이 농회를 대신하여 명실 공히 경작농민의 조직으로 탈바꿈하고 농촌의 중추적인 조직으로 자리 잡은 것은, 역설적이게도 1929년 세계대공황의 여파로 일본농촌이 심각한 위기를 맞이한 쇼와공황을 거치면서였다. 일본정부는 자력갱생(自力更生)·인보공조(隣保共助)라는 정신주의를 기치로 하는 '농촌경제 갱생운동'을 내세우면서 그 추진기관으로 산업조합을 자리매김하고 정책적으로 육성했다. 말하자면, 지금까지 경험한 적 없는 농업위기를 맞아 더 이상 관료적 통제나 지주 등 농촌유력자의 영향력으로 극복할 수도 없고, 그렇다고 미국처럼 공황대책으로 대대적인 재정금융자금을 투입할 여력도 없으므로 경작농가의 자주적인 조직인 산업조합을 중심으로 "이웃끼리 서로 도와가며" "스스로 일어서라"는 것이었다. "농업이 망하면 농협이 흥한다(農業が滅んで農協が栄える)"거나 "농업이 망하면 농학이 흥한다(農業が滅んで農学が栄える)"라는 말이 등장하여 일세를 풍미한 것도 그런 맥락에서였다.

산업조합 계통조직도 이런 정부시책에 호응하여 1932년 '산업조합확충 5개년 계획'을 수립하여 농촌재편성 작업에 착수했다. 여기서 중점적으로 추진한 조직 방침은, 산업조합의 주요 업태인 신용·판매·구매·이용사업을 하나의 조합에 통합시킨 이른바 '4종 겸영 조합'을 전국 방방곡곡의 행정촌락에 설치한다는 것이었다. 여기에 모든 농가를 조합원으로 빠짐없이 가입시키고 정촌(町村) 산업조합-부현(府縣) 중앙회-전국 중앙회로 쌓아올린 피라미드형 계통조직 정비를 통해 농가에 대한 통제를 강화하고자 했다. 이런 조직 정비 및 강화는 상당한 효과를 거두어, 종래 절반 수준에도 미치지

---

12) 産業組合發達史編纂會編(1965), 第2卷, 470~471쪽.

못하던 산업조합의 농가조직률이 급격히 상승해 1935년에는 75%에 이르렀다. 이 시기에 사업경영의 종합주의, 조직기반의 속지주의, 조합원 구성의 망라주의, 농정의 하청기구, 체제 내의 압력단체라는 일본형 협동조합의 원형이 거의 갖추어지게 된다.[13]

그러나 '산업조합 확충운동'은 경작농가의 자발적인 참여 없이 위로부터 강력한 관료적 지원이나 일방적인 권력 침투로 뿌리 내릴 수 있는 일이 아니었다. 1920년대 들어 농업생산의 주체인 중소 농가들이 지주제와 대항하면서 농민적 소상품 생산의 영역을 확대해온 농촌사회의 변화가 있었다. 산업조합 확충운동은 이러한 토대 위에서 경작농민이 산업조합을 통해 상품유통구조의 변혁을 위한 운동에 적극적으로 가담했기 때문에 정착될 수 있었다. 농가소조합의 발전은 산업조합의 조직과 사업을 자연부락 단계의 경작농민까지 끌어 내림으로써 산업조합의 조직적 체질을 바꾸고 사업기반 개척의 가능성과 방향을 제시했다.

이는 '산업조합 확충운동' 과정에서 출하조합, 양잠조합 등 다양한 형태의 농가소조합을 농사실행조합으로 법인화하여 산업조합의 하부조직으로 편입시키는 것으로 구체화되었다. 산업조합은 자연부락 단계의 소생산자 조직을 매개로 농산물 판매와 비료 등 농용자재 구매를 지역조합-부현 연합회-전국 연합회로 독점적으로 쌓아올려 '규모의 경제'를 추구하고 시장 교섭력을 강화할 수 있었다. 또한 산업조합을 주축으로 하는 유통합리화에 경작농가가 적극적으로 참여하여 농산물 판매 이익을 확대하고 농용자재 구매 비용을 절감하여 농가수입과 생활이 안정되었다. 이것은 농업공황에 의한 '벼농사·양잠 복합영농'의 파탄으로 한층 심각해진 지주계층과의 계급 대립 위기

---

13) 이향철(2001), 47~94쪽.

를 완화하는 결과를 가져다주었다.

산업조합법 개정과정에서 아래로부터의 자발적이고 자립적인 소상품 생산 에너지에 뒷받침되어온 농가소조합의 다양성은 법적으로 인정되지 않았다. 농가소조합은 농사실행조합이라는 획일화된 형태로 법인화되어 지역 산업조합의 하부조직으로 편입됨으로써 상품과 자금의 흐름에 대한 국가의 직접적인 통제 아래 놓이게 되었다. 산업조합은 국가의 농촌위기대책에 힘입어 농가의 생산활동과 관련된 대표적인 상품인 쌀과 비료의 독점적인 유통기구로 확립될 수 있었다. 그리고 산업조합을 창구로 하는 농가·지역주민의 예저금 운용·대출금 조달, 정부·정책금융기관 재정금융자금의 관리를 통해 자연스럽게 국가자금 및 자본시장과 연결되고 농촌사회와 자본시장·상품시장을 매개하는 연결고리 역할을 수행하게 되었다.

5) 전시체제하의 농업단체

1943년 3월, 전쟁수행이라는 국가정책에 이바지하기 위해 농업 부문에 대한 통제를 강화하는 '농업단체법'이 제정되어 기존 농업단체를 통합한 관제적인 농업회(農業會)가 발족했다. 농업단체 통합문제는 각종 농업 관련 단체가 난립해 있는 모순을 해소하고 이 조직들을 통합·통제해 활동력을 강화한다는 목적으로 농회 계통조직이 제기한 것이었다. '산업조합 확충운동'으로 농촌사회에서 존재감이 급격히 약해진 농회 계통조직이 '농촌경제 갱생운동'을 계기로 농업단체 통합문제를 들고 나와 실지회복을 시도한 것이다. 관변단체 성격을 지닌 농회 계통조직의 제안이었던 만큼, 파시즘적 거국일치 전쟁지도체제 확립을 위한 '신체제운동'에 받아들여져 구체화되었다.

농업회의 구성을 보면, 농업단체 가운데 가장 역사가 오래되고 대표적인 존재였던 농회 조직과 산업조합 조직을 기축으로 축산조합, 양잠조합, 차업조합 등 기존의 영세 농업단체를 일원적으로 정리·통합한 형태를 이루었다. 말단행정단위와 그 위의 중간행정단위에는 각 관할구역 내의 농업단체를 통합한 시정촌(市町村) 농업회와 도도부현(都道府縣) 농업회가 설립되어 상의하달의 조직체계를 이루었다. 전국 단계에서는 업무 분야별로 전문화하여 경제사업, 지도통제사업, 금융사업을 총괄하는 전국농업경제회, 중앙농업회, 농림중앙금고 3종류의 중앙조직이 정립하는 형태를 취하였다.[14]

실제로 경작농가의 생산·판매·구매활동은 1900년대 이래 전국 방방곡곡에 조직되어 농업개량과 생산지도·장려 등의 업무를 맡아온 농회와 1930년대에 고도로 발달한 산업조합에 의존하는 바가 컸다. 초창기부터 사무소를 함께 쓰거나 임직원이 겸직하는 사례도 많아 사실상 통합이 진전 중이었다.[15] 더구나 1920년대에 들어 농민적 소상품 생산을 조직한 농가소조합의 광범한 발전을 조직의 저변 확대와 경영 재건의 계기로 파악하고 경작농민의 조직화에 경합적으로 나서고 있었던 만큼, 농업단체의 통합은 농업생산 현장에서 나름의 의미를 가질 수 있었다.

그러나 전국적인 조직이 농업회로 통합된 뒤에도 산업조합 계통과 농회 계통은 '한 지붕 두 가족'으로 나뉘어져 사사건건 대립하는 등 서로에 대한 경쟁심과 불신감이 뿌리 깊게 남아 있었다. 미국 점령하에 이루어진 농업협동조합의 법제 정비와 제도 창설은 전시통제단체인 농업회의 해산·청산을 통한 농회 조직과의 결별 조치였다. 이것은 점령개혁이 종료되고 일본이 국제사회에 복귀한 뒤에 농정활동, 생산지도, 농산물 판매, 농용자재 및 농기구 구매를 둘러싼 농업단체재편성 문제로 이어진다.[16] 이 문제에 대해서

---

14) 古郡節夫(1944), 1~2쪽, 45~47쪽.
15) 長原豊(1989), 331~368쪽.

는 제3장에서 자세히 살펴보겠다.

3. 점령 당국의 일본 농업단체 개혁 구상

1) 피어리의 경제개혁 구상과 농업협동조합

　미국 점령군이 농지개혁과 농협제도 창설을 위시한 농업개혁에 착수한 기본목적은 재벌해체와 마찬가지로 초기 점령정책의 기본과제, 즉 군사적 침략 기초의 파괴·비군사화와 이와 관련한 민주화 조치였다. 일본 농업개혁은 대일정책의 중요한 부분을 이루고 있었고, 일본 농업현실에 관한 분석은 대일정책 입안담당자에게 매우 흥미로운 주제의 하나였다.

　미국정부는 이미 1943년 무렵부터 일본의 패전에 대비해 대일 점령정책에 관한 일련의 정책보고서를 준비하고 있었다. 당시 국무성 특별조사부에서 대일 경제정책 입안을 담당하고 있던 피어리(Robert A. Fearey)는 「전후 일본경제의 고찰(Japanese Post-war Economic Considerations)」[17]이라는 문서를 통해 재벌개혁과 함께 농업개혁을 제안했다. 피어리는 1941년부터 1942년에 걸쳐 미일 개전 당시 주일 미국대사를 역임했던 그루(Robert Clark. Grew, 1880~1965)의 개인비서로 지내다가 1942년 10월 국무성에 들어가 일본의 패전까지 특별조사부에서 근무하면서 일본경제의 조사연구에 매진했다. 그는 패전 후 일본의 해외 종속지역 상실에 따른 경제적 영향, 일본경제의 자립 가능성, 패전을 전후한 미일무역의 변화와 전망, 일본 경제구조의 재조정, 산업정책 전환, 재벌해체 등 일본경제에 관련된 거의 모든 문제를

---

16) 滿川元親(1972), 106쪽.
17) Robert A. Fearey(1943), 大蔵省財政史室編(1976), 79~88쪽.

전담하는 국무성 내부의 독보적인 존재였다.[18]

피어리는 「전후 일본경제의 고찰」에서 "활력 있는 일본경제의 확립" 및 "일본 인민의 최저생활수준 달성"을 위해서는 "대규모 해외무역이 필요하고" 이를 위해서는 "국내시장의 광범한 확대가 전제"되어야 한다고 보았다. 이는 "국민 1인당 생산성 수준의 고도화", "국부와 소득의 광범한 분배", 그리고 "일반적인 구매력 수준의 상승"을 가져다주는 철저한 공업과 농업의 개혁을 실행한다는 조건에 의해서만 가능하다고 하면서 "재벌해체(removal of zaibatsu)"와 "농지개혁(agrarian reform)"을 결부시켰다.[19]

농업개혁에 관해서는 소작제도 축소, 소작료 감축, 조세경감, 농업부채 탕감, 농업신용제도의 개혁 등과 함께 농업협동조합의 보호·육성을 제기했다. 그는 "협동조합(산업조합)의 농업구매·판매조직(cooperative farm buying and selling organization, Sangyo Kumiai)을 지원·장려하는 것은 이 조직이 상당부분 경작농가의 희생 위에 존재하는 다수의 중매인, 투기자, 유통업자를 배제하기 위해 많은 역할을 수행하기 때문이다"라고 인식하고 있었다. 즉, 소수자에게 부가 집중되고 노동자·농민에게 정당한 배분을 거부하는 일본경제의 구조적 개혁을 제안하고, 그런 맥락에서 협동조합의 역할을 평가하고 보호·육성을 제안했던 것이다. 그러나 이 단계에서는 경작농가를 위한 협동조합의 장려라는 일반론에 그쳤을 뿐, 어떠한 형태의 협동조합인가 하는 구체적인 내용은 언급되지 않았다.

피어리는 그 후 재벌해체에 대해서는 소극적인 견해로 바뀌었지만, 농지개혁·협동조합 개혁 등 농업개혁에 대해서는 일관된 자세를 견지했다. 1945년 9월 말, 연합국군최고사령관 맥아더의 정치고문으로 도쿄에 부임한 애치

---

18) 五百籏頭眞(1985), 251~253쪽.
19) Robert A. Fearey(1943), 大藏省財政史室編(1976), 79~88쪽.

슨(George Atcheson Jr) 특사의 특별보좌로 동행하여 연합군총사령부(GHQ) 정치고문부에 배속된 그는 미국 농림성에서 파견된 라데진스키(Wolf I. Ladejinsky, 1899~1975)와 협력하여 「농지개혁에 관한 피어리 문서(Japan: Agrarian Reform, October 26, 1945)」[20]를 작성하여 맥아더에게 진언하고 농지개혁의 직접적인 도화선을 만들었다.

여기서 그는 '농업협동조합(farm cooperatives)'에 대해 "상당히 성공리에 악폐를 극복해왔지만 종종 그 조합원으로서 가장 조합의 보호를 필요로 하는 가장 가난한 농민을 포함하고 있지 않다"고 비판했다. 따라서 "협동조합은 모든 가능한 방법을 동원하여 강화되어야 하며, 반드시 그 조합원에 유복하지 않은 농가가 포함되도록 확장되어야 한다. 동시에 사사로운 이익을 추구하는 상인의 활동은 엄격한 규제 아래 두어야 한다"고 주장했다. 전시 통제단체인 농업회 이전의 산업조합에 대해서는 일정한 평가를 하면서도 그것이 사실상 유복하지 않은 농가를 배제하고 있었다는 한계를 지적하고, 새로이 출범하는 농업협동조합은 하층농업자의 기반을 확립하는 것을 최우선 정책과제로 삼아야 한다며 협동조합 개혁과 장려의 방향을 제시했다.

2) 외국경제국의 개혁 구상

「피어리 문서」를 계기로 점령개혁에 직접적으로 관여한 미국정부 내부에서 종전 후 일본경제를 어떻게 개혁할 것인가 하는 논의는 그야말로 백가쟁명을 이뤘다. 다음에서는 이 가운데 농업협동조합 개혁 구상에서 핵심적인 역할을 한 외국경제국에 초점을 맞추어 간단하게 살펴보도록 하겠다.

먼저 1945년 1월 1일, 미국 대통령부(Executive Office of the President) 직속

---

20) Robert A. Fearey(1945), 大蔵省財政史室編(1976), 322~331쪽; ドーア(1960), 180~194쪽.

제2장 일본 농업협동조합법의 성립과정 111

외국경제국(Foreign Economic Agency)은 「피어리 문서」를 구체화·철저화한 경제개혁 구상 「일본에 관한 미국의 대외 경제정책 2차안(Economic Foreign Policy of the United States with respect to Japan, Second Revised Draft, January 1, 1945)」을 작성하여 이후 대일정책에 중대한 방향을 제시한다. 여기서는 협동조합에 대해 "정부의 지도·통제 아래 놓인 명목적인 농민조직을 해산하고 농민을 대표하는 진정한 조직(bona-fide organizations)을 승인하고 장려해야 한다"고 지적했다.[21] 장기적으로 농지개혁의 효과를 유지하기 위해서는 정부통제조직인 농업회를 해산하고 민주주의 원칙과 자발성 원칙에 입각한 진정한 농민조직이나 협동조합을 설립·장려해야 한다는 구체적인 개혁방향을 제시한 것이다.

나아가 아시아태평양전쟁의 종결이 임박해옴에 따라 미국 육군성을 중심으로 점령지역 군정책임자의 정책지침서가 될 주요 정부부서 문서 수십 건을 모아 『민정가이드(Civil Affairs Guide)』라는 이름으로 출판이 이루어졌다. 여기에는 협동조합 개혁의 청사진이 될 외국경제국의 「일본의 농업단체(Agricultural Associations in Japan)」(1945년 5월 31일 작성)라는 문건이 포함되었다. 이 문건에서는 일본 농촌조직으로 농회(village agricultural society), 농촌협동조합(village cooperative society), 소작조합(tenant farmers' union) 등 3종류를 들고, "협동조합(산업조합)은 초창기에는 어느 정도 민주적인 조직이었으나 서서히 민주적·자발적 조직의 모습을 상실하다가 (⋯) 1943년에는 통제적인 농업회와 지방행정기관에 함몰되고 만다"는 인식이 제시되었다.[22]

협동조합의 개혁은 당장 식량의 생산과 배급을 조직·관리하는 점령정책을 수행해야 할 군정 당국의 현실적인 필요성 때문에 중요하기도 했지만, 궁극

---

21) Foreign Economic Agency(1945), 大藏省財政史室編(1976), 113~119쪽.
22) United States War Department(1945a), pp. 1~2.

적으로 평화롭고 민주적인 경제 구축이라는 점령정책의 목적을 위해 필수 불가결하다고 보았다. 즉 "봉건적인 토지제도와 군국주의 일본의 특권적 권리를 진정한 농민조직(boda-fide farmers' organization) (…) 등에 의해 평화적 민주적 권리관계로 전환하는 것"은 "일본인의 기초적인 필요를 충족시키는 평화목적에 공헌하는 경제를 확립하고" "장기적으로 전쟁 지향에서 평화 지향으로 나아가는 민주주의 건설을 유효하게 하는 데 중요한 역할을 수행한다"는 것이었다. 이를 위해 "농민조직은 민주주의 원칙(democratic principles)에 입각해야 하고, 자주성 원칙(voluntary principles)을 채용해야 하며, 가입탈퇴의 자유, 강제조직의 해산, 협동조합의 아이덴티티를 가지고 있는 과거의 산업조합(old cooperatives)이나 농업·농촌단체의 부활, 그리고 새로운 농업단체 결성의 자유가 보장되어야 한다"고 했다.[23]

이처럼 새로운 협동조합의 기본원칙을 확인한 다음, 조합원 및 선거 등과 관련된 몇 가지 중요한 제도 설계가 제안되었다. 먼저, 조합원으로는 지역사회의 경작농민만이 가입해야 한다고 했다. 산업조합에 대해 협동조합의 아이덴티티를 가지고 있었다고 일정한 평가를 내리면서도 조합원을 경작농민에 한정함으로써 '농촌'협동조합에서 '농업'협동조합으로 순화하는 방침을 내세운 것이다. 다음, 협동조합의 민주적 관리 원칙으로 '비례투표제'가 아니라 각 조합원이 1표의 투표권을 갖는 '1인 1표제'를 근간으로 해야 한다고 했다. '1인 1표제'는 가입탈퇴의 자유와 함께 '자유·자주·민주'라는 협동조합의 3대 원칙을 구현하는 것으로 자리매김되었다. 그리고 이런 원칙을 무시하고 강제적인 조합원제도를 취하는 농업단체법, 농회령, 잠사조합법, 축산조합법, 중요물산동업조합법 등은 모두 폐지대상으로 분류되었다. 끝으

---

23) United States War Department(1945a), pp. 3~4, 23~25.

로, 행정부락 단계나 그 이상의 단계에서 전시통제단체인 농업회의 임직원을 역임한 사람은 새로운 협동조합에 취업할 수 없도록 인적 단절을 시도했다.

외국경제국의 「일본의 농업단체」는 일본의 역사적 현실에 입각하여 농업단체 개혁 구상을 구체적으로 제시했다는 점에서 중요한 의미를 갖는다. 실제로 연합군총사령부의 협동조합정책은 기본적으로 이 문건이 제시한 개혁 구상과 방향에 따라 진행되었다. 다만 유일하게 여기에서 논의되지 않은 출자이자 제한과 이용고 배당이라는 협동조합의 비영리경영 원칙은 재벌해체와 독점금지법의 성립과정에서 구체적인 모습을 드러내게 된다.

3) '개혁'과 '이용'의 딜레마

이상에서 살펴본 바와 같이, 일본 농업단체 개혁에 관한 일련의 문건에서 공통으로 확인할 수 있는 것은 일본농촌의 대토지 소유자는 지배자이고 지주제적 토지소유 아래 절대 다수의 농민이 극도의 빈곤상태에 놓여 있다는 인식이었다. "일본농업의 궁핍상태가 국내시장을 위축시키고 해외침략을 부추기는 요인이 되었다. 또한 궁핍한 농민은 대부분 군부의 유력한 지지기반이 되었다"는 것이다. 따라서 일본의 '비군사화'와 '민주화'를 목표로 하는 점령정책에서는 어떠한 형태로든 농업개혁이 불가결하다는 논리였다.

점령 당국의 농업정책을 둘러싼 기본적인 논점은 기존의 정부기관·농업단체의 '이용'과 '개혁'을 둘러싼 딜레마로 정리할 수 있을 것이다. 점령정책을 수행하는 구체적인 국면에서 기존의 정부기관·농업단체를 '이용'하는 수단의 문제와, 그것을 민주적으로 '개혁'하는 목적의 문제가 뒤섞여 종종 갈등을 유발했기 때문이다. 특히 농업단체의 경우 당시 심각성을 더해가는 식량위기와 강제적인 공출문제, 그리고 이를 매개로 한 도시와 농촌의 정치

적·사회적 긴장 고조와 맞물려 있어 더욱 그러했다.[24]

앞에서 살펴본 외국경제국의 협동조합 개혁 구상 「일본의 농업단체」도 이러한 딜레마를 분명하게 언급했다. "농업조직은 군정 당국에게 두 가지 점에서 중요하다. 첫째, 이들 농업조직은 군정기 일본에서 군정 당국과 식량을 생산하는 550만 개별 농가의 매개자로서 식량의 생산과 배급을 조직·관리하는 데 유용하고", "둘째, 이들 농업조직은 전쟁 지향에서 평화 지향으로 나아가는 민주주의 건설을 유효하게 하는 데 중요한 역할을 수행한다."[25] 점령 당국은 식량 증산·배급정책의 수단이라는 시각과 일본경제의 민주화 실현이라는 목적의 양대 관점에서 농업단체를 분석하고 후자의 당위성을 역설했다. 즉, 일본의 비군사화·민주적 개혁을 위해서는 봉건적 토지소유나 군국주의 일본으로부터 이익을 얻어온 지배계급을 해체하고 평화적·민주적인 경작농가의 농업협동조합으로 개편하는 것이 불가결하다는 것이었다.

기존의 정부기관·농업단체를 '이용'하는 문제는 미국정부의 초기 대일 방침의 의도와는 관계없이 점령정책 수행과정에서 많은 논란을 불러 일으켰다. 연합군총사령부 천연자연국(Natural Resources Section: NRS)은 식량통제의 필요성은 인정했지만 통제단체인 농업회를 이용하는 데는 강력하게 반대했다. 농업회의 지도자는 군국주의 정부에 의해 지명된 사람이고, 일본의 봉건적 구체제를 개혁하는 것을 가장 강력하게 반대하는 대지주나 전쟁지도자의 소굴이라는 이유였다. 이에 반해 정보기관이던 통합참모본부 전략정보국(Office of Strategic Services: OSS) 등을 중심으로 농업단체의 민주적 개혁이 식량의 원활한 유통을 저해할 우려가 있기 때문에 비민주적 요소를 추방하면서 현존의 통제기구를 이용할 방법을 모색해야 한다는 현실주의적인

---

24) 食糧庁食糧管理史編集室編(1957), 192~194쪽.
25) United States War Department(1945a), pp. 22~23.

주장도 뿌리 깊게 존재했다.[26]

이 현실주의적 노선은 1945년 7월 15일 미국 농무성이 기초하여 육군성의 『민정가이드』에 수록한 「일본의 농업과 식량(Agricultural and Food in Japan)」을 기본적으로 계승한 것이다. 이 문서는 "일본의 농촌단체가 점령 아래 어떠한 새로운 이름으로 활동하든 군정 당국은 전전(戰前) 또는 전시 중에 축적된 이들 농촌단체의 경험과 지식을 이용하기를 권고"하고 있다. 오랜 세월에 걸쳐 "일본정부의 영향력이 이들 농업단체 전체를 통해 강력하게 전달되었기 때문에 특별한 사정이 없는 한 점령 기간 중에 극적인 변혁을 가져올 필요가 없고" "고도로 중앙집권화된 관리기구를 그대로 유지하는 것이 바람직하다", "일본농촌에 깊이 뿌리를 내린 농업단체의 기본기능을 농업생산을 촉진하는 것에 이용하는 것이 적절하고" "이를 통해 토지이용계획, 식량의 생산 및 조달계획을 효율적으로 추진할 수 있다"는 것이었다.[27]

말하자면, 농업회와 같은 중앙집권적 통제조직이 점령목적을 크게 해치지 않는다면, 농업협동조합과 같은 새로운 조직으로 개조할 필요 없이 오히려 그 인적·물적 자원을 계승하고 전전·전시 중에 축적된 농업단체의 지식과 경험을 활용하는 것이 효율적인 점령정책 수행에 바람직하다는 극단적으로 보수적인 주장이다. 이렇듯 패전 이후 농업단체 개혁과 관련하여 기존 기구 이용론과 개혁론의 2대 정책 조류가 이어지는 가운데 '농민해방지령'을 맞이하게 된다.

---

26) United States War Departmen(1945c), pp. 40~51 참조.
27) United States War Department(1945b), pp. 83~92; 岩本純明(1978), 378~390쪽; 岩本純明 (1979), 188~190쪽.

4. 농업협동조합법 제정을 둘러싼 점령 당국과 일본정부의 대립과 타협

농업협동조합의 출범은 농지개혁과 깊은 내면적 관계를 가지고 있다. 그 것은 1945년 12월 9일 연합국군최고사령관(Supreme Commander for Allied Powers: SCAP) 맥아더의 이름으로 발령된 「농지개혁에 관한 각서」, 이른바 '농민해방지령'의 문구에 다음과 같이 함축적으로 표현되었다.

> 민주주의 경향의 부활과 강화에 걸림돌이 되는 경제적 장애를 제거하고 인간의
> 존엄에 대한 존중을 확립하며, 수세기에 걸친 봉건적 압박에 의해 일본농민을
> 노예화해온 경제적 속박을 타파하기 위해 일본의 경작농민으로 하여금 노동의
> 성과를 향유하는 데 있어 한층 균등한 기회를 얻게 하기 위한 조치를 강구할
> 것을 일본제국 정부에 지령한다.[28]

'농민해방지령'은 또 "소작인이었던 자가 다시 소작인으로 전락하지 않도록 합리적인 보호장치가 마련되어야 하며", "이를 위해 ① 합리적인 이율로 장기 또는 단기 농업융자를 이용할 수 있는 수단, ② 가공업자 및 배급업자의 착취로부터 농민을 보호할 수단, ③ 농산물 가격을 안정시킬 수단, ④ 농민에게 기술 및 기타 지식을 보급할 계획, ⑤ 비농업세력의 지배를 벗어나 일본농민의 경제적·문화적 향상에 이바지할 농업협동조합운동을 조장하고 장려할 계획이 들어 있어야 한다고 천명했다.

'농민해방지령'은 농지개혁의 실시뿐만 아니라 개혁에 의해 창출된 자작

---

28) General Headquarters Supreme Commander for Allied Powers(1945), 小倉武一·打越顯太郎 編(1961), 3~9쪽.

농이 "다시 소작농으로 전락하지 않도록 하기 위한 합리적 보호장치"를 요구했다. 여기서 제시된 항목 가운데 ①, ②, ⑤는 농업협동조합제도 및 그 사업으로, ③은 식량관리법을 비롯한 농산물 가격안정제도로, ④는 농업개량 보급사업으로 각각 발족하여 정착되었다. 이 제도들은 농지개혁으로 창출된 자작농의 보호를 직접적인 목적으로 출범했으며, 농지개혁의 법적인 표현인 농지법과 함께 전후 자작농체제의 불가분의 구성요소가 되었다. 그리고 농업협동조합은 전후 자작농체제의 핵심부분을 차지하는 것이다.

그런데 막상 논의에 들어가자 농지개혁과는 달리 농업협동조합은 난산을 거듭했다. 연합군총사령부가 4차례에 걸쳐 각서·제안 등을 제시하고 일본 농림 당국은 8차례에 걸쳐 반론을 하는 등 이례적인 전개를 보인 것이다. 농업협동조합의 법률 제정 및 제도 창설을 둘러싼 점령 당국과 일본 농정 당국의 대립과 타협과정은 협동조합경영연구소가 편찬한 자료집『농협법의 성립과정』의 분류방법에 따라 다음의 3단계로 구분할 수 있다.

첫 번째 단계는 1945년 12월 9일 연합군총사령부(GHQ)가 '농민해방지령'을 발령한 이후 다음 해 3월 13일 농림성이 이에 대한 답변으로 '농지개혁 계획'(이 가운데 협동조합에 관한 부분을 통상 '제1차 농업협동조합 개혁안'이라고 함)을 제출하고, 나아가 이를 구체적인 법률형태로 정리하여 같은 해 6월 제2차안 I, 9월 제2차안 II, 11~12월 제3차안에 이르기까지 일본 농림성이 농업협동조합 법안을 제시한 시기이다.

두 번째는 연합군총사령부 천연자원국(Natural Resources Section: NRS)이 농업회 청산과 농업협동조합 설립을 위한 새로운 법률 제정 지령을 내리고 천연자원국 측의 제1차 시안을 제시했던 1947년 1월부터 이에 대해 일본 농림성이 농업협동조합 법안 제4차, 제5차안을 제시하기까지의 시기이다.

끝으로 세 번째 단계는 1947년 5월 천연자원국 측이 제2차 시안을 제시해 일본 농림성 법안의 변경 및 수정을 요구하고, 그 후 일본 농림성이 제6차, 제7차, 제8차 농업협동조합 법안을 제출한 끝에 마침내 1947년 11월 농업협동조합법 제정 및 통제단체인 농업회의 해체를 규정한 '농업단체 정리법'이 성립되기까지의 시기이다.

1) 일본정부의 농업단체 구상(1945. 12~1947. 1)

(1) 조용한 혁명가들

일본정부는 1945년 12월 9일 연합국군최고사령관이 발령한 '농민해방지령'에 대한 답변으로 「농지개혁계획」을 작성하여 1946년 3월 15일에 연합군총사령부에 제출했다. '농민해방지령'이 요구한 대로, 여기에는 "소작인인 자작농이 된 경우 다시 소작인으로 전락하지 않도록 보증하는 제도"로서 농업협동조합에 관한 규정이 포함되었다. 이것이 농업단체 개혁과 관련된 일본정부의 제1차안이었다.

당시 「농지개혁계획」의 작성에서 핵심적인 역할을 한 농림성 관료는 농정국 농정과장 오구라 다케카즈(小倉武一, 1910~2002)였다. 농정과 사무관 농업단체 담당주임으로 나중에 농림성 초대 농협과장을 역임했던 히라키 게이(平木桂), 이케다 도시야(池田俊也), 야마시타 미츠구(山下貢), 기관(技官) 요네자와 류오(米坂竜男)가 그를 보좌하여 실무 작업에 종사했다. 그리고 여기에 의외의 인물이 얼굴을 내밀고 있다. 닷타 시노부(立田信夫)라는 필명으로 협동조합론의 고전으로 꼽히는 『일본산업조합론』(1937)을 펴내 마르크스주의 협동조합론을 전개하고 나중에 리츠메이칸(立命館)대학 교수로 자리를 옮긴 이노우에 하루마루(井上晴丸)이다. 당시 그는 농정국 농업경영과장으로 농업경영의 입장에서 토지개혁과 농업단체의 문제를 검토했다. 이들이야말로 '농민해방지령' 이후 농업협동조합법의 성립에 이르는 1년 8개월

동안 점령 당국과 밀고 당기며 한 발자국도 물러서지 않고 절충에 임한 주역들이었다.[29]

이들 젊은 농림관료들은 '농촌경제 갱생운동'이 전개되던 시절 농림성에 들어와 농업위기를 목격하고 지주-소작관계의 청산을 포함한 근본적인 개혁이 없이는 일본농촌의 미래는 없다고 판단하고 자작농 창설 작업에 몸을 던졌다. 그들은 개명적인 보수주의자이면서 한편으로 사회주의자들보다 더 혁신적인 '조용한 혁명가들'로서, 농지개혁에 관해서는 정도의 차이는 있을지언정 연합군총사령부와 입장을 같이하고 있었다. 전시기에 혁신적인 정책을 추진하며 '의사혁명(疑似革命)'을 꿈꾸었던 '혁신관료'의 전후판이라고도 할 수 있을 것이다.

(2) 일본정부의 협동조합 개혁 원점

그러나 일본 농림관료들은 농업협동조합의 구체적인 존재양태와 역할에 대해 점령 당국과 상당히 다른 생각을 가지고 있었다. 심지어 일본농업이 놓여 있는 현실적인 조건을 근거로 서슬이 퍼런 점령군 권력에 조금도 물러섬 없이 반론하고 자신들의 의견을 반영해가는 움직임을 보였다. 그들은 농업협동조합의 기초조직으로 자연부락 단위의 농사실행조합을 법적으로 인정하고, 여기에 농지관리, 농작업 공동화, 생산 장애 배제, 토지개량 등의 기능을 부여하는 생산공동체적 구상을 가지고 있었다. 농지개혁으로 창출되는 소규모 가족경영의 결함을 시정하고 일본농업의 생산성을 높이기 위해서는 집단화·공동화의 생산협동체 요소를 신생 협동조합에 반영해야 하고, 이를 위해서는 어느 정도 강제적인 통제가 필요하다는 생각이었다. 따라서

---

29) 研究会記録(1959), 小倉武一·打越顕太郎編(1961), 645~694쪽.

새로운 농업협동조합은 농업회를 모체로 하여 이를 민주적으로 개조하는 작업이 합당하다고 보았다.[30]

그리고 관리·운영 면에서 계통조직의 임원은 공평한 선거(公選)를 통해 선출하고, 특히 농사실행조합 및 농업협동조합의 지역별·작목별 이사는 조합원의 선거를 통해 뽑는다고 규정했다. 농가조합원 각층의 의사를 공정하게 반영하는 민주적이고 공정하고 자유로운 선거방법을 제시한 것이다. 나아가 정식 조합원이 아닌 임의회원에 대해서는 임원 피선거권이나 총회 의결권을 제한하는 등 비농민세력이나 비농민적 이익에 지배되지 않도록 하는 조치도 강구했다.

그러나 이는 "농업을 경영하는 사람이나 농업에 종사하는 사람"은 의무적으로 가입해야 한다는 강제규정을 두는 등 전체적으로 농업회의 통제 기능을 계승하고 있었다. 또한 농업회에서 농업협동조합으로 어떤 절차와 방법을 통해 이행할 것인가 하는 규정도 결여하고 있었다. 점령 당국의 『민정가이드』에 포함된 외국경제국의 「일본의 농업단체」에서 제시된 협동조합 개혁의 기본요건과도 거리가 있었다. 농업협동조합이라는 명칭은 사용했지만 농업회의 부분적인 수정, 말하자면 그야말로 "농업회에 간판만 바꿔 단 것"에 지나지 않았던 것이다.[31]

연합군총사령부의 담당부서인 천연자원국 농업과는 일본정부가 준비한 농림성 제1차 농업협동조합 개혁안('농지개혁 계획')에 대해 불만이었지만, 조직 설계 그 자체를 구체적으로 비판하거나 주문하지 않고 협동조합 원칙을 강조하는 것으로 대신했다. 즉, 국제적으로 인정되고 있는 협동조합 원칙에 입각하여 충실한 협동조합 설립을 위한 새로운 법제를 작성하여 2개월

---

30) 農業協同組合制度史編纂委員會編(1967/1969), 通史編 1卷, 159~160쪽.
31) 農業協同組合制度史編纂委員會編(1967), 第4卷 資料編 1, 20~23쪽.

이내에 제출하라는 것이었다. 특히 가입탈퇴가 자유로운 임의가입제도 도입, 투표권을 가진 정조합원 자격규정(농업종사자 한정), 임원 피선거권의 자격규정(정조합원 한정), 조합원 1인 1표제, 대리투표 금지, 준조합원 자격규정(선거권을 제외하고 정조합원과 동등한 권리 인정) 등 협동조합의 민주적·자주적 관리·운영을 위한 규정과 농업단체법의 폐지를 강조했으며 식량 집하를 위해서는 행정부가 책임지는 특별기구를 설립할 것을 권고했다.

후년에 연합국군최고사령관 최고사령부에서 편찬한 『일본점령의 비군사적 활동사(History of Nonmilitary Activities of the Occupation of Japan: Agricultural Cooperatives)』는 일본정부의 제1차 농업협동조합 개혁안에 강력히 반대한 이유를 다음과 같이 들고 있다.[32]

① 농업협동조합에 강제가입규정을 두고 있는 것(compulsory membership in agricultural cooperatives).

② 농가조합원의 모든 행동에 정부의 승인이 필요하다는 것(government approval of all actions taken by members).

③ 정부가 모든 농업경제사업에 자의적 통제와 규제를 가하고 있다는 것(arbitrary government control and regulation of all agricultural business enterprises).

④ 농업의 조사·연구에 소요되는 비용을 농가조합원에게 강제적으로 부과하여 조달하고 있는 것(compulsory levies on members to support research and agricultural extension activities).

⑤ 농업협동조합을 통해 식량을 강제적으로 공출·집하하고 있는 것(compulsory collection food by agriculture cooperatives).

---

32) GHQ/SCAP(1990), p. 5.

2) 점령 당국의 농업단체 개혁 시동(1947. 1~1947. 5)

(1) 반혁명을 위한 혁명

연합군총사령부는 일본정부가 독자적으로 준비한 농지개혁안('제1차 농업협동조합 개혁안')을 거부했다. 마츠무라 겐조(松村謙三, 1883~1971) 농상을 중심으로 하는 농림관료들이 설정한 지주 보유면적 한도가 당초 1.5정보에서 사무 당국의 설득에 의해 3정보로 조정되고, 나아가 정부 및 의회에 진출한 지주세력의 저항에 부딪혀 5정보로 상향조정되어 개혁의 의미가 퇴색되었기 때문이다. 이렇게 되면 해방 예정의 토지면적은 130만 정보에서 90만 정보로, 관련 지주도 100만 호에서 10만 호로 줄어들어 개혁은 '찻잔 속 태풍'으로 끝날 공산이 컸다.

당시 일본의 농지개혁은 국내외 정치세력의 큰 주목을 끌고 있었다. 일본 사회당과 그 계열의 농민조합은 "자작농 창설의 철저화"와 "교환분합(交換分合)에 의한 농지의 집단화·공동화"를 정책과제로 내세웠다. 한 걸음 더 나아가 일본공산당과 그 계열의 농민조합은 "기생적 토지 및 산림원야를 주로 하는 유휴토지의 무상몰수와 농민에 대한 무상분배"를 주장했다.[33]

한편 미국·영국·소련·중국으로 구성된 연합군국군최고사령관 자문기구 대일이사회(Allied Council for Japan)는 이 문제를 둘러싸고 1946년 4월 말부터 6월 중순에 걸쳐 4차례 회의를 개최했다. 소련과 영국은 제1차 농지개혁안에 큰 불만을 표시하고 독자적인 개혁안을 제시했다. 연합군총사령부는 "토지의 무상몰수 및 생산 집단화"를 골자로 하는 소련안을 물리쳤다. 그러나 여기에 가장 근접한 영국안을 토대 삼아, 농가 1호당 보유면적 1정보를 기준으로 정부가 직접 개입하여 거의 모든 토지를 매수·매도하여 해방하는

---

33) 国立国会図書館調査立法考査局編(1966), 1~2쪽, 741~756쪽, 759~760쪽.

농지개혁 각서안을 작성하여 일본정부에 권고했다.[34]

1946년 10월 11일 일본정부는 점령 당국의 농지개혁 각서안을 그대로 받아들여 '자작농창설 특별조치법'과 '농지조정법 개정법'(제2차 농지개혁안)을 작성해 의회에 제출했고, 무수정으로 성립을 보게 되었다. 그 내용은 인플레이션이 급진전되는 가운데 사실상 모든 국내외 정치세력의 주장에 크게 근접하거나 그를 넘어서는 획기적인 것이었다. 대부분 연합군총사령부가 주도하는 농지개혁의 추진세력으로 포섭되어가지 않을 수 없었다. 유일하게 일본공산당만이 자신들의 차별성을 강조하여 정책기조를 180도 전환해 토지국유화와 공동경영을 들고 나왔다가 오히려 농민조합과 농민들로부터 고립되고 농촌사회에서 지지기반을 상실하는 결과를 초래했다. 이렇게 하여 "사유재산제의 최대 취약점인 피라미드형 사회기구의 기층부분을 강화하고" "농촌을 공산주의의 침투를 막는 금성탕지로 만든다"는 "개명한 보수주의자들"의 "반혁명을 위한 혁명"이 완성된 것이다.[35]

(2) 농업협동조합의 제도 설계를 둘러싼 줄다리기

그러나 "자작농이 다시 소작농으로 전락하는 것을 막기 위한 합리적인 보호장치"인 농업협동조합의 제도 설계를 둘러싸고, 일본정부와 연합군총사령부는 서로 의견이 맞지 않아 팽팽한 평행선을 긋게 되었다.

일본정부는 「농지개혁에 관한 각서」에 대한 답변에 포함된 농업협동조합 개혁안(제1차안) 부분을 점령 당국의 의사를 반영해 수정하고 이를 법률 시안형태로 정리한 농업협동조합법 요강(제2차안 I)을 작성하여 1946년 6월 22일 각의에서 결정했다. 여기에서 처음으로 법안에 "조합원의 가입 및 탈

---

34) 農地改革記錄委員会編(1952), 120~126쪽.
35) ラデジンスキー(1952), 16~17쪽.

퇴는 이를 자유로 한다"(제2 조직 4 가입 및 탈퇴)라는 규정이 명문화되었다. 그러나 여전히 "농업협동조합의 설립은 조합원 자격을 가진 자의 일정 이상의 동의를 얻고 동시에 행정관청의 인가를 받는 것을 필요로 한다"(제2 조직 3 설립)라고 설립요건을 까다롭게 했고 설립의 자유를 엄격히 제한한 항목을 두고 있어 조합원 가입탈퇴의 자유는 사실상 유명무실했다.[36]

이 요강을 바탕으로 농림성 농정국 관료들이 주축이 되어 손질하여 농업협동조합 법안(제2차안 II)으로 성안(成案)하여 같은 해 9월 15일 천연자원국(NRS)에 제출했다. 그러나 제90회 제국의회 제출 직전에 점령 당국은 돌연 이 법안의 배포 금지령을 내렸다. 그것은 천연자원국이 이 법안에 반대해서가 아니라, 연합군총사령부 내부에서 의견이 갈려 이를 조정하고 승인 받는 절차가 필요했기 때문이었다. 천연자원국의 농업협동조합 담당관 쿠퍼(John L. Cooper)는 농림성 제2차안에 일찍부터 지지를 표명했다. 즉, 이 법안은 매우 복잡한 농업문제를 일본식으로 처리하고 있다는 특징이 있으며, 특히 경제구조의 혼란을 최소로 억제하면서 중요한 식량의 생산과 집하에 지장을 초래하지 않고 달성하는 데 공헌하고 있다고 평가했던 것이다.

(3) 연합군총사령부 내부 의견조율

1946년 11월 14일부터 12월 4일까지 연합군총사령부의 농지개혁 주무부서인 천연자원국(NRS), 정치행정 담당부서인 민정국(Government Section: GS), 재벌해체 담당부서인 경제과학국(Economic & Scientific Section: ESS)의 대표가 한자리에 모여 일본정부의 제2차안을 중심으로 공식 논의에 들어갔다. 천연자원국에서는 협동조합 담당관 하디(R. J. Hardie)와 그의 후임 쿠퍼

---

36) 小倉武一·打越顕太郎編(1961), 18쪽.

가 참석했고, 민정국에서는 전쟁 중에 미국태평양문제조사회에서 일본 농업 문제를 연구하고 농지개혁에 관여한 그라디단체프(Gradidanchev)가 나왔으며, 경제과학국에서는 각각 금융과, 배급가격통제과, 반트러스트과, 법규과 스텝이 가세했다.[37] 이 회의에서는 최소한 농업회의 문제와 그 개혁의 필요성에 대해서는 특별한 이견이 없었다. 농업회는 강제가입제도를 기초로 정부의 통제에 종속되어 있으며 지방유력자에 의해 지배되고 있다는 것, 기본적으로 정부정책을 농민에게 침투시켜 이들을 지배하는 기관이며 농민 스스로 자유·자주·민주의 원칙에 입각하여 협동조합을 조직하는 것을 방해하는 조직이라는 인식을 공유하고 있었다.

그러나 이 자리에서 천연자원국과 경제과학국 배급가격통제과는 식량의 집하·공출문제의 긴급성이나 중요성에 비추어 일본정부가 수정제출한 제2차안을 받아들이지 않을 수 없다는 입장을 취했다. 당시 식량부족문제는 농업단체 개혁의 차원을 넘어 점령체제 그 자체를 위태롭게 할 수 있는 중대한 정치경제 현안이었던 만큼, 식량 수급에 악영향을 미칠 우려가 있는 농업단체의 혁기적인 개혁에 타협적인 자세를 보였던 것이다. 그러나 농업단체 개혁과 농업협동조합법 제정에 직접적으로 관여하지 않았던 민정국과 경제과학국 다른 부서들은 식량 집하를 이유로 어정쩡하게 타협하는 것은 일본의 민주적 개혁이라는 본질을 훼손하는 것이라고 반대했다. 말하자면 연합군총사령부 다수파 부서가 농업회를 폐지하고 그 위에 진정한 농업단체를 만들기 위한 법제를 준비해야 한다고 주장하고 나섰던 것이다.

식량 집하 문제를 둘러싸고 점령 당국 내부의 의견 대립이 좀처럼 해소되지 않고 난항을 거듭하는 가운데, 1946년 12월 2일 구스미 요시오(楠見義男)

---

37) 小倉武一·打越顕太郎編(1961), 332~334쪽.

농림차관과 천연자원국의 협동조합 담당관 하디가 회담을 가지고 합의를 위한 절충을 시도했다. 여기서 확인된 내용은 "농업단체의 강제가입은 용납될 수 없다"는 것과 "식량 집하기구를 별도로 설립하여 농업회 개혁과 식량 집하 문제를 분리한다"는 것이었다. 양국 실무책임자의 합의 이후, 식량 집하문제를 고려하여 타협할 필요가 없어지면서 연합군총사령부 부서 대표는 농업회의 근본적인 개혁으로 내부 의견을 집약해 맥아더에게 보고했다.

(4) 천연자원국의 농업단체 개혁 각서

1947년 1월 15일 천연자원국 센크(Hubert G. Schenck) 국장은 와다 히로오(和田博雄) 농림대신을 만나 농림성 제2차안에 반대하는 이유를 설명하고 「농업회 청산 및 농업협동조합 설립을 위한 새로운 입법에 관한 연합군총사령부 천연자원국의 각서(Liquidation of Nogyokai and New Legislation for the Establishment of Agricultural Cooperatives, Memorandum for General Headquarters Supreme Commander for the Allied Power, Natural Resources Section)」를 제시했다.[38] 여기서는 자유롭고 자주적인 협동조합 원칙에 입각하여 농업협동조합을 조직할 것을 요구하고 있다.

그 구체적인 내용을 살펴보면 다음과 같다. 조합원 자격을 농업생산에 직접 종사하는 사람으로 한정하고 그렇지 않은 사람은 선거권 등을 제한한 준조합원으로 해야 한다. 그리고 그들이 임의로 가입하고 탈퇴할 수 있는 자유를 보장하는 조합원제도를 확립하는 것이 무엇보다 중요하다. 자본에 대한 이율을 법정이자율과 거의 동등하게 제한하고 조합사업의 이용 분량에 따라 잉여금을 배당해야 한다. 식량의 집하 및 안정적인 공급, 농업생산

---

38) 小倉武一·打越顕太郎編(1961), 111~116쪽.

지도와 같은 역할은 정부의 고유업무로 이를 협동조합에 떠맡기는 것은 자주적인 농민단체의 기능을 제약하는 요인이 될 우려가 있기 때문에 별도의 정부기관을 만들어 해결해야 한다고 주문했다. 그리고 농업단체는 독점 금지법이 정하는 범위 내에서 조직과 사업을 운영해야 하며 자유로운 경쟁을 방해하는 농업협동조합의 무분별한 사업 확장을 견제하고 중앙집권적인 지배를 배제한 민주적인 기업으로 발전할 것을 요구했다.[39]

그러나 천연자원국의 각서가 발령되었음에도 일본 농림성은 법안을 전면 개정하지 않고 몇 번이고 부분적으로 손질하여 제출하는 등 미온적인 태도로 일관했다. 이를 못마땅하게 여긴 천연자원국은 스스로 「농업협동조합 법안(Prospects of Farmers' Cooperative Association Bill)」을 작성하여 농림성에 제시하는 강경한 태도로 나왔다. 이른바 '천연자원국 제1차안'이다.[40]

'천연자원국 제1차안'과 지금까지 나온 농림성 제1~3차안 사이에는 협동조합의 기본 구상을 둘러싸고 현격한 인식의 차이가 존재했다. 일본 농림성으로서도 천연자원국의 각서와 「농업협동조합 법안」을 바탕으로 제4차안, 제5차안을 준비하여 여기에 가능한 한 접근을 시도하지 않을 수 없었다.

먼저, 협동조합에 대한 정부의 통제와 농가조합원에 대한 협동조합의 통제를 약화시키는 것이었다. 이를 위해 농가실행조합의 제도화를 포기하여 전시체제 아래 만들어진 생산공동체적 주민상호감시라는 정치적 의혹을 불식시키고자 노력했다. 농업협동조합 관할구역과 행정단위의 일치조건을 완화하여 이를 정관에서 규정하게 하는 조치를 강구했다. 그리고 전시통제단체인 농업회의 농업협동조합으로의 전환을 인정하지 않기로 하는 등 다양한 각도에서 절충을 시도했다.[41]

---

39) 小倉武一·打越顕太郎編(1961), 111~112쪽.
40) 小倉武一·打越顕太郎編(1961), 117~126쪽.

(5) 협동조합의 보편성과 특수성

일본 농림성으로서는 나름대로 천연자원국의 각서와 그 「농업협동조합법안」의 내용을 최대한 반영하는 형태로 제4차안, 제5차안을 작성하여 연합군총사령부에 제출했다. 그러나 1947년 5월 8일 천연자원국, 민정국, 경제과학국 3부국 대표자회의는 이것이 종래의 농림성 법안과 크게 다르지 않으며 여전히 협동조합의 기본원칙과 거리가 있다고 판단하고 거부했다. 연합군총사령부의 요구는 어떤 의미에서 1900년 이후 형성된 일본 협동조합의 역사성과 특수성에 대한 전면적인 부정을 요구한 것이었던 만큼, 양측의 간격을 메우고 타협점을 찾기란 쉬운 일이 아니었다.

농가실행조합을 바탕으로 하는 정연한 4단계 조직, 가입탈퇴의 자유를 제한한 조합원 구성, 조합원에 대한 협동조합의 통제, 행정대행 기능 등을 골자로 하는 농림성 법안은 농업회 조직을 그대로 새로운 농업단체로 가져가려는 시도에 다름 아닌 것으로 보였다. 더구나 특수작목이나 목적을 위해 설립되는 일부 협동조합을 제외하고 대부분 행정구역과 일대일로 대칭되게 쌓아올린 계통조직은 행정통제의 상징이었고, 말단의 농사실행조합은 생산협동체적 성격을 가지고 있는 것으로 인식했다. 협동조합이 조합원에 대한 통제권을 장악하고 협동조합 인가의 재량권을 행정조직에 부여하고 있는 것도 법률규정과 상관없이 사실상 가입탈퇴의 자유를 봉쇄하는 통제단체의 전형으로 비췄던 것이다.

이상에서 살펴본 것처럼, 미국정부뿐만 아니라 연합군총사령부 부국마다 농업협동조합에 대한 다양한 정치적·정책적 견해가 존재했고, 이것이 고도의 정치적 판단이나 다른 요인과 결부되면서 실제로 정책을 추진하는 원동

---

41) 農業協同組合制度史編纂委員会編(1967/1969), 通史編 1巻, 208~220쪽.

력으로 작용하게 되었다. 농업협동조합의 제도 설계 및 법률 제정과정에 입각해 말하자면, 대체적으로 농업회의 민주적 개혁이라는 이념에서는 일치하면서도 식량 집하 등 점령정책 수행의 실무적인 요청으로부터 타협적인 방법을 찾으려고 하는 조류와, 어디까지나 자유·자주·민주라는 협동조합의 조직 원칙을 철저하게 추구하는 조류가 존재했다. 점령정책의 목적에 걸맞은 농업단체 개혁 작업을 담당했던 천연자원국은 1946년 말까지 타협적인 자세를 취하고 있었다. 그러나 식량 집하를 농업단체 개혁과 분리하는 방침이 확립되면서 다른 관련 부서와의 정책상 불일치를 해소하고 그 후 자유·자주·민주라는 협동조합 원칙의 철저한 추구가 연합군총사령부의 지도 원리가 되었던 것이다.

3) '천연자원국 제2차안'과 경제과학국의 이의 제기(1947. 5~1947. 11)

(1) 마지막 산고

1947년 5월 15일, 일본 농림성 제4차안, 제5차안을 차례로 거부한 천연자원국은 두 번째 농업협동조합법 시안을 제시한다. 이른바 '천연자원국 제2차안'으로 일컬어지는 이 법안은 연합군총사령부의 농업단체 개혁 구상을 제1차안보다 한층 구체적이고 상세한 형태로 표현한 것이었다. 일본농업협동조합법의 이념·체제·구성 등에 결정적인 영향을 미쳤다는 점에서 중요한 문서라고 할 것이다.

여기서 주안점을 둔 것은 협동조합의 기본원칙에 입각하여 체제를 정비한다는 것이었다. 우선 협동조합의 경영 방침으로 최대봉사·비영리의 원칙을 내세운 점이 눈에 띈다. 직접 농업에 종사하는 정조합원 임원을 전체의 3/4 이상 두도록 하여 비농업세력의 협동조합 지배를 배제하고, 협동조직에 의한 농업생산의 달성을 규정하고 있다. 그리고 신용연합회는 업무와 관련

없는 다른 사업을 경영할 수 없다는 겸영 금지 조항을 둔 점도 특기할 만하다.[42]

일본 농림성은 '천연자원국 제2차안'의 내용을 전면 받아들여 1947년 5월 24일 제6차 법안을 작성해 연합군총사령부에 제출했다. '천연자원국 제2차안'에 자신들의 의견을 반영하여 수정을 가할 여지가 더 이상 남아 있지 않다고 판단한 조치였다. 그런 의미에서 '농림성 제6차안'은 현행 농업협동조합법의 원형을 이루는 것이라고 할 수 있을 듯하다.

그리고 연합군총사령부에 제6차안을 제출하는 것과 아울러 정부제출 법안의 통상적인 절차의 하나인 법제국 심사를 받게 된다. 그 과정에서 법제국 담당 참사관은 농림성이 작성한 제6차안을 놓고 일본의 법률 형식에 따라 조문을 정리하거나 장절의 순서를 바꾸는 등의 손질을 가하게 된다. 이렇게 하여 이른바 '농림성 제7차안'이 탄생했다.

그러나 천연자원국은 이에 대해 제동을 걸고 나서며 제6차안에 대해서도 상세한 변경과 수정을 요구했다. 법제국 심의과정을 통해 일본 특유의 함축적이고 애매한 표현으로 바뀌고 장절의 순서가 변경되면서 천연자원국의 요구와 동떨어진 법조문이 되고 법의 정신이 심하게 왜곡되었다는 판단에 서였다. 이 단계에 이르면 이미 협동조합의 원칙이나 존재형태를 둘러싼 근본적인 문제는 마무리되고, 법률의 체제와 표현을 둘러싼 기술적인 문제로 양측의 논의가 바뀐다.[43]

결국 농림성은 장절의 순서를 제6차안으로 되돌리고 천연자연국이 지정한 표현을 적극적으로 받아들여 1947년 7월 10일부터 31일에 걸쳐 '농림성 제8차안'을 작성했다. 이어 연합군총사령부와 협의를 거친 후 각의에 부의

---

42) 小倉武一·打越顕太郎 編(1961), 171~222쪽.
43) 小倉武一·打越顕太郎 編(1961), 243~257쪽.

하고 1947년 10월 18일 새로운 헌법 아래 열린 제1회 국회 본회의에서
가결·채택되었다.

(2) 농업협동조합 사업의 독점적 지위에 대한 우려

그런데 농업협동조합법의 초안인 '농림성 제8차안'이 거의 마무리되어가
던 1947년 여름, 농업협동조합법에 강력히 반대하는 새로운 조류가 갑작스
럽게 나타났다. 새로이 경제과학국 반트러스트·카르텔 과장에 취임한 웰슈
(Edward C. Welsh)가 그 중심인물이었고 금융과장 월러(Waller)가 지원사격
을 하는 형국이었다. 그들은 농협에 부여된 기능이 너무 크다고 주장하고
대폭적인 축소를 요구하고 나섰다. 특히 월러는 촌락 단계 농업협동조합이
금융사업을 겸영하는 것은 인정할 수 없으며, 중간 단계 도도부현 농업회의
금융사업도 농림중앙금고의 지점으로 흡수해 재편해야 한다고 요구했다.[44]

이에 천연자원국 쿠퍼(J. L. Cooper)와 민정국 그라디단체프(Gradidanchev)
는 농업협동조합에서 신용사업을 분리하는 것은 일본농업의 현실에 비추어
바람직하지 않다는 사실을 확인했다. 그것은 이미 천연자원국, 민정국, 경제
과학국 3국 대표자가 합의한 사항이며, 미국의 관습을 그대로 일본에 적용
할 수 없다고 일축했다. 그들의 주장은 1947년 11월 19일 농업협동조합법
의 성립에 이르는 과정에서 다수의 지지자를 확보하여 대세를 이루지 못한
다. 그러나 일단 잠복한 듯이 보였던 농업협동조합 사업의 독점적 지위에
대한 우려는 법률 성립 이후에도 신용사업 겸영 금지, 경제단체 순화론의
형태로 단속적으로 제기되었다.

---

44) Antitrust & Cartels Division, Feb. 1947~Aug. 1949.

4) 농업협동조합법 제정 및 제도 설계 과정의 논쟁점

(1) 전문농협과 종합농협

지금까지의 논의 가운데 농업협동조합의 법률 제정 및 제도 설계과정에서 드러난 중요한 쟁점을 정리하면 다음과 같다. 첫째는 조직형태를 전문농협으로 할 것인가 아니면 종합농협으로 할 것인가의 문제, 둘째는 사업형태에서 신용사업을 어떻게 다룰 것인가의 문제, 끝으로 자연부락 단계의 농가실행조합을 농업협동조합 계통조직에 어떻게 자리매김할 것인가의 문제였다.

전문농협이냐 종합농협이냐 하는 조직형태와 관련하여, 연합군총사령부의 구상은 구미형 전문농협이었던 데 반해, 일본 농림성은 종합농협을 염두에 두고 있었다. 이 문제는 대체적으로 일부 특작지역 내지 특수 목적의 협동조합이나 연합회는 작목별·업무별로 전문화된 체제로 가지만, 대부분의 경우 일본 측 구상을 크게 반영한 종합농협체제를 채택하는 형태로 정리되었다. 그 논리적 근거는 다음과 같았다. "농가의 농업경영 실태는 일반적으로 말해 경종, 양축, 양잠 등의 복합적 경영이고 아직 업종별로 전문화되어 있는 사례는 매우 드물다. 따라서 새로이 설립되는 협동조합은 이러한 농업경영 실태에 기초해야 한다", "직접적으로 경종농업생산에 관련된 사업 및 금융·유통·가공사업 등은 가능한 한 종합적으로 경영하여 조합경영의 효율화를 도모하는 것이 필요하다."[45)

(2) 신용사업의 분리와 겸영문제

다음은 농업협동조합의 사업경영에서 신용사업을 분리할 것인가, 아니면 겸영을 인정할 것인가 하는 문제로, 신생 협동조합의 조직형태와도 관련되

---

45) 小倉武一·打越顕太郎編(1961), 417쪽.

는 중요한 쟁점이었다. 이는 새로운 농업단체를 설계하는 전후개혁 시기뿐만 아니라 그 후의 농업단체재편성 시도, 최근의 농림중앙금고 지점화 논의에 이르기까지 농업협동조합 개혁이 정치과제로 부상할 때마다 어김없이 등장하는 숙명적인 문제이다.

당시 일본 농림성의 구상은 지역 단계의 단위조합, 중간 단계의 연합회(혹은 도도부현 농협)에는 신용사업 겸영을 인정하고, 전국 단계에서는 별도의 조직(농림중앙금고의 존속)으로 대응하는 것을 기본 축으로 했다. 이것은 농림성 제2차안에서 1947년 4월의 제5차안에 이르는 일본 측 법안에 일관되게 포함된 내용이었다. 농림성 일부에 연합회에서 신용사업을 분리해야 한다는 의견이 없었던 것은 아니지만, 어디까지나 소수의견에 지나지 않았다.

연합군총사령부에서도 반트러스트·카르텔 담당자를 제외하고 협동조합 창설에 직접·간접으로 관여한 천연자원국, 민정국, 경제과학국 스텝들은 신용사업 겸업을 전제로 하고 있었다. 일본농업의 영세성을 고려하면 어쩔 수 없다는 현실적인 판단에서였다. 농업단체 개혁이 거의 마무리 단계에 접어들었을 때 경제과학국 반트러스트·카르텔과를 중심으로 강력한 반론이 제기되었지만 법안에 반영되지 않았음은 이미 언급한 바와 같다.

그러나 1947년 11월 7일 농업협동조합법 성립 이후에도 농업협동조합 신용사업 겸영 금지 문제는 불씨가 꺼지지 않은 채 단속적으로 제기되었다. 농업협동조합 제도 설계 및 법률 제정을 담당했던 천연자원국이 아니라 금융 분야의 독점 금지를 다루는 경제과학국이 집요하게 문제를 제기했기 때문이었다. 그러나 냉전체제의 세계적인 확산으로 미국의 동아시아정책기조가 바뀌는 가운데 농업협동조합 신용사업 겸영 금지 문제도 대일 점령정책의 '역주행(逆コース)'에 이리저리 휩쓸리지 않을 수 없게 된다.

1948년 4월 29일, 연합군총사령부 천연자원국장은 일본 농림성 대신에게 느닷없이 "농업협동조합법에 명확한 독점 금지 규정은 없지만 농업협동조합은 즉각 이러한 독점적인 사업경영을 중단해야 한다"고 요구했다. 단위조합의 신용사업 겸영과 연합회의 경제활동 금지를 통보해온 것이다. 일본정부와 이 문제와 관련하여 법률 개정을 협의해야 하며 그때까지 행정 조치로서 연합회의 겸영 금지 조치를 실행한다는 것이었다.

그러나 이후 농업협동조합은 심각한 경영위기에 빠지면서 일본을 국제사회의 일원으로 복귀시키기 위한 경제안정정책 수행에 장애요인으로 부상했다. 이에 오히려 1950년 5월 농업협동조합법을 개정하여 실질적으로 연합회의 겸영 금지 조치를 완화하고 중간 단계 연합회의 기본형태를 신용, 경제, 비경제(지도·교육·복지)의 3형태로 정리하게 된다.[46] 연합군총사령부는 연합회정책에 대해 내부적으로 통일된 의견을 가지고 있었던 것이 아니었고, 부서의 역할에 따라서 서로 상충되는 견해가 다수 존재하고 있었음을 알려주는 대목이라고 할 것이다.

(3) 농가실행조합의 자리매김 문제

끝으로, 자연부락 단계의 농사실행조합을 어떻게 자리매김할 것인가 하는 문제를 둘러싸고 점령 당국과 일본 농림성이 크게 대립한 것을 들 수 있다. 농림관료는 농업협동조합의 기초조직으로서 촌락 단위의 농사실행조합을 법적으로 인정하고 여기에 농지관리, 농작업 공동화, 공동경영 기능을 부여하는 생산공동체 구상을 제기했다. 일본의 농업구조에 비추어 생산성을 높이기 위해서는 협동조합이 일부 구성원에게 강제력을 사용해서라도 토지개량 등 생산과정에 개입할 필요가 있다고 판단했던 것이다.[47]

---

46) 合田公計(2001), 36~55쪽.
47) 小倉武一·打越顯太郎編(1961), 701~702쪽.

그러나 점령 당국은 농가실행조합을 지역협동조합 저변에 편입시켜 이른 바 '계통 4단계 조직'을 만들려는 구상에 난색을 표명했다. 전시 중에 부락 단위로 '도나리구미(隣組)'라는 농민통제조직을 만들 때 실제적으로 농가실행조합이 크게 이용되었다는 사실을 상기했다. 전통적인 지역공동체의 논리에 매몰된 부락 단위의 농사실행조합에서는 경작농민의 자유로운 발언이 어렵고 민주적인 운영을 기대할 수 없다는 것이었다. 물론 부락 단위에서 토지개량, 생산지도 등과 같은 생산공동체적 통제가 필요한 부분도 있지만, 그것은 정부의 기능이지 농업협동조합이 감당할 몫이 아니라고 판단했다.

5. 맺음말

1) 총론 찬성, 각론 저항

이상에서 주로 1945년 8월 15일 일본정부의 포츠담선언 수락에서 1952년 4월 28일 샌프란시스코 강화조약 발효에 이르기까지의 시기를 대상으로 미국의 단독점령 아래 이루어진 일본의 농업개혁을 분석했다. 특히 농업개혁의 핵심인 농지개혁의 성과, 다시 말하면 자작농체제를 유지하기 위한 제도적 장치로 등장했던 농업협동조합의 제도 설계 및 법률 제정을 둘러싼 점령 당국과 일본정부의 논리와 이해조정에 분석의 초점을 맞추어 그 내재적 의미를 살펴보았다.

일본정부는 관료적인 통제하에 있던 산업조합–농업회의 역할에 대한 경작농가의 뿌리 깊은 불신을 감안하여, 연합군총사령부가 제시한 비농업세력을 배제한 민주적 농업협동조합의 창설이라는 총론에 대해서는 찬성하고 있었다. 그러나 농업단체의 구체적인 형태를 어떻게 할 것인가 하는 각론에 들어가서는 일본 농촌사회와 농업구조의 특징을 내세우며 점령 당국의 구상에 저항했다.

연합군총사령부는 농촌주민의 생산 및 생활의 거의 모든 면을 장악한 산업조합의 4종 겸영의 종합적 사업체계가 농민통제의 유력한 수단이 되었다는 역사적 경험으로부터 작목별로 전문화된 서구형 직능조합을 구상했다. 이에 반해 일본정부는 "농가의 농업경영 실태는 (…) 복합적 경영이고 업종별로 전문화되어 있는 사례는 매우 드물다. 따라서 새로이 설립되는 협동조합은 이러한 농업경영의 실태에 기초해야 한다. 직접적으로 경종농업생산에 관련된 사업 및 금융·유통·가공사업 등은 가능한 한 종합적으로 경영하여 조합경영의 효율화를 도모하는 것이 필요하다"[48]고 주장했다.

부락 단계의 농사실행조합에 대해서도 점령 당국과 일본정부 사이에 커다란 의견 차이가 존재했다. 일본정부는 농사실행조합을 법인화하여 부락 단계의 농사실행조합─촌락 단계의 단위조합─도도부현 단계의 연합회─전국 단계의 연합회라는 정연한 피라미드형 4단계 계통조직으로 정비할 것을 주장했다. 그러나 연합군총사령부는 농사실행조합이 지금까지 산업조합, 농업회의 말단조직으로 편입되어 전통사회의 '5인 감시제(五人組)'나 전시체제의 '도나리구미'와 같은 주민상호감시기구의 역할을 해온 점을 중시하고 일본정부안을 물리쳤다. 양자의 대립은 결국 농사실행조합을 비출자조합으로 하는 선에서 타협되어 농업협동조합법에 명기되었다.

끝으로, 농업기술이나 영농지도 문제에서도 양자 사이에 메울 수 없는 인식의 차이가 존재했다. 연합군총사령부에게 이 문제는 엄연히 국가나 지방정부의 몫이었고, 이를 농업단체에 전가해서는 안 된다는 생각이 깔려 있었

---

48) 小倉武一·打越顕太郎編(1961), 417~418쪽.

다. 그러나 일본정부는 농회 이래의 민간 농업단체가 농업기술을 지도해온 실적을 근거로 내세워 자신의 주장을 관철시키고자 했다.

이처럼 농지개혁의 경우와는 달리 농업협동조합의 제도 설계에서 일본 농림성은 농업과 농촌의 일본적 특수성을 내세워 집요할 정도로 점령 당국의 개혁안에 반론이나 대안을 제기하며 상당부분 자신의 구상을 관철시켜 나갔다. 그 과정에서 필연적으로 "농업회에 간판만 바꿔 단 것"이라는 비판을 받을 정도로 새로이 출범하는 농업협동조합에 산업조합·농업회적인 성격을 온존시키게 되었다.

2) 농업협동조합 출범의 정치적 의미

점령 당국에 의한 일본 민주화 작업에서 농지개혁과 농업협동조합 창설은 불가분의 내면적 관계를 가지고 있었다. 농지개혁은 "일본농민을 노예화해온 경제적 질곡을 타파"하고 "노동의 성과를 향유"할 수 있도록 경작농민을 해방하는 민주화 조치였다. 이렇게 창출된 자작농이 다시 소작농으로 전락하는 것을 막기 위한 합리적 보호장치로 등장한 것이 농업협동조합이다. 그 역할로 강조되었던 "합리적 이율의 장단기 농업융자 이용", "가공업자·유통업자 착취 방지", "비농민세력 지배 배제", "경제·문화적 지위 향상" 등은 농업협동조합의 조직 원리와 종합적인 사업체계로 구현되었다.

자유·자주·민주의 조직 원리를 기본으로 하는 농업협동조합운동은, 말하자면 "일본이 아시아태평양전쟁에 패배함으로써 얻어낸 민주주의"를 농촌 사회에서 지켜낼 수 있는가 하는 실험무대였던 셈이다. 그러나 식량 집하·공출을 위해 새로운 농업단체를 이용하거나, 농업경영의 영세성과 복합영농이라는 구조적 특징을 들어 관료적 통제를 온존시키려는 점령 당국과 일본 정부 양쪽의 의도가 복잡하게 얽히면서, 당초 구상했던 조직 원리는 후퇴하거나 왜곡되었다. 그것은 점령 당국이 일본정부의 구상에 큰 폭으로 접근하거나 그것을 적극 받아들이는 형태로 나타났다.

일본농촌을 민주적으로 개혁한다는 초기의 의지는 점차 약화되어, 세계적 규모의 냉전체제 확산에 대응해 점령정책의 궤도를 수정해야 할 현실적 과제에 종속되었다. 일본의 농촌과 농민을 "공산주의에 대한 방파제"(맥아더) 삼아 체제안정을 도모하고, 나아가 식량의 안정적 확보, 저미가정책의 유지, 값싼 노동력의 공급 등 경작농민의 일방적 희생 위에 일본 자본주의 재건의 물질적 기반을 구축해야 했다. 이미 1948년 초부터 점령 당국과 일본정부는 서로 합세하여 농촌정치 내지 지배구조의 중핵을 이루는 농업협동조합 임원에 농민조합원, 사회당원, 공산당원 등 혁신계 인사가 진출하는 것을 견제하기 시작했다.

3) 냉전체제의 확산과 일본 농업개혁

농업협동조합 법률 제정 및 제도 창설로 점령 당국의 농업개혁이 거의 마무리 단계에 접어들 무렵부터, 냉전체제를 세계적 규모로 확대하고 미국의 세계전략에 근본적인 변화를 강요하는 일련의 사건이 발생했다. 동구 제국의 소련군 진주 및 공산정권 수립(1948~1949), 소련의 원자폭탄 실험 성공(1949. 8. 29), 중화인민공화국 수립(1949. 10. 1), 중소우호동맹·상호원조조약 체결(1950. 2. 14), 한국전쟁 발발(1950. 6. 25) 등이 그것이다. 중국 국민당정부를 동아시아전략의 거점으로 삼으려던 미국의 정책은 완전히 실패로 돌아갔으며, 대신 일본을 아시아에서 공산주의세력의 확대를 저지하는 방파제로 삼고 집단안전보장·공동방위체제의 중핵으로 자리매김하지 않을 수 없었다.[49] 한국전쟁 발발을 다른 연합국의 반발을 물리치고 자국의 동아시아전략과 관련하여 대일강화조약을 실현시킬 수 있는 절호의 기회로 파악하고, 1951년 9월 8일 대미종속적인 군사동맹(미일안보조약)과 함께 샌프란시스코 강화조약을 체결하고, 1952년 4월 28일 동 조약 발효와 함께 일본은 국제사회의 일원으로 복귀하게 되었던 것이다.

미국정부는 이미 1948년 초에 막대한 원조에도 불구하고 인민해방군에 패퇴를 거듭하고 있던 중국 국민당정부를 포기하고 일본을 아시아에서 "반공의 방벽", "반공의 공장"으로 부흥·강화시킨다는 정책을 공식적으로 표명했다. 이른바 일본 점령정책의 '역주행'이 시작된 것이다. "일본이 다시금 미국에 위협이 되고 또한 세계의 평화 및 안전을 해치지 않도록" 철저히 비군사화·민주화하겠다는 종래의 점령정책을 바꾸어, 일본을 경제적으로 부흥·강화시켜 "금후 동아시아에서 발생할 수 있는 다른 전체주의적 전쟁의 위협에 대항할 수 있게 한다"는 것이었다.[50]

이로써 경제적 측면에서 일본의 대외침략·군국주의의 기반이 되어온 비민주적·비근대적·봉건적인 기구나 관습을 철폐하려던 초기 점령정책은 크게 후퇴하지 않을 수 없었다. 재벌해체 그 자체는 일본 자본주의 재건에 장애가 되지 않는다고 판단했기 때문에 그다지 바뀌지 않았지만, 독점 금지 및 경제력 집중 배제의 방침은 변경되어 재벌 산하의 거대 사업회사는 대부분 해체·분할되지 않은 채 그대로 살아남았다.

노동개혁은 점령정책의 변경으로 가장 극적인 변화를 겪게 된 분야였다. 일본 자본주의의 부흥·자립을 위해서는 무엇보다 점령 당국에 대한 협조체제를 구축하고 자본에 의한 노동자 지배체제를 확립하는 것이 불가결하다고 판단되었기 때문이다. 연합국군최고사령관은 긴급명령(포츠담 정령 201호)을 발령하여 당시 노동운동의 주축을 형성하고 있던 중앙·지방공무원 및

49) アメリカ国務省編(1949),「合衆国と中国の関係」참조.
50) 外務省特別資料部編(1949), 10쪽; 大蔵省財政史室編(1981), 67쪽, 79~81쪽.

공공기업체 종사자의 쟁의권을 전면 박탈하고 단체교섭권을 크게 제한했다.[51] 나아가 일련의 치안입법을 통해 집회, 집단시위, 행진 등에 대한 단속을 강화함으로써 실질적으로 노동운동에 대한 다양한 규제를 실시했다.

그러나 재벌해체나 노동개혁과 같은 다른 경제개혁과는 달리, 농업개혁은 점령정책의 변경에 그다지 영향을 받지 않는 특이성을 보여주었다. 농지개혁은 말할 것도 없고, 농업협동조합 창설과정에서 점령 당국이 일본정부의 구상에 접근하거나 양보하는 자세를 보였다고 하지만, 농업단체 개혁 막바지에 독점 금지 문제로 시비를 걸던 경제과학국조차 구(舊)재벌기업의 독점 금지 및 경제력 집중 배제 방침을 완전히 포기한 것에 비추어보면, 그동안의 점령정책에서 일탈했다고 할 수 없을 정도이다. 그것은 동아시아에서 "반공의 방벽", "반공의 공장"으로 일본 자본주의를 부흥·강화시키는 데 농업개혁만큼 유효한 수단이 없다고 판단되었기 때문이었다.

4) 자유주의 경제체제에 대한 암묵의 합의

이러한 생각은 점령개혁을 전후하여 연합군총사령부와 일본정부가 일관되게 가지고 있던 암묵의 합의였다. 마츠무라 겐조(松村謙三) 농상을 비롯한 당시 일본의 농림관료들은 지주-소작관계의 청산을 포함한 근본적인 토지개혁 없이는 "일본농촌에 대한 공산주의 침투를 배제할 수 있는 길이 더 이상 남아 있지 않다"는 절박한 위기감 속에서 연합국군최고사령관의 '농민해방지령'에 앞서 자작농 창설에 나서고 있었다.[52]

맥아더는 한술 더 떠 이들 '개명적 보수주의자들'의 개혁안조차 거부하고 사회당·공산당·농민조합이나 소련 등 이른바 혁신진영의 주장을 넘어서는

---

51) 外務省特別資料部編(1949), 112~117쪽; 大蔵省財政史室編(1981), 74~76쪽, 149쪽.
52) 農地改革資料編纂委員會(1974), 108쪽.

사실상 무상몰수에 가까운 자작농 창설방법을 선택했다. "농지개혁이 위로부터 토지를 소유하고 또한 정권을 장악한 자들에 의해 단행되지 않으면, 공산당이 그들을 대신하여 개혁에 나설 것"이라고 보았기 때문이다. "설령 피상적일지언정 일본에 민주주의를 도입하고 공산주의자들의 정치거점을 파괴하기 위해서는 경작농민의 처우 개선이 가장 선결되어야 할 과제"라고 판단하고 있었다.[53]

실제로 농지개혁으로 창출된 자작농민을 농협 계통조직이 저변에서 독점적으로 조직하여 장기에 걸쳐 보수정권을 지지하게 함으로써 "사유재산제의 최대 약점인 피라미드형 사회의 기층 부문을 강화하여" "공산주의를 막는 금성탕지로 만든다"는 농업개혁 구상은 훌륭하게 달성되었다.[54] 그리고 방대한 자작농민들로 하여금 가족노동력을 완전연소하게 하여 일본경제의 자본주의적 재건에 불가결한 식량 증산을 달성하고, 생산수단(비료, 농약, 농업기계, 업무용 자동차 등)이나 소비수단(가전제품 등 내구소비재)의 국내시장을 확대함으로써 일본경제의 고도성장을 뒷받침했다.

자작농체제는 이러한 정치적 성격으로 말미암아 1952년 농지개혁의 성과를 항구적으로 유지하기 위한 농지법의 제정 이후 점령 종료, 고도성장 등 농업을 둘러싼 급격한 환경 변화에도 불구하고 20년 가까이 일본농정의 기본이념으로 생명력을 유지했다. 그러나 농지개혁 이후 일정기간 동안은 가족노동력의 완전연소에 힘입어 농업생산력이 발전하고 쌀 생산량이 확대되었지만, 1950년대 중반이 되면 이내 경작 규모의 영세성에 규정되어 생산성 발전이 한계에 부딪혔다. 농업소득만으로 생계를 유지할 수 없는 농가구성원이 대거 농촌을 떠나거나 비농업 부문에 취업하는 현상이 확대된 것도

---

53) ラデジンスキー(1952), 10쪽, 17쪽.
54) ラデジンスキー(1952), 16쪽.

이런 상황을 바탕으로 했다.

그러나 농업의 구조 개선을 정책적으로 추진한 기본법농정조차 자작농체제를 약화시킨다는 이유로 영세 경영 해체를 통한 농지유동화에는 매우 소극적이었다. 말하자면, 소유·경영·노동을 단일농가에 귀속시킨 자작농체제의 틀을 벗어나 "소유와 경영의 분리를 허용하면 열악한 소작조건이 재현될 우려가 있다." 그렇다고 "경영과 노동을 분리하면 (…) 전근대적 농업경영이나 저임금의 농업노동자가 발생할 우려가 있다." 따라서 농지제도는 "필요 최소한도의 개정"에 그치고 "농지를 직접적인 공공관리 아래 두는 것이 필요하다"는 것이었다.[55]

정부여당은 농업구조정책이 자칫 농지개혁으로 창출된 광범위한 체제안정세력인 자작농의 기득권을 침해하여 보수당의 정치적 기반을 동요시키고 최악의 경우 보수지배체제에 정치적 위기를 초래할 수 있음을 간과하지 않았다. 이러한 자작농체제가 제도와 관계없이 사실상 '종언'을 고한 것은, 쌀의 공급과잉과 그에 따른 생산 조정정책의 실시, 식량관리제도의 파탄, 농산물무역자유화의 급진전, 농지법의 개정에 따른 획기적인 토지유동화 등 점령개혁 이후 농업정책의 내용과 방향을 규정해온 제도적 장치가 붕괴되는 1970년 이후의 일이었다.[56]

5) 점령 종료 이후의 농업협동조합

이처럼 농지개혁의 성과를 유지하기 위한 두 가지 제도적 장치 가운데 농지법은 농업을 둘러싼 급격한 환경의 변화에도 불구하고 20년 가까이 유지되었지만, 농업협동조합은 점령 종료와 더불어 보란 듯이 크게 수정된다.

---

55) 農林漁業基本問題調査事務局編(1960), 186~190쪽.
56) 今村奈良臣(1983), 61~85쪽.

일본정부는 샌프란시스코 강화조약의 발효와 함께 경영부진에 빠진 농협 계통조직을 구제하기 위한 법적·제도적·재정적 조치를 마련했다. 이와 병행하여 농업협동조합을 포함한 농업단체 전반에 걸쳐 점령 시기에 자신들의 의지에 반해 형성된 정책 및 제도에 대한 비판적 재검토가 시작되었다.

앞에서 분석한 바와 같이, 점령 당국과 일본 농림성 사이에는 어떤 농업협동조합을 만들 것인가에 대해 현격한 의견 차이가 존재했다. 1946년 3월부터 1947년 7월까지 1년 4개월 동안 무려 8차례의 법안이 작성되는 등의 난산 끝에 빛을 보게 된 것이 농업협동조합법이었다. 그 과정에서 일본 농림 관료들은 농업구조와 경영방식의 일본적 특수성에 맞는 조직 원리와 사업 내용을 주장하며 산업조합·농업회적 성격을 온존시키려 획책했다. 그러나 고전적인 협동조합 원칙에 입각하여 자유롭고 자주적이고 민주적인 농업협동조합제도의 수립을 주장하는 점령 당국의 방침에 밀려 상당부분 좌절을 맛보아야 했다. 이를 못마땅하게 생각하던 일본 측은 점령 종료와 더불어 자유롭고 자주적이고 민주적이어야 할 농업단체의 조직 원리를 훼손해가면서 농림성의 초기 구상을 대부분 되살려 농업협동조합에 대한 정부의 통제를 강화하는 방향으로 조직을 개편하게 되었던 것이다.

집권여당과 농림관료는 점령 종료로 주권이 회복되는 것을 기다려 농업협동조합을 포함한 농업단체 전반의 재편성 문제를 제기하고 나섰다. 이는 농업협동조합의 존립양태와 관련하여 중요한 문제이기 때문에 다음에 장을 달리하여 자세히 다루겠지만, 말하자면 농업협동조합으로부터 농정활동, 생산지도, 농민이익 대표 기능을 분리하여 경제단체로 순화하는 것을 골자로 하고 있다. 나아가 농업협동조합을 대신해 점령 종료와 식량통제 완화로 존재 이유가 약화된 농업위원회를 종합농정조직으로 개편하겠다는 것이었다.[57) 농촌지역에 정부여당의 입맛에 맞는 친위적인 농정침투 및 득표조직을 만들려 한다는 정치적 의도를 둘러싸고 관련 조직과 정파 간 공방이 가열되는 가운데, 그 일환으로 1954년에 농업협동조합법 개정이 추진되었다.

농업협동조합은 출범한 지 얼마 안 되어 또다시 커다란 변화에 휩싸이게 되었다. 법률 개정을 주도한 정부여당의 의도는, 행정기관의 감독 권한과 인허가권(행정지도 권한)을 강화하고 농업협동조합중앙회를 설립하여 계통조직에 대한 통제 및 행정지도체제를 정비하는 것이었다. 종래 농업협동조합은 경작농민의 자발적인 조직이기 때문에 행정기관이 법령 등을 위반하지 않는 한 그 설립·해산·합병에 관련된 사항은 당연히 인가할 의무가 있는 '준칙주의적 허가주의'의 방침에 따르고 있었다.[58] 그러나 근거법의 개정에 따라 신용·공제사업을 행하는 조합의 해산·합병은 행정기관의 완전한 자유재량에 맡겨지게 되었다. 그 외의 조합은 "사업이 건전하게 이루어지지 않거나 공익에 반한다고 인정될 때", 그리고 연합회는 중앙회와 업무가 경합하여 "중앙회 사업발전에 지장이 있다고 인정될 경우" 인가를 거부할 수 있게 되었다.

나아가 설립·해산·합병 인가에 관한 재량권뿐만 아니라 구체적인 업무영역에까지 개입하여 감독권을 행사할 수 있는 법적인 장치도 마련되었다. 신용·공제사업을 행하는 조합이나 연합회에 대해서는 "사업운영의 건전성을 확보하고 또한 조합원을 보호한다"는 목적으로 정관·규약·규정의 변경, 업무집행방법의 개선, 업무정지, 재산공탁을 명하고 재산처분의 금지·제한, 기타 감독상 필요한 명령을 할 수 있게 했다. 또한 "중앙회 사업의 건전한 운영 확보"라는, 얼마든지 확대해석할 수 있는 편의적인 목적을 내걸고 "중앙회 사업 또는 회계에 관해 감독상 필요한 지시를 할 수 있게" 했다. 법령

---

57) 農林省農林経済局農政課編(1952), 92~94쪽; 満川元親(1972), 223~317쪽.
58) 農業協同組合制度史編纂委員会編(1967/1969), 通史編 2巻, 617쪽.

준수를 위한 감독권을 넘어 실질적으로 농업협동조합의 모든 면에 걸쳐 행정지도를 행사할 수 있는 권한을 부여했던 것이다(농업협동조합법 제94조 2, 제1항, 제2항).

6) 정체불명의 농협중앙회

끝으로, 점령 종료 이후 농업협동조합에 대한 정부의 통제 강화 및 농협제도의 성격 변화와 관련하여 빠뜨릴 수 없는 것이 1954년 11월 전국 단계와 도도부현 단계에 설치된 당시로서는 "정체불명"이던 농협중앙회였다. 농협중앙회는 법적으로 전국지도농협연합회(全國指導農業協同組合聯合會, 전지련 全指聯)와는 성격이 전혀 다른 단체였다. 전지련은 기본적으로 회원이 이용하는 협동조직이었지만, 농협중앙회는 회원·비회원을 불문하고 농업협동조합 전체의 건전한 발전을 도모하기 위해 조합운영에 관한 지도·교육 및 이익 대표와 같은 특수기능이 부여된 법인이었다.

단위조합이나 사업별 연합회는 반드시 중앙회에 가입해야 한다는 법률규정이 없었다. 그러나 도도부현 중앙회와 여기 가입한 단위조합 또는 연합회는 반드시 전국 중앙회에 의무적으로 가입해야 하며, 조직이 해산될 경우에만 탈퇴할 수 있는 것으로 한정되었다(농협법 제73조 13 제3항, 제5항). 그리고 단위조합이나 연합회의 관할구역에 대해서는 아무런 제한을 두지 않은 데 비해, 중앙회는 전국 및 도도부현 행정구역에 하나만 둘 수 있고 동일구역에 복수의 중앙회를 둘 수 없다는 독점규정을 두었다. 당초 농림성이 농업단체 재편성 문제를 제기했을 때 전국 단계에 농협중앙회를 신설하고 도도부현에는 그 지회를 두는 강력한 중앙집권적 종합지도조직을 구상했다. 그러나 농업협동조합 측이 자체 지도사업의 부진을 인정하고 중앙회 설치를 받아들이면서, 도도부현 중앙회를 전국중앙회의 지회로 할 것이 아니라 중앙으로부터 독립된 자주성과 독립성을 겸비한 조직으로 해야 한다고 주장하여 어정쩡하게 타협을 본 결과라고 할 것이다.[59]

중앙회는 농업협동조합 전반의 건전한 발전이라는 목적을 달성하기 위해 "조합에 관한 사항을 행정기관에 건의할 수 있고" "정부는 매년도 예산범위 내에서 중앙회의 사업에 필요한 경비 일부를 보조할 수 있다"고 했다. 중앙회가 정부의 농정침투기관과 농가조합원의 이익단체라는 법적인 근거를 밝히고 있는 것이다. 당시 좌파사회당의 에다 사부로(江田三郎) 의원이 이러한 정부와 중앙회의 관계를 농업단체의 성격을 본질적으로 변환시키는 것이라고 비판한 것은 바로 그런 맥락에서였다.

당시 농림성 농협과(農協課) 이마무라 노리오(今村宣夫), 나카자와 사부로(中沢三朗)는 공동집필한 논문에서 "중앙회는 농업협동조합의 건전한 발달을 도모하는 것을 목적으로 하는 법인으로 농업협동조합법에 포함되어 있지만 농업협동조합은 아니다. 그 목적, 조직, 사업 등에 대해서는 조합 개념으로 규정할 수 없기 때문에 농업협동조합법에 포함시키는 것이 타당한가에 대해 논의가 있었을" 정도였다고 기술하고 있다.[60] 요컨대, 중앙회는 다른 연합회와 달리 농협 계통조직 내에서 특별한 법적 지위를 부여받아, 다른 단위조합이나 연합회의 위에서 그 사업과 활동을 지도하고 행정목적에 따라 보완하는 조직으로 설립된 것이었다. 이로써 점령개혁을 통해 형성된, 정부로부터 독립적인 경작농민의 자유롭고 자주적이고 민주적인 단체라는 조직이념은 크게 뒷걸음쳤다.

---

59) 農業協同組合制度史編纂委員会編(1969), 第5巻, 資料編 II, 422~424쪽, 431쪽.
60) 全国指導農協連合会清算事務所編(1959), 354쪽.

제 2 부

농정 '철의 트라이앵글'

—형성과 전개

제3장
농업단체재편성과
농업·농촌 부문에 대한 이익유도정책의 형성

1. 머리말

1) 농업단체의 난립과 존립 경쟁

앞 장 뒷부분에서 짧게 언급한 바와 같이, 제3장에서는 1952년 4월 28일 샌프란시스코 강화조약의 발효로 일본이 국제사회에 복귀한 시기를 전후해서 촉발되어 1955년 보수합동 이후까지 이어지는 이른바 '농업단체재편성' 문제를 분석한다. 주로 정부와 집권여당이 어떠한 정치적 의도로 농업단체 재편성을 제기했는지, 그리고 농업협동조합, 농업위원회, 농민조합 등의 농업단체는 어떠한 논리와 방법을 동원하여 살아남기 위한 경쟁을 펼쳤는지에 초점을 맞추어 살펴보도록 하겠다.

농업단체재편성 문제는 농촌민주화를 추진하는 수단으로 만들어졌던 농업단체가 점령 종료와 함께 역할이 종료되거나, 농업개혁의 성과를 유지할 목적으로 만들었던 농업단체가 제 역할을 하지 못하는 상황에서 표출되었다. 농지개혁으로 창출된 광범한 자작농은 영세하나마 토지를 소유한 소자본가의 의식을 갖고 급속히 계급투쟁적인 농민조합 전선으로부터 이탈했다. 그러나 막상 "이들 소작인이었던 자가 다시 소작인으로 전락하는 것을 막기 위한 합리적인 보호장치"[1]의 하나로 등장한 농협 계통조직은 심각한 경영 난으로 종합적인 지도사업과 농정활동을 제대로 수행하지 못하는 형편이었 다. 또 하나의 자작농 보호장치로서 농업개량조장법에 의거하여 출범한 '농 업개량위원회'도 제도적인 미비로 농업개량 보급사업을 원활하게 추진할 수 없는 상태였다.

여기에 1946년 10월 농지개혁 추진을 위해 농지조정법 개정을 통해 설립 한 '농지위원회'[2]의 문제가 존재했다. 이 단체는 농지개혁이 마무리 단계에 접어들면서 점차 사업 규모가 축소되어 조만간 사라질 처지에 있었다. 그리 고 1948년 10월 식량확보 임시조치법에 의거해 식량공출의 민주화를 위해 설립된 '농업조정위원회'도 비슷한 운명이었다.[3] "모래밭을 일구어 황금을 캐내는"[4] 자작농가의 각고분투로 식량 증산을 달성하여 식량 수급사정이 호전됨에 따라 급속히 그 존재 의미를 잃어가고 있었던 것이다.

일본정부도 이런 사정을 감안하여 농업개혁이 마무리됨에 따라 존립 위기 에 처하게 될 이들 농업단체의 처리문제를 점령정책 종료 이전부터 검토해 왔다. 이는 1951년 4월 맥아더의 후임으로 연합국군최고사령관에 부임한 릿지웨이(Matthew B. Ridgway, 1895~1993)가 "일본정부의 책임수행 능력에 비례해 점령 당국의 관리를 완화한다"[5]는 점령정책 재검토 방침을 밝힘에 따라 본격화되었다. 기본 구상은 앞에서 말한 농업개량위원회에다 농지위원 회와 농업조정위원회를 통합하여 농업위원회를 신설하고, 여기에 농업기술 지도 및 농정활동 기능을 부여하는 것이었다.

---

1) 小倉武一·打越顯太郎編(1961), 4쪽, 8쪽.
2) 農地改革記錄委員會編(1951), 157~160쪽.
3) 農民敎育協会編(1961), 27~33쪽.
4) ラデジンスキー(1952), 16쪽.
5) 『朝日新聞』 1951. 5. 2.

당시 구(舊)지주세력이 강력하게 포진하고 있던 자유당과 민주당 등 집권 보수당[6])은 농지개혁으로 창출된 자작농과 이들을 독점적으로 조직한 농협 계통조직을 지지기반으로 편입시키는 데 한계가 있었다. 그들은 농지개혁에 끝까지 저항했을 뿐만 아니라 자작농 창설 이후에도 새로운 헌법의 재산권 보호조항을 근거로 정당한 보상을 요구하는 소송을 이어갔기 때문에, 경작 농가의 불신과 경계를 사고 있었다. 따라서 농지개혁 진척과 식량사정 호전 으로 그 존립기반을 잃어가고 있던 농지위원회, 농업조정위원회와 제도적인 미비로 유명무실해진 농업개량위원회를 농업위원회로 통합하고, 이를 친정 부여당적인 새로운 생산지도 및 농정조직으로 개편하려 시도했다. 그리고 농협 계통조직에서 이러한 역할을 박탈하여 경제조직으로 순화시킴으로써 농업회 이전의 정부―농회―산업조합과 같은 분업상태로 되돌리려 했다.

이러한 정부여당의 시도는 농지개혁과 이를 통해 창출된 자작농의 보호장 치로 등장했던 농업협동조합을 약체화시키고 농촌민주화를 후퇴시키는 조 치로 받아들여져 농협 계통조직의 커다란 반발을 샀다. 반면 존립의 위기에 내몰린 농업위원회 계통조직은 농민을 회원으로 하고 부과금 징수가 가능 한 이전의 농회 계통조직과 유사한 새로운 농정지도 조직의 설치를 요청했 다. 나아가 스스로 농업위원회 제도를 근본적으로 개혁하여 그 역할을 떠맡 겠다는 구상을 제시하며 확전을 도모했다.

2) 농업·농촌이익의 조직화 경쟁

농업단체재편성 문제는 표면적으로 농업·농촌이익의 조직화를 둘러싸고 농업단체 사이에서 벌어진 살아남기 위한 이권다툼 내지 세력 대립의 양상

---

6) 国立国会図書館編(1966), 3~4쪽, 19~20쪽.

을 띠고 있었다. 그랬던 만큼 서로 적당한 선에서 타협하고 결착을 보는 것도 어려웠고, 대립이 장기화되면서 그런 이미지는 더욱 고착되었다. 결국 1955년 좌우 사회당 통일과 보수합동에 의한 자민당(自民黨) 출범을 넘어 갈등이 이어지다가, 방대한 자작농을 저변에 독점적으로 조직한 농협 계통조직이 뒤로 물러설 수 없는 주도권 싸움에서 승리를 거머쥐었다.

그러나 농업단체재편성 문제의 본질은 어떻게 가능한 한 적은 예산으로 현안인 식량 자급 등의 농정과제를 달성하고 농촌을 안정적인 정국운영의 기반으로 삼을 것인가 하는 농업·농촌이익의 조직화와 관련된 것이었다. 경작농가나 이를 조직한 농업단체의 문제라기보다는, 농지개혁으로 창출된 광범한 영세 자작농을 어떻게 정치적·경제적으로 조직해 정부의 농업정책을 침투시키고 보수여당의 지지기반으로 편입할 것인가 하는 농업 및 농촌에 대한 지배체제 확립이라는 성격을 농후하게 지니고 있었던 것이다.

농협 계통조직은 정부여당이 부추긴 농업단체 간의 힘겨루기를 통해 명실공히 저변에 농가조합원의 생산과 생활을 독점적으로 조직한 강력한 농민 대표성과 압도적인 정치적 힘을 보여주었다. 집권보수당으로서도 농협 계통조직을 창구로 각종 농업보조금 및 농촌 진흥 공공사업비 등의 물질적 이익을 유도하여 식량 증산정책을 추진하고 농가를 간접적으로 지원하는 방식을 취하지 않을 수 없었다. 농업협동조합은 그 대가로 계통조직을 동원하여 각종 국정선거나 지방선거에서 보수집권당을 지원함으로써 장기적인 정권 재생산을 담보하는 관계가 형성되었다. 이렇게 정부여당은 농협 계통조직을 냉전체제의 국내판이라 할 수 있는 자민당-사회당 보수혁신 대립구조에서 보수지배의 우위를 확보하는 확고한 지지모체로 삼게 되었던 것이다.

이처럼 농업단체재편성은—관련 주체들의 의도는 아니었을지 몰라도—농업 계통조직과 집권보수당 사이에 이익분배의 정치관계를 만들고, 농협·

정부·집권당 간에 농정의 '철의 트라이앵글'이라는 유착구조를 형성하는 계기를 만들게 되었다. 이익단체와 집권보수당 간의 이익유도 관계는 전후 일본정치를 특징짓는 기본구조였다.

그러나 농협 계통조직은 '1955년체제'라는 보수혁신 대립구조의 일각을 이루면서도, 그 경영체로서의 존속이 추곡수매가격(생산자미가), 식량관리제도, 농업보조금, 농촌 공공사업비와 같은 정부여당의 재정지출이나 정책적 원조에 달려 있었다. 그리고 그 경제활동의 상당부분이 정부여당 농업행정의 하부조직이나 하청조직을 떠맡음으로써 보장되는 성격을 지니고 있었다. 따라서 저변에 광범한 자작농을 편성한 농협 계통조직의 압력활동이나 농정운동이라는 것도 기본적으로는 기존질서의 틀 속에서 기득권의 옹호나 마진의 확대를 추구하는 이른바 '체제 내 압력단체' 범주에서 벗어날 수 없는 한계를 안고 있었다.[7]

이런 구도는 '노동조합의 정치부'라 할 수 있는 사회당과 대립·길항하면서 "전후정치의 총결산"과 자민당의 '포괄정당(catch-all-party)'으로의 전환이 이야기되는 1980년대까지 이어졌다.[8] 그것은 고도성장으로 자민당의 농촌기반이 축소되는 가운데 노동조합이 종래의 '계급투쟁'에서 '제도정책 투쟁'으로 노선을 전환하고, 여기에 정부여당이 "성숙사회의 구축"이라는 "새로운 역사적 역할"을 내세우며 적극적으로 대응하는 시기와 맞물려 있다.

농촌지역의 자민당·농업협동조합 연대와 도시지역의 사회당·노동조합 연대가 양분하다시피 한 보수혁신 대립구조(이른바 '1955년체제')가 이완·와해되기 시작할 무렵, 1977년 후쿠다(福田赳夫, 1905~1995) 수상은 "대화와 협조"의 정치를 주장하고 이를 실현하기 위해서는 노동조합을 비롯해 각종

---

7) 石川英夫(1958), 132~138쪽.
8) 中曽根康弘(1985), 5쪽.

이익단체와 대화를 추진해 나갈 필요가 있음을 표명했다. 그는 농촌 지지기반의 약화에 따른 보수혁신 백중상태를 타개하기 위해 "소비자단체, 노동조합, 시민단체 등"을 과감하게 "새로운 연대, 새로운 결합"의 대상으로 포섭할 것을 주장했다.[9]

3) 정치문제로서의 농업·농촌

이처럼 농업단체재편성 문제는 정부여당에 의한 농업·농촌 부문에 대한 이익유도와 이를 통한 보수정권의 재생산이라는 일본농업의 정치구조나 전후 일본정치의 원형을 형성하는 중요한 계기를 제공한 사건이었다. 그러나 한국, 미국 등은 물론이요 일본에서조차 지금까지 이에 대한 체계적이고 구체적인 분석이 거의 이루어지지 않은 사실상 미답(未踏)의 분야로 남아 있다. 연구자들이 편의상 나누어진 좁은 학문 분야에 스스로를 가두어버리면 학제적이고 종합적인 시야가 필요한 한 나라의 정치경제 현상을 분석하는 것은 불가능하다. 말하자면, 외교·안보·정당 등의 문제 못지않게 정치적이라고 할 수 있는 농업·농촌문제를 도외시해온 결과라고 할 것이다.

이를테면, 전 호세이대학(法政大学) 교수 이가라시 진(五十嵐仁)은 다음과 같이 아시아태평양전쟁 이후 일본 보수정치의 흐름을 6단계로 시대구분했다. 전후 보수정치의 출발(1945~1955), '전후형 보수정치'의 형성(1955~1960), '이익정치'의 전기(1960~1974), '이익정치'의 후기(1974~1982), '전후형 보수정치'의 총결산(1982~1993), 정계재편과 보수정치 구조조정(1993년 이후)이 그것이다. 그는 1960년대에 다나카 가쿠에이(田中角栄, 1918~1993) 군단에 의해 족(族)의원-이익유도-정계·관계·재계 유착의 이익환원

---

9) 自由民主党編(1979), 4~11쪽; 兵藤釗(1997), 420~421쪽.

정치가 일본정치에 반입되어 일본형 보수정치의 운영시스템으로 정착되었다고 주장한다.[10]

그러나 그는 막상 이익유도 정치의 원형을 형성시킨 농업단체재편성 문제에 대해서는 지면을 할애하지 않았다. 뿐만 아니라 전후 일본정치의 기본구조를 이루는 농업·농촌 부문에 대한 이익유도 및 이를 통한 보수정권의 재생산에 주안점을 두지도 않았다. 사회경제적 구조 변화에 바탕을 두기보다는 단순한 권력의 동향이나 정치공학적 관점에서 접근했다는 인상을 주고있어 시대구분으로서 타당성을 인정하기 어렵다.

아시아태평양전쟁 이후 일본의 정치구조를 분석한 다른 연구자들도 대체로 1960년대에 그 특징적인 요인이 갖추어지고 또한 안정되어갔다고 주장한다. 여기에 등장하는 몇몇 키워드를 정리하면 다음과 같다. 경제를 중시한정치지도, 여론에 민감한 정부여당, 민간단체의 요구나 지지를 이용하는 고위관료나 정치가 집단, 족의원으로 불리는 정책에 정통한 정치가 집단의형성, 정부 관련 부서의 관료 집단과 이해를 공유하고 긴밀한 협조체제로정책형성과 집행에 영향을 행사하는 업계단체, '1과 1/2 정당제'로 표현되는 야당의 분열·다당화 및 자민당의 1당 우위체제 등.[11]

이런 분석 가운데 농업에 관련된 언급을 보면 대부분 일본농업의 정치구조를 형성하는 요소들의 역사적 형성과정에 대한 인식을 결여하거나 매우정태적으로 파악하고 있다. 전사-전후 연속설 같은 주장이 대표적이다. "전시통제의 소산인 식량관리제도가 최근까지 유지된 것"이나 "종합적인 사업을 경영하는 농업협동조합이 중앙에서 촌락 단계에 이르는 강력한 전국적

---

10) 五十嵐仁(1998), 16~37쪽.
11) P. C. シュミッター·G. レームブルッフ編(1984), 3~6쪽, 311~338쪽; 猪口孝·岩井奉信 (1987), 19~29쪽; T. J. Pempel(1981), pp. 13~18, 井堀利宏·土居丈朗(1998), 131~155쪽.

인 통일조직을 가지고 거의 모든 농가를 그 구성원으로 조직하고 있는 것"
이나, 나아가 "그러한 농협 계통조직이 농업정책의 일단을 담당하면서 정부
여당에 진정이나 정치적 압력을 가해 농업·농촌 부문에 이익을 유도해온
것" 등은 바로 전시통제경제가 오늘날까지 계속되고 있는 증거라고 한다.[12]
유사한 현상이 관찰된다고 해서 그것이 놓인 구조적 차이를 무시하고 시대
를 건너뛰어 안이하게 전시체제로 연결시키는 오류를 범하고 있는 것이다.
이렇게 되면 역사의 고비마다 관련 주체들이 나름의 시대정신과 논리를 가
지고 참여해온 개혁 작업과 그 후의 정치·경제·사회의 구조 변화가 갖는
의미는 사라지고 만다.

4) 이익분배 정치의 원점

이와 관련하여 빠뜨릴 수 없는 것이 미국의 지일파 연구자인 전 프린스턴
대학 교수 캘더(Kent E. Calder)의 분석이다. 물론 그도 직접적으로 농업단체
재편성 문제를 다루지는 않았다. 다만 전후 일본의 보수정치를 특징짓는
이익분배정책은 보수정권의 위기회피 노력의 결과 발생하여 확대되고 정착
된 것이라는 본질을 꿰뚫고 있다. 그리고 그 발단을 1950년대 초기 보수세
력의 분열과 주도권 경쟁이라는 내부위기 가운데 추진된 농협 계통조직의
정비와 이를 통한 농업·농촌 부문에 대한 이익유도에서 찾고 있다.[13]

여기서는 이러한 기존 분석을 비판적으로 음미하면서 구체적으로는 연합
군총사령부의 대일 점령정책 종료를 전후해 제기되어 1960년까지 이어지는
농업단체재편성 논의가 어떻게 전개되었는지 살펴보고, 그것을 농업·농촌
이익의 조직화라는 정치과정 속에 자리매김할 것이다. 이를 위해『전국농업

---

12) 川越俊彦(1993), 245~269쪽.
13) Kent E. Calder(1988), pp. 73~95, 231~273.

회의소 등 조직연혁조사보고서(全国農業会議所等組織沿革調査報告書)』(1966), 『전지련사(全指連史)』(1959), 『농업협동조합제도사』(1967~1969), 『농업단체제도의 개정전말』(1954)과 같이 지금까지 그다지 사용되지 않았던 관련 농업단체와 농정 당국 발간 자료를 적극적으로 활용하도록 하겠다.[14] 이는 아시아태평양전쟁 이후 일본정치의 기본구조를 형성하는 농업·농촌 부문에 대한 이익유도 및 이를 통한 보수정권재생산의 원점을 찾아내는 의미 있는 작업이 될 것이다.

5) 논의의 진행

먼저 농지개혁 이후의 농업단체 존립양태 및 세력판도를 분석하는 작업으로 논의를 시작하겠다. 농업단체재편성 문제의 발단은 농업개혁의 마무리를 계기로 어지럽게 부침을 거듭하던 농민조합, 농업협동조합, 농지위원회, 농업조정위원회, 농업개량위원회, 농업위원회 등 농업단체의 위상 변화를 배경으로 하고 있기 때문이다. 당시 점령정책의 종료와 더불어 식량 증산을 통한 자립농정의 확립이 국가적 과제로 부상했음에도, 이 농업단체들은 하나같이 지지기반의 해체, 경영부진, 존립근거의 소멸, 제도적 미비 등으로 이를 감당할 수 없는 상태였다. 여기에 농업단체를 재편성해 강력한 자립농정의 일익을 담당하게 해야 한다는 정치적 의도가 개입할 여지가 있었다.

이어, 농업단체재편성 논의를 제1차와 제2차로 나누어 살펴보도록 하겠다. 제1차 농업단체재편성 논의는 1951년 3월 31일 제도적인 미비로 농업개량 보급사업을 제대로 수행하지 못하고 있던 농업개량위원회와, 농지개혁 진척 및 식량사정 호전으로 그 존립기반을 상실한 농지위원회·농업조정위

---

14) 農民教育協会(1966); 全国指導農業協同組合連合会清算事務所(1959); 農林省農林経済局農政課編(1954); 農業協同組合制度史編纂委員会編(1967/1969); 満川元親(1972).

원회를 통합하는 '농업위원회법'이 공포·시행되면서 시작되었다. 농업위원회는 발족 당시부터 경영부진으로 '경제사업 순화론'과 '생산기술지도-경제사업 종합론'이 대립하는 농협 계통조직의 내부분열을 틈타 스스로 농민을 직접적인 회원으로 하고 부과금 징수가 가능한 농정지도단체로 탈바꿈하기 위해 정부와 국회에 적극적인 진정운동을 벌였다. 이와 때를 같이 하여, 원로 농림관료나 저명한 농정학자들로 구성된 농촌갱생협회(農村更生協會)에서 농업협동조합의 부과금제도 폐지, 생산기술지도-농정운동 분리, 새로운 농정지도단체의 설립을 골자로 하는 '농사회(農事會) 법안'을 내놓으며 농업단체재편성 논의에 기름을 끼얹었었다.[15]

'농사회 법안'은 농촌민주화의 상징이었던 농업협동조합을 약화시키고 농업단체의 역할분담을 전시체제 이전의 행정기관-농회-산업조합 정립체제로 되돌리려는 복고적인 내용이었다. 이에 농협 계통조직은 강력한 외부의 '적'을 만나 내부의 분열을 수습하고 치열한 저항운동으로 돌아섰다. 결국 두 조직의 대립은 농림성 내부의 주무부서 대립으로 전화되었고, 다시 정치문제로 비화되어 더 이상 방치할 수 없는 상태로 발전했다. 농림성은 1954년 6월 농협 계통조직과 농업위원회 계통조직에 각각 농가조합원에 대한 종합지도와 경작농민에 대한 생산지도라는 보기에 따라서는 별반 다르지 않은 역할을 부여함으로써 어정쩡한 타협을 이끌어냈다.[16]

적당히 봉합된 농업단체재편성 문제는 1955년 4월 6일 당시 농림대신 고노 이치로(河野一郎, 1898~1965)의 정책자문 건으로 다시 수면 위로 부상했다. 정책자문의 내용은 농업회의소 계통조직의 중앙조직인 전국농업회의소에 말단 지방단체의 합병에 따른 농정침투 방안을 마련해보라는 것이었

---

15) 農村更正協会(1954), 453~454쪽.
16) 農林省農林経済局農政課編(1954), 117~119쪽.

다. 이는 '행정 효율화'와 '경비 절약'을 목적으로 추진된 시정촌(市町村) 합병으로 농정침투 및 농업·농민지배체제 확립에 차질이 생길 것을 우려하고 농림성의 의도와 상당한 거리가 있는 정치적 타협으로 끝난 농업단체재편성 문제에 다시 불을 지피려 했던 농림관료들의 의중이 반영된 것이었다.[17]

제1차 농업단체재편성 문제의 제기로 전국농업회의소 설립 등 일정한 성과를 거둔 농업위원회 계통조직은 농림대신의 자문을 계기로 농업협동조합을 대신할 명실상부한 농정단체로의 탈피를 시도했다. 안정적인 예산 확보, 지역 단계 농업위원회와 도도부현-전국 단계 농업회의소의 연계 단절 극복 등의 숙원만 해결된다면 불가능한 일도 아닐 듯했다. 전국농업회의소는 사안의 중대성을 고려하여 관련 단체의 대표자, 원로 농림관료, 중의원·참의원 국회의원 등으로 구성된 특별위원회를 구성하여 신중하게 논의했다. 가장 중요하게 생각했던 말단 행정단위의 새로운 종합적인 농정단체 설립 및 기술보조원 배치 문제는 농협 계통조직의 반발로 농림성과의 암묵적 합의 하에 양론을 병기하는 형태로 답신을 마무리했다.

이런 자문 답신을 받은 고노 이치로 농림대신은 농업단체재편성 문제의 결론을 자신에게 일임한 것으로 해석하고 자신의 애당초 구상대로 입법화할 것을 공언했다. 농업협동조합으로부터 지도사업을 분리하여 경제사업에 전념하도록 하고, 지도사업은 제국농회와 같은 종합농정단체를 설립하여 맡긴다는 것이었다.[18] 그 구체적인 내용은 1956년 1월 23일 자민당 소속 중의원 의원 히라노 사부로(平野三郎)의 '사안(私案)'이라는 형태로 발표되었다. 내용은 ① 지역 단계에 농민을 강제가입시키고 광범한 사업과 권한을 갖는 중앙집권적 농정단체를 설립하여 정부의 지도감독하에 둔다, ② 종합농협으

---

17) 農民教育協会(1966), 11~113쪽.
18) 農業協同組合制度史編纂委員会編(1967/1969), 通史編 3卷, 67~73쪽.

로부터 신용사업을 분리하여 단영 신용조합에 맡기고 도도부현 신용연합회를 폐지하여 이를 농림중앙금고의 지소로 하는 신용사업 계통 2단계 제도를 확립한다, ③ 도도부현 농협중앙회를 폐지하고 전국 농협중앙회 지부로 한다, ④ 지역 농업협동조합과 연합회는 회원으로서 직접 전국중앙회에 가입하여 지도체제의 중앙집권화를 도모한다는 것이었다.[19]

이른바 제2차 농업단체재편성 시도는 농협 계통조직뿐만 아니라 국정선거를 앞둔 자민당에게도 충격을 안겨주었다. 좌우 사회당의 통합과 보수합동 이후 처음으로 맞는 향후 보수혁신 대립구조의 흐름을 가를 중대한 국정선거를 앞두고, 자민당 농림의원은 전국 계통조직을 총동원한 농업협동조합의 반대운동에 누구나 전율을 느끼지 않는 사람이 없었다고 한다. 자민당 지도부는 "농업정책의 추진을 위해서는 적절한 농업협동조합 강화정책이 필요하며 신용사업 분리와 같이 농업협동조합을 약체화시키는 농업단체재편성에 대해 자민당은 전혀 백지"라는 성명을 발표하기에 이르렀다.[20]

2. 농지개혁 이후의 농업단체 세력판도 변화

1) 농민조합과 농업협동조합의 경합

(1) 농민 대표권을 둘러싼 농업단체의 각축

이상에서 살펴본 바와 같이, 농업단체재편성 문제에는 정부여당의 효율적인 농정침투 및 농촌지배를 위한 농정단체 설립이라는 정치적 목적이 강하게 작동하고 있었다. 그러나 외형적으로는 농민의 장악 내지 대표권을 둘러

---

19) 農業協同組合制度史編纂委員会編(1967/1969), 通史編 3巻, 74~75쪽.
20) 農業協同組合制度史編纂委員会編(1967/1969), 通史編 3巻, 77쪽.

싼 농업단체의 존립 경쟁이나 이권다툼의 양상을 띠고 전개되었다. 그것은 크게 농민조합과 농업협동조합의 경합, 그리고 농협 계통기관과 농업위원회 계통기관의 경합이라는 두 가지 축을 기본으로 전개되었다.

이는 보수혁신 양측 정당의 분열-다당화-통합이라는 정치지형의 변화와, 패전 이후 심각성을 더해가던 식량위기의 완화, 농지개혁의 진전에 따른 농촌사회의 안정화라는 사회경제적 변화에 따라 농업단체의 위상이 크게 바뀐 것을 배경으로 했다. 여기에 점령정책 종료에 따른 주권회복으로 식량 증산을 통한 자립농정의 확립이 국가적 과제로 부상했음에도, 이 농업단체 들은 하나같이 경영부진, 존립기반 소멸, 제도 미비 등으로 이를 감당할 체 제를 갖추지 못한 채였다. 그 어떤 조직이든 시대의 요구에 부합하지 못하면 도태되듯이, 농업단체 스스로 재편성이라는 외과적 수술을 자초한 부분이 적지 않았던 것이다.

(2) 식량위기와 농민운동의 고조

먼저 농민조합과 농업협동조합의 관계를 통해 농업단체 세력판도와 위상의 변화를 살펴보도록 하겠다. 아시아태평양전쟁 이후 일본의 농민운동은 강제적인 공출문제를 계기로 분출하여 농지개혁의 진전과 더불어 최고조에 달했다. 당시의 식량사정은 일촉즉발의 위기 상황이었다. 징병·징용 등에 의해 유출된 기간노동력이 농업생산 현장에 복귀하지 못한 가운데 비료·농약 등 농용자재의 부족으로 노동집약적인 농업은 결정적인 타격을 받았다. 거기에다 식민지로부터 유입되던 쌀도 끊어지고 기후불순 등이 겹치면서 식량 수급사정은 극도로 악화되었다. 국민 1인당 1일 주식 배급량은 전시보다 더욱 열악해져, 전시 기준 2.3홉을 밑도는 2.1홉으로 줄였는데도 1,000만 석 이상의 부족분이 발생할 정도였다.[21]

이에 정부는 쌀의 추곡수매가를 3배로 끌어올려 공출을 장려하는 정책을 폈다. 동시에 공출 목표를 달성하지 못한 농가에 대해서는 '식량긴급조치령'을 발동하여 강권으로 쌀을 매입하는 조치를 단행했다. 그러나 최종적인 공출 물량은 목표의 76%에 그쳤다. 오히려 전쟁 중에 과중한 부담에 시달려온 농민들의 불만이 강제공출을 계기로 폭발하여 쌀 주산지를 중심으로 전국 20개 부현(府縣) 15만 명의 농민들이 공출 배정의 공정화, 자가보유미 확보 등의 요구를 내세우며 강제공출 반대 투쟁에 나섰다.[22]

이러한 농민 투쟁은 이전의 활동가를 중심으로 조직화되면서 강제공출 반대에 머무르지 않고 이를 매개로 촌정(村政)·농업회의 민주화, 농업생산자재·생활물자 획득 요구 등의 다면적인 운동으로 발전해 나갔다. 또한 농지개혁이 본격화되면서 지주들이 자가소비미를 확보하고 재산권을 보호하기 위해 소작지를 회수하는 움직임을 보이자, 여기에 소작지 회수 반대 및 철저한 농지개혁을 요구하는 목소리도 더해졌다. 그런 가운데 전국 각지에 계급투쟁적 농민조합이 속속 재건되었고, 1946년 2월과 6월에는 이들 농민조합을 회원으로 하는 일본농민조합과 농촌청년연맹이 결성되었다. 이들 전국조직의 지휘하에 통일적인 농민 투쟁을 추진하는 체제가 갖추어졌다.

농민운동이 최고조에 달한 1947년 6월 현재 전국의 농민조합은 7,086개(그중 56%인 3,971개 농민조합이 전국조직 일본농민조합에 가입), 조합원은 198만 명을 헤아리게 되었다. 정치적 민주화의 영향으로 농민조합의 확대 속도나 조직률은 아시아태평양전쟁 이전 수준을 훨씬 넘어섰다.[23] 이처럼 식량위기를 매개로 "생산지에서는 강권공출 반대, 공출 회피운동이 치열하게

---

21) 食糧庁食糧管理史編集室編(1957), 29~30쪽.
22) 農民運動史研究会編(1961), 199~200쪽.
23) 民主主義科学者協会農業部会編(1948), 177쪽.

전개되고" "계급 대립을 유발해 농촌의 정치적·사회적 위기를 만연시키는 결과를 낳았으며" 거꾸로 "도시에서는 배급 중단(缺配) 반대운동이 일어났다." "각지에 폭동의 전조라고도 할 만한 징후가 발생하여" "단 하루의 유예도 허용치 않는" "국가체제 파괴"의 위기가 고조되었다.[24]

(3) 혁신세력의 온상이 된 농촌사회

아시아태평양전쟁 이후 일본 농민운동은 그 이전 농민조합의 사상과 계보를 이어 사회당, 공산당 등 혁신정당과의 밀접한 연대 아래 추진되었다. 활동가의 대부분은 사회당이나 공산당에 소속된 당원이거나 그 영향권 아래에 있었으므로 사실상 농촌사회는 혁신세력의 온상이 된 것이나 다를 바 없었다.

농민조합의 전국조직 결성에서 우파 사회당은 농민조합 방식을 주축으로 계획·설립을 준비했다. 여기에 좌파 사회당, 공산당이 각각 농민동맹 방식, 농민위원회 방식을 주장하며 가세하여 조직 방침을 둘러싸고 대립했다. 결국 각 정파 지도자들은 모처럼 찾아온 농촌 조직화의 호기를 놓치지 않기 위해 소이(小異)를 버리고 대동(大同)을 따르는 노력을 통해 단일 전국조직을 출범시켰다. 그것이 일본농민조합과 농촌청년연맹이었다.

그런 까닭으로 일본농민조합은 각파별로 우파 사회당, 좌파 사회당, 공산당의 이데올로기나 농업정책으로부터 결정적인 영향을 받게 되었다. 이는 농민대중을 위한 조직이어야 할 농민조합이 혁신정당의 '농민부' 혹은 그 지지기반으로 편성되어 조직의 대중성과 자주성을 잃거나, 농민으로부터 유리되어 농민운동의 발전을 저해하는 요인으로 작용할 위험성을 내포한 것

---

24) 食糧庁食糧管理史編集室編(1957), 192~194쪽.

이었다.[25] 실제로 이런 현실이 조직의 통일성을 해칠 수 있다는 우려가 제기되어 1947년 2월에는 "일본농민조합 조합원은 그 강령, 주장, 규정 및 결의사항을 위배하지 않는 한 어느 정당에 소속되어도 상관없다"는 방침을 천명하기에 이르렀다. 그러나 농민대중의 궁극적인 관심은 정치운동이 아니라 지속가능한 영농활동과 생활의 안정이었기 때문에, 농지개혁의 진전에 따라 조직 분열이나 와해가 현실적인 문제가 될 가능성이 높았다.[26]

(4) 일본 보수지배층의 대응

식량위기를 매개로 한 농민운동의 전국적 고양과 혁신정당을 정치적 본부로 하는 농민조합의 농민대중 조직화는 점령 당국은 물론 일본의 보수지배층을 긴장시키기에 충분했다. 이러한 위기 상황의 본질을 누구보다 예리하게 인식하고 있었던 사람은 시데하라(幣原喜重郎) 내각의 농상으로 발탁된 개명적 보수주의자인 마츠무라 겐조(松村謙三)였다. 그는 공출을 독려하기 위해 전국 농촌을 순회하면서 토지문제에 대한 농민대중의 생생한 불만을 접하고, 이를 방치할 경우 사상경찰이 해체되어 더 이상 공산주의를 강권적으로 배제할 길이 없는 상황에서 "공산주의의 농촌 침투"는 시간문제라는 확신을 가지게 되었다.[27]

그는 이에 대한 해결책은 농민조합에 운집한 농민대중이 스스로 '혁명'에 대한 환상을 버리고 혁신세력의 침투를 이겨낼 내성을 기르는 것밖에 없다고 생각했다. 이를 위해서는 어떤 형태로든 이들에게 광범하게 토지를 배분

---

25) 滿川元親(1972), 66쪽.

26) 農民運動史研究会編(1961), 322~324쪽.

27) 農地改革資料編纂委員会編(1974), 107~108쪽, 123~124쪽; 松村謙三(1964), 251~254쪽.

하여 영세하나마 사적인 토지소유자로서 자각하도록 하는 것이 필요했다. 소유·경영·노동의 3요소를 단일농가에 귀속시킨 자작농 창출의 구상이었다. 그러나 체제위기 같은 것은 아랑곳하지 않고 오로지 자신의 재산권 유지에만 급급했던 의회에 진출한 지주세력의 저항을 이겨내는 것이 첫 번째 관문이었다.

마츠무라 농상은 재촌지주의 토지보유 한도를 3ha로 제한하고 이를 넘어서는 토지를 강제양도 방식으로 매입하여 경작농가에 배분하며 소작료는 현금으로 납부(金納化)하는 내용의 개혁안을 작성하여 각의에 제출했다.[28] 그러나 집권여당인 진보당이나 자유당 등 보수정당 내의 지주세력은 이를 새로운 헌법에 규정된 재산권의 침해로 보고 강력하게 저항하여 토지보유 한도를 5ha로 끌어올리는 데 성공한다. 보유 한도를 3ha에서 5ha로 끌어올리자 소작지 해방면적은 130만ha(전체 소작지의 55%)에서 90만ha(동 38%)로 축소되었고, 해당 지주도 100만 호에서 10만 호로 줄어들었다. 나아가 이들은 토지보유 한도를 세대 단위가 아닌 개인 단위로 전환하여 가족들에게 소유권을 분산시켜 매수를 회피할 길을 열어놓음으로써 농지개혁의 의미를 완전히 유명무실하게 만들어버렸다.[29]

(5) '신중한 혁명가들'의 반혁명

연합군총사령부는 퇴영적인 지주세력에 의해 만신창이가 된 미온적인 개혁 구상으로는 혁신정당이나 농민조합으로부터 농민대중을 차단할 수 없다고 보았다. 당시 농민운동을 이끌던 좌우 사회당, 공산당, 일본농민조합의 지도자들은 '무상몰수·무상분배', '토지국유화·공동경영', '빈농을 중심으

---

28) 農地改革資料編纂委員会編(1974), 64~67쪽.
29) 暉峻衆三編(1996), 197~198쪽; 이향철(2005), 342~345쪽.

로 하는 농업혁명'[30]과 같은 과격한 주장을 내세우며 농민을 끌어들이고 있었다. 따라서 혁신세력의 주장을 압도하는 혁명적인 개혁을 통해 경작농민으로 하여금 지금의 체제가 지킬 만한 가치가 있는 것임을 자각하게 하지 않으면 농촌을 안정화시키고 공산주의 침투에 대한 방파제로 삼는 것은 불가능하다고 보았다.

제2장에서 살펴본 바와 같이, 미국의 대일정책 입안자들은 일본농업의 궁핍상태가 국내시장을 좁히고 나아가 해외 무력침략을 부추기는 요인이 되었다고 인식했다. 또한 궁핍한 농민들이 대부분 군부의 유력한 지지기반이 되었다는 사실을 중시하고 농업정책을 비군사화·민주화를 목표로 하는 점령정책의 중요한 일환으로 자리매김하여 농지개혁을 농업단체 개혁, 식량정책과 함께 추진했다.[31] 여기서 주도적 역할을 수행한 사람은 피어리(Robert A. Fearey)와 미국 농무성에서 파견된 아시아 농업문제 전문가 라데진스키(Wolf Isaac Ladejinsky)인데, 피어리에 대해서는 제2장에서 자세히 다루었으므로 라데진스키에 초점을 맞추어 논의를 진행하도록 하겠다.

라데진스키는 1899년 우크라이나 작은 마을에서 비교적 유복한 유대인의 아들로 태어나 1922년 러시아혁명 이후 소련에 편입되는 고향을 떠나 미국으로 이주했다. 1926년 컬럼비아대학을 졸업하고 신문팔이 등을 하면서 대학원을 다니다가 대공황을 만나 중퇴하고 지도교수의 추천으로 1935년 미국 농무성에 취업해 그 후 40년간 아시아 농업개혁 전문가로서 역사에 이름을 남기게 된다.[32] 1946년 1월 도일하여 연합군총사령부 천연자원국 고문으로 야마가타(山形), 후쿠오카, 홋카이도 등 일본의 농촌 현실을 조사하고

---

30) 国立国会図書館編(1966b), 741쪽, 760~763쪽.

31) Robert A. Fearey(1945), pp. 322~331; 岩本純明(1979), 177~179쪽.

32) Louis J. Walinsky, ed.(1977), pp. i~xi.

피어리와 협력해 강력한 경작권 확립을 내용으로 하는 농지개혁 구상을 완성했다.[33] 연합국군최고사령관 맥아더의 명의로 발령된 '농민해방지령'(「농지개혁에 관한 각서」)이 바로 그것이다.

그 내용은 "소작인에게 현저하게 불리한 조건을 강요하는 소작제도의 광범한 존재"를 "전인구의 과반수가 농업에 종사하는 나라에서 오랜 세월에 걸쳐 농업구조를 좀먹어온 심대한 해악"으로 규정하여 "부재지주에서 경작농민에로 토지소유권을 이전"하도록 명령하고, 나아가 "농업협동조합운동의 양성 및 장려계획" 등을 통해 "소작인이었던 자가 다시 소작인으로 전락하는 것을 막기 위한 합리적인 보호장치"를 마련하라는 것이었다.[34] 결국 이는 재촌지주의 보유 한도를 1ha로 내리고 강제양도 방식 대신 정부가 지주의 토지를 고정가격으로 일괄 구매하여 경작농가의 수입에 상응하는 합리적인 가격을 매겨 연부로 구입하는 방식으로 구체화되었다.

라데진스키는 일본 연구자들의 지적과 달리 미국 농무성에 들어간 이후 일본 농업문제를 연구하여 농촌의 과도한 인구집중, 제1차 세계대전 이후의 농민적 소상품 생산 진전과 뿌리 깊은 봉건적 관습의 이완, 농촌궁핍과 대륙침략의 관련성, 일본 농림관료의 자체적인 농지개혁 시도 등을 숙지하고 있었다.[35] 이런 인식을 바탕으로 농지개혁 각서 발령에 즈음하여 재촌지주의 보유 한도에 대해 작으면 작을수록 좋다는 생각을 가지고 있으면서도 농업 전문가답게 소작조건 개선을 통한 경작권 확립에 중점을 두고 있었기 때문에 3ha 정도라도 무방하다고 생각했다. 농지개혁으로 소작인의 경제적

---

33) 農地改革資料編纂委員会編(1982), 131쪽.

34) General Headquarters, Supreme Commander for the Allied Powers, GHQ/SCAP(1945), 「農地改革についての連合国最高司令官覚書」, 小倉武一·打越顕太郎編(1961), 3~9쪽.

35) Wolf Isaac Ladejinsky(1936); Wolf Isaac Ladejinsky(1937); Wolf Isaac Ladejinsky(1939); Wolf Isaac Ladejinsky(1945).

상황 개선과 민주화를 달성할 수 있을지 몰라도 농업생산성의 현저한 개선은 기대할 수 없었기 때문이다.

그러나 연합국군최고사령관 자문기관 대일이사회(Allied Council for Japan) 제6차 회의에서 냉전의 확산을 배경으로 세계 도처에서 영향력을 확대하고 있던 소련이 미국의 대일 단독점령과 독주를 견제하기 위해 모든 소작지의 무상몰수를 들고 나오자, 영연방 대표인 맥마흔 볼(W. MacMahon Ball)이 1ha안을 제안하여 이를 수용하게 된다.[36] 라데진스키의 농지개혁 구상에는 지주나 국가주의의 억압 청산뿐만 아니라 공산주의에 대한 "반공으로서의 민주화"도 중요한 부분을 차지하고 있었기 때문에 문제될 것이 없었다.[37]

당시 격심한 인플레이션이 진행되는 가운데 재촌지주 보유상한면적 1ha를 웃도는 토지를 고정가격으로 매입하여 소작농민에게 연부로 구매하게 한 것은 사회주의혁명과 같은 소유권 부정이 아니라는 정치적 의미를 함축하고 있었다. 그렇지만 이 "신중한 혁명가들(cautious revolutionaries)"의 "반혁명을 위한 혁명"은 좌우 사회당이나 농민조합의 주장을 훨씬 넘어서는 것이었다. 나아가 일본공산당이나 소련이 주장하는 무상몰수에도 거의 육박하는 수준으로 경작농민을 사이에 두고 혁명을 경합하는 양상을 보였다.[38] 농지개혁 이후 혁신세력이 농촌사회에서 방향을 잡지 못한 채 지리멸렬하고 농민조합이 급격히 쇠락할 것은 충분히 예견가능한 일이었다.

1948년 무렵부터 경제력 집중 배제 완화, 노동기본권 제한 등 자본 관련 정책을 중심으로 미국의 대일 점령정책이 '역주행'하지만 농업정책만은 일

---

36) "Verbatim Minutes of the Sixth Meeting Allied Council for Japan", 12 June 1946, 農地改革資料編纂委員会編(1982), 190~192쪽; マクマホン·ボール(1992), 暉峻衆三編(1996), 199~201쪽.

37) Wolf Isaac Ladejinsky(1951).

38) Susan Deborah Chira(1982).

관된 기조를 유지했던 것도 바로 그것이 갖는 정치적 성격 때문이었다. 이에 대해 라데진스키는 "평화를 위한 우리의 가장 강력한 무기"인 "민주주의적 농지개혁"으로 "뇌성과 같은 공산주의자들의 기세를 훔치고" "아시아에서 쟁기가 무력을 압도하는" 기적을 이루었다고 평가했다.[39] 농촌을 "공산주의의 침투를 막는 금성탕지로 만들기" 위해서는 "사유재산제도의 최대 취약점인 피라미드형 사회의 기층 부문을 강화하는" 농지개혁만큼 효과적인 정책이 없음을 강조했다.[40] 이처럼 식량위기를 매개로 한 체제변혁적 농민운동의 고양은 점령 당국이나 일본 농림관료에게 농촌 공산화에 대한 위기의식을 불러일으키고 획기적인 농지개혁을 단행하게 하는 계기를 제공했던 것이다.

(6) 혁신세력의 타격과 농민조합의 쇠락

농지개혁 결과, 전체 소작지 244.8만ha의 80%에 해당하는 194.2만ha가 140만 명의 소작인에게 배분되었다. 소작농, 자소작농은 전체 농가의 각각 28%, 41%에서 8%, 27.8%로 격감했고, 자작농은 27.5%에서 55%로 급증하여 경작농가의 다수를 차지하게 되었다.[41] 이 농민들은 대부분 농지개혁으로 창출된 광범한 자작농의 보호장치로 출범한 지역별 농업협동조합에 조합원으로 가입했다. 이로써 그때까지 전농민의 40% 가까이를 거느리고 계급투쟁적 농민운동을 주도하던 농민조합은 조직기반이 해체되는 궤멸적 상황을 맞이하게 되었다.

농지개혁에 의한 지주제 해체와 자작농 창설로 농촌사회의 계급관계는

---

39) Wolf Isaac Ladejinsky(1951).

40) ラデジンスキー(1952), 16~17쪽.

41) 農地改革記録委員會編(1951), 646~647쪽.

근본적으로 바뀌고, 체제변혁적 농민운동의 투쟁목표 그 자체가 사라지고 말았다. 농민조합으로서는 조직기반의 와해에 대응하여 정세 변화에 대한 객관적인 검토와 새로운 운동 방침의 정립을 서둘러야 했지만, 그것을 감당할 만한 주체적 역량을 갖추고 있지 못했다. 농촌의 계급관계나 농업구조의 근본적인 변화를 인정하지 않고 혁신정당의 '농림부'로서 당파적 주장에 휘둘리고 있었던 것이다. 따라서 혁신정당 내부의 노선 대립이 그대로 농민조합에 투영되어 "기만적인 자작농주의에 대항하여 토지의 농민관리"를 주장하는 '반봉건파'와 "점령군의 무력을 배경으로 한 국가독점자본의 수탈 강화에 대한 투쟁"을 강조하는 '반독점파'로 분열되어 이합집산을 거듭하면서 급속히 농민대중과 유리되어갔다.42)

이런 상황은 농민 대표권을 둘러싸고 경합관계에 있던 농민조합에서 농업협동조합으로 경작농가가 대거 이동하고 조직된 현상과 표리일체를 이루는 것이었다. 점령 당국과 일본 농림성은 자작농 창출에 이어 농업협동조합을 전국 방방곡곡에 설립하고 정연한 계통조직을 정비하여 농가를 독점적으로 저변에 편입, 지주제 해체 이후의 농촌을 재편성하고 그 지배체제를 공고히 하는 작업에 착수했다. 농업협동조합의 제도 설계 및 법률 제정을 둘러싸고 벌인 8차례의 절충 작업은 각각 이상론과 현실론의 입장에서 이를 위한 가장 바람직한 모습을 도출하는 과정이었다고 볼 수도 있을 것이다.

새로이 출범한 농업협동조합은 현실적으로 소상품 생산자인 경작농가의 영농활동과 생활을 조직한 사업체의 성격을 가지고 있었다. 뿐만 아니라 혁신세력의 눈으로 보면 부족한 부분이 있을지 몰라도 엄연히 계통조직을 통해 판매·구매·신용사업 등을 집적하여 시장 교섭력을 높이고 독점적인

---

42) 農民運動史研究会編(1961), 431~435쪽, 437~459쪽.

자본으로부터 농민을 보호하는 역할을 수행했다. 혁신정당과 농민조합은 이러한 협동조합의 본질을 꿰뚫어볼 정도의 현실인식을 갖지 못한 채, 전시통제단체인 농업회에 대한 고정관념에 사로잡혀 새로운 농업협동조합을 "농업회에 간판만 바꿔단 것"이라고 비판하면서 시종일관 '정치적 계몽' 내지 '이념 투쟁'에 집중하여 지역 농업협동조합이나 연합회 추진에 참가하는 열의와 노력을 거의 보이지 않았다. 농민조합 지도자 중에는 "비료를 공동으로 구매하여 농가의 협상 역량을 키우는 것 외에 뿔뿔이 흩어진 농가가 독점적인 비료업체와 대결하는 길이 없다"는 기본적인 사실조차 모르거나 무시하는 사람이 적지 않았다. "농업협동조합의 구매사업에 무관심하거나 상인의 비료가 싸다고 구입하면서" "생산자재의 독점가격과 투쟁"한다는 농민조합의 방침을 추종하는 모순된 태도를 보였다.[43]

이처럼 농업협동조합은 지주적 토지소유 붕괴 이후 지주계급을 대체할 어떤 세력도 존재하지 않았던 농촌에서 위로부터 모든 농가를 지역 단위조합의 저변에 독점적으로 편성하여 계통조직을 통해 집적하는 조직력을 발휘했다. 나아가 농가조합원의 방대한 조직력을 바탕으로 쌀값 등 농산물 가격인상, 농가의 세금감면, 각종 농업보조금, 농촌 공공사업비 등을 교묘하게 포착하여 농정운동을 전개함으로써 정부여당으로부터 농업·농촌 부문에 물질적 이익을 유도하는 두터운 파이프를 형성하게 되었다. 반면 농민조합은 유효한 대책을 강구하지 못한 채 농업협동조합의 지주적·봉건적 성격을 지적하고 핵심에서 벗어난 농협 민주화를 주장하다가 결국 농협 계통조직과 거기에 편성된 농가로부터 외면 받는 결과를 자초했다. 말단조직의 해체로 머리만 남게 된 농민조합은 농업협동조합에 대응할 만한 조직 원리나

---

43) 農民運動史研究会編(1961), 460~464쪽.

농업정책을 제시하지 못했다. 결국 농민조합이라는 유명무실한 간판만 가지고 농업협동조합의 뒤를 따라가는 처지로 전락하고 말았던 것이다.

2) 농업위원회 발족과 농업협동조합과의 경합 국면 형성

(1) 농업단체의 분출과 경합의 시대 도래

지금까지 연합군총사령부의 민주화 조치로 일본의 농촌사회에 농민조합과 같은 체제변혁적 조직이 분출하여 재편되어가는 모습을 살펴보았다. 이와는 달리, 농지개혁을 전후하여 식량공출이나 농지개혁의 업무를 추진하거나 농지개혁의 성과를 유지하기 위한 각종 농업단체가 분출하여 경합하는 새로운 현상이 나타난다.[44] 식량공출을 위한 농업(식량)조정위원회, 농지개혁 추진을 위한 농지위원회, 그리고 농지개혁으로 창출된 자작농의 보호장치로 등장한 농업협동조합, 농업개량위원회, 농업공제조합 등이 바로 그것이다.

이 가운데 농협 계통조직과 농업조정위원회, 농지위원회, 농업개량위원회를 통합한 농업위원회 계통조직의 대립으로 표출되는 농업단체재편성 문제는 점령 종료 이후 1950년대 일본정치를 뜨겁게 달구는 핵심과제로 부상했다. 이는 식량위기의 완화와 농지개혁의 진척에 따른 이들 농업단체의 위상 및 세력판도 변화, 그리고 최소한의 비용으로 최대한의 정치적 조직화 및 관료적 통제를 도모하는 농정단체 개편이라는 정부여당의 정치적 의도가 어우러져 발생한 결과였다. 다음에서는 이들 농업단체 가운데 농업조정위원회, 농지위원회, 농업개량위원회에 초점을 맞추어 설립, 구성, 활동, 위상 변화 등을 살펴보도록 하겠다.

---

44) 日本政治学会編(1960); 石田雄(1961); 田口富久治(1969); 村松岐夫·伊藤光利·辻中豊 (1986) 참조.

(2) 시한부 조직으로서 농업조정위원회

먼저, 농업조정위원회는 공출제도의 민주화를 위해 '식량확보 임시조치법'에 의해 설립된 농업단체이다. 1948년 7월 20일부터 1951년 3월 31일까지 약 2년 9개월 동안 시한부로 운영되다가 식량위기의 해소와 함께 근거법이 사라지기 때문에 어떠한 형태로든 조직개편에 성공해야 존립을 보장받을 수 있는 처지였다.

패전 이후 전시보다 더 심각한 식량위기가 찾아와 일본 전역에 생산자와 소비자, 농촌과 도시 사이에 계급 대립이 발생하고 정치적·사회적 긴장이 고조되었다. 일본정부는 공권력을 동원하여 쌀 등의 공출을 강행하고 여기에 점령군도 가세하여 직접 지프를 타고 돌면서 전국 농민에게 식량공출을 독려했다.[45] 당시 "사벨 공출"에서 "지프 공출"로 바뀐 것에 지나지 않는다는 말이 유행할 정도였다. '사벨(sabel)'이란 본래 네덜란드어로 일본 군인이나 경찰이 차고 다니던 서양식 장도(長刀)를 가리키는데, '전시 중에는 군의 권력, 패전 후에는 점령군의 권력'을 배경으로 농산물의 생산과 출하를 통제하는 세태를 야유해서 그렇게 이야기했던 것이다.[46]

그러나 강권 발동에도 불구하고 공출 할당량은 확보되지 않았고, 오히려 여기에 저항하는 농민운동을 전국적으로 확산·격화시키는 결과만 초래했다. 또한 도시주민은 현금이 있어도 식량을 구입할 수 없게 되자 불법인 줄 알면서도 고가의 기모노, 귀금속, 회화 등 물물교환용 현물을 지참하고 직접 근교 농촌으로 쇄도했다. 당시의 매스컴은 의류나 가재도구 등을 팔아 생활의 양식을 구하는 도시주민의 처절한 모습이 마치 죽순(=다케노코) 껍질을 한 장씩 벗겨내는 것 같다고 하여 '다케노코(筍) 생활'이라고 비유하기

---

45) 食糧庁食糧管理史編集室編(1957), 232~233쪽.
46) 永江雅和(2013), 1~2쪽.

도 했다. 그런 가운데 1947년 10월 11일 '식량관리법' 위반으로 검거·기소된 피고인의 재판을 맡고 있던 도쿄구(東京区)재판소 야마구치 요시타다(山口良忠) 판사가 이른바 "야미 쌀"을 거부하고 배급식량만으로 연명하다가 영양실조로 사망하는 어처구니없는 사건이 발생했다.[47]

이처럼 공권력에 대한 생산자의 불신감이 팽배하고 도시주민의 농민에 대한 반감도 증폭되면서 식량문제는 그야말로 "국가 형체를 파괴"할 정도로 걷잡을 수 없는 상태로 발전했다. 점령 당국과 일본정부는 강제공출의 강화는 농촌민주화정책의 취지 및 방향과 맞지 않을 뿐만 아니라, 실제로 식량을 보유한 경작농가들의 이해와 협력 없이 행정기관의 일방적인 강권 발동만으로 식량문제를 해결하는 것은 불가능하다고 판단했다. 이에 정부는 생산자에게 식량 수급사정을 설명하고 생산자는 정부에게 자신의 요구사항을 제시하여 상호 조정하는 기구를 설치하게 되었던 것이다.

그것은 1946년 8월 24일 '식량관리법' 시행규칙을 개정하여 도도부현·시정촌 단계에 각각 농업조정위원회를 설치하는 것으로 법제화되었다. 그 역할은 정부의 식량 수급 전망에 따라 필요한 공출 물량을 어떻게 각 도도부현에 할당하고, 나아가 그것을 시정촌에 할당할 것인지를 심의·협력하는 것이었다. 즉, 도도부현 단계에서는 관할구역 내의 경작농민 대표자, 소비자 대표자, 농업회 회장 등으로 구성된 농업조정위원회를 설치하고, 시정촌 단계에서는 관할구역 내의 경작농민 대표자, 농사실행조합장 또는 부락조합장, 농업회 회장으로 구성된 식량조정위원회를 설치한다. 여기서 지역별 공출 물량 할당이나 그 변경에 관해 민주적으로 심의하고 식량수용권(食糧受容権)을 발동할 경우 반드시 사전에 두 위원회의 신청이 있어야 한다고 규정한

---

47) 『朝日新聞』 1947. 11. 4.

것이다.

여기에 그치지 않고 1947년 8월 12일에는 동법 시행규칙을 일부 개정하여 농업조정위원회 구성원을 민주적인 절차에 따라 직접선거로 뽑도록 하고 위원회에 의결권을 부여함으로써 농민단체로서 대표성을 갖도록 했다. "당해 지역에 주소를 가지고 1단보(홋카이도는 3단보) 이상의 농지에서 경작업무를 영위하는 사람이 직접선거를 통해 선출한 15명의 대표자와 이렇게 선출된 경작농민 대표자 과반수의 동의를 얻어 시정촌장이 그 정수의 1/4 범위에서 선임한 사람으로 시정촌 농업조정위원회를 구성한다." "또한 지역별 위원회의 회장과 지역별 위원회에서 호선된 2명의 경작농민 대표자, 이들 위원 정수 과반수의 동의를 얻어 도도부현 지사가 선임한 사람으로 도도부현 식량조정위원회를 구성"하도록 했다.

이로써 시정촌 구역 내에 주소를 가지고 소정의 농지에서 농업생산에 종사하는 만 20세 이상의 경작농민은 누구나 시정촌 식량조정위원회 위원의 선거권과 피선거권을 가지게 되었다. 경작농민은 거의 빠짐없이 선거권을 갖고 투표에 참가해 같은 경작농민 가운데 자신의 대표인 식량조정위원을 직접적으로 선출하여, 공출제도는 크게 민주화되었다. 1948년 11월 30일 시정촌 농업조정위원 선거가 전국에서 일제히 실시되어, 총 유권자수 581만 여 명 가운데 513만 명이 투표하여 88.4%에 이르는 높은 투표율을 보이고 17만여 명의 위원이 선출되었다. 선거권과 피선거권을 공히 1단보 이상의 농지를 경작하는 농업생산자로 제한함으로써 농가로서는 자신을 대표하여 가장 절실한 현안인 공출문제를 다룰 위원의 선출에 높은 자각과 관심을 보였던 것이다.[48]

---

48) 食糧庁食糧管理史編集室編(1957), 602쪽.

1948년 2월 29일에는 농업조정위원회 전국협의회를 결성하여 시정촌-도도부현-전국으로 집적되는 농업조정위원회 계통조직을 확립했다. 이로써 전국의 경작농가가 서로 협의하여 통일된 방침과 행동을 결정해 공출제도의 민주적 운영을 추진할 수 있게 되었을 뿐만 아니라 국가적 요청에도 부응하는 체제가 갖추어졌다. 그러나 농업조정위원회 계통조직은 식량위기 해소에 중요한 역할을 수행하지만 농지개혁으로 창출된 광범한 자작농의 고군분투로 식량 증산이 본궤도에 오르는 1951년 3월 31일 근거법인 '식량확보 임시조치법'의 효력 상실과 함께 막을 내릴 운명에 있었다.

(3) 농지개혁 실행기관으로서의 농지위원회

다음으로, 농지개혁의 '민주적 실행기관'으로 토지의 매수와 매도업무를 직접 담당했던 농지위원회를 들 수 있다. 원래 농지위원회는 1938년 '농지조정법' 제정에 의해 설치된 조직으로 당시로서는 법률상 반드시 설치해야 하는 기관도 아니고 권한도 매우 미미했다. 그러나 농지개혁이라는 도도한 정치·경제·사회구조의 변화를 통해 중요한 역사적 주체로서 각광을 받게 되었다. 즉, 1945년 12월 29일 '제1차 농지개혁법'('농지조정법' 제1차 개정)을 통해 시정촌 농지위원회를 소작, 지주, 자작의 계층별 선거를 통해 구성하여 민주화시키고 권한을 대폭 강화하여 자작농 창설 작업의 담당기구로 자리매김했다.[49] 나아가 1946년 10월 21일 '제2차 농지개혁법'('농지조정법' 제2차 개정 및 '자작농창설 특별조치법' 시행)과 함께 농지개혁의 감독 및 실제의 토지소유권 이전에 관한 책임과 권한을 갖는 실행기관으로 최전선에서 활약하게 되었다.

---

49) 農地改革資料編纂委員会編(1984), 64~67쪽; 農地改革記録委員會編(1951), 105~107쪽.

토지의 매수와 매도는 농지위원회 설치 및 농지위원 선출이라는 실행기관의 정비를 통해 본격적인 궤도에 올랐다. '제2차 농지개혁법'에 의하면, 시정촌 농지위원회 구성원 가운데 공선위원(公選委員)에 대해서는 해당지역에 거주하는 20세 이상으로 1단보(홋카이도는 3단보) 이상의 경작면적을 소유한 농가의 세대원이라면 누구나 선거인 및 피선거인의 자격이 주어졌다. 이들 가운데 국회의원 선거절차에 준해 직접선거로 계층별로 소작 5명, 지주 3명, 자작 2명의 비율로 선출하여 구성하며 임기는 2년이었다. 만약 특정 계층을 대표하는 농지위원이 자신의 계층 이익을 제대로 대변하지 못할 경우 해당 계층 유권자는 과반수의 동의를 얻어 리콜선거를 요구할 수 있었다. 여기에 지사가 공선위원 전원의 찬성을 얻어 전문지식을 갖거나 그 지역의 지도적인 인물로 지주소작문제에 대해 공평한 판단을 내릴 수 있는 중립위원(中立委員) 3명을 추가할 수 있었다.[50] 이렇게 구성된 시정촌 농지위원회는 정치적 간섭을 거의 받지 않고 법률에 의거하여 지역별 매수농지 결정, 매수계획 입안, 특수사례 결정, 매수 제외 사례 승인, 소작인 자격 확인, 소유권 이동 승인 등의 막강한 권한을 행사했다.[51]

한편, 도도부현 농지위원회는 소작 10명, 지주 6명, 자작 4명의 비율로 선출된 공선위원과 농림대신이 임명한 5~10명의 중립위원으로 구성되었다. 주된 역할은 시정촌 농지위원회의 결정사항을 심사하는 것이었다. 시정촌 농지위원회가 승인한 매수 제외 사례를 심의하고 농업시설, 건물용지, 건물이나 초지의 매수와 매도를 승인했다. 지주나 소작인이 시정촌 농지위원회의 결정을 받아들일 수 없을 경우에 도도부현 농지위원회에 재심사를

---

50) 「農地調整法の一部を改正する法律」 1946년 10월 21일, 법률 제42호, 제15조 2, 3, 9, GHQ/SCAP(1990), 106~109쪽.
51) GHQ/SCAP(1990), 43~45쪽.

신청할 수 있었다. 분쟁이 소송으로 발전할 경우, 판결에 필요한 자세한 자료와 의견을 제출하는 것도 중요한 책무였다.[52]

1946년 12월 20일부터 31일 사이에 전국 10,985개 지역에 시정촌 농지위원회가 설립되었다. 그 가운데 선거를 통해 구성된 것은 전체의 52%에 해당하는 5,712지역이고, 나머지 48%의 5,273지역은 시정촌장의 포고에 의해 성립되었다. 왜냐하면, 당시에는 가장(家長)의 암묵적 합의에 따라 부락의 임원을 선출하는 농촌공동체적 전통이 강하게 남아 있어 부락 내부의 조정이나 후보자 사이의 사전협의로 입후보자 수와 농지위원회 정수가 같은 경우가 많았기 때문이다. 이에 대해 농지조정법은 기본적으로 민주적인 절차에 따라 이루어진 것으로 보고 시정촌장의 포고로 농지위원회의 합법적인 성립을 인정했다.[53] 점령 당국은 사후조사를 통해 약 75%의 농지위원회가 민주적이라고 평가할 수 있는 선임절차를 통해 구성되었다고 결론지었다. 나머지 약 25%는 주로 소작계층이 투표결과에 불만을 품고 청원을 하거나 이로 인해 농지위원이 사임하여 리콜선거가 치러진 경우이다.[54]

그리고 시정촌 농지위원회 설립이 마무리되는 것을 기다려 1948년 2월 20~25일 사이에 전국 46개 도도부현에서 계층별 비율에 따라 소작인 460명, 지주 276명, 자작 184명, 총 920명의 농지위원을 선출했다. 여기에 도도부현 지사가 공선의원의 승인을 얻어 임명한 중립위원 230명이 가세하여 도도부현 농지위원회 구성도 마무리되었다.[55] 이처럼 시정촌-도도부현 농지위원회는 공히 주로 지역농민의 계층별 선거에 의해 선출된 농지위원으

---

52) GHQ/SCAP(1990), 45~46쪽.

53) GHQ/SCAP(1990), 51쪽.

54) GHQ/SCAP(1990), 52~53쪽.

55) GHQ/SCAP(1990), 53~54쪽.

로 구성된 합의제기관으로 각각 출범했다. 농지개혁의 이념을 관철하기 위해서는 시정촌이나 도도부현에 정치적으로 지배되지 않는 독립적인 국가기관으로 확립하는 것이 필요했기 때문이다.

그러나 바로 이러한 지역별 독립성 때문에 중앙조직의 출장기관으로 인정할 만한 형태와 근거가 명확하지 않아 '국가행정조직법'(1948년 7월 10일 공포)에서는 농지위원회를 '지방기관'으로 자리매김하지 않을 수 없는 상황이 발생했다.[56] 이런 체제로는 농지위원회가 농지개혁업무를 제대로 수행할 수 있도록 재정자금을 지원하고 직원을 대상으로 하는 업무교육을 실시하는 것조차 여의치 않았다. 뿐만 아니라 아시아태평양전쟁 이후 일본의 사회경제구조에 엄청난 변화를 가져올 국가적 대사를 '지방기관' 성격을 지닌 조직에 맡겨놓을 수만은 없다는 문제도 제기되었다.

여기에서 나온 제도적 보완책이 농지위원회의 중앙관청을 설립하고 시정촌-도도부현 농지위원회를 이 중앙조직의 부속기관으로 자리매김하여 명확한 법적 지위를 부여하는 것이었다.[57] 1947년 3월 칙령으로 그 구성과 임무를 규정한 중앙농지위원회가 출범한 것은 바로 그런 맥락에서였다. 각 도도부현 지사가 추천하는 농민 대표자 가운데 농림대신이 선정하여 임명한 소작인과 지주 대표자 각각 8명, 전국 농업단체 대표자 2명, 농림대신의 추천에 의해 내각이 임명한 농업 관련 학식경험자 5명으로 구성하고 농림대신이 회장을 맡아 농지개혁 및 이와 관련된 전국적인 시책을 확립·지도하는 역할을 맡았다.[58]

나아가 1947년 9월 5일에는 시정촌-도도부현 농지위원회가 결집하여 농

---

56) 農地改革記錄委員會編(1951), 157~158쪽.
57) 農地改革記錄委員會編(1951), 160쪽.
58) GHQ/SCAP(1990), 46~47쪽, 54~55쪽.

지위원회 전국협의회를 결성하고 여기에 호응하는 형태로 도도부현 협의회도 결성된다. 2년 뒤에는 전국협의회에 중앙농지위원회 위원의 임의가입을 인정함으로써 명실 공히 전국적인 농지위원회 계통조직이 확립되었다. 그 후 농지위원회 계통조직은 41만 5천 명에 이르는 농지위원과 직원을 거느린 거대한 농업단체로서 농지위원회의 예산 증액, 직원의 신분보장, 소작지·국유지의 전면 해방을 주요 내용으로 하는 '제3차 농지개혁'의 단행 등 보수세력을 긴장시키는 독자적인 목소리를 냈다.[59] 그러나 농지개혁의 진척으로 계통조직의 존립기반이 약해지면서 이러한 주장은 점차 농업단체재편성 요구로 수렴되었다.

(4) 농업개량위원회

끝으로, 농지개혁으로 창출된 자작농을 보호하는 장치로서 출범한 농업협동조합, 농업개량위원회, 농업공제조합도 각각 계통조직을 형성하여 농업단체의 분출·경쟁·재편의 일익을 맡았다. 여기서는 이 가운데 경작농민에게 생산기술이나 그 밖의 지식을 보급하기 위한 장치로 출범한 농업개량위원회를 중심으로 분석하겠다. 농업개량위원회는 제도 미비로 제 구실을 하지 못하고 있는 데다 농가조합원의 영농지도를 중시하는 농업협동조합과 업무영역이 겹쳐 사실상 유명무실한 존재로 전락해 있었다. 이것이 구실이 되어 각각 식량사정 완화와 농지개혁 완료로 존립근거를 상실한 농업조정위원회 및 농지위원회와 통합하여 새로운 농정단체인 농업위원회로 변신이 시도되었고, 이것이 농업단체재편성 문제를 야기하는 계기가 되었다.

앞에서 살펴본 바와 같이, 연합국군최고사령관은 농지개혁과 함께 이를

---

59) 滿川元親(1972), 59~61쪽.

통해 창출된 경작농민이 다시 "노예상태"로 전락하는 것을 막기 위한 합리적 보호장치를 강구할 것을 일본정부에 명령했다. ① 장단기 농업융자제도, ② 가공업자·유통업자 착취 방지 수단, ③ 농산물 가격 안정 수단, ④ 생산기술지도 및 영농지식 보급제도, ⑤ 비농민세력의 지배 배제 및 경제적·문화적 지위 향상 수단, ⑥ 사회공헌에 걸맞은 농업보증 계획이 그것이다.[60] 이 가운데 ①, ②, ③, ⑤는 농업협동조합의 신용·판매·구매·지도사업 등 종합적인 사업체계로, ④는 농업개량위원회의 설치로, ⑥은 농업공제조합의 설립으로 구체화되었다. 즉, 농업의 생산기술과 농가의 교육지도를 둘러싼 농협 계통조직과 농업개량위원회 등을 모태로 하는 농업위원회 계통조직의 주도권 다툼은 농지개혁 구상에 이미 내재되어 있었다고 할 수 있다.

1948년 7월 15일 '농업개량조장법'이 제정·공포되고 동년 8월 1일부터 시행에 들어갔다. 농업협동조합과 별도로 농업개량위원회가 자작농 보호장치로 등장하여 경작농민에게 생산기술을 보급하여 농업생산을 증대하고 농가생활을 개선하는 농업개량 보급사업을 맡게 되었다. 이것은 종래 농회와 이를 통합한 농업회 등 특정 계층이나 농업단체의 기술요원에 의해 이루어져 온 농업기술지도체제를 탈바꿈시키기 위한 것이었다.[61] 정부가 보조금 교부 등 재정지원을 하고 도도부현 직원인 기술보급원이 주체가 되어 민주적 교육의 원리에 입각해 경작농민에게 과학적 지식을 보급하고 이를 통해 농업생산성 향상 및 농가생활 개선을 기하는 데 중점을 두고 있었다.[62]

이 장의 주제인 농업단체재편성 문제와 관련하여 주목해야 할 사항은 '농업개량조장법' 시행과 함께 나온 농림행정 최고책임자 사무차관의 통달에

---

60) 小倉武一·打越顯太郎編(1961), 3~9쪽.
61) 이향철(2001), 53~56쪽.
62) 小倉武一(1965), 32~33쪽.

의해 단계별 계통기관이 설치되었다는 것이다. 이는 구체적으로 각 도도부현 조례가 정하는 바에 따라 도도부현 단계 및 그 밑의 몇몇 시정촌을 전통적인 경제생활권역으로 묶은 지구 단계에 설치된 농업개량 보급사업의 운영에 관한 지사의 자문기구라는 형태를 지니고 있었다. 도도부현-지구 단계의 농업개량위원은 모두 지사가 임명하며 단계별 농업개량 보급사업에 대해 자문하거나 개량 보급 담당자를 선발·지도하는 것을 임무로 했다.

말하자면 농업개량위원회는 농촌사회구조의 변화에 따라 더 이상 종래의 농회·농업회와 같이 지주계층이나 관료의 통제에 따라 위로부터 강요되는 식량 증산을 위한 생산기술지도를 계속해서는 농민의 신뢰와 지지를 받을 수 없고 충분한 효과도 거둘 수 없다는 반성을 기초로 한 조직이었다. 나아가 도도부현 지사의 자문기관이면서도 기본적으로 정부의 책임인 농업기술개량 보급사업에 협력하고 이를 감시하는 역할이 주어졌다. 정부의 행정지도에 의해 조직이 만들어지고 도도부현 소속 공무원의 신분으로 기술보급원이 농촌에 들어가 농민의 생산기술지도에 임했다. 농업협동조합의 지도사업을 둘러싸고도 비슷한 논란이 있었지만, 농업생산·기술지도는 기본적으로 중앙정부와 지방자치체의 책임이라는 점령 당국의 관점은 그다지 일본에 익숙한 개념은 아니었다.

도도부현-지구 단계의 농업개량위원은 모두 지사에 의해 임명된 공무원이었기 때문에 경작농민에 의해 선출된 농지위원이나 농업(식량)조정위원, 나아가 농민조합원에 의해 선출된 농업협동조합 임원 등과는 이질적인 존재였다. 물론 지구 단계의 농업개량위원은 농가 100~300호 단위로 1명씩 선발하고 도도부현 단계의 농업개량위원은 농민 5명, 학식경험자 3명, 농업교육자 1명의 비율로 구성하지만 반드시 농민 대표성을 갖는다고는 할 수 없었다.[63] 지구 단계-도도부현 단계의 농업개량위원회가 설립되자 아무래도 전국 단계 조직의 필요성이 제기되어 1949년 9월 15일 임의단체로서 전국 농업개량위원회 협의회가 결성되었다. 이로써 지구 단계-도도부현 단계의 기술보급원 생산기술지도체제 위에 정부에 대한 예산 증액 요구나 개량 보급사업에 대한 정책 제언을 수행하는 전국적 계통조직이 확립되었다.

일본에서는 미국과 달리 농업기술지도는 역사적으로 농회·농업회, 나아가 그 인적·물적 자산을 상당부분 계승한 농업협동조합의 임무라는 인식이 강했다. 실제로 농촌 현장에서 활동하고 있는 농업기술 전문가들은 대부분 이들 조직에 몸담았던 적이 있거나 몸담고 있는 사정도 있어, 중앙정부-지방자치체가 주도하는 '협동농업 보급사업'에 대해 반발이 심했다. 특히 농협 계통조직 가운데 지도사업의 총본산인 전국지도농협연합회(전지련全指聯)에 다수 포진한 제국농회 계통의 농업기술지도원들은 경작농민에 대한 생산지도·기술지도는 본래 자신들이 해온 전통적인 사업이라는 자부심이 강했다. 농업개량위원회 설립 이전까지 정부가 농회·농업회의 기술지도원에게 보조금을 교부하며 지원해온 경위가 있었기 때문에 농업생산·기술지도사업을 농업단체에서 빼앗아 중앙정부 스스로 지방자치체와 일체가 되어 행정의 일환으로 추진하는 것에 찬성할 수 없었다. 이들에게 농업생산·기술지도사업은 새로이 탄생한 민주적 농업단체의 기초이고 근간에 해당하는 중요한 사업이었던 것이다.

나아가 여기에서는 농협 계통조직과 농업위원회 계통조직 사이의 농업단체재편성 문제에 초점을 맞추기 위해 자세히 언급하지 않지만, 1947년 12월 15일 '농업재해보상법'의 공포에 의거하여 농업공제조합 계통조직이 설립된다. 농업공제조합 계통조직 역시 농업재해를 미연에 방지하기 위해 결

---

63) 滿川元親(1972), 151~152쪽.

국 농업생산·기술지도사업에 중점을 두지 않을 수 없었다. 이런 측면에서 농정지도체계는 이중삼중으로 다원화되고, 그에 따라 농업단체재편성 문제는 한층 복잡한 상황을 맞이하게 되었다.

3. 농업단체재편성 문제의 전개와 귀결

1) 제1차 농업단체재편성 문제의 제기와 전개과정

(1) 농업단체의 분출·경합·재편

이상에서 살펴본 바와 같이, 일본에서는 패전 직후의 식량위기와 이를 매개로 한 농지개혁을 전후하여 각종 농업단체가 일제히 '분출'했다. 또한 이들 농업단체는 광범한 경작농민의 조직화를 둘러싸고 서로 치열하게 경합하다가 그 후의 식량사정 호전과 농지개혁 진전에 따라 급격히 '재편'되어가는 역사상 유례없는 모습을 보였다. 여기에 주역으로 참가한 것이 체제변혁적 농민조합, 식량공출을 위한 농업(식량)조정위원회, 농지개혁 추진을 위한 농지위원회, 그리고 농지개혁으로 창출된 자작농을 보호하기 위한 장치로 등장한 농업협동조합, 농업개량위원회, 농업공제조합 등이었다.

이들 농업단체는 관료기구의 일부로 자리매김된 농업개량위원회를 제외하면 대체로 조직의 특성에 따라 시정촌 단계의 경작농민을 조직하고 이러한 농민의 대표성을 도도부현–전국 단계의 연합조직으로 집적한 전국적인 계통조직을 형성했다. 각각 수직적으로 통합된 계통조직은 서로 협력하고 보완하기보다는 경합하고 경쟁하는 관계였다. 특히 문제가 되었던 것은 농업생산·기술지도체제가 농업협동조합, 농업개량위원회, 농업공제조합으로 다원화되어 서로 경쟁관계에 있었다는 사실이다. 여기에 정부여당이 개입하여 제도적인 미비로 본연의 역할을 제대로 수행하지 못하던 농업개량위원회를 모태로 그 존립기반을 잃어가고 있던 농지위원회와 농업조정위원회를 통합한 농업위원회를 설립하여 농정침투를 위한 새로운 농정기구로 탈바꿈시키려 함으로써 문제는 더욱 복잡해졌다.

농업단체재편성 문제는 이런 상황 속에서 발생했다. 처음에는 정부여당이 전면에 나서지 않은 가운데 농협 계통기관과 농업위원회 계통기관의 주도권 다툼으로 전개되는 듯이 보였다. 그러나 나중에는 정부여당이 정치적 의도를 드러내 최소의 비용으로 최대의 농정침투·농민 조직화 효과를 목적으로 하는 친정부·친여당적인 농정단체의 설립을 시도하게 되었다. 다음에서는 이를 제1차, 제2차로 나누어 그 전개과정과 정치적 의미를 분석하도록 하겠다.

(2) 긴축재정과 농업단체의 간소화

제1차 농업단체재편성 문제가 정치적·사회적 의제로 등장하는 것은 1951년 3월 31일 농업개량위원회에 농업조정위원회, 농지위원회를 통합한 농업위원회의 발족이 직접적인 계기가 되었다. 이는 일본의 국제사회 복귀를 앞두고 일본정부의 행정수행 능력과 책임을 강조하는 점령정책의 재검토가 이루어지고 있던 당시의 정치경제적 상황 변화와도 맞물린 일이었다.[64]

이미 1949년에 들어 본격화된 닷지라인(Dodge's Line)의 초긴축 재정정책 아래 난립하고 있는 농업단체를 어떤 형태로든 정리해야 한다는 주장이 제기되고 있었다. 일본이 미국의 원조와 정부보조금에 의존하는 '죽마경제(竹馬經濟)'에서 벗어나 자립경제기반을 구축해야 국제사회의 일원으로 복귀할

---

64) 小倉武一(1965), 42쪽.

수 있고, 이를 위해서는 정부 부문의 비용절감·지출삭감이 불가피하다고 보았다.[65] 그것은 '행정기관 직원 정원법'(1949. 5. 31)을 제정하여 약 42만 명에 달하는 정부 및 지방자치제 관련 직원을 삭감하는 정부조직의 구조조정으로 시작되었다.[66]

1950년 3월에는 "농업 관련 조직의 간소화와 재정상의 부담 경감을 도모한다는 견지에서" "농지위원회와 농업조정위원회의 통합을 제도화"하는 법률안이 제출되었다.[67] 그러나 당시에는 식량위기가 완전히 해소되지 않았고 농업개혁도 마무리되지 않은 가운데 역할이 다 끝나지 않은 농업단체 통폐합은 너무 성급하다는 주장이 대세를 이루어 폐안으로 내몰렸다. 또한 농업개량위원회도 도도부현-지구 단계 모두 지사의 자문기구라는 성격을 가지면서 법률이 아닌 행정 조치에 의거하여 설립되었다는 태생적 한계를 안고 있었다. 따라서 재정을 안정적으로 확보하여 체계적인 농업개량 보급 사업을 추진하기 어려웠을 뿐만 아니라 거기서 일하는 직원의 신분도 보장되지 않았다. 더구나 막상 경작농민을 직접 상대하는 시정촌 단계에는 협력 조직조차 설치되지 않아 농업단체이면서 농민의 대표성을 확보하기 어려운 상태였다.

이처럼 역사적 소임이 다해가는 농업단체 처리와 조직상의 미비로 반신불수 상태에 있는 농업단체 정비문제가 어우러져, 정부의 농업·농촌정책 침투를 위한 농정지도조직 재편이 필요하다는 인식이 정부 내부에서 확산되었다. 이에 샌프란시스코 대일강화조약 발효를 몇 개월 앞둔 1951년 2월 21일 일본정부는 이들 농업단체를 통폐합하여 새로운 농정단체를 설립한다는 결

---

65) 大蔵省財政史室編(1984), 33쪽, 40쪽, 44~46쪽.
66) 大蔵省財政史室編(1984), 38~39쪽; 朝日新聞社経済部編(1950), 160쪽.
67) 桧垣徳太郎(1951), 8쪽.

단을 내리게 된다. 계층별 농업경영자 대표가 농업생산력 증진과 경영합리화를 담당하고 여기에 정부-도도부현-시정촌의 농업행정조직이 참여하여 정책을 종합적으로 처리하는 농업위원회 법안이 그것이다. 해당 위원회가 반대하는 가운데 이 법률안은 국회에서 수정을 거친 다음 동년 3월 31일 공포와 동시에 시행에 들어갔다. 국회 심의과정에서 농지개혁으로 농촌의 지주-소작 계급관계가 해체되었음에도 불구하고 이전의 농지위원회에서처럼 농업위원을 계층별 선거방식에 의해 선출하는 것은 "공연히 계급 대립의 관념을 의식케 하는 것"이라는 비판이 제기되어 모든 경작농민이 참여하는 선거제로 바뀌었다.[68]

(3) 동상이몽의 농업단체

이러한 정부의 움직임에 대해 통폐합의 대상으로 지목된 기존 농업단체 구성원들은 하나같이 자신이 몸담고 있는 직장이 없어지고 새롭게 설립되는 조직의 예산과 인원도 축소될 전망이었기 때문에 전국조직을 중심으로 강력한 반대운동을 전개했다. 그러나 식량사정 호전과 농지개혁 진척으로 존립기반이 약화된 데다 정책기조도 '개혁' 농정에서 '보수' 농정으로 전환되고 있음을 현장에서 피부로 느끼고 있었기 때문에 조직의 발전적 해체를 받아들일 수밖에 없었다. 오히려 농업개량위원회 계통조직은 새롭게 출범하는 통합조직을 거점으로 점령정책 종료 이후에 농정지도단체로 탈바꿈하기 위해 농업단체재편성 문제를 적극 제기한다는 구상을 지니고 있었다.[69]

이렇게 새로이 출범한 농업위원회는 농민의 대표성을 갖는 기존 조직의 사업과 전통을 계승하고 있었기 때문에 스스로 농업단체로서의 성격을 가

---

68) 桧垣德太郎(1951), 7쪽.
69) 協同農業普及事業二十周年記念会編(1968), 63~64쪽.

지고 있었다. 또한 거기에 참여한 계층별 농민 대표나 학식경험자 등은 운영 방식에서 농업단체의 조직 원리를 남기기 위해 강력한 활동을 펼치고 어느 정도 관철시켜 나간 것도 사실이다. 그러나 농업위원회는 기본적으로 정부의 농업정책 하청을 맡아 보조하는 도도부현–시정촌 단계의 행정기관에 지나지 않았다.

1952년 4월 28일 샌프란시스코 대일강화조약 발효로 일본이 국제사회 일원으로 복귀하게 됨에 따라 정치적 독립에 걸맞은 경제적 자립을 구축하는 것이 불가결한 과제가 되었다. 특히 농업정책에서는 당시 2,000만 석 가까이 식량을 수입하는 식량 수급 상황을 극복하고 식량 증산을 축으로 하는 자주농정을 수립하는 것이 시급했다. 이를 위해서는 지금까지의 농업 정책을 재검토하고 새로운 정책방향을 설정하여 이를 경작농민에게 침투시켜야 하는 상황이었다.

그것은 전국을 망라한 농업·농촌 부문에 대한 보조금 교부 및 공공사업비 확대라는 물질적 이익유도를 통해 식량 증산을 추구하는 농업보호정책의 추진으로 구체화되었다. 〈그림 3-1〉에서 보듯이, 먼저 일본열도 북부 및 동해(東海) 연안 지역 등 적설량이 많고 한랭일수가 길어 농업의 생산성이 낮은 적설한랭(積雪寒冷)단작지대 경작농가의 요구를 반영하여 보수당 의원이 의원입법으로 농업 진흥을 위해 재정자금을 지원하는 임시조치법을 제정했다. 여기에 촉발되는 형태로 이후 특수토양지대, 급경사지대, 습전(濕田) 단작지대, 해안사지(海岸沙地)지대 등의 재해 방지나 농업 진흥을 위한 특수 지역 입법이 줄을 이어 일본열도를 빈틈없이 뒤덮었다.[70] 일본정부의 어려운 재정 상황에도 경제적 효율성이 떨어지는 농업·농촌 부문에 재정자금을

---

70) 今村奈良臣(1978), 134~140쪽.

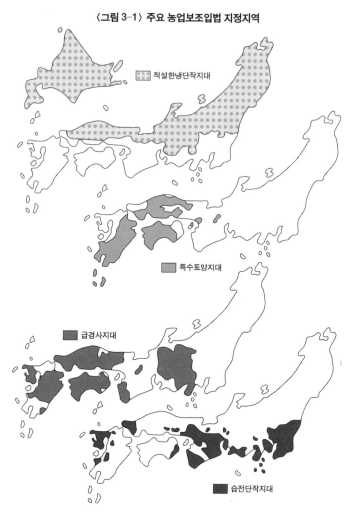

〈그림 3-1〉 주요 농업보조입법 지정지역

적설한냉단작지대

특수토양지대

급경사지대

습전단작지대

* 자료:「自治省內部資料」(今村奈良臣,『補助金と農業·農村』, 東京: 家の光協会, 1978, 139쪽에
  서 재인용).

뿌려 식량 증산이라는 정책목표를 달성하고 보수당의 안정지배를 확보하는
이익유도정책의 본격적인 시작이라고 할 수 있을 것이다.

　문제는 누가 현장에서 경작농가를 결집하여 이러한 농업정책을 대행할 것인가였다. 정부의 입장에서 보면, 식량 증산정책의 실행주체여야 할 농업단체는 농협 계통조직이든 농업위원회 계통조직이든 구조적인 경영부진이나 조직 미비로 이 역할을 감당할 수 없었다. 따라서 농촌 현장에서 농정 실행을 위한 행정수단을 갖지 못했던 정부로서는 이들 농업단체를 재편성하여 독립 농정의 하청을 맡겨야 한다고 생각했다.[71]

(4) 자중지란의 농협 계통조직

농업단체재편성 문제의 배후에는 무엇보다 농지개혁으로 창출된 자작농을 저변에 독점적으로 편입한 농협 계통조직이 경영부진으로 농업생산 및 기술지도사업을 제대로 수행하지 못하는 현실이 가로놓여 있었다. 농업협동조합은 닷지라인의 초긴축 재정정책으로 일본경제가 심각한 불황을 맞은 가운데 전국적으로 일제히 창립총회를 끝내고 힘겨운 발걸음을 내딛었다.

농가경제수지는 오히려 식량위기 아래 높은 농산물 가격에 힘입어 흑자기조에 있었다. 그러나 식량위기의 해소와 함께 이런 조건은 사라지고 농가경제는 적자로 전락해 닷지 불황 중에는 적자금액이 농가 1호당 평균 12,000엔에 달했다. 이에 연동하여 농업협동조합의 예저금 인출이 급증하여 지불제한 및 지불 정지가 발생하고 판매·구매사업도 파탄상태에 처했다. 1949년도 결산 내용을 보면, 전국 농업협동조합의 42%가 결손금을 냈으며 이들 회원 단위조합으로부터의 미수금 누적으로 도도부현 구매연합회는 전체 42개 가운데 40개, 판매연합회는 전체 47개 가운데 35개가 경영적자였다.

이들 단위조합과 사업 연합회의 경영부진은 당연히 도도부현 신용연합회는 물론 전국연합회의 경영부진으로 파급되어 농협 계통조직 그 자체가 심

---

71) 農民教育協会編(1961), 47쪽.

각한 위기 상황에 빠지게 되었다.[72] 게다가 협동조합 이념이 보급·침투되기 이전에 농업협동조합과 연합회가 난립하면서 경작농가의 자발적인 참여와 출자가 매우 저조했다. 또한 농업회로부터 불건전한 자산과 인원을 무선별적으로 받아들인 농협 계통조직의 태생적 한계도 가세하여 경영위기는 더욱 증폭되었던 것이다.[73]

이처럼 경영위기가 내공(內攻)하는 가운데, 농협 계통조직 내부로부터 생산지도·기술지도를 둘러싼 자중지란이 발생했다. 한쪽에서는 계통조직으로부터 구(舊)제국농회를 정점으로 하는 농회 계통 생산지도조직을 분리시켜 이전의 산업조합과 같은 경제사업조직으로 '순화'해야 한다는 주장이 제기되었다. 창립 이후 전지련에 들어가는 경비는 해마다 늘어나는데 지역 단위 조합과 연합회가 부담하는 부과금은 경영위기로 점차 줄어들어 1952~53년에는 전체의 30% 이하로 떨어졌다. 이런 재정 상황에서 전지련을 중심으로 하는 농협 계통조직의 생산지도사업은 무리라는 것이 '경제사업 순화론자'들의 논리였다.[74]

다른 한쪽에서는 이와 반대로 지도사업의 전국조직인 전국지도농협연합회(전지련全指聯)을 종합적인 지도조직으로 개편하여 지역 단위조합 및 연합회의 경영위기에 대처해야 한다는 주장이 제기되었다. 농촌사회에서 생산지도사업에 가장 관심을 보이던 지주계층과 이들을 중심으로 하는 농업단체는 해체되어 더 이상 존재하지 않았다. 농업협동조합 설립과정에서 약 4만 명에 달하는 농업회 소속 구 농회 계통 기술지도원의 주력부대가 전지련을 중심으로 하는 농협 계통조직에 보금자리를 틀었다. 따라서 본래 계통농회

---

72) 農業協同組合制度史編纂委員会編(1967/1969), 通史編 2巻, 433~440쪽.
73) 農業協同組合制度史編纂委員会編(1967/1969), 通史編 2巻, 441~444쪽.
74) 全国指導農業協同組合連合会清算事務所(1959), 162~164쪽.

의 전통적인 사업이던 경작농민에 대한 생산지도·기술지도는 당연히 농업협동조합의 사업이라는 인식이 강했다.[75] 나아가 일본의 농업협동조합은 경종·축산·원예 등 복합적인 영세 경영을 계통조직을 통해 집적하여 규모의 경제를 추구했기 때문에, 경영이 어렵다고 해서 농업협동조합으로부터 생산지도사업을 분리시키자는 것은 생산–유통–소비로 일관되게 연결되는 종합적인 기능을 스스로 부정하는 것이라는 '생산기술지도–경제사업 종합론'이 설득력을 얻고 있었다.

(5) 농업단체재편성의 빌미가 된 재정지원 요청

농협 계통조직은 경영위기에 대해 당초 경작농가의 자유의사에 의한 자주적인 협동조직이라는 원칙에 입각하여 출자증액운동, 농촌계획운동 등 자주적인 재건 노선을 제창했다. 그러나 이것이 여의치 않자 다양한 형태로 정부에 도움을 요청하여 경영위기에서 벗어나려는 안이한 방식에 매달리게 된다.[76] 특히 농업생산 및 지도사업에 대해 경영 '순화론'과 '종합론'의 내부 논란을 여전히 불씨로 남긴 채 국고지원을 통해 종합지도체제를 확립하기로 함으로써 농업단체재편성 문제에 정부개입을 자초하는 형국을 조성했다.

경작농가의 자주적·민주적 조직으로 출범한 농업협동조합이 향후 어떠한 정치적 성향을 보일지 예의주시하고 있던 정부여당은 농협 계통조직의 경영위기와 지원요청을 계기로 여기에 적극 개입하기 시작했다.[77] 1950년 5월 6일에 농업협동조합법을 개정하여 연합회의 사업 겸영을 엄격히 통제하

---

75) 協同農業普及事業二十周年記念会編(1968), 332~333쪽.
76) 農業協同組合制度史編纂委員会編(1967/1969), 通史編3巻, 445~450쪽.
77) 당시 농림성 농림국장이었던 오구라 다케카즈(小倉武一)의 증언. 協同農業普及事業二十周年記念会編(1968), 332쪽.

고 시정촌 농업협동조합의 재무처리 기준을 내각의 명령(政令)으로 정하여 조합경영에 대한 개입을 강화했다. 그리고 상시적인 검사체제를 도입하여 행정기관의 감독권을 강화했다.[78]

이어 1950년 10월에 열린 전국농협 대표자회의(제3차)는 계통조직의 경영 건전화 및 적자 해소의 구제책을 정부에 요구하는 결의안을 채택하고, 그 후 이를 법제화하는 운동을 전개했다. 당초 정부는 "농업협동조합에 국가권력이 개입해서는 안 된다"는 연합군총사령부의 방침을 들어 자주적 재건을 촉구했다. 그러나 탄원 요청이 거듭되자 마지못해 받아들이는 형태를 취하면서 「농림어업조합 재건 정비법」, 「농림어업조합 연합회 정비 촉진법」, 「농업협동조합 정비 특별조치법」의 이른바 '재건 3법' 제정을 통해 이중삼중으로 농업협동조합을 지원하면서 통제하는 체제를 갖추었다.[79] 이러한 일련의 법률 개정과 입법을 통해 자주성과 민주성을 표방한 농업협동조합법의 이념은 크게 후퇴하고 협동조합정책의 헤게모니는 완전히 정부의 손으로 넘어가고 말았다.

여기에 그치지 않고 전국농협 대표자회의(제4차)는 이듬해 1951년 10월 "농업협동조합 지도조직의 확립"을 결의했다. 여기서 "농업협동조합법 개정 또는 특별법 제정을 통해 지도교육기관으로서의 농협 계통조직의 형태·임무 등을 규정하고 활동 강화를 도모하기로 하고, 이를 위해 국고를 조성(助成)해야 한다"고 주장하며 정부에 재정자금의 지원을 요청했던 것이다.[80]

농협 계통조직은 농업생산·기술지도조직을 자임하면서도 종합지도체제조차 스스로 확립하지 못하고 국고지원을 요청함으로써 정부예산 편성을 앞

---

78) 農業協同組合制度史編纂委員会編(1967/1969), 通史編 2卷, 451~454쪽.
79) 農業協同組合制度史編纂委員会編(1967/1969), 通史編 2卷, 465~482쪽.
80) 全国指導農業協同組合連合会清算事務所(1959b), 88~89쪽.

두고 농업위원회 계통조직과 격렬한 재정자금 획득 경쟁을 벌이는 상황을 연출하게 된다. 이에 농림 당국은 민간 농업단체에 의한 자주적인 농업생산 및 기술지도의 한계가 드러난 이상 정부가 적극적으로 개입하여 구(舊)농회 체제 붕괴 이후의 농정지도세력의 분산화와 농정지도체제의 다원화를 극복 하는 기회로 삼아야 한다고 판단했다. 그것은 농림관료 및 농업 관련 원로들 의 향수를 자극하는 농업회 통합 이전의 행정−농회−산업조합 삼자정립체제 로 되돌아가는 것이었다.

(6) 원로 농림관료의 향수와 친정부 농업단체 구상

농림성의 의견을 대변하는 형태로 농업단체재편성 문제를 공식 제기한 것은, 영향력 있는 원로 농림관료 및 농정학자로 구성된 농촌갱생협회 농업 단체법 연구회의 연구결과인 「농사회법요강안(農事會法要綱案)」이었다.[81] 이 연구회는 전국농협 대표자회의가 국고지원을 통한 종합농정체제 정비를 결의한 1951년 가을부터 농림성의 후원을 받아 농업단체의 바람직한 모습 에 대해 검토해왔다. 그러나 내부적으로 구(舊)농회와 같은 친정부 농업단체 를 설립해야 한다는 주장과 농민단체법을 제정해야 한다는 주장이 정면 대 립하여 결론을 내지 못하고 있었다. 여기에 일부 보수적 농림관료가 개입하 여 강압적으로 전자의 친정부 농업단체 설립으로 정리한 연구보고서를 내 놓게 했던 것이다.[82]

이 「농사회법요강안」은 농업협동조합법을 개정하여 지역 단위조합이나 사업 연합회가 전지련(全指聯)의 활동운영비를 부담하는 부과금제도를 폐지

---

81) 農村更生協会(1951), 農業協同組合制度史編纂委員会編(1967/1969), 第五巻·資料編 II, 381~383쪽.
82) 全国指導農業協同組合連合会清算事務所(1959a), 171쪽.

한다는 내용을 담고 있었다. 그에 따라 당연히 농협 계통조직이 실시해온 기술지도, 농정운동 등의 사업은 중단되어야 하며, 대신에 이전의 계통농회와 같은 농정지도단체인 '농사회(農事會)'를 새로이 설치하여 그 역할을 맡긴다는 복고적인 안을 제시했다. 말할 필요도 없이 원로 농림관료 및 농정학자의 농업단체재편성 구상은 일본의 농업생산·기술지도 및 농정운동조직을 아시아태평양전쟁 이전의 행정–농회–산업조합 삼자정립체제로 되돌리려는 농림관료의 의견을 대변한 것이었다.

농업위원회는 여기에 호응해 적극적으로 농업단체재편성 문제를 제기하고 나섰다. 발족 당시부터 호시탐탐 농업협동조합의 농업기술·지도사업의 영역을 넘보다가 농협 계통조직의 경영위기를 계기로 분출된 내부 대립과 관변단체의 새로운 농정조직 설립 구상에 편승해 전선의 확대를 도모했다.

전국농업위원회 협의회는 결의를 통해 "현하의 제반 상황을 감안하면 농업단체로서 농민이익 대표 기능과 농업지도 장려사업을 하나에 구비한 기관의 실현이 필요하다", "농업위원회 제도 및 동 계통협의회는 바로 이러한 관점에 입각하여 제일보를 내딛었다"고 했다. 그러나 본래 "제도 그 자체에 미비점이 있어 그 목적을 실현하는 것이 매우 어려우므로 강력한 새로운 농정단체의 실현을 위해 농림행정과 밀접한 관련 아래 농업위원회법 등의 결함을 개정해야 한다"[83]고 주장했다.

나아가 "새로운 단체는 농업을 영위하거나 농업에 종사하는 사람"을 직접적인 회원으로 하고 "임원을 모두 농민 가운데 선출하는" 것으로 했다. 시정촌의 단위조직을 바탕으로 "군 단위–도도부현–전국의 계통조직"을 구성하고 "경비를 부과·징수할 수 있는 권한을 부여하고 또한 행정청의 감독을

---

83) 全国農業委員会協議会(1952); 滿川元親(1972), 235쪽.

받는 동시에 보조금 교부를 명문화"했다. "농업 진흥계획의 수립·실시, 농업의 지도·장려, 생산 조정, 농민이익 대표 기능, 지역 내 농업단체의 연락조정, 연구조사를 수행하며 또한 행정청에 대한 건의를 하는" 것을 주요 업무로 했다. 문자 그대로 농업협동조합을 대체하는 새로운 농정지도단체의 설립을 요망한 것이었다.[84]

전국농업위원회 협의회의 결의 내용은, 구(舊)농회법을 그대로 옮겨놓다시피 한 「농사회법요강안」의 내용과 흡사하고, 거기서 설립을 주장하는 새로운 농정단체도 「농사회법요강안」의 농사회(農事會)와 구(舊)계통농회 조직과 차이점을 찾을 수 없을 만큼 유사하다. 보수적인 농림관료-관변단체인 농촌갱생협회-농업위원회 계통조직의 암묵적인 정책연계를 짐작하게 하는 대목이다. 농업위원회 계통조직은 이러한 결의에 입각하여 정부·국회 방면에 농업단체재편성을 위한 진정운동을 전개하는 동시에 여론 환기에도 적극적으로 나섬으로써 농협 계통조직과의 대결자세를 분명히 했다.

(7) 농협 계통조직의 내부 대립 극복과 반격

농협 계통조직은 농지개혁과 농촌민주화의 상징적인 의미를 근원적으로 훼손하려는 보수적인 농림관료-관변단체인 농촌갱생협회-농업위원회 계통조직의 반농협 연대 결성이라는 강력한 '외적(外敵)'의 출현에 직면하여 경영 '순화론'과 농정활동·생산지도사업 '분리론'의 내부분열을 해소하고 거국일치의 체제로 결속하게 된다. 그리고 농지개혁 이후 존재감이 약화되고 있던 농민조합도 모처럼 가세하여, 농촌민주화에 역행하고 농업단체에 대한 관료지배를 강화하는 농업단체재편성에 반대한다며 목소리를 높였다. 이는

---

84) 全国農業委員会協議会(1952); 満川元親(1972), 236쪽.

다양한 농업단체들이 농업개량 보급사업을 농업협동조합에 일원화하고 그 생산지도 부문을 확충·강화하라는 공동전선을 구축하는 계기로 작용했다.

사실 농협 계통조직은 1951년 3월 농업위원회법이 제정되었을 때 중립적인 태도를 취하고 있었다. 조직 내부에 여기에 협조하거나 우호적인 태도를 보이는 사람도 적지 않았다. 따라서 농업위원회가 농협 계통조직의 근간을 흔드는 농업단체재편성 문제를 제기하여 날카롭게 대립관계를 조성할 것이라고는 누구도 전혀 예상하지 못했다.[85]

처음에 농업단체재편성 문제는 농협 계통조직의 농업생산 및 기술지도사업이 제대로 이루어지지 못하고 있다는 전지련의 존재형태에 대한 비판으로 제기되었다. 이때 경영상 어려움을 겪고 있던 지역 단위조합과 연합회 가운데는 기회주의적인 태도를 보이고 전지련의 재정확립과 강화에 비협조적·소극적으로 대응하는 곳도 적지 않았다. 그러나 농업협동조합의 부과금 제도를 폐지하는 대신 농업위원회에 부과금 징수의 권한을 부여하고 경작농민을 직접적인 회원으로 하는 농정지도단체로 탈바꿈시키려는 구상이 드러났을 때, 지역 단위조합과 연합회도 더 이상 이것이 남의 문제가 아니라는 사실을 깨닫고 전지련을 중심으로 내부결속을 다지게 되었다.

전지련은 먼저 농협 계통조직의 저변을 떠받치고 있는 전국의 경작농가를 대상으로 장문의 성명서를 발표하여 이들과의 연대를 확인하는 조치를 취했다. 나아가 경작농가의 광범한 지지를 바탕으로 정부, 국회, 기타 관련 기관에 영향력을 행사하는 방식으로 강력한 진정운동을 전개했다. 그 주장을 간추려보면, "농업생산기술의 개량·보급에 의해 모처럼 증산된 농산물의 가격이 떨어져 농가경제가 오히려 불이익을 입게 되는 사례가 적지 않다",

---

85) 全国指導農業協同組合連合会清算事務所(1959a), 167쪽.

그런 까닭에 "새로운 기술에 의한 농업생산은 농산물의 판매, 다시 말하면 농산물을 판매하는 조직이나 설비, 나아가 농산물의 시장 상황과 밀접하게 결부되어야 한다"며 농협 계통조직을 중심으로 한 종합적인 지도사업을 주장했다.

이어 "아시아태평양전쟁 종료 후 순수한 정부 자체 사업으로 농업개량 보급제도가 출범하여" "정부나 도도부현 등의 실험연구기관과 직접적인 연계를 가지게 된 것은 종래보다 진보된 형태"라고 평가했다. 그러나 "새로운 기술을 실시하기 위해 필요한 경제적 뒷받침, 즉 생산에 필요한 물품이나 자금의 뒷받침이 없고 나아가 이를 조직적으로 보급할 수 없는 것이 커다란 결점"이라고 지적했다. 이를 "시정하기 위해서는 경작농민의 자주적인 조직이자 농가경제를 담당하는 농업협동조합의 기술지도원이 정부나 도도부현 등의 실험연구에 의한 신기술을 개량보급제도의 전문 보급원을 통해 받아들여 농가경영의 실상, 생산물의 가격 등을 농가와 함께 고민하며 신기술을 살리는 것이 가장 바람직하다"고 했다.

나아가 "농업협동조합과 새로운 단체가 농촌에서 경합·마찰하는 것"은 "농민을 위해 매우 불행한 사태를 불러일으키는 일"이라고 우려했다. 또한 "정부가 새로운 생산지도단체를 만들어 지원하는 것보다 농업협동조합을 원조하여 생산지도사업을 추진하게 하는 것이 농가 및 국가의 부담이라는 관점에서 합리적이다"라고 했다. 농협 계통조직으로서도 "농업단체재편성에 대응하여 종합농협의 구역은 원칙적으로 시정촌 이상으로 하여" 일정한 규모를 유지할 필요가 있다고 보았다. 그리고 "지도사업과 경제사업의 경리를 명확하게 구분하여" "지도사업이 다른 사업에 종속되는 것을 방지하고 그 사업이 모든 농민에게 미치도록 하기 위해 농업협동조합법을 개정하는 등의 조치기 필요하다"고 주장했다.[86] 농협 계통조직은 농업단체재편성의 최종적인 귀추는 농민 여론의 향방에 달려 있다고 인식했다. 이미 많은 기술 지도원을 거느리고 있는 데다 다른 농업단체와 제휴하여 경작농민에 대한 체계적인 지도를 하고 있다는 것을 대외적으로 과시함으로써 농촌사회에 혼란을 불러일으키지 않는 현실적이고 전략적인 자세로 임했던 것이다.

(8) 정치문제로 비화된 농업단체재편성 문제

이처럼 일부 보수적인 농림관료와 관변단체가 불을 지피고 농협 계통조직 과 농업위원회 계통조직이 대립적인 구상을 내세우며 정부, 국회, 경작농민, 기타 관련 단체 등에 적극적인 진정운동을 전개함에 따라 농업단체재편성 문제는 커다란 정치문제로 발전했다. 두 농업단체의 대립은 결국 농림성 내부의 주무부서인 농업협동조합부와 농정과의 대립으로 발전했고, 다시 보수·혁신정당 사이의, 나아가 보수정당 내부의 정치적 대립으로 비화되어 더 이상 방치할 수 없는 상태로 확산되었다.

이에 농림성은 '농업단체재편성 3원칙'을 제시하며 개입하여 어정쩡한 형 태이기는 하지만 타협을 이끌어내 1954년 6월에 농업협동조합법과 농업위 원회법의 일부 개정으로 일단락을 보게 된다. 즉, ① 생산지도사업은 현행 농업개량 보급제도를 강화하여 정부와 지방자치체가 수행한다, ② 농민과 농업의 대표기관으로 도도부현 및 중앙에 농업회의소를 설치하여 농정운동 을 담당하게 한다, ③ 농업협동조합의 종합지도조직으로서 도도부현 및 중 앙에 새로이 농협중앙회를 설치한다는 것이었다.[87] 이 '농업단체재편성 3

---

86) 全国指導農業協同組合連合会清算事務所(1959b), 125~126쪽; 農林省農林経済局農政課
編(1954), 7~9쪽.

87) 農業協同組合制度史編纂委員会編(1967/1969), 第五巻·資料編 II, 422~424쪽; 農林省農
林経済局農政課編(1954), 117~119쪽.

원칙'은 농업단체 사이에 이른바 지도사업, 농정운동, 경제사업을 어떻게 배치할 것인가 하는 문제였다. 농림성은 기본적으로 농업위원회 계통조직과 농협 계통기관의 일부가 주장하는 '분리론'의 입장을 취하면서 양측의 의견을 부분적으로 받아들여 적당한 선에서 타협을 조정했다. 특히 농업협동조합법 및 농업위원회법 개정에서 가장 주목을 끄는 부분은 양 계통기관의 지도사업 및 농정운동 전담조직으로 각각 농협중앙회와 농업회의소를 설치하는 것이었다.

먼저, 농업위원회법의 대폭적인 개정으로 농업위원회 계통조직이 일단 정비되었다. 그러나 농업위원회의 행태에 대해 불신감을 품은 농협 계통조직이 사사건건 간섭함으로써 정연한 체제를 갖추지 못하고 제2차 농업단체재편성 문제를 불러일으키는 원인을 제공하게 된다. 시정촌 단계의 농업위원회는 이전과 마찬가지로 농업협동조합이나 시정촌 의회 등이 추천한 선임이사와 선거를 통해 선출한 선출이사로 구성된 행정기관적 성격을 가지고 있었다. 그러나 도도부현 단계에서는 종래의 농업위원회가 폐지되는 대신에 관할구역을 10~15지구로 나누어 구역마다 호선된 농업위원이나 도도부현 농협중앙회와 같은 농업단체가 추천한 인사에 의해 구성된 농업회의소가 신설되었다. 이것은 시정촌 농업위원회가 단체회원으로 가입하는 것이 아니라 위에서 말한 농업위원 등이 개인자격으로 참가하는, 말하자면 위원회 성격을 갖는 특수법인이었다. 그리고 전국 단계에는 이전까지 조직기구가 존재하지 않고 임의단체로 전국농업위원회 협의회가 있을 뿐이었지만 관련 법률 개정으로 도도부현 농업회의소 및 전국농협중앙회, 전국농협연합회 등 전국적 농업단체와 학식경험자로 구성된 엄연한 법인격을 갖는 전국농업회의소가 신설되었다.

이처럼 농업위원회 계통조직은 "대나무에다 다른 나무의 접을 붙인 모양"

으로 단계별로 법인격이 다른 조직으로 구성되어 있었다. 또한 각 단계마다 농협 계통조직이 추천한 인사들이 개입하여 통제하는 구조였다. 도도부현-전국 단계의 농업회의소는 농민 대표성을 갖는 시정촌 농업위원회와 조직적인 연계성을 가지지 못했다. 그런 까닭에 조직운영에서 수족을 쓰지 못하고 안정적인 재정 확보도 기약할 수 없는 등 중대한 결함을 발족 당시부터 안고 있었다.

한편, 농업협동조합의 종합지도조직으로 설립된 농협중앙회는 회원조합을 주요 구성원으로 하면서 그 사업에서는 회원조합뿐만 아니라 널리 농업협동조합 전체의 경영 전반에 대한 지도, 교육 및 이익 대표의 권한을 부여받고 있었다. 농협 계통조직의 일부이면서 공공단체의 성격을 강하게 지니고 있었던 것이다. 여기에 그치지 않고 중앙회의 설립과 해산, 정관 변경의 허가는 행정청의 자유재량 처분사항이 되고, 엄정한 감독규정 아래에 놓이는 대신에 농협중앙회의 사업에 필요한 경비의 일부분을 보조하는 국고보조가 명문화되었다. 이는 농업협동조합의 입법정신인 자유와 민주주의 원칙을 크게 제약하는 것으로, 농업·농촌에 대한 통일적인 지배와 위로부터의 관료적 농업단체 확립 의도가 관철된 것이었다. 이에 대해 당시 농림성 농정과의 이마무라 노부오(今村宣夫)와 나카자와 사부로(中沢三郎)가 공동으로 집필한 논문에 따르면 "중앙회는 농업협동조합의 건전한 발전을 도모하는 것을 목적으로 하는 법인이지만 농업협동조합법에 포함되어 있다고는 하나 협동조합이라고 할 수 없다. 그 목적, 조직, 사업 등을 협동조합의 개념으로 규정할 수 없었기 때문에 농업협동조합법에 포함시키는 것이 타당한지에 대해 논란이 있었을" 정도였다고 한다.[88] 이처럼 농업협동조합 계통조직은

---

88) 全国指導農業協同組合連合会清算事務所(1959a), 354쪽.

경영위기와 농업단체재편성을 통해 정부 의존을 강화하면서 새로운 농정단체의 설립 움직임에 대해서는 모든 계통조직을 동원하여 강력한 반대운동을 전개하여 조직을 지켜내는 정치력을 발휘했다.

2) 제2차 농업단체재편성 문제의 제기와 전개과정

(1) 정치구조 변화에 따른 친정부 농정침투조직의 구상

이상에서 살펴본 바와 같이, 농업위원회와 농협 계통조직의 주장을 어정쩡하게 봉합하는 형태로 수습했던 농업단체재편성 문제가 1955년 4월 6일 다시 수면 위로 부상했다. 당시의 농림대신 고노 이치로(河野一郎)가 농업회의소 계통조직의 중앙조직인 전국농업회의소에 말단 지방단체의 합병에 따른 농정침투 방안에 대한 자문을 요청하면서부터였다. 실제로 전국의 시정촌 수는 1953년 10월 현재 9,868개였으나 통폐합 이후 1954년 10월 8,118개, 1955년 10월 4,812개, 1956년 10월 3,975개로 급격히 줄어들었다. 농업위원회는 농업·농민의 이익을 대변하는 최고의 농정단체로서 "행정기관에 농업 및 농민에 관한 사항을 건의하고 행정기관의 자문에 답신하는 것"을 본연의 임무로 했기 때문에 농림대신의 통상적인 자문요청은 하등 문제될 것이 없었다.

그러나 문제는 자유당과 민주당의 보수합동이 논의되는 가운데 농림대신이 직접 나서서 "행정 효율화"와 "경비절약"을 목적으로 추진되는 정촌(町村)합병에 대응한 친정부 농정침투조직을 설립하려 했다는 것이다. 여기에는 농업단체재편성 문제가 정부여당의 의도와는 달리 정치적 타협으로 끝난 데 대한 불만이 있었다. 말단 행정조직의 합병으로 농정침투와 농업·농민 지배체제 확립에 모순이 생길 우려가 발생하자, 이를 명분으로 이해당사자의 한 축인 전국농업회의소에 직접 자문을 요청하여 농업단체재편성 문제를 재점화하려 했다.

자문요청서를 보면 그 정치적 의도가 명백하게 드러난다. "정촌합병에 의해 현저히 규모가 확대된 시정촌에서는 종래에 비해 말단 행정조직과 개개 농민의 관계가 희박해지기 때문에" "농정침투에 지장을 초래할 우려가 있다." "따라서 시정촌의 기능 변화에 대응하여 말단 농정침투조직을 강화·확충"해야 한다. 하지만 현행의 농업단체는 많은 문제점을 안고 있으므로 "합병 시정촌과 종합적인 농정침투조직의 유기적인 결합관계를 농정의 강력한 침투 및 농업·농민의 강력한 발언권 확보라는 시점에서 감안해야 하며, 특히 농정침투의 중요한 일환인 농업기술지도체계의 종합적인 고찰도 필요하다." "이러한 제반 사항을 감안하여 새로운 사태에 대응한 농업의 말단 행정조직 및 농업단체의 바람직한 모습에 대해 답신"하라는 것이었다.[89]

농업협동조합 관계자들은 농림대신의 자문요청이 갖는 정치적 의도를 꿰뚫어보고 있었다. "이 자문은 설명이 극히 투명하게 표명되어 있는데" "제1차 농업단체재편성에서 충분히 달성되지 않았던 많은 중요한 문제에 대해 말단조직으로부터 근본적인 조치를 강구하려는 의도가 내포되어 있음은 분명하다"는 것이었다.[90] 3차에 걸친 하토야마(鳩山) 내각에서 연달아 농림대신을 역임한 당내 실력과 고노 이치로가 노골적으로 농업단체재편성 문제를 제기한 것은 자유당과 민주당의 보수합동이 급물살을 타고 있던 정치상황과 무관하지 않았다.

시정촌 단계에 조직을 갖고 있지 않은 일본의 정당으로서는 경작농가를 저변에 조직하여 농촌사회에서 강력한 영향력을 가진 농업단체에 의존할

---

89) 「現下の町村合併の進行に鑑み農政浸透上とるべき方策如何」, 農民教育協会(1966), 111
～113쪽.
90) 農業協同組合制度史編纂委員会編(1967/1969), 第3巻, 66쪽.

수밖에 없었다. 그러나 농지개혁으로 창출된 자작농의 보호장치로 출범한 농업협동조합은 방대한 조직과 농민 대표성을 내세워 정부여당의 요구를 잘 들어주지 않을 뿐만 아니라 구(舊)지주 출신이 다수 포진한 보수당과 농업협동조합 수뇌부의 신뢰관계 구축도 여의치 않은 부분이 있었다.

거기에다가 제1차 농업단체재편성 문제가 제기되었을 때는 보수당이 분열되어 농촌에서 서로 경쟁하고 있었기 때문에 특정 농업단체의 편을 드는 것은 정치생명에 직결되는 문제였다. 예를 들면, 당시 농업단체재편성 관련 2법안 처리를 둘러싸고 좌우 사회당은 농업위원회법 개정법안 반대, 농업협동조합법 개정법안 찬성의 입장으로 정리할 수 있었다. 그러나 보수당의 경우 여당인 자유당은 2법안 모두 찬성이었지만, 개진당(改進黨)은 2법안을 지지하는 당 수뇌부와 수정을 주장하는 의원단이 대립하여 의견조정이 제대로 이루어지지 않았다.[91] 따라서 좌우 사회당의 통합과 보수당의 합동이 무르익어가는 가운데 보수정당과 혁신정당의 대립이 심화되기 이전에 보수당의 기반인 농촌지역에 친정부 농정침투조직을 정비하여 미리 정치적 입지를 강화하는 것이 긴급한 정치적 과제로 부상했던 것이다.

(2) 진퇴양난의 전국농업회의소

전국농업회의소 역시 이러한 정부여당의 정치적·행정적 의도를 꿰뚫어보고 있었지만, 이를 묵인한 채 농림대신의 자문을 제1차 농업단체재편성이 미해결 과제로 남아 있는 문제를 우선적으로 해결·보완하는 기회로 적극 활용하기로 했다. 계통조직의 안정적인 예산 확보와 시정촌 농업위원회와 도도부현—전국 농업회의소의 연계 단절이 가장 중요한 현안이었다. 그러나

---

91) 満川元親(1972), 260~262쪽.

전국농업회의소는 농업단체 사이에 상호 경쟁 내지 불신감이 증폭되는 가운데 사안 자체의 폭발성 때문에 매우 조심스럽게 접근하지 않을 수 없었다. 그리하여 회원인 도도부현 농업회의소 및 전국농협중앙회, 전국농협연합회 등 전국적 농업단체 대표와 학식경험자로 구성된 특별위원회를 설립하여 논의하고 구체적인 사안은 소위원회를 구성하여 검토하기로 했다.

특별위원회 사무국은 농업협동조합, 농업공제조합은 그대로 둔 채 농업위원회를 새로운 농정단체로 개조하는 안을 중심으로 최종 답신안을 준비했다. 그것도 시정촌 단계의 새로운 종합농정단체 설립과 기술보조원 배치를 둘러싸고 농협 계통조직과 의견이 상충하여 양론을 병기하는 형태로 답신을 제출할 수밖에 없었다. 즉, 농협 계통조직은 "현행의 농업위원회로 하여금 (⋯) 소관 업무 가운데 특히 농업 진흥계획의 수립 추진에 노력하게 하고 또한 관할지역 내의 농업단체와 제휴 강화를 도모하여 농정침투의 기반을 확립하게 하는 것이 바람직하다." "말단 영농지도원은 국고보조 아래 시정촌 또는 민간 농업단체에 설치하여 현행 개량 보급사업의 보조적 역할을 수행하게 하는 것이 적당하다"고 주장했다. 새로운 농정단체를 설립할 필요가 없을 뿐만 아니라 말단 영농지도원도 현행대로 시정촌 또는 민간 농업단체에 배치하는 것으로 충분하다는 것이다. 이에 반해 농업위원회 계통조직은 "시정촌을 구역으로 하는 강력하고 종합적인 단체를 설치하여 행정 기능을 보완하고 아울러 농업·농민의 강력한 발언권을 확보해야 한다", "개량보급원을 소지구(小地區)까지 확충·강화함으로써 개개 농가의 경영 및 생활과 결부된 지도가 이루어지고 또한 농가에 대한 지도가 전체에 보급되도록 해야 한다"며 새로운 농정단체의 설립과 개량보급원의 확충을 주장했다.[92]

---

92) 全国農業会議所編(1965), 満川元親(1972), 363~364쪽.

(3) 본심을 드러낸 보수여당

고노 이치로 농림대신은 반 년 이상의 논의 끝에 양론을 병기한 "애매한 답신"을 제출한 데 대해 농업단체재편성 문제의 결론을 자신에게 일임한 것으로 해석했다. 최소비용으로 최대의 정치적 효과를 거두는 자신의 농업 단체재편성 구상을 실현할 절호의 기회로 판단했던 것이다. 그 내용은 "농업단체재편성은 농림대신 취임 이래 생각하고 있던 지도사업과 경제사업을 분리하는 것"이며, "이를 위해 일반적인 농업기술지도를 수행하고 농민이익을 대표하는" "이전의 제국농회와 같은 종합농정단체를 만들 것"이고, "농업협동조합은 경제사업에 전념하고 지도사업을 해서는 안 되며" "금융사업도 2단계로 개편해야 한다"는 것이었다.[93] "구체적인 것은 보수합동이 마무리되는 대로 조속히 결론을 내어" "관계 법안을 정기국회에 제출할 것"이라고 공언하며 입법 일정까지 제시했다.[94]

그는 1955년 12월 6일 농림성의 농림단체 주관국인 농림경제국에 '단체조사실'을 설치하여 구체적인 농정단체재편성을 검토하도록 지시했다. 같은 달 15일에는 농협 계통조직의 지도자가 대거 참석한 제3회 전국 농업협동조합 대회에 출석하여 "농민의 자주적인 참여에 의한 새로운 농촌건설 구상"인 「신농촌건설 종합대책 요강」을 천명했다. 그리고 이를 추진하는 모체로서 새로운 농정단체 설립의 필요성을 강조하고 나섬으로써 농업협동조합 관계자에게 커다란 충격을 안겨주었다.[95]

물론 농업회의소 계통조직은 여기에 크게 고무되었지만, 농협 계통조직은 바로 그 전국 농업협동조합 대회에서 특별결의를 통해 "새로운 단체 설립에

---

93) 農業協同組合制度史編纂委員会編(1967/1969), 第3卷, 71쪽.
94) 農民教育協会(1966), 111~120쪽.
95) 「新農村建設総合対策要綱」 1955. 12. 20, 満川元親(1972), 368쪽.

단호히 반대한다"는 뜻을 대내외에 분명히 했다. "과거 3년에 걸친 검토와 심의의 결과, 농업협동조합법과 농업위원회법의 일부 개정이 이루어져 아직 1년 정도밖에 지나지 않았는데" "다시금 농업단체재편성 문제가 제기되었다"고 지적하고, 이는 "농민의 부담을 증가시키고 농민조직을 분단·약화시키는 매우 유감스러운 일"이라며 정부여당의 구상을 정면 반박했다.

그리고 전국 농업협동조합 대회는 "농업협동조합의 사업체제 확립을 통해 새로운 농업단체를 설립하려는 기도를 원천적으로 분쇄하겠다"는 결의를 표명했다. 여기서 말한 "농업협동조합의 사업체제 확립"이란 "경제사업과 영농지도사업의 병행"과 "농가조합원의 이익 대표활동, 농정활동을 금후 한층 강화"하겠다는 의미였다. 그리고 "농업기술지도는 경제사업과 일체적 관계에서 추진하는 것이 유효하므로 계통농협의 영농지도체제를 한층 정비·강화할 것"을 결의했다.[96]

이처럼 농업협동조합 측은 전국 농업협동조합 대회의 총의로 새로운 농업단체 설립에 단호히 반대한다는 의사를 밝히고 강력한 실행운동에 들어갔다. 이에 대항해 농업위원회 측도 농림대신의 기도가 농업협동조합의 반대에 부딪혀 수포로 돌아갈 것을 우려하고 도도부현 농업회의소 회장회의를 개최하여 새로운 농업단체 설립을 지지하는 결의를 하고 농림성, 국회, 정당에 대한 실행운동에 들어갔다. 농업단체재편성 문제를 둘러싼 양 계통조직의 대립은 "그 본래의 정치적 성격에 걸맞은 영역과 형태의 공공연한 대립과 항쟁으로 발전하여" "점차 걷잡을 수 없는 정치 투쟁"에 빠져들었다.[97]

이와 관련하여, 당시의 일간신문들은 하나같이 고노 이치로 농림대신의 정치적 의도를 꿰뚫어보고 비판적인 논조를 전개하면서 농협 계통조직을

---

96) 農業協同組合制度史編纂委員会編(1967/1969), 第3巻, 71~72쪽.
97) 農民教育協会(1966), 121쪽.

두둔함으로써 국민여론의 향배를 가늠하는 중요한 지표가 되었다. 예를 들면, 『마이니치신문(每日新聞)』은 「새로운 농촌건설의 목적은 무엇인가」라는 제목의 사설에서 "농림대신은 이전에도 산업조합과 구(舊)제국농회와 같은 단체로 분리하는 구상을 이야기해왔는데" "정부의 보조금으로 운영되는 농업단체가 말단에 관여하면 농민의 자주적인 운동과 모순되는" 문제가 발생하므로 "농촌에 대한 관료적 지배를 강화하기 위한 것이라면 구(舊)제국농회와 같은 단체가 필요할지 모르지만 농지개혁 이후의 농촌실정의 변화를 보면 이러한 관료단체는 필요 없다"고 지적했다. 또한 "새로운 농촌건설을 위해서는 생산지도에서 판매까지 일관된 체제 아래 추진하는 것이 필요하지 몇 개의 대립되는 단체를 줄 세우는 것은 바람직하지 않다. 만약 그것이 정당의 지지기반을 육성하려는 의도에서 나온 것이라면 더더욱 거론할 가치조차 없다"고 하여 그 정략적 의도를 비판했다.[98]

이어 『아사히신문(朝日新聞)』도 「새로운 농업단체에 대한 의문」이라는 사설에서, 이 단체는 그 성격이나 사업을 보아 "정부여당의 강력한 농민지배 조직으로 전락할 것"이라는 결론을 제시하고, 금융사업 2단계에 대해 언급하면서 "구(舊)제국농회와 같은 조직의 신설과 아울러 생각하면 농협조직의 약체화를 통해 새로운 단체의 강화를 도모하려는 것"이라고 분석했다. 나아가 자민당-사회당의 2대정당 시대 출현과도 관련하여 "새로운 농업단체는 자민당의 말단조직과 표리일체를 이룰 가능성이 다분하다. 또한 그것이 목적이라 해도 어쩔 수 없다"고 밝히면서 "강제가입을 배경으로 하여 보조금의 물질적 이익을 내세워 경작농민에게 다가가는 것은 용서할 수 없는 일"이라 지적하고 "어쨌든 이러한 농업단체를 만드는 것은 농촌의 올바른 발전

---

98) 『每日新聞』 1955. 12. 27.

을 위해서도, 일본 정당정치의 진보를 위해서도 강력하게 반대하지 않을 수 없다"고 단언했다.[99]

(4) 히라노 사안의 파국

그런 가운데 1956년 1월 23일 자민당 소속 중의원 의원 히라노 사부로(平野三郎)가 고노 이치로 농림대신의 의중을 확대·체계화한 농업단체재편성 구상을 '히라노 사안(平野私案)'이라는 형태로 기습 발표하면서 상황은 파국으로 치달았다. 「농업단체 신재편성 요강」이라는 이 문건은 『아사히신문』 1면 톱기사로 보도되면서 세상에 알려졌다.

그 구체적인 내용을 보면 다음과 같다. 시정촌 단계에 경작농가를 강제적으로 가입시키고 광범한 사업과 권한을 갖는 농정지도조직을 설치하고 그것을 도도부현-전국 단계로 집적한 강력한 중앙집권적 계통조직을 확립한다. 한편 시정촌 단계의 종합농협으로부터 신용사업을 분리하여 신용조합에 맡기고 도도부현 신용연합회를 폐지하여 이들 신용조합을 농림중앙금고의 지소로 하는 신용사업 2단계체제를 확립한다. 나아가 도도부현 농협중앙회를 폐지하여 전국농협중앙회의 지부로 하고 시정촌 농업협동조합과 도도부현 연합회는 회원으로 직접 전국농협중앙회에 가입하여 지도체제의 중앙집권화를 도모한다는 충격적인 내용이었다.[100]

'히라노 사안'의 형태로 표출된 고노 이치로 농림대신의 마지막 농업단체 재편성 뒤집기 시도는 중앙 및 지방의 농업협동조합 관계자에게 엄청난 충격을 안겨주었고, 전국의 농협 계통조직이 총동원된 반대운동을 초래했다. 여기에 언론기관, 사회당, 공산당 등 자민당을 제외한 모든 정당과 농민조합

---

99) 『朝日新聞』 1956. 1. 21.
100) 『朝日新聞』 1956. 1. 23.

등이 가세하여 농협 계통조직을 엄호사격했다. 계통조직의 수장인 하스미 야스시(荷見安, 1891~1964) 전국농협중앙회 회장을 비롯한 각 연합회 회장단의 농림대신 항의방문을 계기로, 농업협동조합 수뇌부는 계통조직의 일사불란한 의사통일·단결 강화를 도모했다. 계통조직 수뇌부의 방침에 따라 시정촌, 도도부현 단계에서도 모든 조직적인 역량을 동원하여 전국적으로 "서명, 진정, 건의, 청원 등의 반대운동을 격렬하게 전개했다."[101]

당시 농업협동조합은 시정촌 단계에서 전국 약 600만 호에 이르는 농가를 조합원으로 독점적으로 조직하고 있었고, 농가 1호당 4인으로 환산하면 투표권을 가진 농가세대원은 무려 2,400만 명에 달했다. 도도부현 단계에는 이들을 사업별로 집적한 농협중앙회, 신용농협연합회, 구매농협연합회, 판매농협연합회, 공제농협연합회 외에 후생농협연합회, 운수농협연합회 등이 조직되어 있었다. 중앙 단계에는 전국농협중앙회, 전국판매농협연합회, 전국구매농협연합회, 전국공제농협연합회 등이 설치되어, 그야말로 완전히 계통성을 갖는 거대조직이었으며 여기에 농림중앙금고를 합하면 몸담고 있는 직원 수만 해도 20만 명을 넘는 명실 공히 농업·농민의 거대왕국이었다.

이러한 계통조직이 총동원된 치열한 반대운동은 "마치 무수한 코끼리 무리가 국회를 짓밟고 들어오는 모습"과도 같았으며 "국회는 엄청난 충격을 받고 국회의원들의 동요도 이를 추진한 농업회의소 계통기관도 손에 잡힐 듯이 알 수 있을 정도로 극에 달했다." "이미 새로운 농정단체 설립에 대한 반대"라는 차원을 넘어 "보다 직접적으로 신용사업을 종합농협으로부터 분리한다거나, 도도부현 단계의 중앙회와 신용연합회를 폐지한다는 등, 농협 계통기관 그 자체를 공격한 데 반발하여 그토록 어마어마한 맹렬한 반대운

---

101) 農業協同組合制度史編纂委員会編(1967/1969), 第3巻, 73쪽.

동을 격발시키는 결과를 낳았던 것이다."[102]

자민당은 보수합동 이후 향후 보수혁신 정치지형을 가늠할 첫 번째 참의
원 선거를 앞두고 농촌의원을 중심으로 대혼란에 빠진 가운데 지도부가 총
출동하여 농업단체재편성 문제의 뒷수습에 매달렸다. 1956년 1월 30일 참
의원 소속 국회의원은 의원총회를 열고 "농업단체재편성 이후 시간이 얼마
흐르지 않은 지금 (…) 갑작스럽게 그 기구의 변동을 기도하는 것은 농업단
체 및 소속 농민에게 쓸데없는 불안을 안겨주고 공연한 불안을 초래"하므로
"이른바 농업단체재편성 시안에 대해서는 의원총회의 총의로써 절대 반대"
한다는 취지의 결의문을 채택하고 자민당 정무조사회에 전달했다. 이를 받
아들여 동년 2월 1일 자민당 정무조사회 정책심의회는 "농업정책의 추진을
위해서는 농업협동조합의 적정한 강화정책을 생각해야지 세상에 유포되어
있는 신용사업 분리와 같은 농업협동조합을 약체화시키는 조치는 생각하고
있지 않다. 따라서 현재 오해가 생기고 있는 농업단체재편성에 대해 자민당
은 전혀 백지"라는 성명을 발표했다. 다음 날 자민당 총무회는 정책심의회
의 결정을 추인하는 이례적인 조치까지 취했다.[103]

다른 분야에 비해 보수·혁신정당 간의 대립이 격렬하지 않았던 농업·농촌
관련 문제를 둘러싸고 자민당 내부에서 이런 대소동이 벌어진 것은 농업단
체재편성 문제의 정치성을 말해준다. 급격한 농업단체재편성을 추진했던
'히라노 사안'은 그 중심 추진세력이었던 고노 이치로 농림대신을 비롯한
정부여당 관계자와 농업위원회 계통조직을 고립무원 상태에 빠뜨리고 농업
단체재편성 시도를 최종적으로 좌절시키는 매우 역설적인 결과를 가져다주
며 막을 내리게 되었다.

---

102) 農民教育協会(1966), 125쪽.
103) 農民教育協会(1966), 126쪽.

4. 맺음말: 농업·농촌 부문에 대한 이익유도정책의 형성

1) 농업단체 분출·재편의 정치사회과정

지금까지 1952년 4월 연합군총사령부의 대일 점령 종료와 그에 따른 일본의 국제사회 복귀를 전후해서 촉발되어 1955년 좌우 사회당 통합과 보수합동에 의한 자민당·사회당의 보수·혁신 2대정당제 확립까지 이어지는 농업단체재편성 문제의 전개과정과 그 귀결을 농민조합, 농업협동조합, 농업위원회 등 농업단체 간의 경합과 이들 농업단체와 정부여당과의 역학관계에 초점을 맞추어 실증적으로 분석했다.

농업단체재편성이 정치적·사회적 문제로 등장하는 것은, 패전 직후의 식량위기와 이를 매개로 한 농지개혁과정에서 농민조합, 농업협동조합, 농지위원회, 농업조정위원회, 농업개량위원회, 농업위원회 등 각종 농업단체가 '분출'한 뒤, 이후 식량사정 호전과 농지개혁 진척에 따라 그 지지기반이 해체되고 존립근거가 소멸되거나 제도적 미비나 경영위기 등이 표면화되어 '재편'을 모색하게 되는 농업단체의 위상 내지 세력판도 변화를 배경으로 하고 있었다. 여기에 정부여당의 정치적 의도가 강력하게 작용하여 농업단체재편성을 통해 강력한 자립농정의 일익을 담당하게 하고 나아가 효율적인 농정침투로 집권보수당 권력재생산의 기반으로 삼으려 함으로써 문제가 한층 복잡해지고 장기화되었던 것이다.

패전 직후 농업단체의 세력판도를 보면, 식량위기를 매개로 농민조합과 같은 체제변혁적 조직이 대거 분출해 농업협동조합과 경작농민 편입을 둘러싸고 경합하는 모습을 보이고, 이어 식량공출이나 농지개혁의 업무를 추진하거나 농지개혁의 성과를 유지하기 위한 각종 농업단체가 분출하여 경합하는 모습을 보인다. 경작농민을 조직한 대중적인 농민조합은 강제공출을 계기로 전국 각지에서 결성되어 1947년 중반에는 조직 확대의 속도나 조직률에서 아시아태평양전쟁 이전 수준을 훨씬 넘어섰으며, 강제공출 반대에 그치지 않고 촌정(村政)·농업회 민주화, 소작지 회수 반대 및 철저한 농지개혁 등을 요구하며 격렬한 농민운동을 전개함으로써 농촌을 정치적·사회적 위기에 빠뜨렸다.

그러나 농지개혁이 진전되면서 농민조합운동에 참여했던 경작농민들이 "자작농의 합리적인 보호장치"로 출범한 지역별 농업협동조합으로 대거 이동함으로써, 전 농민의 40% 가까이를 거느리고 계급투쟁적 농민운동을 주도하던 농민조합은 조직기반의 해체라는 궤멸적 상황을 맞이했다. 농지개혁의 진척으로 기생지주제가 해체되고 농촌의 계급관계가 근본적으로 바뀌어 농민운동의 조직적 기반이 소멸되고 있음에도, '혁신정당의 농림부'로서 조직 내부의 노선 대립에 휘말려 농지개혁 이후의 농업구조나 농촌 계급관계의 근본적인 변화를 부정한 채 "기만적인 자작농주의에 대항하여 토지의 농민관리"를 주장하는 '반봉건파'와 "점령군의 무력을 배경으로 한 국가독점자본의 수탈 강화에 대한 투쟁"을 강조하는 '반독점파'로 분열되어 이합집산을 거듭하면서 급속히 농민대중과 유리되었던 것이다.

2) 농촌사회의 민주화와 농업단체의 존립양태

한편으로 식량공출이나 농지개혁의 업무를 추진하거나 농지개혁의 성과를 유지하기 위해 농업(식량)조정위원회, 농지위원회, 농업개량위원회, 농업협동조합 등의 다양한 농업단체가 출범했다. 이들 농업단체 가운데 식량위기가 완화되고 농지개혁이 진척됨에 따라 존립기반이 소멸되고 제도적 미비로 기능부전에 빠진 농업(식량)조정위원회, 농지위원회, 농업개량위원회를 통합하여 농업위원회가 발족하여 다른 농업단체의 업무영역에 도전함으로써 농업생산이나 기술지도의 주도권을 둘러싸고 농업협동조합과 치열하게 경합하는 구도가 형성되었다.

공출 할당에 관한 심의협력기구로서 법제화된 농업(식량)조정위원회는 한시적인 조직이기는 하지만 단계별로 경작농민의 투표를 통해 선출된 대표자가 참가하여 식량공출정책에 관한 심의권 및 의결권을 갖는 계통조직을 형성하고 있었다. 농지위원회도 계층별 농민의 직접선거에 의해 선출된 소작, 지주, 자작의 공선의원과 학식경험자인 중립위원이 참가하여 시정촌-도도부현-전국 단계의 계층조직을 형성하여 농지매수와 소유권 이전을 통해 자작농 창설의 실무를 수행하는 농업단체였다. 또한 농업협동조합은 농지개혁으로 창출된 광범한 자작농을 저변에 독점적으로 조직하거나 자작농의 대표가 대거 경영자로 참여하여 경작농가의 농업경영과 농촌생활을 시정촌-도도부현-전국 단계의 계통조직으로 집적한 거대한 농업단체로 농지개혁과 농촌민주화의 상징적인 존재였다.

그러나 이 농업단체들과 달리 생산기술 보급을 목적으로 설립된 농업개량위원회는 관료기구의 일부로서 경작농민을 대표하는 농업단체가 아니었다. 농업생산·기술지도는 기본적으로 중앙정부와 지방자치체의 책임이라는 관점에서 정부의 행정지도에 의해 조직이 만들어졌고, 기술지도원은 도도부현 소속 공무원 신분으로 농촌에 들어가 경작농민의 생산기술지도에 임했다. 지구-도도부현 단계의 농업개량위원도 모두 지사에 의해 임명되어 농업개량 보급사업에 대해 자문하는 것을 임무로 했기 때문에 경작농민에 의해 선출된 농지위원이나 농업(식량)위원, 나아가 농가조합원에 의해 선출된 농업협동조합 임원과는 이질적인 존재였다.

농업단체재편성 문제는 제도 미비로 농업개량 보급사업을 제대로 수행하지 못하던 농업개량위원회에다 농지위원회와 농업조정위원회를 통합하는 농업위원회법이 공포·시행되면서 본격적으로 시작되었다. 농업위원회는 '경제사업 순화론'과 '생산기술지도–경제사업 종합론'이 대립하는 농협 계통조직의 내부분열을 틈타 스스로 경작농민을 회원으로 하고 부과금 징수가 가능한 농정지도단체로 탈바꿈하기 위해 정부와 국회 등의 관계 요로에 적극적인 진정운동을 전개했다. 보수적인 농림관료와 관변단체 등 그 추종세력이 여기에 편승하여 농업협동조합의 부과금제도 폐지, 생산기술지도·농정운동의 분리, 새로운 농정지도 단체 설립을 골자로 하는 농업단체재편성을 추진하려 했다.

이는 농지개혁과 농촌민주화의 상징이었던 농업협동조합을 약체화시키고 농정기구를 전시체제 이전의 행정기관–농회–산업조합 3자정립체제로 되돌리는 복고적인 내용이었던 만큼, 농협 계통조직의 강한 저항에 직면할 수밖에 없었다. 두 조직의 대립이 농림성 내부의 주무부서 대립으로 발전하고 다시 정치문제로 비화되어 더 이상 방치할 수 없는 상태에 빠지자 농림성이 개입하여 양 측의 요구사항을 부분적으로 받아들여 어정쩡한 타협을 이끌어내면서 사태는 일단 수습 국면에 들어갔다. 농업위원회 계통조직은 도도부현과 중앙에 농업회의소를 설치하여 농정운동을 담당하고, 농업협동조합의 종합지도조직으로서 도도부현과 중앙 단계에 새로이 농협중앙회를 설치한다는 것이었다.

이처럼 어정쩡하게 봉합된 농업단체재편성 문제가 다시 수면 위로 부상한 것은, 고노 이치로 농림대신이 농업회의소 계통조직의 중앙조직인 전국농업회의소에 말단 지방단체의 합병에 따른 농정침투 방안에 대한 자문을 요청하면서부터였다. 자유당과 민주당의 보수합동이 논의되는 가운데 농림대신이 직접 나서서 정촌(町村)합병으로 농정침투와 농업·농민지배체제 확립에 모순이 생길 것을 우려하고 새로운 정치 상황의 변화에 걸맞은 농정단체 설립을 시도했던 것이다. 그러나 시정촌 단계의 새로운 종합적인 농정단체 설립과 기술보조원 배치를 둘러싸고 계통농협과 농업위원회 계통조직이 대립하여, 답신은 양론을 병기하는 형태로 제출되었다. 고노 이치로 농림대신은 이를 농업단체재편성 문제의 결론은 자신에게 일임한다는 의미로 해석하고 지도사업과 경제사업을 분리하여 농업협동조합은 경제사업에 전념하고 지도사업은 제국농회와 같은 새로운 종합농정단체를 설립하여 맡긴다는 자신의 평소 구상을 입법화할 것을 공언했다.

그런 가운데 자민당 소속 중의원 의원 히라노 사부로가 농림대신의 구상을 확대·체계화한 농업단체재편성 관련 구상을 '히라노 사안'이라는 형태로 발표하면서 상황은 일파만파로 악화되어 파국으로 치달았다. 히라노 사안은 시정촌 단계에 경작농민을 강제적으로 가입시키는 중앙집권적 농정단체를 설립하여 정부의 감독하에 두고, 종합농협으로부터 신용사업을 분리하여 신용단영조합에 맡기며 도도부현 농협중앙회와 신용연합회를 폐지하여 중앙조직의 지소로 한다는 지도·신용사업 2단계체제 확립을 담은 충격적인 내용이었다.

이 구상은 전국의 농협 관계자에게 엄청난 충격을 안겨주고 농협 계통조직이 총동원된 반대운동을 초래했다. 여기에 언론기관, 사회당, 공산당 등 자민당을 제외한 모든 정당과 농민조합 등이 가세하여 반정부 연합전선이 구축되었다. 농협 계통조직과 이에 동조하는 세력은 새로운 농정단체 설립이라는 차원을 넘어 농촌민주화의 상징인 농업협동조합 그 자체를 무력화시키려는 공격이라고 받아들였던 것이다.

참의원 선거를 앞둔 자민당 정무조사회 정책심의회는 "농업정책의 추진을 위해서는 적절한 농협 강화정책이 필요하며 신용사업 분리 같은 농업협동조합을 약체화시키는 농업단체재편성에 대해 자민당은 전혀 백지"라는 성명을 발표했다. 그것도 모자라 자민당 총무회는 정책심의회의 결정을 추인하는 소동까지 벌이면서 사태수습에 매달렸다. 농업·농촌 관련 문제는 다른 분야와 달리 보수·혁신진영 간의 대립도 그렇게 격렬하지 않았는데 농업단체재편성을 둘러싸고 자민당 내부에서 이런 대소동이 일어났다는 사실은 이 문제가 갖는 정치적 의미를 상징적으로 말해준다. 어쨌든 급격한 농업단체재편성을 주장했던 '히라노 사안'은 그 주요 추진세력이던 고노 이치로 농림대신을 비롯한 보수적인 정부여당 관계자와 농업위원회 계통조직을 고립무원 상태에 빠뜨렸다. 또한 농업단체재편성 시도를 최종적으로 좌절시키고 농협 계통조직의 정치력을 인정하게 하는 역설적인 결과를 가져다주며 막을 내렸다.

3) 농업·농촌 부문에 대한 이익유도정책의 형성

이처럼 농협 계통조직은 두 차례에 걸친 농업단체재편성 시도에 맞서 스스로의 권익을 지켜냄으로써 압력단체로서 강력한 역량을 대내외에 각인시켰다. 정부여당은 농지개혁의 성과로 창출된 광범한 자작농을 저변에 독점적으로 조직한 농업협동조합의 우위성을 받아들이고 추곡수매가 인상, 농업보조금 등의 물질적 이익을 농협 계통조직을 통해 농업·농촌 부문으로 유도하는 상당한 비용을 치를 수밖에 없었다. 그런 의미에서 아시아태평양전쟁 이후 일본정치구조를 특징짓는 '농업·농촌 부문에 대한 이익유도를 통한 보수정당의 정권재생산'은 농협 계통조직이 두 차례에 걸친 농업단체재편성 시도에서 주도권을 장악하고 권익을 지켜냈기에 가능했다고 할 수 있다.

1955년 보수합동 때까지는 복수의 보수정당이 농촌에서 지지세력 규합을 위해 경합을 벌이고 있었지만, 스스로 농민을 조직할 기구를 갖지 못한 관계로 특정 농업단체를 조종하여 농업보조금정책을 주축으로 지지기반을 개척해 나가지 않을 수 없었다. 그러나 고노 이치로 농림대신에서 보듯이 보수정당 내에는 대지주 출신 국회의원이 다수 포진하고 있었기 때문에 농지개혁으로 창출된 자작농을 독점적으로 조직한 농업협동조합의 지지를 얻는 것은 그리 용이한 일이 아니었다. 농림관료와 보수정당 일각이 점령정책 종료 이후의 자립농정 추진과정에서 주도권을 장악하기 위해 전시농업통제기구인 농업회 이전의 행정–농회–산업조합 3자정립체제로 되돌아가는 복고적인 구상에 집착했던 것도 바로 그 때문이었다. 농림관료와 보수정당의 이해관계 일치가 정부여당의 지배하에 있는 저비용·고효율 농정단체 설립을 필요로 했고, 그것이 농업단체재편성 문제로 표출되었던 것이다.

그럼에도 농협 계통조직은 두 차례에 걸친 농업단체재편성 시도에서 정부여당의 새로운 농정단체 설립 시도를 저지하고 체제 내 압력단체로서 저력과 지위를 확고히 다졌다. 농업단체재편성 문제는 농업·농촌이익의 조직화를 둘러싼 농업단체 간의 경쟁이라는 성격을 지니면서, 궁극적으로는 여기서 주도권을 장악한 농협 계통조직을 통해 농업·농촌 부문에 물질적 이익(재정자금)을 유도하여 보수정당의 장기적인 정권재생산을 담보하는 전후 일본 정치의 기본구조를 형성하는 계기로 작용한다.

이는 농민의 문제라기보다는 농지개혁으로 창출된 광범한 영세 자작농을 어떻게 정치적·경제적으로 조직하여 정부의 농업정책을 침투시킬 것인가 하는 농업 및 농촌에 대한 지배체제 확립이라는 성격을 농후하게 지니고 있었다. 자민당의 장기에 걸친 정권재생산이 보수정치를 둘러싼 위기 상황에 탁월한 융통성과 적응력을 발휘하여 농촌지역 선거구에 물질적 이익을 골자로 하는 각종 공공정책을 체계적으로 도입해온 정책노력의 축적 위에서 비로소 가능했다고 한다면, 일본의 정치과정을 특징짓는 이러한 이익유도정책은 두 차례에 걸친 농업단체재편성을 통해 정착되었다고 할 수 있다.

자민당의 농업보호·농협육성정책과 농가세대원·농협의 자민당 지지라는 이익교환관계는 고도성장에 의한 농촌공동체의 붕괴를 넘어 1970년대 중반에 이르기까지 유효하게 기능했다. 자민당 의원의 70% 이상이 어떤 형태로든 농업·농촌에 관련되어 있는 넓은 의미의 '농림족(農林族)' 의원이었다. 따라서 농협 계통조직에 의해 조직된 농업이익의 향배는 의원 개개인의 재선은 물론 자민당의 정권재생산에서 사활적 의미를 지니고 있었던 것이다.

제4장
고도성장기 일본농촌의
사회경제구조 변화와 농업단체

1. 머리말

1) 고도성장과 농업협동조합

제4장에서는 1955년 자유당과 민주당의 보수합동에 의한 자민당(자유민주당) 출범에서 1973년의 제1차 석유위기 발발까지 계속된 고도성장기를 대상으로 일본농촌의 사회경제구조 변화와 농업단체(농협 계통조직)의 관계에 초점을 맞추어 분석한다. 18년간 계속된 연평균 실질경제성장률 10%를 웃도는 고도성장 덕분에 농촌지역에서 도시지역으로, 또는 농업 부문에서 공업 부문으로 '민족대이동'이 발생했다. 이를 통해 일본은 '농촌형 사회'에서 '공업형 사회'로 역사상 유례를 찾아볼 수 없는 극적인 사회변동을 경험하게 된다.

고도성장기의 지역 간·산업 간 인구이동은 중화학공업화를 주축으로 하는 공전의 경제 규모 확대로 제2차 산업 부문의 노동시장이 급격히 커지면서 농지개혁으로 창출된 600만에 이르는 방대한 영세 자작농가가 분해되어 청장년층을 중심으로 하는 양질의 농업노동력이 흡인되는 형태로 이루어졌다. 이는 잉여노동력의 '저수지' 역할을 하고 있던 농가의 2, 3남에 그치지 않고 장남·세대주와 같은 농가후계자까지 흡인하는 강력한 것으로서, 농업취업자의 급격한 감소뿐만 아니라 농가 수의 감소까지 초래했다. 뿐만 아니라 쌀 농업을 중심으로 세대주가 농지를 방출하지 않은 채 농외에 취업하는 겸업화가 진전되고, 대신 한계노동력인 여성이나 노인이 농업생산에 종사하는 노동력의 열악화(劣惡化) 현상도 동시에 나타났다.

농촌의 과잉인구 해소는 농지개혁과정에서 농촌의 정치적 안정을 이유로 우선순위에서 밀려났던 경영문제를 농업정책의 전면에 제기할 가능성을 내포하고 있었다. 즉 유출농가의 경지를 잔존농가에 집중시켜 경작면적을 확대하고 여기에 고도의 노동수단을 동원하여 규모의 경제를 달성하면 일본 농업의 숙명적인 한계인 '영세 영농—저생산성—저소득—보호농정'이라는 연결고리를 끊을 수 있다는 것이었다. 이는 일본상공회의소 등 산업계·재계 단체가 IMF와 GATT 가입 이후 드세지는 외국의 무역자유화 요구를 계기로 공업제품의 수출시장 확보를 위해 미국을 비롯한 해외의 저렴한 농산물 수입을 확대하고 농업구조 개선을 통한 생산성 향상으로 농업에 대한 재정부담을 축소할 것을 요구한 것과 같은 맥락에서였다. 고도성장기 농업정책의 기본방침을 규정한 농업기본법의 농림성 원안도 이농(離農)을 전제로 한 규모 확대와 다른 산업 종사자와 소득균형을 이룰 수 있는 농업소득을 실현하는 자립경영의 육성을 주장하는 경제합리주의 노선에 입각해 있었다.

2) 농업의 경영문제와 정치구조의 상극

한편, 농업단체나 농촌에 기반을 둔 보수정당의 정치인들은 식량사정의 완화에 따른 농산물 가격의 하락과 고도성장에 의한 도시근로자와 농가의 소득역전 및 격차의 확대에 커다란 위기를 느끼고 농업보호의 확대를 요구하게 된다. 농지개혁으로 창출된 자작농을 저변에 독점적으로 조직하고 2차례에 걸친 농업단체재편성 문제에서 승리한 농협 계통조직은 고도성장으로 인한 농업취업인구의 외부유출을 어쩔 수 없는 일로 받아들였다. 그러나 자작농체제와 계통조직 약화를 초래할 수 있는 이농을 전제로 한 인위적인 경영 규모 확대에는 냉담한 반응을 보였다.

농정운동의 주도권을 둘러싸고 농업협동조합과 격렬하게 대립했던 농업회의소 계통조직은 고도성장에 따른 농공 간의 소득격차를 농업의 기본문제로 파악하고 이를 해소하기 위한 정책으로 농업기본법 제정운동을 전개하면서 조직적·재정적 미비점을 극복하고 다시 한 번 종합적 농정조직으로 탈피를 시도한다. 또한 농촌에 지지기반을 두고 있던 자유당, 민주당 등 보수정당은 샌프란시스코 강화조약 이후 식량사정의 완화에 따라 농업예산 감소 등 전반적으로 농업보호정책이 후퇴하는 데 위기의식을 느꼈다. 나아가 보수합동에 의한 정치적 안정과 함께 시작된 경제성장으로 농업취업인구가 급격히 감소하고 농공 간의 소득격차가 확대되면서 오히려 농촌지역의 정치적 중요성은 더욱 증대했다.

이런 상반된 관점은 고도성장기 농업정책의 기본방향을 규정하는 농업기본법의 제정과 내용을 둘러싼 대립으로 나타났다. 나아가 이를 전후하여 미가심의회를 무대로 생산자 대표, 소비자 대표, 여당 대표, 야당 대표 등 농업 관련 이해당사자들이 추곡수매가(=생산자미가) 책정을 둘러싸고 정치적 각축을 벌이고 타협을 이끌어내는 새로운 정치과정이 시작되었다. 농업단체재편성 시도를 거치면서 농정단체로서 확고한 지위를 다진 농협 계통조직은 1958년경부터 반독점·계급투쟁적 농민조합 통일전선과 일선을 긋고, 독자적인 추곡수매가 인상운동을 전개했다.[1] 이에 호응하는 형태로 자

---

1) 滿川元親(1972), 553~563쪽.

민당도 미가심의회에 대한 개입을 강화하여 추곡수매가 결정의 정부자문안 작성에 강력한 영향력을 행사하거나 답신이 나온 뒤에도 여당 절충을 통해 정부원안을 상향조정하는 등 '집권여당의 주도성'을 확보하게 된다.[2]

여기에 농협 계통조직은 농산물 가격의 인상, 농업예산 확보, 세제혜택 등 경제사업체 내지 농정하청조직으로서 이익을 확보하기 위해 집권여당을 대상으로 진정·청원이나 정치적 압력활동을 전개했다. 집권여당은 이익유도를 매개로 농협 계통조직에 수직적·수평적으로 조직된 경작농가의 에너지를 집표메커니즘을 통해 흡수하여 안정적인 정권재생산을 도모하는 이익교환관계가 성립되었다. 농업기본법의 성립을 전후하여 형성된 이러한 이익교환관계는 1970년대 전반기 쌀 생산 과잉에 따른 대규모 생산 조정과 쌀값 현상유지에 의해 집권여당과 경작농가 사이에 심각한 균열과 긴장이 발생할 때까지 일본 정치시스템의 중요한 특징으로 기능했다.

3) 농업정치구조의 변화

2000년 7월, 지난 40년 동안 일본농업의 기본방향을 규정해온 농업기본법이 폐지되고 새로운 '식료·농업·농촌기본법(食料·農業·農村基本法)'으로 대체되었다. 고도성장기에 형성된 농업정책의 기본체계가 1986년에 '국제화 농정'으로 전환된 이후 우루과이라운드 농업교섭의 타결(1993년 12월), 식량관리법의 폐지 및 신식량법 시행(1995년 11월), WTO체제의 출범(1995년 1월) 등 급속히 진전된 농산물무역자유화와 경제의 세계화에 의해 재편을 강요받고 최종적으로 종언을 고한 것이다. 기본법농정은 이미 1960년대 말부터 1970년 초에 걸쳐 "추곡수매가(=생산자미가)의 지속적 상승으로 농산

---

2) 農政調査委員会編(1978), 14~15쪽.

물 상대가격 격차"가 심화되고 "토지나 노동력 등 자원의 이동이 원활하지 않게 된" 데다 쌀 재고 누적에 따른 생산 조정의 실시에 따라 생산정책과 가격정책을 중심으로 심각한 기능부전에 직면했다. 이른바 '종합농정기'라고 하는 시기 농업의 모습이었다.[3]

그러나 농촌인구의 과소화(過疎化) 현상에 발맞추어 진행된 도시인구의 과밀화(過密化)와 이를 배경으로 한 주민운동·혁신자치체운동의 확산 등 고도성장의 모순이 표출되었다. 특히 제1차 석유위기 이후 기업의 대규모 고용삭감에 의해 사회적 긴장이 일거에 고조되면서 보수정권은 커다란 위기에 직면했다. 이에 대한 대응으로 정부여당이 '사회적 안전판'으로서 농업·농촌의 정치적 역할을 재평가하면서 농업보호정책은 잠시나마 명맥이 유지되는 듯했다. 1970년대 후반에 나온 『농업백서(農業白書)』나 심지어 1980년대 전반의 정책보고서도 불황 및 저성장에 의한 노동력 및 토지 등 농업자원의 타 산업 유출 둔화를 농업 체질개선을 위한 조건으로 파악하고 농업의 재구성과 농정 강화를 주장하거나, 전체 농가의 60%를 넘어선 제2종 겸업농가를 농촌의 '사회적 안정층'으로 자리매김하여 높이 평가한 것이 그 중요한 증거이다.[4]

그러나 실체를 동반하지 않은 정치적 배려만으로 지탱되는 농업보호주의는 오래 계속될 수 없었다. 미일 간의 경제마찰이 격화되는 가운데 1986년 "산업으로 자립할 수 있는 농업의 육성"과 "농산물무역자유화"를 주축으로 하는 농정심의회의 정책 제언[5]을 계기로 농업보호주의는 결정적으로 막을

---

3) 農政審議会編(1969).
4) 農林統計協会編(1975), 12쪽, 19쪽, 52~54쪽; 農林統計協会編(1978), 11쪽; 農林統計協会編(1979), 42~43쪽.
5) 農政審議会編(1980); 農政審議会編(1982); 農政審議会編(1986).

내렸다. 이런 관점에서 이제 고도성장기 일본농촌의 사회경제구조 변화와 정부여당, 농업단체 등 이해당사자들의 정책적 대응 및 정치적 갈등을 객관적으로 분석할 수 있는 시간적인 거리가 어느 정도 확보되었다고 할 수 있을 것이다.

그동안 농업경제학자들을 중심으로 많은 연구자들이 기본법농정에 대해 다양한 분석과 평가를 시도해왔다. 그 대표적인 인물인 가지이 이소시(梶井功)는 농업기본법 제정 당시부터 농지를 처분하지 않고 농외에 취업하는 형태로 농업인구가 감소할 것을 전망하면서 정책의 근간에 해당하는 농업구조 개선에 의문을 제기하는 놀라운 예견력을 발휘했다. 나아가 기본법농정 10년을 맞이해서는 겸업화의 심화로 농업구조의 개선과 자립경영 농가의 육성이 좌절되었다고 진단했다. 또 농업노동력의 부녀화·노령화 등 질적 열악화와 쌀 재고 누적, 생산 조정으로 '선택적 확대'를 주축으로 하는 생산정책과 가격정책도 실패하여 구조 개선-생산성 향상-소득균형의 정책 기본노선은 최종적인 파탄을 맞이했다고 결론지었다.[6] 기본법농정이 사실상 유명무실해진 1980년대에 들어 일군의 연구자들에 의해 농업기본법 20년을 평가하는 시도가 이루어졌지만, 기본적으로 가지이 이소시의 문제제기를 분야별 혹은 지역별로 실증하는 수준을 넘어서지 못하는 것이었다.[7]

이러한 통설에 대해 근년 새로운 '식료·농업·농촌기본법' 제정을 위해 농업기본법의 재검토 및 평가 작업에 참여했던 '농업기본법에 관한 연구회' 소속 연구자들이 새로운 주장을 제기하고 있다. 즉, 구조정책을 농업기본법의 목표 달성에 불가결한 것으로 자리매김하면서도 '농업의 생산성 향상'과 '농가의 생활수준 균형' 가운데 어느 한쪽은 목적으로 하고 다른 한쪽은

---

6) 梶井功(1970), 2~4쪽, 104~105쪽, 109~112쪽.
7) 近藤泰男編(1982); 逸見謙三·加藤譲編(1985).

수단으로 삼은 것이 아니라는 것이다. 말하자면 "산업 능률의 시점에서 농업과 다른 산업의 격차를 시정하는 것을 목표로 하는" "생산성의 향상"과, "복지의 시점에서 농업종사자가 다른 산업 종사자와 균형 있는 생활을 영위할 수 있도록 하는" "생활수준의 균형"은 "둘 다 달성해야 할 목적이며 병렬적으로 설정되었을 뿐"이라고 보았다.[8] 구조 개선을 통해 농업생산성을 향상시키고 여기에 생산의 선택적 확대 및 농산물 가격의 안정이라는 측면지원을 통해 도농 간의 소득격차를 해소한다는 기존의 인식을 부정하는 새로운 해석이다.

물론 농업기본법은 제1조에서 "농업생산성의 향상"과 "다른 산업 종사자와의 소득균형"을 나란히 목적으로 규정하고 있다. 나아가 정부의 법률해설서도 "관점이 다를 뿐" "엄밀한 의미에서 주종 내지 목적-수단의 관계가 아니다"라고[9] 못 박고 있다. 법률의 전체구조나 제정을 둘러싼 정치과정을 종합적으로 파악하지 않고 겉으로 드러난 문맥만을 쫓다보면 그렇게 생각할 여지도 없지 않다. 그러나 이런 표현에는 당시 농업문제에 정치적·사회적 관점에서 접근하는 정당이나 농업단체의 움직임을 견제하고 이를 산업합리주의의 관점에서 다루려는 정부의 고육지책과 의지가 강력히 투영었음을 놓쳐서는 안 될 것이다.

어쨌든 이런 상반된 주장은 마치 자본의 법칙이 관철되지 않은 농업이라는 고유영역이 존재하는 것처럼 상정하거나, 꼭 그렇지 않더라도 모든 농업문제를 경제 논리만으로 해소할 수 있을 것으로 생각하고 정치·사회구조의 근간과 관련된 문제라는 인식을 결여하고 있다는 점에서 일치한다. 그러나 농업기본법은 고도성장에 의한 농공 간 소득격차를 "민주주의적 사조와 양

---

8) 農政調査委員会編(2000), 711~714쪽.
9) 全国農業会議所編(1961), 81쪽.

립할 수 없는 사회적·정치적 문제"로 인식하고 "소득균형의 실현"을 통해 "사회적 긴장"을 해소하고 "사회정의"를 실현하는 것을 "농업의 기본문제"로 파악하고 있다.[10] 즉, 미일안보조약 개정을 둘러싼 격렬한 사회적 긴장이라는 전후 민주주의와 사회체제의 위기 가운데 '농업경영의 영세성-낮은 생산성-농민의 저소득'이라는 연결고리를 끊고 농공 간의 소득균형을 도모하는 것을 정책목표로 하여 등장한 것이다. 그리고 그 귀결은 농업·농촌문제에 그치지 않고 아시아태평양전쟁 이후 일본사회의 기본구조 형성 및 전개와 밀접한 관련성을 갖게 된다.

지금까지 전후 일본사회의 기본구조가 언제 형성되었는지에 대해서는 크게 두 가지 가설이 제기되어 대립하고 있다. 총력전(總力戰)체제가 현재까지 계속되고 있다는 '전시체제 연속설',[11] 1955년부터 본격화되는 고도성장을 계기로 전전(戰前)과 결별하고 새로운 메커니즘이 시작되었다는 '1955년체제론',[12] 그리고 1960년에 들어 전투적인 노동운동과 안보 투쟁의 종결 및 새로운 재생산구조의 확립으로 전후체제가 내실을 갖추게 되었다는 '1960년체제론'[13]이 그것이다. 고도성장기 농촌사회구조의 변화와 농업·농촌이익의 조직화를 둘러싼 정치과정의 분석은 이러한 논쟁을 종결시킬 수 있는 작업의 하나로 자리매김될 수 있으나 지금까지 아무도 여기에 충분한 관심을 기울이지 않았다.

나카무라 마사노리(中村政則)도 지적한 바와 같이, 1955년의 보수합동으로 성립된 정치구조는 당시 '체제'라고 부를 정도로 견고하거나 안정된 것이

---

10) 農林漁業基本問題調査会(1960), 1~40쪽.
11) 岡崎哲二·奧野正寛編(1993); 野口悠紀男(1995).
12) 中村隆英(1993); 中村隆英·宮崎正康編(1997).
13) 中村政則(1995), 3~65쪽.

아니었다. '1955년체제'라는 말도 "자민당–사회당의 대결구조가 어느 정도 안정을 보인 1960년대 중반에 만들어진" 것이었다.[14] 오히려 보수합동 이후 정치적으로는 경찰직무집행법(警務法)이나 미일안보조약의 개정으로 상징되는 치안·안보문제와 헌법개정 문제 등을 둘러싸고 자민당 내의 파벌항쟁이나 보수·혁신의 대립이 극단으로 치달았다. 경제적으로도 미츠이 미이케(三井三池) 탄광의 대량해고로 촉발된 노동쟁의로 "총자본과 총노동이 정면충돌"하는 일촉즉발의 사태로까지 발전했다.

결국 1960년 7월에 극우 성향의 기시 노부스케(岸信介) 내각의 총사직으로 출범한 이케다 하야토(池田勇人) 내각은 국민적 대중운동의 고양에 위기감을 느낀 정부여당이나 산업계·재계의 여망을 받아들여 복고주의적 정치대결 노선을 지양했다. 대신 향후 10년 동안 국민소득을 2배로 늘리겠다는 "경제주의적 성장정치"[15]를 표방하여 국민대중을 혁신세력으로부터 분리시키는 '우회작전'에 나섬으로써 안정적인 지배체제 확립에 성공했다. 그 와중에 등장한 기본법농정은 바로 고도성장에 의한 농공 간의 소득격차를 사회적 갈등을 증폭시키는 농업의 기본문제로 파악하고 구조 개선, 생산성 향상, 가격정책을 통해 이러한 정치적·사회적 위기에 대처하는 역할을 맡게 된다. 정부여당은 고도성장이 가져다준 재정적 안정을 바탕으로 저변에 경작농가를 광범하게 조직한 농협 계통조직을 통해 농업·농촌 부문에 물질적인 이익을 유도함으로써 보수당의 안정적인 지지기반으로 편입시켰다.

4) 문제의 핵심에 다가가기

이러한 문제인식에 입각하여, 다음에서는 먼저 일본 역사상 최대의 사회

---

14) 渡辺治(1994), 161쪽.
15) 加茂利男(1994), 343쪽.

변동이라고 할 수 있는 고도성장기의 농촌사회구조 변화와 그 정치적 의미를 분석한다. 고도성장기 농업취업자의 급격한 감소는 농가세대주 감소에서 알 수 있듯이 농업생산구조의 변화를 넘어 전통적인 가족제도의 질적인 변화를 의미하는 것이었다. 나아가 농촌인구의 과소화와 표리일체를 이루며 도시화가 급속히 진전됨에 따라 주택문제, 보육원 및 교육시설 미비, 쓰레기 문제, 공해문제 등이 표면화된다. 여기에 기존 정당이 제대로 대처하지 못하자 반정당적이고 반체제적인 주민운동이 확산되는 등 종래의 정치질서 재편을 요구하는 압력으로 작용하기도 했다.

이어, 고도성장기의 농업·농촌문제에 대한 정책적 대응인 농업기본법의 제정과정과 이를 둘러싼 정부, 정당, 농업단체의 역학관계를 분석한다. 고도성장에 따른 농촌사회 및 농업생산구조의 급격한 변화에 대한 정부 당국, 여당과 야당, 농업단체 등의 인식과 대응방식에는 현격한 차이가 있었고, 이 주체들이 직접·간접으로 관여함으로써 당초의 정부 원안은 크게 수정되었다. 그리고 이렇게 확정된 기본법농정 역시 고도성장이 일반적으로 예상한 수준을 훨씬 넘어섬으로써 1986년 그 원형이 결정적으로 붕괴되기 전에 두 차례에 걸쳐 궤도수정이 이루어졌다.

끝으로, 농가의 생활과 경제활동을 독점적으로 조직한 농협 계통조직의 농정운동과 집권자민당의 농업·농촌 부문에 대한 이익유도정책의 형성을 주축으로 하는 전후 정치체제의 형성을 분석한다. 농지개혁 이후 구심점을 잃고 농협 계통조직의 농정운동과 공동전선을 추구하던 농민조합은 좌우파 사회당의 통일을 계기로 체제를 정비해 다시 계급투쟁 노선으로 선회했다. 그에 따라 농협 계통조직은 1959년부터 농민조합의 통일조직인 전일본농민조합연합회(全日農)와 결별하고, 계통조직이 주도하는 독자적인 추곡수매가 인상 요구 전국농민대회를 개최했다. 집권보수당도 여기에 호응하여 미가심의회에 대한 개입을 강화하고 쌀값 결정의 주도권을 장악함으로써 양자 사이에는 이익유도 내지 이익교환관계가 확립되었다.

2. 고도성장과 농촌사회구조의 변화

1) 고도성장과 새로운 재생산구조의 확립

(1) 투자가 투자를 부른 고도성장

일본경제는 1955년의 세계적인 경기상승을 배경으로 전전(戰前) 최고수준의 생산력을 회복한 이후 제1차 석유위기로 국내총생산이 전년 대비 마이너스로 전락하는 1974년 전년까지 연평균 실질경제성장률 10.1%라는 경이적인 고도성장을 기록했다. 18년 동안 일본의 GDP 규모는 무려 5.8배로 확대되었으며 1969년에는 유럽의 선두를 달리던 서독을 제치고 미국에 이어 세계 두 번째 경제대국이 되었다.

일본의 고도성장은 "국가의 철저한 정책적 지원"하에 "외국 기술의 도입에 대한 전면적 의존과 과점적 경쟁"을 통해 "신예 중화학공업을 일거에 확립"하는 형태로 이루어졌다.16) 당시의 『경제백서』가 "투자가 투자를 부른다"라는 말로 방대한 설비투자를 축으로 하는 경제성장을 상징적으로 표현했듯이,17) 중화학공업화는 3개의 주요 산업 관련 계열이 서로 상승작용을 일으키면서 새로운 재생산구조를 확립하는 것을 기본선으로 진행되었다.

제1계열은 선철·조강—철강 1차 제품—일반기계·전기기계·운송기계로 이어지는 산업 관련이었다. 생산설비의 중핵을 이루는 기계공업 부문의 발전

---

16) 井村喜代子(2000), 162~170쪽.
17) 経済企画庁編(1961), 287~291쪽.

〈그림 4-1〉 고도성장기 일본의 5년 단위 평균 실질경제성장률

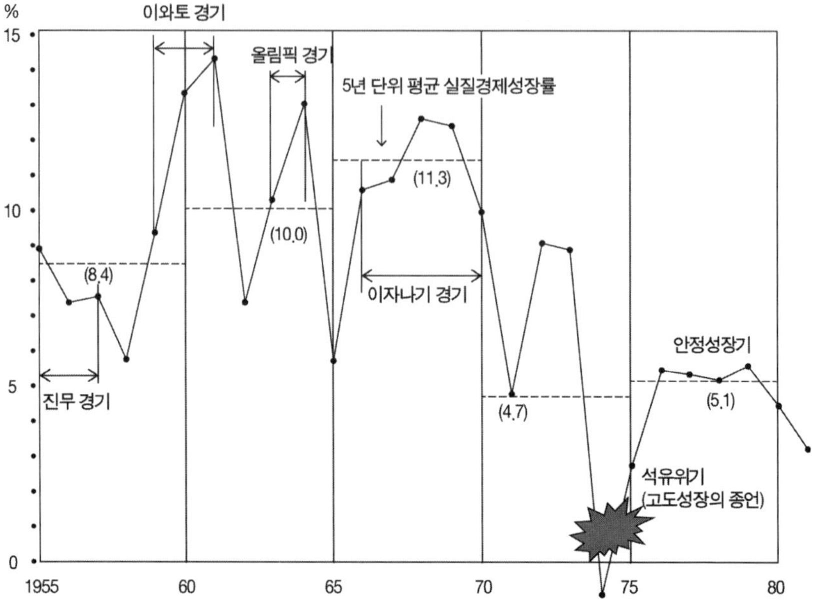

은 철강 부문의 설비투자에 의해 가능해졌고, 동시에 전기세탁기, 텔레비전, 전기냉장고, 오토바이, 자동차 등의 제품시장을 창출했다. 제2계열은 석유-화학·전력의 산업 관련이다. 국제석유자본의 지배하에 대량공급된 저렴한 석유자원을 에너지의 기반으로 삼거나 석유화학공업의 원료로 활용하여 고도성장을 이룩할 수 있었다. 그러나 1973년 10월의 제1차 석유위기 발발과 그에 따른 연료·원료가격의 폭등은 석유의존형 경제성장의 종언을 의미했다. 제3계열은 철강·금속·요업·토석-건축·토목-부동산으로 이어지는 산업 관련이다. 이는 전국종합개발계획, 일본열도개조론, 산업도로·항만의 건설, 공업용지 조성 등 지역개발과 결합되어 추진되었으며 일본형 고도성장의 특징을 가장 극명하게 보여주는 계열이다.[18]

이들 3계열은 고도성장기를 통해 "투자가 투자를 부르는" 형태로 내부적

으로 소재적 관련성을 한층 긴밀히 하고 산업구조를 고도화하는 상승작용을 일으키면서 일본 자본주의의 새로운 재생산구조를 확립했다. 기계의 증산은 철강 수요를 확대하고, 철강 압연의 기술혁신이 자동차나 가전제품의 대량생산을 가능케 하여 새로운 제품시장을 창출했다. 여기에 저렴한 석유의 안정적인 공급은 석탄에서 석유로 에너지 기반을 변화시켜 화력발전소의 증설과 함께 송전선의 수요나 전기기계의 시장 규모를 확대시켰다. 나아가 석유정제기업이 화학공업에 진출하거나 기존 화학공업이 제법이나 원료를 석유로 전환하여 태평양 연안에 거대 석유화학 콤비나트를 난립시키면서 화학공업화가 한층 진전되었다. 1960년을 전후하여 석유화학공업의 기초원료인 에틸렌의 연간생산량은 1~2만 톤에 지나지 않았으나 1965년에는 약 10만 톤, 1970년에는 약 30만 톤으로 미국에 이어 세계 제2위의 석유화학공업 대국으로 부상한다.

(2) 새로운 재생산구조의 확립

이처럼 대규모 설비투자를 통해 생산수단 부문을 대부분 국내에서 생산하는 체제를 확립했고, 이것이 단순한 시설증설에서 새로운 생산방법의 도입이나 새로운 분야에 대한 투자에 이르는 관련 생산 부문의 방대한 수요를 창출하여 한층 설비투자를 유발했다. 여기에 그치지 않고 고용확대와 그에 따른 소비의 확충을 매개로 소비수단 부문에서도 생산이 확대되었고 설비투자가 급증하면서 다시 생산수단 부문의 설비투자를 유발하는 새로운 재생산구조가 확립되었다.

당시의 『경제백서』도 설비투자를 축으로 하는 고도성장의 실태를 확인하

---

18) 이향철(2005), 35~37쪽; 伊藤正直(1988), 16~17쪽.

고 있다. 즉 "설비투자가 1조 엔 증가하면, 그것은 직접적인 수요효과로서 산업기계, 건설 등의 부문에 1조 엔의 생산을 유발한다. 나아가 기계를 만들고 건설공사를 시행하기 위해서는 기초자재인 철강, 비철금속, 플라스틱재료, 시멘트, 전력, 석유의 수요가 발생한다. 이들 간접수요까지 포함한 설비투자의 생산유발액은 현재 약 2조 7000억 엔에 달한다", "조업도나 자본계수의 상태를 감안해야 하지만 (…) 민간 설비투자의 증가가 (…) 회전이 빠른 유발투자를 확대하여 소비가 증가하는 것 이상으로 민간 설비투자를 증가시키는 하나의 개재요인"으로 작용했다는 것이다.[19]

민간 설비투자의 전년 대비 증가율은 1956년에는 55%, 1957년 35%, 1960년 44%를 기록해 1956~1960년간 국민 총지출 가운데 고정자산 형성이 차지하는 비율이 27.5%에 달했다. 이후에도 이 추세는 계속되어 고정자산 형성 비율은 1961~1965년간 32.3%, 1966~1970년간 33.9%로 미국(1968년 16.9%)은 물론 서독(1969년 24.3%)을 훨씬 웃도는 경이로운 수준이었다.[20] 산업별 설비투자액의 추이를 보면, 1955~1960년간 농림수산업은 평균 3.9배에 미치지 못하는 1.7배로 가장 낮은 증가를 보인 반면, 철강업 10.1배, 기계공업 12.0배, 화학공업 6.4배로 중화학공업 관련 계열에 집중되고 있다.[21]

이처럼 고도성장기 중화학공업화는 일본경제의 중핵부분에서 생산증가, 고용확대, 새로운 설비 도입을 반복적으로 유발하면서 일본사회가 일찍이 경험한 적 없는 전혀 다른 차원의 새로운 재생산구조를 확립하는 과정이었다. 노동력, 자본 등 모든 생산요소가 농촌지역에서 도시지역으로, 농업 부

---

19) 経済企画庁編(1961), 287~291쪽.
20) 経済企画庁調査局(1972), 197쪽.
21) 日本開発銀行10年史編纂委員会編(1963), 10~11쪽.

문에서 비농업·공업 부문으로 집중적으로 이동함으로써 국민경제 전체의 균형적인 발전이 무너지고 사회경제구조의 근본적인 변혁이 일어났다. 중화학공업화 3계열을 제외한 산업 부문은 정체 내지 쇠퇴를 감수하지 않을 수 없었으며, 특히 그 모순은 농업·농촌 부문에 집중적으로 표출되었다. 농업·농촌 부문은 노동력 공급의 원천으로서 그리고 공업제품의 소비시장으로서 국민경제의 하부구조에 편입되었고, 정부여당의 정치적 배려에 의해 그 존속이 보장되는 운명에 처했다.

2) 고도성장과 농촌사회구조의 변화

(1) 고도성장기 도농 간의 인구이동

18년이나 계속된 고도성장에 의해 노동력, 자본 등 생산요소가 농업·농촌 부문에서 도시·공업 부문으로 대대적으로 이동함으로써 일본사회는 농업·농촌형 사회에서 공업·도시형 사회로 질적인 구조 변화를 경험했다. 예상을 뛰어넘는 노동시장의 확대는 농업 부문의 과잉취업 상태를 해소하는 데 그치지 않고 농업후계자·세대주의 이농까지 부추겨 농가 호수를 급격히 감소시키며 농업경영의 겸업화(兼業化)와 농촌사회의 혼주화(混住化)를 초래했다.

패전 이후 농촌지역에 '보조적 농업노동력' 또는 '겸업노동력'으로 적체되어 있던 농가의 2, 3남을 중심으로 한 과잉노동력은 고도성장의 본격화와 노동시장의 확대에 따라 농업·농촌 부문에서 유출되어 도시·공업 부문으로 이동했다. 〈그림 4-2〉는 고도성장기 비(非)대도시권(=농업지역)에서 대도시권(=공업지역)으로의 인구이동을 나타낸 것이다. 도쿄(東京), 한신(阪神), 쥬쿄(中京) 등 3대 대도시권·공업지역으로의 인구이동은 1955~1962년까지 8년 동안 급속히 증가하여 연간 110만 명에서 120만 명 사이를 오르내렸으며 1972년에는 126만 명으로 정점에 달했다. 1973년을 전후해 도쿄도의

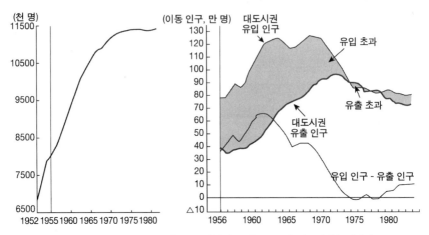

〈그림 4-2〉 고도성장기 도농 간의 인구이동

고도성장기 도쿄도 인구

고도성장기 지역 간 인구이동 추이

* 대도시권이란 도쿄, 오사카, 나고야와 그 주변지역을 아우른 3대 대도시권을 말한다.
* 대도시 내부의 이동은 포함되지 않는다.
* 자료: 總務庁, 『住民基本台帳人口移動報告年報』, 각 연호로부터 작성.

인구는 1,150만 명에 육박했다. 그 후 제1차 석유위기에 의한 중화학공업
노선의 파탄과 대대적인 고용삭감을 내용으로 하는 '감량경영(減量經營)'의
여파로 급속히 감소하다가 그것이 일단락되는 1976년부터 감소추세가 멈췄
고 1980년부터 다시 증가추세로 돌아섰다.[22]

〈표 4-1〉은 고도성장기 '민족대이동'이 농업·농촌 부문에서 구체적으로
어떻게 표출되었는지를 농업취업인구와 농가 호수의 추이를 통해 살펴본
것이다. 고도성장이 시작되는 1955년 현재 농업취업인구는 전체 취업인구
의 37.9%에 해당하는 1,489만 명으로 3차 산업 35.5%, 2차 산업 23.5%를
넘어 가장 큰 비중을 차지하고 있었다. 농가 호수는 604만 3천 호로 농가당
2, 3남을 포함한 평균 2.5명의 농업취업자를 거느리며 전업농가와 1종 겸업

---

22) 人口問題審議会編(1984), 7쪽, 94~95쪽.

	1950	1955	1960	1965	1970	1975	1980	1985	1990
농업취업인구	16,102	14,890	13,128	10,857	9,274	6,718	5,484	4,851	3,899
(천 명, 지수)	108.1	100.0	88.2	72.9	62.3	45.1	36.8	32.6	26.2
총취업자 대비(%)	45.1	37.9	30.0	22.8	17.8	12.6	9.8	8.3	6.3
농가 호수	6,176	6,043	6,057	5,665	5,342	4,953	4,661	4,376	3,835
(천 호, 지수)	102.2	100.0	100.2	93.7	88.4	82.0	77.1	72.4	63.5
전업농가 (%)	50.0	34.9	34.3	21.5	15.6	12.4	13.4	14.3	15.9
1종 겸업농가 (%)	28.4	37.6	33.6	36.7	33.7	25.4	21.5	17.7	17.5
2종 겸업농가 (%)	21.6	27.5	32.1	41.8	50.7	62.1	65.1	68.0	66.5

* 1종 겸업농가는 자영농업을 주업으로 하며 농업소득이 농외소득보다 많은 농가, 2종 겸업농가는 자영농업을 부업으로 하며 농업소득이 농외소득보다 적은 농가를 말한다.
* 고도성장기의 농업취업인구 및 농가 호수 추이를 나타내기 위해 각각 1955년을 100으로 하여 지수를 산출했다.
* 자료: 농업취업인구의 총수 및 총취업자 대비 비율은 経済企画庁調査局編, 『経済要覧』, 東京: 大蔵省印刷局, 해당 연호에서 작성; 농가 호수 및 구성 비율은 農林水産省統計調査部, 『農業センサス』, 東京: 農林統計協会, 해당 연호; 農林水産省統計調査部, 『農業調査』, 東京: 農林水産省統計調査部, 해당 연호로부터 작성.

농가를 합한 72.5%가 농업을 주요한 생계수단으로 하고 있었다.

그 후 중화학공업화와 도시화에 따른 노동시장의 확대에 따라 농업취업인구는 급격히 유출되었다. 1955~1960년 176만 2천 명, 1961~1965년 227만 1천 명, 1966~1970년 158만 3천 명, 1971~1975년 255만 6천 명이나 감소한다. 고도성장이 끝난 1975년의 농업취업인구는 671만 8천 명으로 20년 전의 절반 이하(45.1%) 수준으로 떨어지며, 석유위기와 그 후의 세계적인 불황 속에서 대도시권·공업 부문에 유입되는 인구가 크게 감소하는 가운데도 농업취업인구의 유출은 멈추지 않았다.

(2) 농가세대주의 재촌 이농

한편, 농가 호수의 감소는 농업취업인구의 추세와는 달리 상당히 완만한 형태로 진행되었다. 고도성장이 시작된 지 10년이 되는 1965년에는 6.3% 감소한 566만 5천 호 수준을 유지하고 있었고, 고도성장이 종료되는 1975년에는 18% 감소한 495만 3천 호를 유지했다. 이는 사실상 농가를 상속할 가능성이 차단된 채 과잉노동력으로 농촌에 적체되어 있던 2, 3남이 집중적으로 유출된 결과였다. 〈표 4-2〉에서 보듯이, 1960년 전반기까지 농가 남성 세대원의 제조업 등 농외전출에서는 가족 내 노동자 역할을 하던 2, 3남이 50~60%로 가장 큰 비중을 차지하고 있었다. 여기에 고도성장과 그에 따른 도시화로 젊은이의 고용이 급격히 확대됨에 따라 1955~1970년에 걸쳐 새로이 중등학교를 졸업한 농가 자제 가운데 여성의 경우 70~80%, 남

〈표 4-2〉 농외 산업에 취업한 농가세대원 추이

			1958	1960	1965	1970	1975	1980	1985	1990
농외취업 총수 (천 명)			541.6	749.9	850.2	792.9	567.8	524.4	320.4	170.4
형태	전출(%)		73.0	61.7	48.3	39.4	29.5	20.9	21.5	27.4
	통근(%)		27.0	38.3	51.7	60.6	70.5	79.1	78.5	72.6
성별	남성(천 명)		307.6	421.4	438.7	395.7	268.6	248.6	155.1	85.5
	(총수 대비)		(56.8%)	(56.2%)	(51.6%)	(49.9%)	(47.3%)	(47.4%)	(48.4%)	(50.2%)
	%	세대주	–	10.5	13.6	17.0	20.7	17.7	13.5	–
		후계자	–	29.0	35.9	40.1	43.5	46.3	48.9	–
		2, 3남	–	60.5	50.5	42.9	35.8	36.0	37.6	–
산업별	제조업		38.6	44.5	41.4	44.1	32.3	29.3	37.0	35.5
	건설업		7.0	6.2	9.6	10.2	13.4	13.3	8.2	5.5
	서비스업		9.8	15.7	16.4	15.2	18.9	22.6	23.7	26.8
	도소매업		17.0	13.1	16.0	15.0	17.7	18.2	15.1	15.2

* 자료: 農林水産省経済局統計情報部編, 『農家就業動向調査: 農家子弟の新規学卒者の動向』, 東京: 農林統計協会, 1966~1983; 農林省統計調査部編, 『ポケット農林水産統計』, 東京: 農林統計協会, 1979~1992로부터 작성.

성의 경우 60~70%가 '집단취업(集團就業)'의 형태로 대대적으로 중화학공업 생산직 노동자 및 서비스업·사무직으로 흡수되었다.

농가 자제 가운데 농업에 취업한 사람의 비율은 1955년 25.1%(26만 3천 명)에서 1962년 13.8%(13만 8천 명), 1965년 11.4%(6만 8천 명), 1970년 7.4%(3만 7천 명), 1975년 3.2%(9,900명)로 급속히 줄어들었다. 석유위기와 세계적인 경제불황 중에도 이러한 감소추세에는 전혀 제동이 걸리지 않아, 1990년에는 1.2%(1,800명)라는 참담한 상황에 이르렀다.[23] 패전 직후 베이비붐 시기에 태어나 새로운 중등교육의 세례를 받고 중화학공업 부문에 공급된 농가 자제들은 임금이 낮은 반면 기술혁신에 적응할 수 있는 지적 능력과 유연성을 가지고 있었다. 대기업들은 예상을 뛰어넘는 고도성장으로 노동력 부족 현상이 심화되는 가운데 '긴노다마고(金の卵)', 즉 "장래에 커다란 이익을 가져다줄 귀한 인재"로서 이들을 다투어 채용하여 '기업 내 교육'을 통해 정규생산직으로 육성함으로써 세계에서 으뜸가는 노동생산성을 확보할 수 있었다.[24]

그러나 세대주가 가족과 함께 농외로 전출한 것을 의미하는 농가 호수의 감소는 가족 내 노동자 역할을 감수하고 있던 2, 3남의 전출이 어느 정도 마무리된 고도성장의 막바지에 상당히 완만한 형태로 나타났다. 이는 고도성장으로 인한 생활수준 향상과 생활의식·가치관 변화와 아울러 핵가족화가 진전되면서 도시부를 중심으로 근대적 가족관계가 형성되고 이것이 일정한 시차를 두고 농촌지역에 파급되면서 전통적인 '이에(家)의식'이나 가족제도가 변질된 것과 밀접한 관계를 갖고 있다.[25] 농지개혁으로 창출된 자작

---

23) 農林水産省経済局統計情報部編(1966/1983).

24) 中村政則(1995), 40쪽.

25) 上野千鶴子(1990), 156쪽.

농은 가족노동의 완전연소로 어느 정도 농업생산성을 끌어올릴 수 있었으나 고도성장이 시작된 1955년 무렵부터 영세한 농지면적에 규정되어 생산력의 정체에 빠지게 되었다. 결국 많은 농가가 농업소득으로 농업경영비와 가계비를 충당하지 못하고 농외취업에 의존하지 않을 수 없는 상황이 발생했던 것이다.

한편 고도성장이 본격화된 1960년대 전반기에 중화학공업화의 기본노선인 석유정제, 석유화학, 기계공업 등을 중심으로 경쟁이 격화되어 수도권이나 한신 지역의 관련 기업이 저렴한 토지와 양질의 노동력을 확보하기 위해 대거 도호쿠 지방이나 혼슈(本州) 지방 남부, 규슈(九州) 주변부로 진출했다. 이와 때를 같이하여 농가세대주가 농업생산과정에서 이탈하여 재택통근의 형태로 전업농가에서 1종 겸업농가로, 나아가 1종 겸업농가에서 2종 겸업농가로 전환되었다. 대신 주요 농작업은 집에 남아 있는 할아버지(爺ちゃん), 할머니(婆ちゃん), 어머니(母ちゃん)가 수행하는 이른바 '3짱농업(三ちゃん農業)'이 농촌지역에 정착되었다. 이 고도성장기를 통해 전업농가가 급격히 감소하여 자립영농의 기반은 무너지고, 농외취업을 주로 하고 농업을 부업으로 하는 2종 겸업농가가 급증하여 1975년에 이르면 각각 12.4%, 62.1%라는 극단적인 불균형상태에 놓였다.

(3) 농공 간 비대칭적 교역관계의 고착화

고도성장에 의한 사회변동은 농업취업구조의 변화에 그치지 않고, 농촌사회를 농용자재(화학비료·농약), 농기계, 내구소비재(durable consumer goods, 耐久消費財) 등 중화학공업제품의 소비시장으로 전락시켜 국민경제의 하부구조로 편입시켰다. 농가는 중화학공업화의 진전에 따라 시장에 대응한 농산물의 증산에 내몰렸고, 이를 위해 농업생산수단을 공업제품시장에서 조달하지 않을 수 없었다. 나아가 소비생활양식의 변화에 따라 도시부와 약간의 시차를 두고 내구소비재가 농촌시장을 잠식해갔다. 그러나 중화학공업제품의 해외수출을 위한 무역자유화 조치의 일환으로 쌀과 야채를 제외한 농산물시장개방이 확대되면서 농공 간에 비대칭적인 교역관계가 자리 잡았다.

농지개혁으로 창출된 광범한 자작농은 가족노동의 완전연소와 화학비료 및 농약의 대량투입으로 어느 정도 농업생산성을 끌어올릴 수 있었지만, 고도성장이 시작될 무렵에는 이미 영세한 경지면적에 규정되어 '규모의 경제' 실현이 한계에 부닥친 상태였다. 벼농사에서 질소(N), 인산(P$_2$O$_5$), 칼리(K$_2$O)의 화학비료 투입량은 1955년에 각각 7.3kg/10a, 5ka/10a, 5.1kg/10a였던 것이 1960년 8.8kg/10a, 7.5kg/10a, 7.2ka/10a로 증가했지만, 수확량은 전반적으로 정체상태에 빠졌다.

그러나 종래의 전층시비(全層施肥)·수비체계(穗肥體系)를 대신해 퇴비 사용량의 감소에 따른 지력보강 차원에서 이삭 형성기에 중점적으로 시비하는 기술을 도입함으로써 이 문제는 상당부분 극복되었다.[26] 또한 이 시기에 유기수은계 합성살균제, 유기염소계 합성살충제(DDT, BHC), 유기인계 합성살충제 파라티온(parathion) 등의 대량생산체제가 갖추어져 전국적인 집단 방제가 이루어졌다. 그러나 이들 살균제·살충제는 인간과 가축에 미치는 독성이 매우 강한 농약으로, 파라티온 하나만 보더라도 1955년 1년 동안 살포 중에 사망하거나 중독사고를 일으킨 사례가 1,500건을 넘을 정도였는데, 식량 증산이라는 정책목표 때문에 그 위험성은 묵살되고 말았다.[27] 이들 맹독성 농약이 차례로 사용 금지 대상으로 지정된 것은 식량 자급이 어느 정도 달성된 1960년대 후반의 일이었다.

---

26) 農林水産省農林水産技術会議事務局編(1993), 170~175쪽.
27) 農林水産省農林水産技術会議事務局編(1993), 237~240쪽.

여기에 2, 3남의 농외전출과 세대주의 재택통근 겸업화에 따른 노동력 감소를 보완하기 위해 종래 동력탈곡기 이외에 이렇다 할 농업기계를 사용하지 않던 농가가 축력쟁기를 대신하여 일제히 소형트랙터, 바인더, 동력방제기 등을 도입했다. 특히 서독 등 외국 트랙터회사와 제휴하여 일본의 농업실정에 맞는 수전용(水田用) 로터리 작업방식의 트랙터가 개발되어 정부의 금융재정지원과 함께 농가에 보급됨으로써 농업노동력의 감소에 대응했다. 전국 농가의 경운기·트랙터 보급 대수는 1955년 8만 9천 대였으나 1960년에는 74만 6천 대, 1965년에는 249만 대에 달해 농가 2호당 1대 비율이 되었다. 그 결과 벼농사 작부면적 가운데 동력경운기·트랙터에 의한 경작면적은 전체의 89%에 달해 크게 작업효율을 올리고 노동시간을 줄일 수 있었다.[28]

이처럼 일본농업은 중화학공업화에 힘입어 화학비료와 농약을 집중적으로 투입하고 농업기계를 도입하여 생산성을 끌어올리는 등 명실 공히 '근대화'의 단계에 들어섰다. 〈그림 4-3〉을 통해 고도성장기 벼농사 생산성 추이를 보면, 1967년 무렵까지 노동량의 추가 투입에 따라 단위면적당 수확량이 꾸준히 상승했음을 알 수 있다. 이 시기에 고도성장에 의한 생활수준 개선으로 쌀 소비량이 증가했지만 공급은 이를 따라가지 못했고 다른 농산물생산에 비해 쌀 생산이 유리했던 탓도 있어 전국적으로 벼농사로의 특화와 집약화가 이루어졌다. 중추적인 노동력인 농가세대주가 재촌취업의 형태로 농업생산과정에서 이탈하고 보조노동력인 노인과 부녀자가 이를 대신하는 이른바 '3짱농업'의 정착은 그런 현상을 더욱 부채질했다.

여기에 화학비료 투입과 시비기술 개량, 방제능력이 강력한 농약의 살포

---

28) 農林水産省農林水産技術会議事務局編(1993), 294쪽.

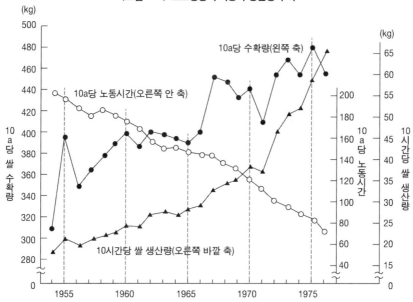

〈그림 4-3〉 고도성장기 벼농사 생산성 추이

* 자료: 農林水産省統計情報局,『農業経済累年統計 第4巻 米生産費統計』, 東京: 農林統計研究
会, 1974; 農林水産省経済局統計情報部編,『米及び麦類の生産費』, 東京: 農林統計協会,
1974~ 1980 참조.

가 단위면적당 생산성을 높이는 데 한층 박차를 가했다. 특히 1960년대 들
어 농기계가 보급되면서 10a당 노동투입량은 크게 감소했지만 토지생산성
의 향상에 힘입어 단위면적당 생산량의 증가추세에는 별다른 영향을 미치
지 못했다. 1967년 단위면적당 쌀 수확량은 1955년에 비해 24.5% 증가했
는데, 그 가운데 21.3%는 단위면적당 생산량의 증가, 3.2%는 작부면적의
증가에 따른 것이었다.[29] 1967년 이후에는 비료, 병충해, 추위에 강한 품종
을 개발하거나 우량품종을 집중적으로 보급함으로써 생산성이 한층 더 증
가되었다.

---

29) 農林省農林経済局統計調査部(1968), 90쪽.

그러나 화학비료와 농약 등 농용자재 투입 및 농기계 보급을 통한 일본농업의 근대화는 농업생산성을 높이는 데 크게 기여했음에도 고도성장 시작 단계부터 이미 농가의 경영비용이나 가계비를 보장하지 못한다는 심각한 한계가 있었다. 특히 2, 3남의 농외전출과 세대주의 재택통근 형태의 농외취업에 대응하여 본격적으로 도입된 고액의 농업기계는 당시 "기계화 빈곤(機械化貧困)"이라는 말을 유행시킬 정도로 농가경제를 압박했다. 그 결과 농가가 농업소득을 통해 가계비를 충족하는 비율은 1960년 59.5%, 1965년 55.8%로 절반을 조금 넘는 수준에 머물렀고, 자립경영이 가능한 농가는 전체의 7~8%에 지나지 않았다.[30]

(4) 농가소득의 농업 의존도 저하

고도성장기 농가소득의 추이를 보면, 1960년 1호당 40만 엔이 1970년에는 140만 엔으로 10년 동안 3.5배 규모로 커졌다. 그러나 이는 〈그림 4-4〉에서 보듯이 대풍작을 기록한 1955년을 제외하고 1964년까지 중화학공업화의 혜택을 직접적으로 누리던 근로자세대 실수입을 밑도는 수준이었다. 더욱이 세대원 1인당 실수입을 비교해보면 1971년까지 대가족제도의 유산을 청산하지 못한 농가는 단출한 핵가족 형태의 근로자세대를 밑도는 등 그 격차는 더욱 확대되고 있었다. 따라서 농가세대주는 벌어지는 소득격차를 줄이고 증대 일로에 있는 농업경영비 및 가계비를 보충하기 위해 인근에 진출한 기업·공장에 취업하여 재촌통근 형태로 수입을 올리지 않을 수 없는 악순환에 빠졌다.

농가소득의 농업 의존도(농업소득/농가소득)는 패전 이후 줄곧 70% 수준에

---

30) 農林省農林経済局統計調査部(1963/1965).

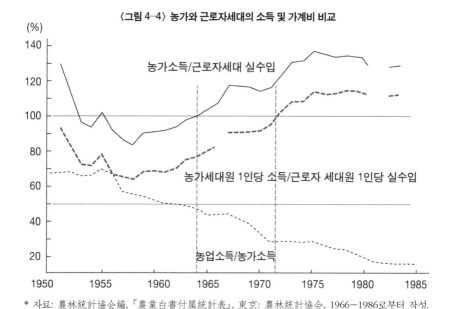

〈그림 4-4〉 농가와 근로자세대의 소득 및 가계비 비교

(%)

농가소득/근로자세대 실수입

농가세대원 1인당 소득/근로자 세대원 1인당 실수입

농업소득/농가소득

* 자료: 農林統計協会編, 『農業白書付属統計表』, 東京: 農林統計協会, 1966~1986로부터 작성.

육박했으나 고도성장의 시작과 함께 급격히 떨어져 1960년에는 약 50%,
1968년에는 약 40%를 기록했다. 특히 1968년 이후에는 쌀 생산 과잉으로
추곡수매가가 제자리걸음을 하면서 농업소득이 정체 내지 감소상태에 빠졌
다. 이에 농가소득의 농업 의존도는 급격히 떨어져 1970년 이후에는 30%
를 밑돌았다. 농업소득만으로는 농업재생산을 위한 경영비는커녕 가계비의
절반도 충족시키지 못하는 초라한 처지에 내몰렸던 것이다.

나아가 이러한 상황은 농업·농촌 자체의 구조적인 문제뿐만 아니라 고도
성장이 가져온 '소비혁명'에 의해 더욱 악화되었다. 소득수준 향상에 따른
소비생활의 일대 변혁과 대중소비사회의 도래가 농공 간의 비대칭적 교역
관계를 더욱 확대시켰던 것이다. 〈표 4-3〉에서 보듯이, 이미 1957년 무렵
에 고도성장의 "3종의 신기(神器)"로 이야기되던 흑백 TV, 전기세탁기, 전

<표 4-3> 주요 내구소비재의 도농 간 보급률 추이

구분(%)	연월	1957. 9	58. 9	60. 8	64. 9	70. 2	75. 2	80. 2	85. 2
흑백 TV	도시	7.8	15.9	54.5	93.5	?	49.3	22.7	–
	농가	–	5.2	8.7	47.8	91.6	45.4	22.4	–
칼라 TV	도시	–	–	–	–	–	90.5	99.8	99.0
	농가	–	–	–	–	18.1	88.7	97.6	99.8
전기 냉장고	도시	2.8	5.5	15.7	66.2	–	96.7	99.2	98.5
	농가			1.3	14.5	83.1	97.2	99.2	98.1
전기 청소기	도시	–	–	11.0	45.1	92.9	96.7	97.4	98.6
	농가	–	–	–	–	48.3	80.2	93.5	97.6
승용차	도시	–	–	–	9.1	–	38.9	51.6	65.3
	농가	–	–	–	8.7	22.4	55.9	74.5	85.4

* 자료: 1964년 9월까지는 経済企画庁,「消費者動向予測調査」, 経済企画庁編,『現代日本経済の展開: 経済企画庁30年史』, 東京: 大蔵省印刷局, 1976, 115쪽; 그 이후는 農林水産省統計調査部編,『ポケット農林水産統計』, 東京: 農林統計協会, 1970~1987로부터 작성.

기냉장고 등의 도시지역에 대한 보급이 어느 정도 마무리되어 생산 과잉상태에 직면하면서, 농촌지역이 내구소비재의 새로운 시장으로 부상했다. 가전업체들은 농협 생활물자사업을 활용하거나 직접 대리점 판촉사원들을 동원하여 판로를 개척하면서 농촌을 내구소비재 판매의 각축장으로 변모시켜 나갔다. 특히 1960년대 중반부터 본격화된 승용차의 보급은 다른 내구소비재와는 달리 대중교통수단 미비나 경작지 분산 등으로 농가가 비농가(도시가구)를 크게 앞지르게 된다.[31]

이처럼 농업·농촌 부문은 도시·공업 부문에 양질의 노동력을 공급하고, 화학비료, 농약, 농기구, 내구소비재 등 중화학공업제품의 소비시장이 되었지만, 도시·공업 부문은 자유무역의 논리나 가격요인에 매개되어 점차 가공원료, 사료, 식량 등을 외국 농산물에 의존하는 비율을 높여갔다. 1959년

31) 暉峻衆三(2003), 161~162쪽.

현재 농산물 수입제한 대상품목은 224개, 자유화율은 43%였으나 1962년까지 143개 품목이 자유화되고 1963~1967년의 GATT 케네디라운드를 거쳐 1971년까지 다시 53개 품목이 자유화되었다. 고도성장이 끝나는 1974년 당시에는 수입제한 대상품목으로 곡물류, 육류, 감귤류 등 농가경제 그 자체를 직격하는 마지막 22개 품목만이 남았으며 자유화율은 95.4%에 달했다.[32] 이 단계에서 곡물 자급률은 40%, 칼로리 자급률은 54%로 떨어져 쌀·야채를 제외한 모든 농산물을 수입에 의존하는 체제는 이미 돌이킬 수 없는 상황이었다.

3. 고도성장기 농업·농촌문제에 대한 인식과 농업기본법

1) 농업·농촌문제를 둘러싼 농업단체의 길항

고도성장에 의한 농촌사회구조의 급격한 변화와 노동력·자본 등 생산요소의 도시·공업 부문 집중현상은 농업·농촌 부문에 기반을 두고 있던 농업단체, 정당, 나아가 농업정책을 담당하는 정부부서에 커다란 위기의식을 심어주었다. 이에 대해 어떠한 형태로든 정책적 대응이 불가피하다는 공감대가 광범하게 형성되었지만, 각 정책주체의 정치적 입장과 역할에 따라 대응방식은 서로 달랐다. 특히 농업·농촌이익의 조직화를 둘러싸고 경합하는 계통농협과 농업위원회 계통조직, 자민당과 사회당, 정부여당 사이에도 접근방법에서 현격한 차이가 드러났다.

농업기본법은 바로 이러한 정책주체들의 농업·농촌대책을 둘러싼 대립과

---

32) 農林水産省編(2002), 42~44쪽.

갈등의 산고 끝에 등장했다. 그러나 이는 예상을 훨씬 뛰어넘은 장기적인 경기확대의 여파에 떠밀려 1960년대 후반에 이미 유효성을 상실하고 말았다. 다음에서는 농업단체, 정부여당, 야당 등 주요 정책주체별로 고도성장기의 농업·농촌대책과 농업기본법 제정에 대한 입장을 차례로 분석하면서 논의를 전개하기로 한다.

(1) 농업위원회 계통조직의 대응

고도성장기 농업·농촌문제에 대한 정책적 대응으로 농업기본법 제정을 가장 먼저 제기한 것은 농업위원회 전국조직인 전국농업회의소였다.[33] 1950년대 중반부터 국내 식량사정의 호전과 국제 농산물 가격하락을 배경으로 종래의 농업보호정책이 크게 후퇴하는 가운데 고도성장으로 농공 간 소득격차가 확대되는 데 커다란 위기감을 느꼈던 것이다. 농공 간 소득재분배 역할을 해줘야 할 농업 관련 예산은 1952년 전체 예산 대비 16.7%(1,444.5억 엔)에서 1955년 9.5%(962.9억 엔), 1958년 7.9%(1,055.3억 엔)로 크게 줄어들어 오히려 이를 조장하는 듯했다. 농정 당국이 내놓은 새로운 농업정책이란 경작농민의 자주성을 강조하며 적지적산(適地適産) 방식으로 밑으로부터 농업·농촌 진흥을 추진하자는 것이 고작이었다.

이에 농업위원회 계통조직은 1956년 3월 전국농업위원대회를 통해 정부의 농업정책을 통렬하게 비판하고 나섰다. "정부의 새로운 농정방식은 자주성이라는 미명 아래 농민을 버리고 농정비용을 절감하여 농민의 희생 위에 2차 산업, 3차 산업의 고도성장을 실현하려는 경제정책의 일환"이며, "정부가 아무리 새로운 농업정책을 내세워도 현실적으로 매년 농림예산 삭감,

---

33) 小倉武一(1965), 51쪽.

외국 식량 수입의존체제의 강화 등 정책추진방향은 농민의 기대와는 거꾸로 (…) 농업을 희생하여 경제발전을 도모하자는 재계의 주장에 맞추어 추진되고 있다"고 주장했다.[34]

이후에도 전국농업회의소는 이시바시(石橋湛山) 정권, 제1차·제2차 기시(岸信介) 정권 등 내각이 바뀔 때마다 식량 자급과 증산을 농정의 기본으로 자리매김하여 충분한 예산 조치를 강구할 필요가 있음을 재삼 정부에 건의했다. 또한 농업의 희생을 전제로 하는 일본상공회의소 등 산업계·재계 단체의 정책 제언이 나오면 즉각 반박성명을 내는 등 가장 적극적으로 움직였다. 마침내 1958년 11월 임시총회에서 「농업기본법 제정의 촉진에 관한 요망」을 채택하고 이듬해에는 「농정의 기본 확립에 관한 요망」을 결의하여, 내각 교체에도 영향 받지 않을 국내 식량의 자급 및 증산을 축으로 하는 농업기본정책의 확립을 요구하고 나섰다.

그런데 전국농업회의소가 농업기본법 제정을 요구하고 나선 것은 사실이지만 거기에 구체적인 내용이 들어 있었던 것은 아니었다. 단지 "일본경제의 안정적이고 지속적인 발전을 위해서는 장기적인 계획 아래 농업과 농민을 적절하게 자리매김하고 농공 간의 소득균형을 이룩하는 근대적인 농업을 확립하는 것이 절대적으로 필요"하며 "사안의 중요성과 영향력의 중대성에 비추어 (…) 정부와 국회는 신속히 농업기본법 제정을 위한 조사회를 설치하고 여기에 필요한 법적·예산적 조치를 강구하라"는 수준의 언급에 그치고 있었다.[35]

문제는 경작농가의 경제활동 및 생활의 조직화에 직접적으로 관여하지 않는 반관반민의 농업위원회 계통조직이 왜 하필이면 이 시기에 가장 농촌

---

34) 農民教育協会(1966), 159~160쪽.
35) 農民教育協会(1966), 161쪽.

문제를 걱정하고 농민의 이익을 대변하는 기관인 양 행동했느냐 하는 것이다. 거기에는 농민 대표 내지 농정조직으로서의 주도권을 둘러싸고 일어난 두 차례의 농업단체재편성 시도에서 사실상 농협 계통기관에 패배하여 조직적·재정적으로 매우 불안한 처지였다는 내부 사정이 있었다.[36)]

특히 농림예산이 크게 삭감되는 가운데 매년 필요한 자금을 정부에 의존하고 있던 농업위원회 계통조직으로서는 조직운영 예산을 확보하는 것조차 여의치 않았다. 때마침 서독에서 농업기본법 제정·시행을 계기로 농업 관련 예산이 1956년 1.8배, 1957년 2.5배로 크게 증가하자 이들은 여기에 크게 고무되어 농업기본법 제정운동에 나서게 되었던 것이다.[37)] 결국 농업위원회 계통조직은 고도성장에 의한 농촌사회구조의 변화와 농정의 혼미 와중에 농업·농촌문제에 대한 새로운 대책을 제기하고 그것을 사업화함으로써 농업단체재편성 문제에 다시 불을 지펴 조직의 정착과 안정을 도모하려 했다고 볼 수 있다.

(2) 농협 계통조직의 대응

한편 농협 계통조직은 전국농업회의소의 농업기본법 제정운동에 냉담한 반응을 보였을 뿐만 아니라 다른 의도가 숨어 있는 건 아닌지 경계하는 분위기가 역력했다.[38)] 그것은 농지개혁 등의 완료로 존립근거가 희박해진 농업위원회 계통조직이 새로운 친정부 농정조직으로 거듭나기 위해 일부 농림관료와 의기투합하여 농협 계통조직으로부터 농정 기능을 분리하여 순수한 경제단체로 순화시키려는 농업단체재편성 문제를 두 번씩이나 제기한

---

36) 이향철(2006), 161~211쪽.
37) 全国農業会議所編(1961), 55쪽.
38) 小倉武一(1965), 52쪽.

전력이 있었기 때문이다.

마찬가지로 농업기본법 제정 요구에도 고도성장에 의해 초래된 농업·농촌의 위기 상황에 대한 대책을 주도함으로써 농협 계통조직에 밀려 조직적·재정적으로 불안정한 위치에 내몰려 있던 상황을 반전시키려는 의도가 내포되어 있음을 꿰뚫어보고 있었다. 1958년 11월 6일에 열린 전국농협대회에서 21개 지역 농업중앙회로부터 농업기본법 제정을 의제에 올리자는 제안이 있었지만 최종결의에 포함되지 않았던 것도 바로 그런 까닭이었다.[39]

문제는 농업위원회 계통조직의 농업단체재편성 시도를 좌절시키고 명실공히 종합적인 농정조직으로서 지위를 확립한 농협 계통조직이 중요한 농정과제인 고도성장기 농업·농촌의 위기 상황과 경제합리주의 농정으로의 전환을 어떻게 인식하고 대응했는가 하는 것이다. 전국농협중앙회는 농업정책의 확립은 농협 계통조직으로서도 책임을 분담해야 하는 중대한 문제이지만 아시아태평양전쟁 이후 일관되게 추진되어온 국가 주도의 식량 확보정책이 전환기를 맞이하는 등 정부의 농정방향이 반드시 농가경제를 중심에 두고 있다고 볼 수 없다는 인식을 완곡하게 피력하는 데 그치고 있다.

농협 계통조직으로서는 일단 정부정책이 실시되면 농가경제의 입장에서 농업 진흥계획 수립에 적극 관여하고 사업 실시에 협력하지 않을 수 없다는 게 기본입장이었다. 특히 사업 실시에서 정부의 자금지원이나 융자로 관련 시설이 설치된다 해도 결국 그것을 관리·운영하는 주체는 농업협동조합이기 때문에 지도, 신용, 판매, 이용 등 각종 농협 사업이 지역별 농업 진흥계획과 밀접한 관련을 갖도록 하는 것이 중요하다고 생각했다. 농협 계통조직의 종합사업계획과 새로운 농업정책의 관계를 명확히 하고, 여기에 지역

---

39) 農政ジャーナリストの会編(1959), 18쪽.

농업협동조합이 적극적으로 참가함으로써 정부의 정책방향과 개별 농가의 경영 설계, 농협의 사업계획이 유기적 관련성을 갖도록 해야 한다는 것이었다.[40] 이처럼 농협 계통조직의 입장은 농업·농촌이익의 대변을 둘러싸고 경합을 벌이던 농업위원회 계통기관과 대극을 이루는 것이었다.

일본농협은 서로 다르고 경우에 따라 모순되기까지 하는 "세 얼굴"을 가지고 태어났고, 고도성장기를 통해 한층 일그러진 자화상을 보여주었다. "농산물 판매, 농용자재 구매, 신용사업 등을 통해 유통 면에서 경작농민의 경제행위를 공동으로 수행하는 사업체"이면서 "쌀의 집하, 생산자재 공급, 농민자금 흡수나 재정자금 배분 등의 정부 기능을 대행하는 행정 하청기관"이기도 하고, 동시에 "농산물 및 구입품 가격, 세금문제, 예산 확보 등에서 정부나 국회에 압력을 가해 농민의 이익을 대변하는 농정운동단체"라는 "세 얼굴"이 바로 그것이다.[41]

이 "세 얼굴"은 농업협동조합 출범 당시부터 통일성을 갖지 못하고 분열된 모습을 보이다가 농업단체재편성과 고도성장을 거치면서 심하게 일그러졌다. 협동조합의 조직 원리와 이념을 저버리고 "경제행정의 하청기구" 성격을 강화하여 "경제사업체"로서 지위와 이익을 지키려는 방향으로 급격히 경사된 것이다. 농정운동도 농업·농촌에 관련된 전반적인 문제제기보다는 경제사업과 행정하청업무를 지키기 위한 수단으로 종속되는 경향을 보였다.

"농업이 망하면 농협이 흥한다"는 냉소적 표현이 상징하듯이, 농촌협동조합(산업조합)은 농업공황으로 농가경제가 도탄에 빠진 1930년대에 정부의 농촌구제정책을 사업화함으로써 계통조직과 사업체제를 정비한 역사적 유산을 안고 있다. 그것은 농협 계통조직이 큰 시련을 맞이한 1980년대까지

---

40) 全国農業協同組合中央会編(1956), 46~47쪽.
41) 石川英夫(1958), 134~135쪽.

농정운동이 농업단체직원 연금제도 실현, 쌀값 인상 및 식량관리제도 유지, 비료수급 안정 및 식물방역법, 세금감면, 농업보조금 확충, 농산물시장개방 저지 등 오로지 계통조직과 사업을 방어하는 과제에만 집중한 데서도 그대로 표출되었다.

이러한 농협 계통조직의 존재형태는 농가경제가 영세 규모의 소상품 생산에서 벗어나기 어려운 가운데 그대로 독과점기업이 지배하는 고도로 발달된 시장기구에 노출되어 있는 현실의 반영이었다. 개별 농가의 경제활동과 생활을 빈틈없이 장악한 지역조합의 "조직력의 효과"를 최대한 유지하면서 자본주의 경제의 발전 단계에 대응하여 외부환경이나 시장조건에 대해 최대한 "규모의 효과"를 확보해야 했기 때문이다. 시정촌 단계의 종합농협을 기반으로 사업·직능에 따라 도도부현-전국 단계로 중층적으로 쌓아올린 정연한 3단계 연합조직체는 이러한 현실을 상징했다.[42]

독과점 기업과 맞먹는 거대한 규모의 사업별 전국연합회는 주관적 의도와 관계없이 경영을 최우선하여 비료나 농약 등의 농용자재나 농기구 가격 인하에 반대해왔다. 독과점 기업의 농가 착취나 농정관료의 하수인으로 전락하여 반농민적 태도를 취하는 경우도 적지 않았다. 경제사업의 총본부인 전국경제농협연합회(전농全農)에서 발생한 숱한 비리 사건의 본질은, 전국연합회가 경작농가를 위한 조직이라는 본래적 기능을 외면하고 농림관료와 친밀한 관계에 있는 독과점 기업과 유착하여 마치 거대종합상사와 같은 수법으로 판매사업이나 구매사업을 운영하는 모습이 폭로된 것에 다름 아니었다.[43]

고도성장은 이러한 전국연합회의 독과점적 경영주의와 경작농가의 소상

---

42) 藤谷築次(1974), 356쪽.
43) 大田弘(1957), 96~104쪽.

품 생산 및 이를 조직한 단위조합 경영체질의 이질적인 요소를 통합시킨 농협 계통조직의 모순을 내공(內攻)시키고 서서히 그 자체를 기능부전에 빠뜨리는 과정이었다. 농협 계통조직은 광역합병, 이농을 전제로 한 농업구조 개선과 같이 소농체제를 무너뜨리는 근대화정책을 극력 저지하면서 조직 방어에 나섰다. 한편으로 계통조직의 저변을 지탱하는 경작농가의 소상품 생산은 고도성장에 따른 새로운 재생산구조의 확립에 편입되어 급속히 설 땅을 잃어갔다. 고도성장에 따른 경제합리주의 농업정책으로의 전환을 수긍하고 그것을 농협 사업과 일체화하면서도 여기에 걸맞게 농업협동조합의 적정 규모를 조정하는 광역합병에 대해서는 부정적인 태도를 취했다.

나아가 똑같은 논리로 농업기본법의 농림성 원안에 제시된 '이농을 전제로 한 구조정책'에 대해서도 위기의식을 느끼고, 자민당 농림의원을 동원하여 이를 좌절시키기도 했다. 구조정책은 한계농가인 영세 겸업농가와 농업경영만으로 재생산이 가능한 대규모 전업농가의 계층분화를 촉진하고 농가의 경영형태를 다원화하여 농협 계통조직의 판매·구매사업이나 지도체제에서 벗어난 자립성 강한 농가의 창출을 의미하는 것이었기 때문이다.[44] 농가의 소상품 생산체제 유지와 이에 대한 정부의 보호지원정책을 사업화하여 조직과 사업을 유지하려는 자세는 2단계체제로의 개편을 골자로 하는 계통조직의 대수술이 이루어지는 1990년대 초까지 기본적으로 계속되었다.

2) 농업기본법 제정을 둘러싼 정부·정당 간의 대립과 절충

(1) 농정 당국의 대응

농업위원회 계통조직의 식량 증산·자급 요구와 농업기본법 제정운동은 정

---

44) 한호선(1991), 221~222쪽.

파를 가릴 것 없이 농업 관련 예산의 삭감에 위기감을 느끼고 있던 농업·농촌을 기반으로 하는 정치가나 농정단체, 연구기관 등의 호응을 얻어 하나의 붐을 형성했다. 그러나 농림성, 대장성(大藏省) 등 정책 당국은 이러한 움직임에 대해 냉담한 반응을 보였으며, 고급관료를 중심으로 반대입장을 표명하는 등 소극적 태도로 일관했다. 그도 그럴 것이 농업의 기본정책을 규정하는 법률 제정이 정책 입안주체인 농림성 밖에서 제기되어 농정 당국에 정책변경의 압력을 가하는 형국으로 전개되었기 때문이다. 더구나 서독의 농업기본법 제정에 고무되어 농업 관련 예산을 확충하라는 정도의 주장에 그치고 아무런 체계적·구체적 내용을 담고 있지 않았기 때문에 기존의 농업정책에 불필요한 혼란을 불러일으킬 수 있다고 생각했다.

농림성의 농업정책 입안은 예산이라는 관료통제의 범위 내에서 국가경제의 전반적 동향과 국민의 안정된 식생활 확보를 주축으로 다양한 이해관계자의 상반된 주장을 조정하여 결정된다. 농민이나 농업단체, 농업이익 대표, 농촌사회에 기반을 둔 보수정당의 보호주의 농정 요구, 산업계·재계 단체나 자본가 집단에 의해 제기되는 경제합리주의 농정의 확립 주장을 어떻게 조정할 것인가가 기본선을 이룬다. 고도성장은 기본적으로 보호주의 농정과 경제합리주의 농정의 틈새를 넓히고 갈등을 증폭시키는 계기로 작용했다.

1956년 『경제백서』는 "더 이상 전후(戰後)가 아니다"라고 하여 아시아태평양전쟁 이전의 최고수준을 넘어선 경제호황을 당당히 선언했다. 한편 농림성은 이듬해 농업 관련 최초의 백서라고 할 수 있는 『농림수산업의 현황과 문제점』을 발행하여 "도농 간 소득격차", "식량 공급력 저하", "국제경쟁력 취약", "겸업화 진행", "농업취업구조 열악화"를 일본농업의 앞길을 막는 "5개의 적신호"로 제시했다.[45] 이렇게 극명하게 갈리는 문제인식의 근원을 따져보면 결국 일본농업의 낮은 생산성에 귀착되기 때문에 그에 대한 근본적인 대책이나 정책의 강구 없이 예산만 투입하여 식량 증산·자급체제를 유지하는 것은 임기응변에 지나지 않는다는 것이다.

여기서 나온 정부의 농업정책은 "식량 증산·자급에 대신한 생산성 향상"이라는 목표 아래 "농지개발, 토지이용의 고도화 등을 통한 경영기반의 강화, 영농방식의 개선·쇄신"을 추구하는 근대화 노선이었다.[46] 구체적인 언급은 피하고 있으나, 그것은 식량 자급·증산에서 벗어나 농산물의 상당부분을 수입에 의존하는 정책으로 전환하는 것을 의미했다. 이를 위해 한계농가를 정리하고 농업에 정진할 수 있는 건전한 자작농을 선별하여 경지확대, 토지이용의 고도화, 경영 집약화, 경영기술 근대화를 통해 농업생산성을 향상시켜야 한다는 것이었다.[47]

물론 이러한 농업정책 구상은 재정 당국이나 산업계·재계 단체의 의향을 강하게 반영한 것이었다. 고도성장의 시작과 함께 일본상공회의소, 경제동우회, 경제단체연합회(経団連) 등은 「경제재정정책에 관한 건의」(1956. 9. 12), 「경제기본정책에 대한 의견」(1959. 10. 21) 등으로 대표되는 정부의 재정운용이나 농업개혁에 관한 건의를 잇달아 내놓았다. 1950년대 전반기에 농업보조금을 투입하여 식량 증산·자급정책을 추진해온 결과 식량 수급사정이 크게 완화되어 쌀을 포함한 모든 농산물의 국내가격과 국제시세의 차액이 무시할 수 없을 정도로 커졌기 때문이었다.

국제적인 농산물 과잉 생산·재고 누적과 가격하락으로 선적비용, 보험료, 운임을 합한 CIF 가격이 일본 국내산 가격을 크게 밑돌게 되면서, 재정 당국은 막대한 예산을 투입하여 식량 증산·자급을 추진하는 것보다 값싼 해외

---

45) 農林省(1957), 30~34쪽.
46) 農林省(1957), 7~8쪽.
47) 日本農業研究会編(1958), 9~12쪽.

농산물을 수입하는 것이 세출을 절감하고 악화된 재정 상황을 개선할 수 있는 길이라고 생각했다. 여기에 산업계·재계 단체는 중화학공업제품의 수출시장을 확보하기 위해서는 주요 시장인 미국이나 동남아시아로부터 농산물 수입을 확대하는 것이 필요하다고 보았다. 즉 재정 당국과 산업계·재계 단체는 재정부담 축소와 공산품수출시장 확보를 위해 농업보호정책을 수정하여 해외의 저렴한 농산물을 수입하고 국내농업의 구조 개선을 통해 생산성을 향상시켜야 한다고 주장하고 나섰던 것이다.

이러한 주장은 1955년의 미국 잉여농산물 구입협정, 대풍작을 계기로 분출하여 1959년 도쿄에서 열린 IMF 총회, GATT 총회에서 일본의 무역자유화를 요청함에 따라 하나의 커다란 흐름을 형성했다. 당시 이케다(池田勇人) 내각에서 4번째로 농림대신에 취임한 고노 이치로(河野一郎)는 여기에 호응하여 "돈이 들지 않는 농정"을 표방하고 농업보조금 삭감과 농산물시장개방을 적극 추진했다. 때를 같이하여 농림관료의 의식에서도 종래의 "농민을 보호하거나 농업이익을 대표한다"는 역할인식이나 "지주나 기업과의 대립적인 관계에서 일반 농가를 보호한다는 관념"이 희박해지고 경제관료로서 일반 산업경제의 동향에 대응하여 어떻게 농정을 전개할 것인가 하는 경제합리주의적 방향으로 큰 선회가 이루어졌다.[48] 고도성장을 거치는 동안 농림관료의 사명도 분열·혼미를 거듭하고 고립화되면서 재정 당국과 산업계·재계 단체의 의향에 부응하는 농업정책을 내놓게 되었다. 이러한 경향은 중화학공업제품의 '집중호우식 수출'이 세계 각처에서 무역마찰을 불러일으키는 가운데 더욱 강화되어 1980년대에 쌀 수입자유화와 식량관리제도의 철폐를 둘러싸고 절정에 달했다.[49]

---

48) 農政ジャーナリストの会編(1968), 7~8쪽, 37~41쪽.
49) 林信彰(1983); 田代洋一(1989), 496~505쪽.

농업위원회 계통조직의 농업 관련 예산 확충, 식량 증산·자급체제 확립, 농업기본법 제정 등 일련의 요구는 결국 농림성이 재정 당국과 산업계·재계 단체의 의향을 반영해 실시하려던 새로운 농정체계에 대한 반대 논리였다. 이는 관료·정부가 국가예산의 운용범위 내에서 경작농가와 농업단체를 적당히 통제·지배하는 농업정책체계를 역전시키는 의미를 내포한 것이었다. 나아가 새로운 법률 제정을 통해 오히려 이들을 구속하고 농업·농촌 부문이나 경작농민에게 이익유도를 강제하는 것이었기 때문에, 농림성은 물론 대장성으로서도 냉담하고 소극적인 태도로 대응하지 않을 수 없었던 것이다.

그렇지만 농림성은 농업위원회 계통조직에 의해 제기되어 광범한 공감대를 형성한 농업기본법 제정 요구를 정부 바깥에서 제기되었다고 해서 마냥 무시할 수만도 없었다. 농정 당국이 보기에 이는 서독의 농업기본법 제정에 자극 받아 제기된 '농업과 농민을 보호해야 한다'는 총론적 수준의 요구에 지나지 않았기 때문에, 기존의 농정체계에 혼란을 불러일으킬 수 있는 법률 제정보다 일본농업의 실태를 조사·연구하는 것이 필요하다고 그 의미를 축소하고 말았다. '농림어업 기본문제조사회'는 그런 맥락에서 설치되어 활동을 시작했다.[50]

1959년 정기국회에 '농림어업 기본문제조사회'의 설치에 관한 법안이 제출되어 기본적으로 여야 어느 쪽의 반대도 없이, 그리고 거의 심의도 거치지 않은 채 만장일치로 성립되었다. 이 조사회는 농림어업 기본문제를 심의하는 수상의 자문기구로 자리매김되어 농림성에 사무국을 두고 농업단체 대표, 정당 및 정부 관계자를 배제한 순수한 학식경험자만으로 구성되었다. 그러나 농업기본법 제정이나 조사회 설치에 소극적이던 농림성은 막상 조

---

50) 小倉武一(1967), 131~132쪽.

사회의 활동이 시작되자 태도를 180도 바꾸어 적극적으로 개입하여 최종보고서가 사실상 농림성의 정책방향에 따라 작성되도록 유도했다.[51] 1960년 5월에 수상의 자문에 대한 최종답신으로 제출된『농업의 기본문제와 기본대책』이 바로 그것이다.

그 내용을 간추려보면, 먼저 고도성장으로 표면화된 낮은 농업생산성, 고용조건의 제약, 교역조건의 상대적 불리라는 기본문제가 새로운 농정전개의 계기 내지 배경이 되고 있다고 진단했다(제1절 총괄). 나아가 지금까지 식량증산을 통한 농가소득 지지나 수입대체에 의한 외화절약 효과가 농정의 목표였던 시대는 지나갔고, 농산물 수요에 부응한 품질의 중시와 저렴한 가격으로의 공급이 새로운 농정의 목표가 되어야 한다며 "농산물생산의 선택적 확대"를 주장했다(제2절 소득정책, 제3절 생산정책). 그리고 이를 위해서는 "영세 겸업농가의 이농을 용이하게 하는 시책"을 도입하고 한편으로 이를 전제로 규모 확대를 추진하여 농업생산성을 향상시키고 다른 산업 종사자의 소득과 균형을 이루는 농업소득을 실현하는 자립경영을 육성해야 한다고 했다(제4절 구조정책).

농림부는 농림어업 기본문제조사회의 답신에 입각하여 입법화에 착수하여 1960년 말에 이농을 통한 구조정책의 추진 등을 골자로 하는 경제합리주의 농업기본법 원안을 확정하고 집권여당인 자민당과 조정에 들어갔다. 그러나 농림성 원안은 농협 계통조직뿐만 아니라 자민당, 사회당의 농촌 출신 의원의 강력한 저항에 부딪혔다. 그 후 집권여당과의 통산 20차례의 절충을 거쳐 농업보호주의적 방향으로 수정되어 1961년 6월에 성립을 보게 되었다.[52]

---

51) 団野信夫(1961), 4쪽.
52) 全国農業会議所編(1961), 43쪽.

(2) 집권자민당과 사회당의 대응

농업문제는 치안이나 안보문제와는 달리 여·야당 혹은 보수·혁신정당 사이의 정책 대립이 그다지 크지 않은 분야로 꼽히곤 한다. 특히 고도성장기에 농업·농촌 부문은 보호를 받아야 할 약자의 처지에 내몰렸기 때문에 여야는 농업보호에 한 목소리를 내며 농촌을 자신의 지지기반으로 포섭하는 데 열중했다. 지금까지 많은 연구에서 1955년 보수합동을 계기로 농촌이 집권자민당의 안정된 지지기반으로 편입되어 보수정권의 장기적인 정권재생산에 기여했다고 주장되었지만 이는 잘못된 생각이다.[53]

좌우 사회당의 통일과 보수합동 이후에도 경찰직무집행법(警務法) 제정, 미일안전보장조약 개정 등의 치안·안보문제로 보수·혁신정당의 대립과 정당 내부의 파벌항쟁은 극에 달했다. 미이케(三池) 탄광 쟁의에서 보듯이 노동운동 전선에서는 "총자본 대 총노동의 대결"로 일촉즉발의 위기가 다가오고 있었다. 농촌지역에서 농가세대주는 농지개혁 이후 영세한 토지를 소유한 소자본가의 의식을 가지고 급속히 보수화되어갔다. 그러나 농가의 2, 3남은 가족 내 노동자로서 광범하게 퇴적된 채 출구가 보이지 않는 현실에 어찌할 바를 모르고 반체제적 농민조합의 활동가로 나서는 등 농촌의 정치적 향배는 여전히 유동적인 상태였다.

따라서 여야 가릴 것 없이 농촌에 지지기반을 둔 국회의원들은 1950년대 중반 이후 정치적 혼란이 가중되는 가운데 농업 경시로 보이는 농정전환에 누구보다 강한 위기의식을 느끼고 예산 확충을 골자로 하는 농업기본법 제정에 매달리게 되었다. 특히 자민당의 경우, 서독의 농업기본법에 자극을 받아 이미 1957년 무렵부터 각종 연구회와 협의회를 통해 적정 경영 규모를

---

53) 升味準之輔(1969), 199~210쪽; 大嶽秀夫(1999), 41~56쪽.

갖는 자작농의 육성을 목표로 하는 농업보호 입법을 논의하기 시작했다. 그러나 지민당과 사회당이 각각 '농업기본법 연구회', '농업기본법 소위원회'를 설치하여 농업기본법 제정을 본격적으로 검토한 것은 전국농업회의소의 농업기본법 제정운동을 전후한 시기였다.[54] 1960년 말에 구체적인 모습을 드러낸 경제합리주의 관점에 선 농림성 원안은 이들 정당에서 논의되던 내용과는 상당히 거리가 있었고 그대로 받아들일 수 있는 것이 아니었다.

농업기본법의 농림성 원안에 대한 자민당과 사회당의 반응은 상당한 차이가 있었다. 자민당은 기본적으로 농업구조 개선을 통한 농업근대화 노선을 받아들였다. 다만 농촌사회의 급격한 변혁을 부추기는 표현을 수정하고 농업보호를 선언적으로 규정하는 내용을 추가해야 한다고 주문했다. 이에 대해 사회당은 영세 농가의 공동경영을 통해 농업근대화를 추구하는 방안을 제시했다. 미일안보조약 승인문제와 내각 교체로 가까운 시기에 총선거가 예상되었기 때문에, 양당 공히 농업기본법 제정을 적극 추진하는 모습을 보임으로써 농업이익의 대변자로서 유권자에게 다가가려 했던 것이다.[55]

집권자민당은 1961년 1월 18일부터 농림어업 기본문제조사회에 소속된 농촌의원을 중심으로 통산 20차례에 걸쳐 거의 매일 농림성 관계자와 당정협의를 거듭하여 2월 4일에 당내의 수정의견을 반영한 농업기본법 요강을 확정하여 법안으로 제출했다. 결국 1961년 6월 6일 성립된 농업기본법은 농림성 원안의 몇몇 내용과 표현에 손질을 가하여 외형적으로 농업보호주의를 표방하고 있는 것처럼 보이게 한 것이었다. 주요 수정 내용을 간추려 보면 다음과 같다.

---

54) 『日本農業新聞』 1957. 6. 3; 『日本農業新聞』 1957. 7. 12; 『日本農業新聞』 1957. 9. 2; 『日本農業新聞』 1958. 7. 16; 『日本農業新聞』 1958. 10. 19.
55) 『日本農業新聞』 1960. 7. 22.

첫째로, 농림성 원안에는 없던 문구로 "오랜 역사의 시련을 겪으며 (…) 국민경제 발전과 국민생활 안정에 기여했다"며 농업의 역사적인 역할을 평가하고 고도성장에 따른 농업문제 해결을 위해 법률을 제정한다는 미사여구를 전문(前文)으로 추가했다. 일반 법률에 전문을 두는 것은 1947년에 제정된 교육기본법을 제외하면 극히 이례적인 일로서, 농업기본법이 구체적인 내용보다는 농업보호 의지에 관심을 돌리려는 정치적이고 선언적인 법률의 성격을 가지고 있었음을 말해준다.

둘째로, 생산정책에서 농림성 원안에 없던 "농업 총생산의 증대"를 추가했다. 이는 농업생산량 증대를 목표로 한다기보다는 "농업생산성의 증대"(제9조)와 함께 병기함으로써 농업근대화와 함께 종래의 식량 자급증산 방침도 견지하고 있음을 강조하려 한 것이다. 일종의 작위라고 할 수 있다.

셋째로, 농산물 가격정책은 "농업의 생산조건, 교역조건의 불리함을 시정하는 시책의 중요한 일환"(제11조 1)으로 자리매김되었다. 전반적인 식량 수급사정 완화에도 불구하고 쌀 등 농가경제에 직결되는 주요 농산물 가격지지를 계속하겠다는 의지를 천명한 것이다.

끝으로, 구조정책에 대해서는 직접적인 표현을 피하면서도 에둘러 그 의지를 표명했다. 당초 농림성 원안에 언급되었던 "이농을 지원하기 위한 필요한 조치"라는 문구는 농협 계통조직의 강력한 반발에 직면하여 삭제되었다. 대신에 "가족경영의 발전을 통한 자립경영의 육성"과 이를 위한 "농업경영의 세분화 방지"(제15조, 제16조)라는 표현이 들어갔다. 자민당 농촌의원들도 급격한 농민분해정책이 농촌의 정치적 기반을 붕괴시키는 결과를 초래할 우려가 있다고 보고 "이농"이라는 말에 강한 거부감을 보이면서 이를 애매모호한 서술형 표현(제20조)으로 바꾸었다. 어쨌든 농업구조 개선은 필요하며 인위적인 경영확대 노선을 포기하지 않았음을 분명히 한 것이라고 볼 수 있다.

이처럼 농업기본법은 농림성 원안의 경제합리주의적 생산정책, 가격정책, 구조정책에 농업보호주의적 요소를 덧칠함으로써 법률로서는 상호 모순된 내용이 공존하여 길항하는 상당히 애매모호한 형태가 되고 말았다. 그러나 농림성 주도로 작성된 조사회 답신과 이를 법률적으로 표현한 농림성 원안을 지배했던 '보호농정으로부터의 탈피'와 '농업근대화 추구'라는 경제합리주의 노선은 그대로 유지되었다.

농업기본법은 고도성장으로 확대되는 "다른 산업과의 생산성 격차를 시정하도록 농업생산력 향상을 통해 농업자의 소득을 증대시키고 다른 산업 종사자와 균형 있는 생활을 영위하게 하는 것"(제1조)을 기본목적으로 설정했다. 이를 위해서는 "가족 농업경영을 근대화하여 건전한 발전을 도모하는 동시에 자립경영을 이룰 수 있도록 육성하는"(제15조) 시책이 필요하다고 보았다.

농협 계통조직과 자민당 농촌의원의 반대로 "이농"이라는 말은 삭제되었으나 그 유력한 수단으로 "농업구조 개선"이 상정되었다. "농업자 및 그 가족의 희망과 능력에 따라 적당한 직업을 갖도록 교육·직업훈련 및 직업소개사업을 충실히"(제20조)하여 농업종사자의 전직(轉職)을 유도함으로써 "농업 경영 규모 확대, 농지 집단화, 가축 도입, 기계화, 기타 농지보유 합리화 및 농업경영합리화"(제2조 3)를 추구한다는 것이었다.

이러한 바탕 위에 축산, 야채, 과수 등 "수요가 증가하는 농산물의 생산을 확대하고" 쌀, 보리, 대두 등 "수요가 감소하는 농산물의 생산은 축소하며", 나아가 "외국 농산물과 경쟁관계에 있는 농산물 생산을 합리화"하기로 했다. 이러한 농산물 생산의 "선택적 확대"(제2조 1)를 통해 "산업으로 자립할 수 있는 농업"을 지향한다는 것이었다. 실제로 농업기본법이 공포된 지 20

일 뒤에 대두의 수입자유화가 결정되었다.

비유적인 표현을 빌리면, 농업기본법은 영세 농가의 희생과 퇴출을 강요하는 경제합리주의라는 '쓴 약'에 농업보호주의라는 '감미료'를 입힌 '당의정(糖衣錠)'과 같은 것으로, 그 안에는 전혀 상반된 논리가 뒤섞여 있었다. 그러나 이미 〈표 4-1〉, 〈표 4-2〉에서 살펴보았듯이, 농가세대주가 농정당국의 기대와는 달리 "이농"하거나 농외로 "전직"하지 않고 재택통근의 형태로 겸업화하여 영세 농업경영이 고착화됨으로써 처음부터 한계에 부닥치게 되었다.

1960년 7월, 농업기본법 제정 와중에 수상에 취임한 이케다 하야토(池田勇人)는 기자회견에서 정치공약인 '국민소득배증(國民所得倍增)'을 달성하기 위해서는 "3년간 경제성장률을 9%로 유지하고 10년간 농민 수를 1/3로 줄여야 한다"고 말했다. 이 발언에 대해 농업단체나 자민당 내외로부터 강력한 비판이 제기되자 이튿날 "농민수를 6할 정도로 줄인다"고 정정하는 촌극을 벌이기도 했으나 고도성장이 끝나는 1975년 시점에 농업취업인구는 예상을 훨씬 넘어서 절반 수준까지 줄어들었다.

그는 "일본 산업을 국제 경쟁의 차가운 바람에 내몰아 단련케 하여 세계시장에 나갈 수 있도록 해야 한다. 일본경제를 성장·육성시키면서 한편으로 세계시장에 아무런 보호 없이 내몰아야 한다. 소득배증과 무역자유화는 하나의 짝이 되어야 비로소 의미가 있다"고 했다.[56] 여기서 경쟁력 없는 산업이란 다름 아닌 농업이었으며, 따라서 외국 농산물과의 경쟁에서 살아남을 수 있는 작목을 중심으로 농업을 근대화하고 나머지는 시장을 개방하는 것이 국민경제에 이바지하는 일이라고 생각했던 것이다.

---

56) 中村政則(1995), 33쪽.

나아가 〈그림 4-4〉에서 본 바와 같이, 쌀 등 주곡의 가격 지지와 증산이라는 농업보호주의도 단수증가에 따른 생산 과잉 때문에 1960년대 중반에 사실상 한계에 부딪혔다. 농업기본법은 제정된 지 불과 5년 남짓한 기간중에 농업근대화를 위한 법률로서도 농업보호를 위한 법률로서도 실효성을 상실하고 말았다. 정부여당은 결국 "소득균형 목표의 삭제", "농산물 가격억제", "농촌공업화" 등을 주요 내용으로 하는 농정심의회의 답신을 발판으로 농정 전환을 검토하지 않을 수 없게 되었다.[57] 1969년 농협 계통조직은 경제사업의 중심을 이루는 식량관리사업을 지켜내기 위해 스스로 농가조합원의 이익에 반하는 추곡수매가 인하 및 벼농사 생산조절을 제안했다. 정부여당은 이러한 농협 계통조직의 요청을 받아들여 이른바 '종합농정'으로 정책방향을 전환하는 계기를 마련했다.[58]

4. 농협 계통조직의 농정운동체제와 보수정치

1) 고도성장기의 농촌정치구조

(1) 경작농민의 정치적 향배

이상에서 살펴본 바와 같이, 농업기본법에는 고도성장에 의한 급격한 사회구조 변동과 그에 따른 모순과 사회적 긴장에 대처하려는 정치적 목적이 내포되어 있었다. 고도성장에 의한 농공 간의 소득격차 확대는 전후민주주의와 사회체제의 위기로 파악되었다. 구조 개선과 생산의 선택적 확대를 통해 생산성을 향상시키고 주요 농산물의 가격 지지를 통해 소득균형을 이

---

57) 農政審議会(1969).
58) 満川元親(1972), 636~639쪽.

룩하는 것은 이에 대한 일종의 정책적 처방전이었다.

여기에는 농지개혁으로 창출되어 농촌지역에 광범하게 적체되어 있던 경작농민의 정치적 향배가 확정되지 않은 채 여전히 유동적인 상태라는 사실이 개재되어 있었다. 농지개혁으로 창출된 농가세대주는 영세하지만 토지를 소유한 소자본가의식을 가지고 급속히 보수화되었다. 그러나 이들 세력을 지지기반으로 조직해야 할 보수당은 농지개혁에 끝까지 반대하고 자작농 창설 이후에도 토지반환운동을 끈질기게 전개한 구(舊)지주 등 유산계급·자본가가 지배하고 있었다. 농지개혁부터 보수합동을 전후한 시기까지 전국의 지주단체는 지역별로 혹은 전국 단위로 개척자연합회(開拓者聯合會), 전국농정연맹(全國農政聯盟) 등을 결성하여 농지개혁 위헌소송의 제기 및 소원의 형태로 토지반환운동을 끈질기게 전개하고 있었던 것이다.[59]

한편 농지개혁 이후 농가의 가족 내 노동자로 적체되어 있던 2, 3남의 정치적 태도는 더욱 복잡했다. 일본에서는 이미 에도(江戶) 봉건시대에 영농규모의 세분화를 막기 위해 단독상속이 확립되었고 그 전통을 계승해 1897년에 제정된 메이지민법은 최고연장자인 '이에(家)'의 대표가 호주(戶主)의 지위를 승계하여 모든 자산을 상속하는 '가독상속(家督相續)'을 법제화했다. 농가의 2, 3남을 사실상 농촌사회에서 배제한 구(舊)민법은 1947년에 폐지되었지만, 농업기본법을 통해 "가족 농업경영의 세분화 방지"와 "농업구조개선"을 위해 "공동상속인 한 사람"이 농가를 상속하는 법률 조항으로 부활했던 것이다(제16조).

이처럼 농가의 2, 3남은 "농촌의 가장 심각한 사회문제로 자기 집의 농업을 이을 수도 없었고, 특별한 기능이 있는 것도 아니었다. 또한 언제까지나

---

59) 法政大学大原社会問題研究所編(1955).

고향에 머물 수도 없고 도시로 나간다고 해서 마땅히 직장이나 살 집이 있는 것도 아니어서 고뇌 가운데 보조적 농업노동자 또는 겸업노동자"로서 "끊임없이 농촌을 떠나라는 무언의 정신적 압박을 받으면서 나날을 보내는" 처지였다.60) "자신들의 장래에 대해 희망을 가질 수 없는 2, 3남이 농촌에 광범하게 적체되어 있는 한 (…) 낭비, 불량화 등 인간적 타락을 중심으로 농촌사회에 다양한 문제를 제기했다." "새로운 민법의 규정에 따라 농지의 균분상속(均分相續)조차 요구할 수 없는 (…) 엉뚱하게 분출된 민주주의에 따른 가족불화, 자기중심의 욕망충족주의에 의한 사회적 반항, 관념적인 사회혁명주의, 극단적 니힐리즘 등 그 경향"은 실로 다양하게 표출되었다.61)

실제로 농가 2, 3남은 만주사변에서 아시아태평양전쟁에 걸친 15년전쟁 기간 동안 제국육군의 사병이나 하사관으로 편입되어 "대륙침략의 첨병", "파시즘의 온상"62)이 된 바 있었다. 역사의 반복이라 할지 기시감(déjà vu)의 발로라 할지, 그들은 다시 자위대에 대거 몰려들어 미국을 중심으로 하는 침략주의적 자본주의의 재생에 기여하거나,63) 아니면 체제변혁적 농민조합의 활동가로서 농촌혁명운동에 가담했다. 말하자면 농가의 2, 3남은 일본 농촌사회의 구조적 모순을 상징하는 존재였으며, 특히 패전 이후 고도성장에 이르기까지 잠재적인 사회불안 요인으로 작용했던 것이다.

(2) 고도성장에 의한 농촌정치구조의 변화

그런 의미에서 고도성장에 의한 농업·농촌 부문에서 공업·도시 부문으로

---

60) 農業復興会議編(1955), 48~51쪽.
61) 野尻重雄(1959), 16~17쪽.
62) 이항철(1987), 115~167쪽.
63) 近藤康男(1955), 213~214쪽, 221~229쪽.

의 '민족대이동'과 산업구조·취업구조의 변화는 이런 농촌의 정치적 성향과 배치 상황을 크게 바꿀 수 있는 개연성을 내포한 것이었다. 이와 관련하여 노동대신 이시다 히로히데(石田博英)는 「보수당의 비전」(1963년 1월)이라는 논문에서 고도성장에 의한 산업구조·취업구조 변화가 초래할 보수·혁신 정치지형의 지각변동을 예측하고 있다. 논문의 내용을 요약하면 다음과 같다.

자민당은 "농어촌을 주축으로 하는 1차 산업, 2차 산업 및 3차 산업의 경영자 및 여기에 부수된 세력을 지지기반으로 한다." 그런데 그동안 "스스로 묘혈을 파는 근대화정책"을 추진하여 농업취업자가 크게 감소하고 노동조합 조직원이 늘어나는 산업구조·취업구조의 급변으로 사회당의 지지기반을 확대하는 결과를 낳았다. 이런 추세라면 "1968년 무렵에는 사회당의 천하"가 된다는 것이었다. 자민당이 기존의 지지세력에 집착하여 혁신정당의 정치적 기반인 노동자 계층에 적극적으로 파고들어 지지기반을 개척하는 새로운 보수주의의 비전과 전략을 확립하지 않으면 얼마 안 있어 정권을 잃게 될 것이라고 경종을 울린 것이었다.[64]

이시다 논문의 핵심은 농촌을 보수당의 아성으로 전제하고 농촌사회의 급격한 해체에 따른 집권자민당 지지기반의 해체와 도시부의 노동자층 증가에 따른 사회당을 중심으로 한 혁신정당의 약진으로 고도성장기 전반기의 정치 상황을 파악한 것이었다. 그러나 앞에서 언급한 바와 같이, 당시 농촌의 정치적 향배는 확정되지 않은 채 유동적인 상태에 있었다는 점에서 전제 자체에 오류가 있으며, 잘못된 인식 아래 보수당의 퇴조를 설명하는 논리적 모순에 빠져 있었다고 할 수 있다. 더구나 사회당의 약진 및 혁신정권 탄생이라는 그의 예측은 이후의 정치전개가 자민당 지지의 감소와 병행

---

[64] 石田博英(1963), 91~94쪽.

하여 사회당 지지의 감소로 나타났다는 점에서 완전히 빗나간 것이었다.

이러한 오류는 기본적으로 농가 2, 3남의 정치성향과 고도성장과 함께 이들이 도시부로 전출함에 따라 발생한 농촌의 정치적 향배에 대한 인식이 결여된 데서 연유한다. 나아가 기업의 생산직 노동자로서 대도시 주변에 정착한 이후 그들이 직면했던 냉엄한 현실에 대한 이해부족도 한 몫을 했다고 볼 수 있다.

〈그림 4-5〉에서 보듯이, 고도성장기 전반까지 농촌지역의 보수당 지지는 결코 안정된 것이 아니었다. 농지개혁이 일단락되고 그 효과가 나타나기 시작하는 1950년까지 농민조합운동의 여운, 농업단체재편성 소동, 중국혁명의 영향 등으로 농촌사회가 크게 요동치면서 사회당, 공산당이 광범하게 세력을 확대하는 등 농촌지역의 보수당 지지는 전국 평균을 밑돌았다. 그

〈그림 4-5〉 고도성장기 농촌지역 보수정당 지지율 추이(단위: 지지율, %)

* 자료: 東洋経済新報社編, 『完結昭和国勢総覧』第1卷, 東京: 東洋経済新報社, 1991, 134쪽.

이후 전국 평균을 웃돌기는 하지만 전반적인 보수당 지지의 하락추세와 궤를 같이하는 등 유동적인 정세가 계속되어 농촌지역이 보수당의 안정적 지지기반으로 확정되었다고 할 수 없는 상태였다. 여기에 농지개혁으로 일시적으로 목표를 상실하고 농협 계통조직이 주도하는 농정운동을 추종하던 농민조합이 좌우 사회당의 통일을 계기로 여기에서 벗어나 혁신세력의 공동전선 구축에 적극 가담함으로써 이런 경향에 더욱 박차를 가했다.

그러나 고도성장의 본격화에 따른 농가 2, 3남의 농외전출은 체제정비를 서두르는 농민조합의 조직기반을 무너뜨리고 소자본가로서의 정치의식을 갖게 된 농가세대주로 농촌사회를 순화 내지 균질화시키는 계기가 되었다. 이시다 히로히데(石田博英)를 비롯해 농업인구의 급격한 감소가 전통적인 보수 지지기반을 급격히 붕괴시킬 것이라는 보수층의 일반적인 우려와는 달리, 농가 수가 그다지 감소하지 않았기 때문이다. 구(舊)지주 계통을 잇는 명망가와 2, 3차 산업의 경영자 등 유산자본가의 이익을 대변하는 자민당으로서는 비록 계급적·계층적 기반이 다르고 종교적·정신적 가치를 공유하고 있지는 않지만 농업·농촌 부문에 대한 물질공여·이익유도를 통해 농촌지역을 안정적인 지지기반으로 편입할 수 있는 공간이 발생했다.[65]

(3) 자민당의 농업·농촌 부문 이익유도체제 강화

1958년 농민조합은 전국조직인 전일본농민조합연합회(全日農)를 결성하고 농협 계통조직이 주도하는 농정운동으로부터 이탈했다.[66] 이를 전후해 자민당은 미가심의회 자문안에 대한 개입을 강화하고 추곡수매가 결정에서 주도권을 장악해 나갔다. 나아가 농협 계통조직을 통해 각종 농업보조금을

---

65) Calder(1986), p. 61.
66) 農業復興会議編(1958), 300~310쪽.

배분함으로써 농업·농촌이익을 대변하는 정당으로 입지를 굳혔다.[67]

1960년 안보 투쟁 이후 등장한 이케다 하야토 정권은 '저자세와 우회작전'을 통해 국민대중과 혁신세력을 격리시키고 '소득배증'이라는 명료한 목표하에 농산물시장개방을 추진하는 한편, 농업 부문에 대한 이익유도를 본격화했다. 그에 따라 농촌지역의 보수당 지지율은 급상승했다.[68] 계층적·계급적 성격과 지지기반의 상위라는 자민당의 모순이 내공하는 가운데, 농업·농촌 부문에 대한 이익유도정책은 중선거구제 아래 극심한 경쟁과 정치생명의 위기에 노출되어 있던 보수정치인 개개인의 권력재창출에 탁월하게 기능했다.

한편 사회주의혁명을 표방하는 사회당은 계급적·계층적으로 영세한 농가 구성원을 지지기반으로 포섭하여 노농연대를 구축하기에 보수당보다 훨씬 유리한 위치에 있었고, 최소한 농지개혁의 효과가 가시화될 때까지는 그렇게 보였다. 그러나 실제로 사회당은 연합군총사령부 주도하에 이루어진 농지개혁 및 농업협동조합제도 창설, 나아가 그 후의 농업단체재편성, 농업기본법 제정에 이르기까지 농촌 현실과 농민의 요구에 유연하게 대응하지 못했다. '노동조합의 정치부'로서 교조적 이념을 탈피하지 못함으로써 농민대중으로부터 유리되기 시작했던 것이다.[69] 특히 농지개혁으로 영세하나마 토지를 소유한 자작농이 광범하게 창출되고 이들의 보호장치로 등장한 농협 계통조직이 영세 농가의 경제활동과 일상생활을 독점적으로 조직해 들어감에 따라, 그때까지 농촌민주화의 주역이던 농민조합은 급격히 와해되고

---

67) 農政調查委員会編(1978), 9쪽.

68) 内田健三(1969), 168쪽.

69) 「日本社会党結党大会決定」1945. 11. 2, 国立国会図書館調査立法考査局編(1966a); 「日本共産党第四回大会行動綱領」1945. 12. 1, 国立国会図書館調査立法考査局編(1966b).

간판만 유지한 채 농협의 농정운동에 뒤따라갈 수밖에 없는 처지가 되었다.

좌우 사회당의 통일과 공산당과의 협력체제 수립에 호응하여 1958년을 전후해 농민조합 재건 및 전국조직 결성 움직임이 일어났지만, 이미 농촌사회에서는 고도성장의 소용돌이에 휘말려 주요 활동가인 농가 2, 3남의 농외 전출이 본격화되고 있었다. 대도시 주변지역에 정착한 그들은 얼마 안 있어 교통, 주택, 공해, 보육원, 학교증설 등 열악한 생활환경에 직면하여 이를 해결하기 위한 시민운동·주민운동의 주축으로 가담했다. 기업 중심으로 재편된 사회의 생산력주의·물질만능주의와 직접적인 생활에 관련된 도시환경 개선에 무관심한 기존 정당에 대한 반발로, 도시주민들 사이에서 '탈정당적·무당파적' 심정이 만연하여 지방정치무대에 속속 혁신자치체가 들어선 것도 같은 맥락에서였다.

결국 고도성장에 의한 농촌사회 해체와 동전의 양면을 이루는 도시화의 진척 및 도시주민의 혁신화 경향은 사회당의 지지율 상승으로 연결되지는 않았다.[70] 1960년대 들어 사회당 우파의 분당(民社党), 종교단체를 모체로 한 공명당(公明党)의 결성 등을 배경으로 도시지역은 다당제적 양상을 보인 반면, 농촌지역은 자민당과 사회당의 '1.5정당제' 내지 '1과 1/2 정당제'[71] 양상을 보이면서 보수정권의 안정적 정권재생산기반으로 편입되었다.

2) 추곡수매가운동과 이익유도 정치의 전개

(1) 농촌지역 보수·혁신세력의 분단과 대립

농협 계통조직은 저변에 모든 경작농가를 수평적·수직적으로 조직하고 있었던 만큼 '조합원과 조직의 이익실현을 위해 국회의원 선거 등에 농가조합

---

70) 津村喬(1978), 47~64쪽.
71) Scalapino and Masumi(1962), p. 150.

원의 표를 결집하는 강력한 집표력(集票力)을 지니고 있었다. 1960년대 들어 이를 무기로 집권보수당에 추곡수매가(=생산자미가)로 대표되는 농업보호·농협육성정책을 요구하고, 자민당도 여기에 호응해 농산물 가격 지지를 통해 농가소득을 보장하고 각종 공공정책을 통해 농촌지역 선거구에 물질적 이익을 유도하는 체제가 형성되었다. 자민당은 고도성장으로 조세수입이 안정적으로 확보되고 무역마찰의 격화로 산업계·재계의 이익을 지키기 위해 농산물시장을 차례로 외국에 내주기까지, 계층적·계급적 성격이 상이함에도 농업·농촌 부문에 재정자금을 배분하여 정권재생산을 추구했다.

이미 1950년대 초에 혁신세력의 농촌지역 확산을 차단하기 위해 '적설한 냉단작지대(積雪寒冷單作地帶)', '습전단작지대(濕田單作地帶)', '특수토양지대(特殊土壤地帶)' 등과 같이 사실상 모든 농촌지역을 대상으로 한 임시조치법을 제정하여 재정자금을 살포하고 이를 통해 '풀뿌리 보수주의'를 조직하려는 시도가 있었다.[72] 그러나 보수당이 분열되어 있는 데다 농촌사회 역시 농가세대주와 2, 3남의 미묘한 이념적 갈등이나 토지반환소송 등 구(舊)지주세력의 반격, 여기에 농민조합의 분열에 따른 정치적 혼란이 어우러져 그 효과는 매우 제한적이었다. 많은 연구자들의 주장과는 달리 1955년 보수합동 이후에도 여전히 농촌사회는 '질풍노도'의 와중에 있었으며 결코 정치적으로 안정되지 않았던 것이다.

그런데 이런 상황에 극적인 변화를 가져다줄 가능성을 내포한 중요한 전기(轉機)가 찾아왔다. 그 하나는 고도성장에 의해 농가 2, 3남을 중심으로 농촌지역의 인구가 대규모로 외지로 유출된 것이었다. 다른 하나는 좌우사회당의 통일에 따라 농민조합이 재건되고 전국조직을 결성하여 다시 계

---

72) 今村奈良臣(1978), 137~140쪽.

급투쟁적 농민운동에 나서게 된 것이었다.

1952년 샌프란시스코 강화조약에 의한 일본의 국제사회 복귀는 농업·농민·농정에 있어서도 매우 중요한 시기였음에도, 각각 사회당과 공산당의 지도하에 있던 농민조합은 여전히 점령개혁에 대한 잘못된 인식에 사로잡혀 있었다. "점령군인가 해방군인가", "반제국주의 투쟁인가 반봉건 투쟁인가" 혹은 "반제국주의 투쟁인가 반독점 투쟁인가" 하는 당내의 해묵은 노선 투쟁의 연장선상에서 사분오열을 거듭하며 조직과 활동 면에서 극심한 침체 상태에 빠져들었다.[73]

그런 가운데 1953년 농협 계통조직이 주도한 '전국농민대회'의 '쌀값 투쟁'에 농민조합 대표가 대거 참석하는 등, 투쟁목표를 상실한 농민조합운동이 급속히 농협 농정운동으로 수렴되는 양상을 보이기도 했다. 당시 농민운동의 실태를 비판하다 농민조합 주류파에서 제명된 실천적 농민운동 이론가 유가미 고이치(遊上孝一)는 "이것은 본래의 농민운동이 아니라 농민운동을 정부나 독점자본의 하청기관인 농협의 농정운동으로 해소하는 것"이라고 강력하게 비판했다. "농민운동의 침체라는 냉엄한 현실을 무시하고 농협을 중심으로 하는 농정운동을 농민운동의 고양으로 오인함으로써 변화된 계급관계에 대응할 농민운동의 형태와 전술을 모색하는 과제를 놓쳤다"는 것이었다.[74]

1955년 좌우 사회당의 통일과 공산당의 자기비판을 계기로 이러한 농민조합의 이념적 혼선과 분열상태를 극복하려는 움직임이 싹트기 시작했다. 직접적인 계기는 새로이 공산당 농림부장으로 취임한 곤노 요지로(紺野与次郎)의 통렬한 자기비판이었다. 그는 "농지개혁 이후의 계급관계에 대한 인식

---

73) 深谷進·新井義雄·朝野勉(1954), 384~388쪽.
74) 遊上孝一(1956), 10쪽.

에 주관적인 오류가 있었고 지주계급이 받은 커다란 변화를 제대로 파악하지 못했다. 당연히 농민 각 계층의 새로운 특징도 제대로 보지 못하고" 반봉건 투쟁에서처럼 "농민운동의 방침을 그르치는 기초를 만들고 말았다"고 진단했다. 더 나아가 중앙조직 주도의 정치적인 반봉건 투쟁에서 벗어나 대중 노선과 독점자본과의 전면대결을 내세우며 분열된 농민조합의 복귀와 통합을 호소했다.[75]

이는 1956년 3월 말에 열린 일본농민조합 제10차 대회에서 종래의 공산당 독점의 임원구성을 크게 바꾸어 사회당, 노동당, 공산당, 무소속 농민운동가가 골고루 참여한 새로운 집행부를 구성하는 것으로 구체화되었다. 여기에서 농민운동의 통일전선 구축은 특정 정당의 정치적 의도에 의해 좌우되거나 지배되어서는 안 된다는 원칙이 확인되었다. 아울러 중앙조직만으로 형식적인 통일을 결정하고 지방조직에 이를 기계적으로 강요하거나, 지방조직이 자기만의 편협한 이념에 갇혀 지역적인 파벌로 남아 있어서는 안 된다는 합의도 이루어졌다. 결국 1958년 3월 농민조합의 거의 모든 조직이 참여한 전일본농민조합연합회(全日農)가 결성되면서 10년 넘게 계속된 농민운동의 노선 대립과 사분오열의 역사는 막을 내렸다.

(2) 집권보수당의 추곡수매가 결정 주도권 장악

이처럼 농민조합의 재건 및 전국조직 결성과 본래의 계급투쟁 노선으로의 복귀는 바로 농협 계통조직의 농정운동과 결별을 의미하는 것이었다. 1959년부터 농협 계통조직은 농업단체재편성 문제로 불편한 관계에 있던 농업회의소와 같은 방식으로 추곡수매가 요구액을 산정하여 정부여당에 진정운

---

75) 紺野与次郎(1961), 12~13쪽.

동을 전개하기 시작했다. 한편 전일본농민조합연합회는 농민조합의 간판만 내세우고 농협 농정운동에 따라가던 종래의 추종 노선을 탈피하여 독자적인 산정방식에 입각해 대중운동적인 쌀값 투쟁을 전개했다.

그러나 전국의 농민조합 회원 수는 25만 명 정도로 당시 농업취업자의 2%에도 미치지 못했다. 패전 직후 농촌사회를 석권했던 농민운동의 파괴력은 흔적도 찾아볼 수 없었다. 그것도 고도성장으로 주요 활동가인 농가 2, 3남이 급격히 농외로 유출되면서 사실상 유명무실한 상태에 빠지게 되었음은 이미 언급한 바와 같다.

자민당은 이러한 농촌사회의 구조변동에 따른 유권자의 정치적·이념적 상황을 예리하게 포착하여 농업·농촌이익의 보호자를 자처하고 나섰다. 그 방식은 미가심의회에 대한 개입을 강화하여 자민당 주도로 농업소득의 가장 중요한 부분을 차지하는 추곡수매가 결정을 주도하는 것이었다.

미가심의회는 1952년 농림성으로 이관된 이래 생산자 대표, 소비자 대표, 여당 대표, 야당 대표, 중립적인 학식경험자가 참여하여 각 주체의 요구안을 바탕으로 공개토론과 정치적 타협을 통해 적정한 매입가격을 산출하여 정부에 자문하는 역할을 해왔다. 특히 중립적인 학식경험자는 입장이 다른 주체들의 의견을 조정해 단일 요구안을 답신하는 역할을 수행함으로써 쌀값 안정에 기여하고 미가심의회 그 자체의 대외적 권위를 유지하는 데 중요한 역할을 했다.

보수합동을 계기로 농촌지역의 지지세력 확보를 둘러싸고 자민당과 사회당의 경쟁이 격화되는 가운데, 자민당은 자신들의 주도로 쌀값 인상이 이루어졌음을 농업·농촌 관련 유권자들에게 각인시키기 위해 점차 미가심의회에 대한 개입을 강화했다. 사전에 정부 측과 절충하여 미가심의회에 자문내용을 내시(內示)하거나 그렇게 정해진 내용을 사실상 최종안으로 확정하여 나중에 바꾸지 못하게 하기도 했다. 경우에 따라서는 미가심의회의 자문안 작성에 개입하거나, 그것이 여의치 않으면 답신이 나온 뒤 정부에 직접 압력을 가해 자민당의 요구를 관철시키기도 했다. 자민당의 개입 강화로 미가심의회 내부에서 반발의 목소리가 고조되는 가운데 생산자 대표와 야당 대표 측이 생산비와 소득보전 방식의 실현을 정부에 강력하게 요구하고 소비자 대표와 중립위원 측은 이에 반발하는 등 매년 의견 대립이 격렬해졌다. 그러나 1960년까지는 어떻게든 단일안을 도출하는 데 성공했다.[76]

하지만 1960년에 들어 농업생산성 향상에 따라 쌀 수급 상황이 크게 호전된 가운데 농업기본법 제정과 아울러 도농 간의 소득균형을 목표로 생산비 및 소득보전 방식이 도입됨에 따라 추곡수매가가 크게 상승했다. 농협 계통 조직의 강한 요청을 받아들여 집권여당이 미가심의회와 정부에 압력을 가해 매년 산정요소를 수정하여 적산을 거듭하면서 쌀값 인상에 박차를 가했기 때문이다.[77]

(3) 자민당에 대한 진정운동 중심의 농협 농정운동

그 과정에서 미가심의회는 완전히 유명무실해지고 중립위원의 조정 역할도 설 땅을 잃었으며 집권여당에 대한 항의 표시로 중립위원이 사직하거나 답신을 내지 않는 등 정치적 공방이 계속되었다. 집권여당이 쌀값 결정의 주도권을 장악함에 따라 농업협동조합 등 생산자단체는 미가심의회보다 자민당에 대한 진정운동에 집중했다. 당내에서도 출신지역이나 당선회수에 따라 다양한 의견이 제기되고 정부와 여당 간의 인상폭 조정도 난항을 거듭하기 일쑤였다. 자민당의원 가운데 '베트콩의원'이라고 불리는 전투적인 농림

---

76) 農政調査委員会編(1978), 9쪽.
77) 農政調査委員会編(1978), 10~11쪽.

의원이 쌀값 인상에 중추적인 역할을 수행하게 된다.[78]

농협 계통조직도 매년 추곡수매가 결정에 즈음하여 전국농협중앙회를 정점으로 하는 정연한 피라미드형 3단계 중층구조의 조직력을 총동원하여 다양한 차원에서 집권여당에 대한 쌀값 인상의 진정운동을 대대적으로 전개했다. 농가의 경제력과 조직력을 집적하여 외부의 시장조건에 대응하는 '규모의 경제'를 추구하기 위한 농협 계통조직은 무정부적·분산적인 농민대중을 조직화하여 정부의 농정을 침투시키는 역할을 자임했을 뿐만 아니라 쌀값 인상 등 밑으로부터 올라오는 요구를 집적하여 정치과정에 참여하는 통로 역할을 하게 되었다.

농협 계통조직은 현실적으로 농업정책의 입안이나 실시에 강력한 발언권을 가지고 있었다. 그러나 한편으로는 정책주체에 종속되어 그 하청기관의 역할을 감수하고, 다른 한편으로는 이른바 압력단체로서 정책주체에 저항하는 관계였다. 따라서 정부여당과 대등한 입장에서 민주적 논의와 납득의 형태로 농업정책을 결정하고 정책을 분담하는 관계에 있었다고 할 수 없다. 하지만 고도성장기를 통해 계통조직의 저변에 경작농가를 독점적으로 조직한 농협이 미가심의회와 정부여당의 절충과정에 정치적 압력을 가하여 쌀값 인상의 목적을 달성하는 대중운동적 정치과정이 굳건히 뿌리내리게 된 것 또한 놓칠 수 없는 일이다.

이처럼 고도성장기에 확립된 자민당의 농협 계통조직을 통한 농업·농촌 부문에 대한 이익유도와 이를 통한 안정적인 정권재생산이라는 이익교환관계는 아시아태평양전쟁 이후 새로운 모습으로 국제사회에 복귀한 민주주의 일본의 정치시스템을 특징짓는 중요한 요소가 되었다. 그러나 이는 안정적

---

78) Calder(1986), p. 209.

인 것이 아니라 조건과 상황에 따라 변할 있는 유동적인 것이었음은 이론(異論)의 여지가 없다.

기본적으로 농업·농촌 부문에 이익유도를 계속할 수 있기 위해서는 지속적인 경제성장을 달성하여 안정적인 재정수입을 확보할 필요가 있었다. 뿐만 아니라 주요 농산물의 수급균형을 유지하여 과잉 생산이나 재고 누적으로 지속적인 가격인상이 불가능해지는 상황이 발생해서는 안 되었다. 더구나 주요 공산품수출 대상국의 시장개방 압력이 자민당의 정치적 기반인 자본가계층의 이익을 훼손하지 않는 범위 내에서 이루어져야 했다.

그러나 1970년대에 들어 본격화된 쌀 생산 과잉·재고 누적과 생산 조정 문제는 농협 계통조직의 공급 독점과 이에 입각한 가격 교섭력의 약체화를 초래했다. 나아가 농협 계통조직과 집권자민당의 이익교환관계 재구축을 강요하는 압력으로 작용하기도 했다. 농가의 겸업화와 농촌사회의 혼주화가 심화되면서 농민표의 비중이 저하되고 농협 계통조직의 집표능력이 현저히 떨어졌기 때문이다.

그런 가운데 농협 계통조직은 자체 판매사업(미곡사업)의 이익을 지키기 위해 조합원인 경작농가의 이익에 반하여 추곡수매가의 현상유지와 "전국 일률 1할의 쌀 생산 조정"을 스스로 정부여당에 제안하는 결단을 내리지 않을 수 없었다.[79] 당연히 경작농가는 크게 반발하여 쌀 주산지인 도호쿠 지방, 호쿠리쿠 지방을 중심으로 쌀 출고 저지 투쟁까지 벌이는 등 1970년대 전반기에 전국적으로 농민운동이 격렬해졌다.

이에 대해 전국농협중앙회는 1974년 농협 농정운동체제의 재편성 내지 궤도수정에 착수했다. "특정 이데올로기 집단에 좌우되지 않기 위해" 농정

---

79) 滿川元親(1972), 636~639쪽.

운동을 소수 간부 청부제로 바꾸어, 일반 경작농민을 쌀값운동으로부터 배제하고 이른바 혁신세력·과격세력과 격리를 시도한 것이다. 그것은 "쌀값 결정과정을 매개로 경작농가의 운동에너지를 집권자민당에 대한 집표 에너지로 전화시켜가는 종래의 수법"이 사실상 끝났음을 선언한 것이었다. 여기서 "집권여당과 이익을 나누어 갖는 중요한 수단이었던 집표기구로서의 능력을 상실한 농협 계통조직은 단순한 보수주의 통일전선의 일익으로 전락"하는 운명을 겪게 되었다.[80]

5. 맺음말

지금까지 고도성장기 일본농촌의 정치·경제·사회구조 변동과 이에 대한 정부여당의 정책적 대응을 농협 계통기관을 비롯한 농업단체와의 관계를 중심으로 고찰했다. 18년 동안 계속된 연평균 실질경제성장률 10%를 웃도는 고도성장은 사회의 다양한 인적·물적 자원을 농업·농촌 부문에서 공업·도시 부문으로 이동시키는 사상 유례 없는 사회변동의 과정이었다. 이는 중화학공업화를 주축으로 하는 공전의 경제 규모 확장과 그에 따른 2차·3차 산업의 급격한 노동시장 확대를 기폭제로 했다.

고도성장은 농지개혁으로 창출된 600만에 달하는 영세 농가를 분해하여 청장년층을 중심으로 하는 양질의 농업노동력을 흡인하는 형태로 이루어졌다. 농가를 상속할 가능성이 차단된 채 가족 내 노동자로 적체되어 있던 2, 3남이 여기에 직접적으로 노출되었다. 나아가 농가세대주와 농업후계자

---

80) 大野和興(1984), 86쪽.

도 부분적으로 '민족대이동'의 대열에 가세하여 농외로 전출함으로써 농업 취업자의 감소뿐만 아니라 농가수의 감소도 이어졌다.

이는 일본농업의 구조적 한계인 '영세 영농—저생산성—저소득—보호농정'의 연결고리를 끊고 유출농가의 농지를 잔존농가에 집중시켜 규모의 경제를 달성할 수 있는 가능성을 내포한 것이었다. 그러나 여전히 전통적인 가족제도가 위력을 발휘하면서 농가세대주가 농지를 방출하지 않은 채 재촌통근의 형태로 농외에 취업하는 겸업화가 진전되었고, 대신에 한계노동력인 여성이나 노인이 농업생산에 종사하는 노동력의 열악화 현상이 나타나면서 농업경영문제는 미해결의 과제로 남았다.

고도성장에 의한 모든 생산요소의 도시·공업 부문 집중, 도시근로자와 경작농가의 소득격차 확대 등은 농촌사회에 기반을 둔 농업단체, 정당, 나아가 농업정책을 담당하는 정책 당국에 위기의식을 심어주고, 어떤 형태로든 정책적 대응을 불가피하게 했다. 농업기본법은 바로 이런 문제에 대한 처방전으로 등장했지만, 각 정책주체의 정치적 입장과 역할에 따라 대응방식이 달랐을 뿐만 아니라 농촌·농촌이익의 조직화를 둘러싸고 경합하는 농업단체, 자민당과 사회당, 정부여당 사이에도 현격한 입장 차이가 존재했다.

농림성의 주도로 작성된 농업기본법 원안은 재정 당국이나 산업계·재계단체, 자본가 집단의 의향을 반영하여 이농을 통한 구조정책 추진 등을 골자로 하는 경제합리주의에 기초한 것이었다. 이는 농협 계통조직뿐만 아니라 자민당, 사회당의 농촌 출신 의원들의 반발을 초래했고, 그 후 집권여당과의 통산 20차례에 걸친 집중적인 절충을 거쳐 농업보호주의를 가미하는 방향으로 수정되었다. 그러나 농림성 원안을 지배하는 '보호농정으로부터의 탈피'라는 경제합리주의 노선은 그대로 유지되었으며 생산정책, 가격정책, 구조정책 등에 농업보호주의 요소를 덧칠하는 정도의 손질에 그쳤다.

고도성장 전반기까지 농지개혁으로 창출되어 농촌지역에 광범하게 적체되어 있던 경작농민들의 정치적 향배는 확정되지 않은 채 유동적인 상태에 있었다. 농가의 세대주는 영세하지만 토지를 소유한 소자본가로서 급속히 보수화되었다. 그러나 이들을 지지기반으로 포섭해야 할 보수정당은 농지개혁에 끝까지 반대하고 자작농 창설 이후에도 끈질기게 토지반환운동을 전개한 구(舊)지주 등 유산계급이 지배하고 있었기 때문에 엄연한 한계가 존재했다.

한편 농가의 2, 3남은 출구가 보이지 않는 현실에 어찌할 바를 모르고 자위대에 대거 들어가 침략적인 자본주의 재생에 헌신하거나, 체제변혁적 농민조합의 활동가로서 농촌혁명운동에 가담하는 등 그 정치적 태도가 더욱 복잡했다. 그러나 고도성장과 더불어 본격화된 농가 2, 3남의 농외전출은 체제정비를 서두르는 농민조합의 조직기반을 무너뜨리고 소자본가로서의 정치의식을 갖는 세대주로 농촌사회를 순화 내지 균질화시키는 계기가 되었다.

자민당은 구(舊)지주 계통을 잇는 명망가와 2, 3차 산업 경영자 등 유산자본가의 이익을 대변하는 정당으로서, 비록 계급적·계층적 기반이 다르고 종교적·정신적 가치를 공유하지는 않지만 농업·농촌 부문에 대한 물질공여·이익유도를 통해 농촌지역을 안정적인 지지기반으로 편입시킬 수 있는 공간이 발생했다. 농업인구의 급격한 감소가 전통적인 보수 지지기반을 급격히 붕괴시킬 것이라는 보수층의 일반적인 우려와는 달리, 농가 수가 그다지 감소하지 않았기 때문이다. 1960년대에 들어 농협 계통조직은 "농가조합원의 강력한 집표력"을 바탕으로 집권보수당에 추곡수매가로 대표되는 농업보호·농협육성정책을 요구했다. 자민당도 여기에 호응하여 농산물 가격 지지를 통해 농가소득을 보장하고 각종 공공정책을 통해 농촌지역 선거구에 물질적 이익을 유도했다. 농협 계통조직과 집권자민당 사이에 이른바 이익 교환관계가 형성된 것이다.

고도성장기에 확립된 농업 부문에 대한 이익유도와 이를 통한 안정적인 정권재생산이라는 자민당과 농협 계통조직의 이익교환관계는 아시아태평양 전쟁 이후 새로운 일본 정치시스템을 특징짓는 중요한 요소를 형성했다. 그러나 이는 장기에 걸쳐 지속되는 안정적인 것이 아니라 조건과 상황에 따라 바뀔 수 있는 취약한 것이었다.

이를 유지하기 위해서는 다음 세 가지 조건이 충족되어야 했다. 첫째, 농업·농촌 부문에 이익유도를 계속할 수 있도록 지속적인 경제성장을 통해 안정적인 재정수입이 확보되어야 했다. 둘째, 생산 과잉이나 재고 누적이 발생하지 않도록 주요 농산물의 수급 상황을 적절히 조정해야 농산물의 가격 지지를 통해 농가소득을 보전할 수 있었다. 셋째, 농산물시장개방이 공산품의 집중호우식 수출로 세계 각처에서 무역마찰을 일으키고 있는 산업계·재계의 이익을 훼손하지 않는 범위 내에서 적절히 이루어져야 했다.

1960년대 말부터 1970년대 초에 걸쳐 주요 농산물의 생산 과잉과 재고 누적이 표면화됨에 따라 우려는 현실의 문제로 부상했다. 농산물무역자유화와 재정적자 누적이 이에 박차를 가했다. 결국 고도성장의 종료와 함께 자민당과 농협 계통조직의 이익교환관계를 뒷받침하는 세 가지 전제가 무너지면서, 농협 계통조직뿐만 아니라 경작농가들이 커다란 시련에 직면하게 되었다. 그 후 농협 계통조직은 농업과 농촌이 갖는 참다운 가치를 찾으려는 노력보다 농가조합원의 집표력을 배경으로 조직방어와 사업 확장을 최우선해온 경영제일주의 내지 정치주의 행태에 대한 값비싼 대가를 지불해야 하는 쓰라린 운명에 처했다.

제5장
일본농업의 국제화와 이해관계자의 대응

1. 머리말

1) 본격적인 농산물시장개방

제5장에서는 1970~1980년대 일본농정의 전환과 이를 둘러싼 농업이익의 향배를 정책 당국, 농업단체, 산업계, 농민 등 이해관계자의 정치적·경제적 역학관계 변화에 초점을 맞추어 분석한다. 이 시기에 국내적으로는 쌀을 위시한 농산물 생산 과잉 문제가 중요한 농정 현안으로 떠오르는 가운데 세계적으로 농산물무역자유화가 급속히 진전되었다. 지구적인 규모로 시장 메커니즘이 침투하여 영향력을 확대하면서 그동안 무역자유화 공세로부터 상대적으로 비껴나 있던 농업 부문도 그 대상에 포함되어 본격적인 국제적 농업조정 및 정책전환이 이루어졌다.

일본의 경우 1980년대에 공산품의 '집중호우식 수출'에 의해 미국의 무역수지·경상수지 적자 40% 전후가 일본과의 교역에서 발생할 정도로 미일 간 무역불균형이 심화되었다.[1] 이를 시정하기 위해 급격한 엔화 절상이 이

---

1) 이향철(1995), 182쪽.

루어지고, 농산물시장은 일본경제 폐쇄성의 상징으로 지목되어 대내외의 집중적인 시장개방 압력을 받게 되었다. 이어 1990년대에 들어 우루과이라운드 교섭의 타결과 WTO 발족이라는 국제적인 자유무역체제의 형성을 사이에 두고 대내적으로 농업총생산의 증대, 가격 지지정책, 국경보호 조치 등 농업의 국제화에 반하는 규정을 내포한 농업기본법(農業基本法)이 폐지되고 '식료·농업·농촌기본법(食料·農業·農村基本法)'으로 대체되는 이른바 "농업정책의 세기적인 전환"이 이루어졌다.

기본법농정은 일부 경쟁력 있는 농산물의 생산을 선택적으로 확대하고 그 가격을 지지함으로써 농공 간의 소득균형을 이룬다는 목표를 지닌 정책이었다. 이를 위해서는 지속적인 경제성장에 의한 안정적인 조세수입 확보, 주요 농산물의 안정적인 수급 조정 및 국경보호 조치가 전제되어야 했다. 그러나 농산물무역자유화의 확대로 국내농업의 존립기반은 점점 협소해졌다. 얼마 지나지 않아 선택적 확대품목도 하나같이 생산 과잉상태에 빠지게 되었다. 여기에 고도성장의 종언에 따른 재정수입 감소가 농업보조금 배분을 둘러싼 보수층 내부의 균열을 초래하여 이 정책은 파탄으로 내몰릴 수밖에 없었다.

이를 가장 상징적으로 보여주는 것이 1970년대 전반에 표면화된 쌀 생산 과잉과 재고 누적에 대한 대응이었다. 이중가격제 적용으로 인해 식량관리 특별회계가 매년 커다란 적자를 보임에 따라 개인과 기업의 소득세를 중심으로 하는 일반회계로 이를 메우는 구조가 일상화되었다. 식량관리 특별회계에 대한 일반회계 전입금의 대폭 확대에 촉발되어 일반 납세자, 특히 산업계·재계는 과보호 아래 있는 농업 비판을 본격화했다. 농업·농촌 내부에서도 농협 계통조직이 농가조합원의 이익을 희생시키고 조직의 경제적 이익을 앞세워 쌀값 동결과 쌀 생산 조정을 적극적으로 받아들임으로써 기존의 농협 농정운동체제가 붕괴되고 말았다.

2) 농업정책의 세기적 전환

지금까지 일본 농업이익의 조직화와 정치화 과정에 관한 연구는 부분적이기는 하지만 경제체제론, 조직론을 위시한 다양한 각도에서 다루어져왔다. 먼저, 이 장의 주제와 관련하여 일본의 경제시스템이 전시기에 그 원형이 형성되어 현재까지 계속되고 있다는 이른바 '총동원체제론' 내지 '1940년 체제론'[2])의 농업 부분을 짚고 넘어가야 할 것 같다.

여기서는 세계대공황의 직격탄을 맞은 일본농촌에서 농가의 판매, 구매, 신용, 이용 등 경제생활을 망라한 종합농협이 전국적으로 설치되고 거기에 모든 농가를 저변에 가입시킨 계통조직이 확립되었다는 사실에 주목하고 있다. 그것이 1940년대 전시기를 통해 농산물, 농용자재의 유통과 자금의 흐름을 통제하는 체제로 확립되고 아시아태평양전쟁 이후에도 장기간 계속되고 있다는 것이다. 특히 1994년 '신식량법' 성립으로 정부의 직접통제에서 농업협동조합의 간접통제로 관리방식이 바뀌기는 했지만, 식량관리제도가 농업 부문의 '전시-전후 연속설'을 뒷받침하는 유력한 근거가 되고 있다.[3])

그러나 이는 농협 계통조직에 의해 전국 농가가 배타적으로 조직화되어 있다거나 쌀 유통에 대한 국가통제가 존속되고 있다는 외형적인 유사성에만 주목한 주장이다. 농지개혁에 의해 광범한 자작농가가 창출된 농촌사회의 계급관계 변화나 이들이 다시 소작농으로 전락하는 것을 막기 위한 합리적인 보호장치로 등장한 농협 계통조직의 역할을 도외시하고 있다. 나아가

---

2) 岡崎哲·奥野正寬編(1993); 野口悠紀雄(2002).

3) 川越俊彦(1993), 245~248쪽.

장기에 걸친 고도성장으로 농촌의 사회경제구조가 극적으로 변화한 것도 경시되고 있다는 한계를 지닌다. 전시와 전후를 통해 현상적으로 유사한 모습이 관찰된다 해도, 그것이 놓여 있는 상황이나 조건에 따라 그 의미는 달라지게 마련이다.

그리고 조직론의 관점에서 농협 계통조직을 일본 특유의 압력단체로 자리매김하고 자작농민의 경제적 조직화와 이를 통한 정치과정 참여를 분석한 일련의 시도도 빠뜨릴 수 없다. 일찍이 도쿄대학 명예교수 이시다 다케시(石田雄)는 일본형 압력단체의 전형으로 농협 계통조직을 파악한 바 있다. 즉 정점에 접근할수록 목적 집단의 색채가 강해지고 저변으로 내려갈수록 전통적인 인간관계를 집단화하고 지역성에 매몰된 채 계통조직의 이익을 관철하는 특징이 있다는 것이다.[4]

이런 주장은 면접성(面接性)을 갖고 전(全)인격적·영속적이며 단체성이 있고 일관된 통제가 작용하는 부락의 인간관계를 정연한 계통조직으로 쌓아 올려 집권여당을 정치적으로 지원하고 정부로부터 농가조합원과 조직의 경제적 이익을 확보하는 관계에 주목한 것이다. 그러나 1950년대 후반에 확립된 농협 계통조직과 집권여당의 이익교환관계를 너무 정태적·고정적으로 파악하여 일반화했다는 한계가 있다. 이런 논리로는 이후의 고도성장에 의한 급격한 사회구조 변동과 농산물무역자유화에 의한 농업기반 침체라는 현실을 설명할 수 없는 것이다. 고도성장기를 통해 일본농협 계통조직이 직면한 근원적인 문제는 농가조합원의 비농업화 또는 비농가화로 상징되는 조직기반의 분화·다양화, 말하자면 비가역적 구조 변화였다.

칼더(Kent E. Calder)는 이 문제를 전면적으로 다루지는 않았지만 농협 계

---

4) 石田雄(1961), 104쪽.

통조직을 통한 농가 경제활동의 조직화와 정치과정 참여를 보수정치의 위기에 대한 물질적 이익유도라는 관점에서 동태적으로 파악하는 관점을 제공하고 있어 많은 시사점을 준다. 기본적으로 보수세력의 중추를 이루는 산업계·재계는 농업·농촌 부문에 한정된 재정자금을 중점적으로 투입하거나 농업을 보호하는 정책에 비판적이었다. 그러나 중선거구제에 의해 간단없이 증폭되는 보수정치의 위기에 대응하기 위해 부득이하게 이를 받아들이고 폭넓은 보수연대에 가담함으로써 장기적인 보수정치의 재생산을 가능하게 했다는 것이다.[5]

3) 문제의 핵심에 다가가기

다음에서는 바로 이러한 문제제기에 촉발되는 형태로 세계적인 농산물무역자유화에 대응하여 전면적인 농업조정 및 정책전환이 이루어지는 1980~1990년대를 중심으로 농업정치구조의 변화를 분석한다. 산업계·재계가 농업보호의 연대에서 이탈하고 농협 계통조직과 농가조합원 사이에 균열이 생기면서 보수정치의 재생산기반이 형해화되는 과정을 추적하는 것이다.

먼저, 저변에 광범한 농가조합원을 독점적으로 조직한 농협 계통기관의 농정체제 형성 및 농정운동의 전개를 살펴본다. 고도성장기에 경작농민의 집표력을 바탕으로 농가조합원의 경제적 이익을 확보하고 조직의 권익을 지킨 농협 계통조직의 농정운동은 추곡수매가 인상운동이라는 비교적 단순한 형태를 지니고 있었다. 그러나 사상 유례가 없는 고도성장의 사회구조 변동을 겪으면서 상황은 매우 복잡하게 바뀌었다.

경작농가의 겸업화가 진전되고 농촌에 농업종사자가 아닌 주민이 들어와

---

5) Calder(1988), 231~273쪽.

사는 혼주화가 심화되었다. 쌀 등 주요 농산물의 생산 과잉과 가격 침체가 계속되면서 산지 사이에 경쟁이 격화되었고, 농산물의 작목 간 혹은 같은 작목 내부에서도 품질에 따라 이해관계가 달라졌다. 이처럼 농업이익의 분화·다양화가 진행되는 가운데, 농가조합원의 정치력을 결집하여 추진해온 추곡수매가운동도 분열의 한계에 직면하지 않을 수 없었다. 농협 계통조직은 사업체로서의 경영주의를 우선하여 시대 변화에 걸맞은 새로운 농업의 가치를 제시하지 못한 채 침체의 늪에 빠져들었다.

다음으로, 산업계·재계의 농업 현안 비판과 농정 제안을 분석하고, 이를 바탕으로 하는 국제화농정으로의 전면적인 전환을 살펴보겠다. 1970년대 중반부터 1980년대에 걸쳐 일본의 농업정책기조는 크게 바뀐다. 산업계·재계가 농업계와 범보수세력의 일원으로 연대한 정치주의적 보호농정에서 산업계·재계가 중심이 된 경제합리주의적 국제화농정으로의 전환이 그것이다. 산업계·재계는 자민당의 정권재생산이 농업이익의 향배에 달려 있는 한 농업의 경제적 측면보다 "보수정치의 안전판"으로서 농업·농촌 부문의 정치적 역할에 중점을 두고 농업보호를 체제유지의 기회비용으로 받아들이는 입장이었다.

그러나 농업·농촌 부문의 정치적 위상이 저하되고 농업이익의 내부분열이 가속화되면서 이런 정치경제적 상황은 크게 바뀌었다. 산업계·재계는 지금까지의 식량자급도 향상이나 농산물 가격 지지와 같은 농업보호주의 주장을 폐기처분했다. 일본의 마지막 폐쇄시장으로 남아 있던 농산물시장에 자유경쟁의 원칙을 도입하고 농업협동조합이 독점적 지위를 누리고 있는 농산물 유통시장에 자본의 참여를 허용하라고 주장했다. 정부는 미국의 압력을 방패삼아 농협 계통조직이나 자민당 농촌 출신 국회의원의 저항을 무력화시키고, 산업계·재계의 농정 제언에 맞추어 농산물시장개방, 가격 지지 폐지, 식량유통자유화, 농지규제완화 등 경제합리주의 국제화농정으로 전환해 나갔다.

2. 농협 계통조직의 농정운동과 정치과정 참여

1) 농협 계통조직의 정치력과 농정운동체제

(1) "옛날에는 육군, 지금은 농협"

농협 계통조직의 농정운동을 상징하는 추곡수매가 인상 투쟁에 대해 매스컴은 "옛날에는 육군, 지금은 농협(昔陸軍, 今農協)", "도시에는 노동조합, 농촌에는 농협(マチに總評, ムラに農協)"이라는 식으로 그 막강한 영향력을 표현했다.[6] 그 힘의 원천은 다름 아니라 농가구성원을 부락별 농사실행조합을 통해 종단적으로 조직하고 나아가 작목별 생산조직이나 청년회·부인회를 통해 횡단적으로 조직한 지역농협에 있었다. 지역공동체에 매몰된 전통적 인간관계를 바탕으로 투표권을 가진 거의 모든 농가구성원과 그들의 경제활동을 이중삼중으로 조직했던 결집력 내지 집표력을 말한다.

농협 계통조직의 정치적 행위는, 농가조합원의 경제적 이익에 직결되는 추곡수매가로 대표되는 각종 농산물 가격보장이나 농촌사회 진흥에 필요불가결한 공공사업 유치를 위한 보조금을 요구하고 국회의원 선거 때 자신들의 요구사항을 실현하기 위해 노력한 특정 후보를 추천하거나 지지하는 형태로 이루어진다. 누구를 추천하고 지지할 것인가는 지역농협을 떠받치고 있는 농가실행조합, 작목별 생산조직, 청년회·부인회 등 하부조직 구성원들

---

6) 山下一仁(2009), 106쪽.

의 민주적인 토의를 거쳐 최종적으로 결정된다. 나아가 시정촌 단계의 지역 농협에 결집된 농가구성원의 정치적 의사 및 태도는 도도부현-전국 단계의 사업별 연합회와 중앙회의 3단계 중층구조로 집적되어 정부여당에 영향력을 행사하고 정책결정 및 실행과정에 참여하는 원동력이 되었다.

일본의 국회의원 선거는 1993년 "금권부패정치 횡행의 원흉"으로 지목되어 소선거구제로 개편될 때까지 오랫동안 하나의 선거구에서 이른바 단기명비이양(單記名非移讓) 방식의 투표로 3~5명의 국회의원을 선출하는 중선거구제로 운영되어왔다. 중선거구제 아래서 집권당의 지위에 오르기 위해서는 어떤 정당이든 각 선거구에 평균 2명 이상의 후보자를 옹립하여 의원정수의 과반수 당선자를 내야 한다. 그동안 약간의 변화는 있었지만 기본적으로 정치권력의 지역적 배치 상황은 도시부에서는 다당제적 양상을 보이고 농촌부에서는 자민당과 사회당 보수·혁신 양당의 "1과 1/2 정당제"적 양상을 보였다.

그런 까닭으로 집권여당인 자민당에게 농협 계통조직에 결집된 농가조합원의 정치적 태도는 정권재생산의 관건이라 해도 과언이 아니었다. 따라서 자민당은 농촌지역에 단독 후보를 옹립하는 사회당과 달리 의원정수보다 많은 복수의 후보를 추천하여 같은 당 후보끼리 치열한 경쟁을 통해 과반수를 확보하지 않을 수 없었다. 동일 선거구에서 같은 당 후보끼리 득표 경쟁을 하면 중앙당 차원의 정책 같은 것은 아무런 의미도 가질 수 없다. 오로지 후보자 개인의 후원회와 소속 파벌, 정부여당 내의 직책 등에 의지하여 지역주민에게 물질적 이익을 유도하는 데 부심하고 그 노력과 실적 여하에 따라 당락이 결정되었던 것이다.[7]

---

7) 한호선(1991), 228~238쪽; Ramseyer and Rosenbluth(1993), pp. 16~37.

쌀을 위시한 주요 식량의 정부매입가격을 결정하는 계절이 되면 으레 전국의 농협 관계자는 연례행사처럼 농가구성원과 함께 대거 상경하여 집권 여당, 국회 등에 대해 진정운동을 전개한다. 농가조합원의 생활보장과 계통조직의 이익실현을 위해 요구한 쌀값 인상이 여의치 않으면 경우에 따라서 대중투쟁 방식의 격렬한 단체행동을 취하기도 한다. 그러면 자민당은 농촌 의원을 중심으로 법률 제정이나 관료의 정책실행과정에 개입하여 농산물 가격 지지를 통해 직접적으로 농민에게 이익을 유도한다. 아울러 농협 계통 조직을 창구로 농업보조금과 정책금융 자금을 배분함으로써 농가를 간접적으로 지원하는 체제를 갖추었다.

그러나 농협 계통조직은 기본적으로 경제사업체이기 때문에 농정운동은 어디까지나 농가조합원과 계통조직의 경제적 이익을 얻어내기 위한 수단에 지나지 않았다. 그 존립조건은 추곡수매가, 식량관리제도, 세제혜택, 농업보조금 등 재정자금지원의 수수료 수입에 달려 있었고, 경영활동의 상당부분도 경제행정의 하부조직이나 하청조직의 역할을 떠맡음으로써 보장되었다. 이처럼 농협 계통조직은 농산물 판매, 농용자재 구매, 금융지원(신용) 등 농가의 경제활동을 공동으로 수행하는 경제사업체의 얼굴, 행정조직과 병행하여 설치된 경작농가의 지역적 조직체로서 정부의 경제행정 실행을 담당하는 행정 하청조직의 얼굴, 그리고 농가구성원의 집표력을 바탕으로 정부여당에 정치적 압력을 가해 조직과 조합원의 경제적 이익을 확보하는 압력단체의 얼굴이라는 상호 의존적이면서도 모순되는 "세 얼굴"을 가지고 있었던 것이다.[8]

---

8) 石川英夫(1973), 132~138쪽.

(2) 농정의 '철의 트라이앵글'

농정 분야의 '철의 트라이앵글'이라 할 수 있는 농협·정부·자민당의 이익
교환관계는 아시아태평양전쟁 이후의 민주화 조치로 농가구성원이 자유롭
게 정치적 의사를 결집하여 경제적 이익을 요구할 수 있는 상황에서 가능했
다. 개인의 정치적·경제적 자유가 억압당하고 있던 총동원체제 아래서는 생
각할 수 없었던 일로서, 이 점만으로도 '총동원체제론'이나 '1940년체제론'
과 같은 '전시–전후 연속설'은 논거를 상실하고 마는 것이다.

그리고 농지개혁 이후에도 한동안 자작농 창출에 반대해온 구(舊)지주세
력은 여전히 토지반환소송을 제기하는 등 농촌민주화의 성과에 저항하고
있었다. 이들 세력이 당내에 대거 포진하고 영향력을 행사하는 한 보수당은
농가구성원을 지지층으로 조직하고 농촌을 지지기반으로 편입하는 데 한계
가 있을 수밖에 없었다. 농촌의 정치적 향배가 결정되는 것은 좌우 사회당
통일과 보수합동에 의한 자민당 출범으로 보수·혁신정당 대결이 격화되는
정치지형의 변화와 궤를 같이했다. 사회당 계열, 공산당 계열, 노동당 계열,
무소속 등 정파별로 사분오열되어 있던 농민조합이 대동단결하여 전국조직
을 결성하고 농협 계통조직의 농정운동에서 이탈하여 본래의 계급투쟁적
농민운동으로 복귀하는 1958~1959년 이후의 일이었다.

자민당은 이러한 변화를 예리하게 포착하여 농협 계통조직의 추곡수매가
인상운동에 부응하여 미가심의회에 대한 개입을 강화했다. 이로써 농가소득
의 가장 중요한 부분을 차지하는 쌀값 결정을 주도하고 농업 및 농가 이익
의 보호자를 자처했다.[9] 고도성장으로 농촌사회구조가 크게 변화하는 가운
데 냉전체제가 농촌에 침투하여 혁신정당의 지도하에 계급투쟁적 농민운동

---

9) 이항철(2008), 293~295쪽.

통일전선이 형성되고 이와 아울러 농협 계통조직과 정부여당 간에 이익교환관계가 성립되었다. 말하자면 농업·농촌 부문에서 일본형 경제시스템의 원형이 형성된 것은, 노동조합의 지지를 바탕으로 하는 사회당과 농협 계통조직의 지지를 바탕으로 하는 자민당의 대결이라는 세계적인 냉전체제의 국내판이 형성되는 시기와 맞물려 있었던 것이다.

그러나 집권여당이 농협 계통조직을 통해 농업·농촌 부문에 물질적 이익을 유도하고 정권재생산의 기반으로 삼는 구도는, 고도성장 아래 농민층 분해가 가속화되면서 그 역학관계도 크게 바뀌었다. 농가조합원이 농업생산 과정에서 이탈하여 비농업화 내지 비농가화함에 따라 그 경제활동이 분화·다양화되어 균질성을 상실하고 그것을 바탕으로 하는 농업협동조합의 조직기반이 돌이킬 수 없을 정도로 이완되었기 때문이다. 이는 지역농협이 실제로 농업에 종사하고 있는 개인이 아니라 농가를 단위로 하고 있으며, 나아가 구(舊)농촌협동조합(산업조합)의 전통을 계승하여 농업에 종사하지 않는 지역주민도 준조합원 자격으로 가입할 수 있게 했던 조직 원리 자체에 필연적으로 내재된 문제였다.

지역농협은 경영과 사업추진의 기반을 농가를 구성단위로 하는 부락공동체의 전통적인 연대에 두고 있었던 만큼, 농민층 분해에 의한 조합원의 이질화는 바로 농협 경영과 사업추진에 커다란 장애요인으로 작용하고 정치적 결집력을 떨어뜨리는 역할을 했다. 원리적으로 농업 및 경작농가를 조직기반으로 표방하면서도 실제로는 개별 농협이 위치한 관할 지역의 사회경제적 조건과 조합원 구성에 맞추어 사업을 추진하지 않을 수 없었기 때문이다. 나아가 농가의 겸업화와 농촌사회의 혼주화를 배경으로 시중은행, 보험회사, 대형 소매점 등 경쟁업체가 대거 농촌시장에 진출하면서 농협 사업의 지역독점체제가 무너졌다. 이에 농협 계통조직은 농가조합원의 경제적 요구

와 동떨어진 경영 본위의 사업 확대 노선으로 내몰리게 되었다.[10]

그런 가운데 농협 계통조직이 농가조합원을 하나로 결집시킬 수 있었던 것은 농가소득의 중요한 부분을 차지하는 추곡수매가 인상 투쟁이었다. 전업농가는 기본법농정 아래 벼농사를 근간으로 원예와 축산의 복합영농으로 특화된 반면, 겸업농가의 경우 노약자나 부녀자와 같은 보조적 노동자에게 농업경영을 맡겨두고 세대주는 재택통근 형태로 농외로 전출했다. 보조적 노동자에 의존해 끊임없이 '부업화'하는 겸업농가에게 풀타임을 요구하는 원예특작이나 축산경영은 사실상 불가능했고 벼농사만이 유일하게 허용된 영농방식이었다. 그 어느 경우이든 쌀 생산은 다른 농산물에 비해 소득보전에 유리했기 때문에 이쪽으로 집약화되는 경향이 강했으며, 그것이 그나마 전업농가와 겸업농가를 운명공동체로 묶어주는 역할을 했다.

(3) 농협 농정운동의 전위부대 "투쟁하는 청년조직"

추곡수매가 인상 투쟁으로 대표되는 농협 농정운동의 흐름을 주도한 것은 농업후계자나 농가의 2, 3남이 소속된 농협청년부 젊은이들이었다. 이들이 세간의 주목을 끌게 된 것은 1950년대 말부터 1960년대 전반까지 농협 농정운동의 '별동대' 혹은 '전위부대'를 자임하면서 대중운동 방식의 과격한 쌀값 투쟁을 전개하면서부터였다. 그들은 농가의 세대주가 아니라서 조합원 자격은 없었지만, 농가실행조합과 작목별 생산부회의 활동가로서 농업생산 현장을 지키고 있었기 때문에 누구보다 농촌사회의 모순과 농업의 장래에 대한 위기의식을 절감하고 있었다.

농협 계통조직은 고도성장기에 농가의 2, 3남 등 농촌 젊은이가 대거 공

---

10) 武田哲夫·小田原高昭(1986), 16쪽.

업·도시 부문으로 빠져나가자 그 공백을 메우기 위해 연차계획을 책정하여 농협청년부 등 청년조직의 육성·지도에 적극적으로 나섰다. 농정운동의 활성화 및 조직사업의 확대를 위해서는 농촌청년들의 에너지와 적극적인 활동이 불가결하다는 판단에서였다. 그 결과 미야기현(宮城縣), 이와테현(岩手縣), 아키타현(秋田県) 등 미곡 주산지인 도호쿠(東北) 지방은 거의 100%의 조직률을 보였다. 그 외 규슈(九州), 호쿠리쿠(北陸) 등 벼농사 의존도가 높은 지역일수록 다른 지역과 비교하여 청년조직의 결속이 압도적으로 높게 나타났다.[11] 농협 농정운동의 하이라이트인 추곡수매가 인상 투쟁에서 청년조직의 역할을 짐작케 하는 대목이다.

그러나 농협 청년조직은 경영조직 내지 사업체로서의 농협 계통조직에게 양날의 칼과 같은 존재였다. 그들의 주요 활동무대인 농가실행조합과 작목별 생산부회는 외부 유통자본과 결부된 생산조직과 치열한 경쟁관계에 있었기 때문에 최전선에서 농업협동조합의 조직과 사업을 지키거나 확대하는 첨병 역할을 수행했다. 나아가 쌀값 운동, 농업노동 재해보상제도 확립 요구 등에서 보듯이 출고저지, 단상점거, 대중투쟁과 같은 실력행사를 동반한 과격한 전술을 구사하여 농협 계통조직을 전면 가동시킴으로써 농가구성원의 경제적 이익과 권익을 보호하는 농정운동을 견인했다.[12]

이렇게 과격한 농정운동은 농가조합원과 농협 계통조직의 이익이 일치하는 한에서 유효하며, 공격의 화살이 조직 내부로 향하거나 경영조직으로서 이익을 훼손하면 파탄될 수밖에 없었다. 실제로 1974년 5월 제1차 석유위기에 의한 심각한 경제불황 아래 농협청년부는 국가공무원의 임시수당 요구에 착안하여 물가상승분을 감안한 대폭적인 추곡수매가 인상을 요구한

---

11) 全国農協青年組織協議会·全国農業協同組合中央会(1987), 195쪽.
12) 全国農協青年組織協議会·全国農業協同組合中央会(1987), 68~69쪽.

적이 있었다. 농협 계통조직의 중앙미가대책본부가 이에 미온적인 태도를 보이자 동 본부가 주최하는 '요구 미가 실현 전국대회'의 단상을 점거하고 농협중앙회 회장에게 폭력·폭언을 행사하는 등 사태는 전국적으로 걷잡을 수 없는 상태로 발전했다.

이에 농협 계통조직도 어쩔 수 없이 쌀값 요구액 상향조정과 쌀 출고 비협력 방침에 동조하여 농협청년부의 주장을 받아들임으로써 사태를 수습할 수밖에 없었다. 농정 당국은 농협청년부의 폭력사태와 농협 계통조직의 대응을 못마땅하게 여기고 쌀값 추가 인상에 응하지 않을 것이라는 방침을 표명했다. 그러자 이번에는 몇 년간 계속된 추곡수매가 동결에 대한 불만까지 더해져 실제로 쌀 출고 저지 투쟁에 돌입하여 정부여당을 압박함으로써 결국 전년 대비 30% 이상의 쌀값 인상을 쟁취했다.[13]

그러나 '투쟁하는 농협'의 상징적 존재였던 농협중앙회 회장에 대한 농협청년부의 공격은 농가조합원의 이익보다 계통조직의 이익을 우선하는 경영방침에 대한 불만과 불신의 표현이었다. 농협 계통기관은 1960년대 말 이후 표면화된 쌀 생산 과잉 및 재고 누적에 대해 경제사업의 근간인 식량관리제도를 지켜내기 위해 농가조합원에게 희생을 전가하는 정책을 수용하게 된다. 추곡수매가를 내리든가, 정부 매입량을 줄이든가, 아니면 재배면적을 제한하여 생산량을 줄이라는 농정 당국의 요구에, 농가조합원의 이익을 희생하는 형태로 "전국 일률적인 1할 생산 조정"을 받아들였던 것이다.[14]

그 후 20년에 걸쳐 쌀 생산 조정으로 논 면적 30% 가까이를 다른 작목으로 전환하거나 휴경하는 사실상의 "농협 계통조직의 이익을 위한 농업 파괴" 조치가 취해졌다. 1970년 '쌀 생산 종합대책(米穀生産総合対策)'을 시작

13) 全国農協青年組織協議会(1986), 68~70쪽.
14) 滿川元親(1972), 636~638쪽.

으로, 1971~1975년 '벼농사 전환대책(稻作轉換對策)', 1976~1977년 '논 이용 종합대책(水田利用綜合對策)', 1978~1986년 9년 3기에 걸친 '논 이용 재편대책(水田利用再編對策)'이 그것이다.[15] 농가의 안정적인 수입원인 벼농사의 대규모 생산 조정 추진과정에서 쌀값운동을 매개로 한 농협 계통조직과 농가조합원의 연대는 결정적으로 붕괴되었고, 정부여당에 대한 불신과 불만은 돌이킬 수 없었다. 1975년 농협 계통조직은 '농협 농정운동의 정비·강화 방침'을 채택하여 "농협의 농정운동은 (…) 조직의 파괴나 농협의 경제활동에 현저히 장애를 초래하는 운동방법을 취해서는 안 된다"며 농협청년부의 대중운동적인 쌀값 투쟁과 결별을 선언했다.

2) 농업이익의 다양화와 농정운동의 분화

(1) 농가의 겸업화와 농촌의 혼주화

일본경제의 고도성장에 촉발되어 농가의 겸업화와 농촌의 혼주화가 급속히 진전되었다. 그에 따라 기본법농정 아래 추진된 원예특작 및 축산 등의 선택적 확대에 의해 종래 경종(耕種)농업과 추곡수매가로 대표되는 극히 일원적이고 단순한 농업이익은 일거에 다원화되었다. 지역농협의 사업도 농가조합원의 생산활동에서 점차 유리되고, 거기에 모여드는 저축자금의 성격과 흐름도 크게 바뀌었다. 즉, '유통' 농협에서 '금융' 농협으로, 나아가 '유통' 농협에서 '부동산' 농협으로의 전환이 그것이다.

사실 농협 계통조직을 통한 정부여당의 농업·농촌 부문 이익유도정책은 식량관리제도를 빼놓고 이해하기 어렵다. 마찬가지로 식량관리제도의 이해 없이 농업협동조합의 사업구조와 그 변화를 파악하기도 쉽지 않다. 식량관

---

15) 櫻井誠(1989), 64~69쪽, 202~207쪽, 299~301쪽, 312~317쪽.

리법에 의해 정부대행기관으로 지정된 농협 계통기관은 생산자에서 소비자에 이르는 쌀의 집하·보관·출하업무를 독점적으로 수행했으며, 그것은 경제사업·신용사업의 중요한 부분을 차지했다.

추곡수매대금은 국고에서 농림중앙금고, 현신용연합회를 거쳐 지역농협의 농가조합원 구좌로 입금되고 비료·농약 등 농용자재 구매대금과 대출이자를 공제한 잔고가 지역농협의 저축으로 남는다. 농협에 결집된 쌀 등 농산물 판매대금은 다시 농가조합원의 영농자금과 생활자금으로 대출되거나 영농자재나 농기구의 구입자금으로 융자됨으로써 전체적으로 계통조직의 사업이 유지될 수 있었다. 농협 계통기관의 재무제표는 쌀이 돈이 되고 그 돈이 비료와 농약이 되었다가 다시 쌀로 순환되는 구조였으며 그 판매사업, 구매사업, 신용사업은 따로 떼어내 생각할 수 없을 정도로 밀접한 관계였다. 농협 계통조직이 연례행사처럼 청년조직의 열기를 고조시키고 계통조직의 임직원을 동원하여 정부여당에 정치적 압력을 가해 쌀값 인상을 요구하고 이를 실현해온 것은 식량관리제도를 매개로 한 정치와 경제, 그리고 집권자 민당과 농촌사회의 내면적인 관계를 보여주는 것이다.

(2) '유통' 농협에서 '금융' 농협, 그리고 '부동산' 농협으로

〈표 5-1〉은 농협 계통기관의 사업경영이 금전으로 환원되어 나타난 농협저축의 원천별 내역과 그 추이이다. 1960년 농협저축은 농업수입 63.0%, 농외수입 26.0%로 토지대금 11.0%를 제외하면 농가조합원의 농산물 판매자금이 거의 7:3 수준으로 주류를 이루고 있었다. 그 절반 이상이 쌀 판매대금이었다. 농업협동조합은 쌀 등 주요 농산물의 판매사업에 주력하는 유통기관의 성격을 강하게 지니고 있었다. 이러한 '유통' 농협으로서의 성격은 기본적으로 고도성장과 함께 농가의 겸업화와 농촌의 혼주화가 진전되면서

<표 5-1> 농협저축의 원천별 내역 추이(1960~1994)

내용 연도	농협 저축액 (천억 엔)	전체 수익 기여도(%)	저축 원천별 내역			
			농업수입 (%)	쌀 대금 (%)	농외수입 (%)	토지대금 (%)
1960	7.9	230.7	63.0	39.0	26.0	11.0
1965	23.3	297.8	50.5	28.0	29.0	21.0
1970	59.7	190.7	40.8	20.1	32.7	26.5
1975	152.3	183.4	39.7	21.1	40.8	19.5
1980	268.5	120.5	27.3	11.6	51.0	21.7
1985	387.4	101.2	26.0	12.9	54.6	19.4
1989	512.1	101.4	15.5	6.0	41.7	32.9
1991	606.3	98.6	16.1	6.0	44.9	29.5
1994	676.5	64.7	20.8	7.2	36.3	20.3

* 자료: 農林中央金庫, 『農協系統金融統計集』, 각 연호로부터 작성.

농업수입에 의존하는 비율이 점차 감소하여 농외수입을 밑돌게 되는 1975
년 무렵까지 계속되었다.

그러나 1970년대 중반 이후 농가세대주의 재촌·재택 이농과 쌀 생산 조정
이 본격화되면서 농가의 쌀을 위시한 농산물 판매대금 수입이 줄어드는 대
신에 농외수입이 늘어났다. 여기에 도시계획법 제정으로 농지의 택지 및
도로전용이 증가하여 토지매각대금이 농협저축으로 유입되었다. 농산물 판
매나 비료 구매 등 농업생산에 기반을 둔 '유통' 농협에서 농업생산과 직접
적인 관계가 없는 농외수입이나 토지대금 흡수에 주력하는 '금융' 농협, 나
아가 '부동산' 농협으로 성격으로 크게 바뀌었다. 신용·공제 등 금융사업
부문의 흑자로 판매·구매 등 경제사업 부문의 적자를 메우는 구조가 고착화
되었다.[16]

---

16) 竹中久二雄編(1997), 34~36쪽.

이처럼 농가의 겸업화와 농촌의 혼주화에 따라 농가조합원 구성도 정조합원과 준조합원이 공존하거나 도시화가 진전된 지역에서는 준조합원이 정조합원을 압도하는 경우마저 드물지 않았다. 지역에 따라서는 농가조합원을 위해 봉사한다는 협동조합 원칙보다 사업체로서 경영제일주의를 전면에 내세워 조합원을 경영을 위한 존재로 자리매김하고 각종 생산조직을 경영을 지원하는 수단으로 활용하는 경우가 대세를 이루기도 했다. 나아가 농업의 기반이 급속히 축소되는 가운데 종래 쌀 등 농산물 가격으로 일원화되어 있던 농가조합원의 이해관계도 작목별·지역별로 분화되고 다양화되었다.

(3) 농업이익의 다양화와 농정운동의 분화

농작업의 특성상 쌀 주산지인 도호쿠 지방에서는 농가세대주가 재촌·재택 이농의 형태로 생산과정에서 이탈하고 농가의 보조노동력에 의해 농업이 영위되는 겸업화가 진전되었다. 반면 간사이(關西)·시코쿠(四國) 지방 농촌에서는 인근 대소비시장의 영향으로 벼농사와 함께 원예특작이나 축산이 특화되어 전업화하는 경향이 강하게 나타났다. 1980년 현재, 시설원예·낙농, 양돈, 원예특작의 경우 각각 90%, 80%, 70%가 남자 전업농가에 의존했다. 한편 벼농사의 경우 무려 50%가 2종 겸업농가에 의존하여 "완전한 농업생산의 아르바이트화"가 정착되는 극명한 대조를 이루었다.

농가 유형별 소득은 토지 등의 재산평가를 별도로 하더라도 도시근로자 세대 평균을 100으로 했을 때 전업농가는 96, 1종 겸업농가는 89, 2종 겸업농가는 118에 달했다. 계절을 통해 심각한 가격변동에 시달리고 있던 전업농가에게 추곡수매가 투쟁으로 상징되었던 농협 농정운동은 언제부터인가 농업생산과정에서 유리된 '부업' 내지 '아르바이트' 농가라고 할 수 있는 겸업농가의 이익만 우선하는 것으로 보였다. 그들은 "도시에는 노동조합,

농촌에는 농협"이라고 이야기될 정도로 화려했던 시절의 농업협동조합을 상징하는 추곡수매가 투쟁에서 언제부터인가 전업농가는 뒷전으로 쫓겨나고 부업 내지 아르바이트 농가가 주역을 차지하게 된 농협 계통조직의 조직 원리와 경영 현실의 괴리에 매우 냉소적이었다.

1987년 현재, 이들 양 지역에서 추곡수매가 투쟁을 주도한 농협청년부의 조직률이 각각 87~100%, 20~30%로 현격한 차이가 나는 것은 바로 이러한 현실을 말해준다. 그리고 농협 계통조직의 공식적인 농정운동조직 설치 측면에서도, 쌀 주산지에서는 추곡수매가운동을 주축으로 하는 종합농정조직을 둔 비율이 높다. 반면 간사이·시코쿠 지방에서는 낙농, 축산, 야채, 과수 등 작목별·과제별 농정조직을 두고 있는 비율이 더 높게 나타났다.[17]

한편 쌀과 같은 동일 작목 내에서도 산지 간의 경쟁이 격화되면서 거기서 생산되는 농산물의 품질에 따라 농협, 농가조합원, 농촌지역 국회의원의 이해관계가 분열되고 대립하는 현상이 발생했다. 〈표 5-2〉에서 보듯이, 고도

〈표 5-2〉 정부의 쌀 매입·판매 가격 및 식량관리회계 추이

단위: 엔/60kg, 억 엔, %

	정부 매입 가격 평균(A)	정부 판매 가격 평균(B)	매입·판매 가격 차액 (C=B-A)	쌀 재고 관리 비용 (D)	식량관리 회계에 대한 일반회계 전입금 평균 (E)	농업 관련 예산에서 차지하는 비율
1960~1964	4,140	4,801	△ 661	△ 564	548	25.6
1965~1969	7,597	6,950	△ 647	△ 1,674	2,391	37.7
1970~1974	9,933	8,145	△ 1,788	△ 3,114	4,956	31.6
1975~1979	16,780	14,342	△ 2,438	△ 5,964	7,499	27.0
1980~1984	18,063	16,804	△ 1,259	△ 4,845	6,114	16.5
1985~1988	17,909	18,413	△ 504	△ 2,305	3,886	–

* 자료: 農林水産省,『農林水産予算の説明』, 東京: 農林水産省予算課, 각 연호; 食糧庁,『食糧管理の現状』, 東京: 食糧庁企画課, 각 연호에서 작성.

---

17) 全国農業協同組合中央会(1988), 89쪽.

성장기 이후 추곡수매가의 연속적인 인상으로 정부의 쌀 매입·판매가격 차액이 점차 확대되어 1975~1979년에는 2,438억 엔으로 최고에 달했다. 또한 재고 누적으로 관리비용도 늘어나 같은 기간에 5,964억 엔에 달했다. 그에 따라 식량관리 회계의 적자를 납세자의 세금으로 이루어진 일반회계로 메우게 되어 농업 관련 예산 자체를 압박하는 구조가 만성화되었다. 1975~1979년에 식량특별회계에 대한 일반회계 전입금은 7,499억 엔으로 전체 농업 관련 예산의 27%를 차지할 정도였다.

이런 상황에 1970년을 전후하여 쌀 생산 과잉 문제가 표면화되면서 자유유통미(自由流通米, 1969), 정부 쌀 매입량 제한(1971), 표준가격미 제도(標準價格米制度, 1972), 쌀 브랜드별 매입가격 격차 도입(1979) 등 획일적인 벼농사 편중 농정에서 수요 변화에 대응한 종합농정으로 전환이 이루어졌다. 이를 계기로 일거에 명확한 지역 대립의 구도를 갖는 농업이익의 분열현상이 발생했다. 그것은 기본적으로 고급미 생산 중심지인 일본의 동북부 지방과 보통미 생산 중심지인 남서부 지방의 이른바 '남북전쟁' 형태로 표출되었다. 이는 당연히 선거구에 대한 이익유도의 실적이 당락에 직접적인 영향을 미치는 농촌지역 출신 자민당 의원 집단도 선거구의 사정에 따라 나누어지게 되었음을 의미한다.

자민당의 장기적인 정권재생산은, 어떠한 형태로든 농업·농촌 부문의 이익과 직접적인 관련성을 가지고 있는 70% 가까이의 소속 의원 집단과, 전업·겸업의 영농형태를 가릴 것 없이 농가수입의 상당부분을 정부가 결정하는 추곡수매가에 의존하는 농가조합원의 이해관계가 일치함으로써 보장되는 것이었다. 그러나 농업종사자 감소, 쌀 생산 과잉 및 생산 조정, 식량관리 회계의 적자 누적과 재정 재건 요구, 산지 간 경쟁 격화 등을 배경으로 정치세력으로서 농가구성원의 영향력은 저하되고 이들의 정치적 의사를 결집한 집표력에 뒷받침되는 농협 농정운동의 파괴력도 현저히 줄어들었다.

나아가 종래 극히 단순하고 일원적인 추곡수매가 인상을 중심으로 강력하게 응집되어 있던 자민당 농림의원의 관심과 태도도 분열되어, 더 이상 의원 다중의 힘을 동원하여 당 지도부나 농정 당국을 압박해 지역구에 이익을 유도하는 정치력을 발휘하는 것도 힘들어졌다. 이른바 "정규군"이라 불리던 당내 농림부회나 종합농정조사회에 소속된 당선회수가 많은 중량급 농림의원은 국가 전체의 재정운용·경제운용 차원에서 농업문제에 접근했다. 한편 "게릴라"로 불리던 당선회수가 적은 소장 내지 중견 농림의원은 여기에 저항하며 농업보호 논리를 펴거나 격렬한 행동을 보이는 혼돈된 상황이 조성되었다. 또한 "베트콩", "아파치" 등으로 불리던 고급미 주산지 출신의 농림의원은 자신들의 주장을 관철시키기 어려운 당내 미가심의회와 같은 공식기구와는 별도로 쌀값 인상이나 고급미에 대한 장려금 확보를 위해 독자적인 농정운동을 벌이기도 했다.[18]

이처럼 1970~80년대에 쌀 생산 과잉과 재고 누적을 배경으로 농협 계통조직이 사업체로서의 경영주의를 우선하여 농가조합원의 이익을 희생하는 형태로 생산 조정을 적극 수용함으로써, 농협 청년조직을 전위부대로 하는 대중운동 방식의 농정운동은 종언을 고했다. 이와 때를 같이하여 농업이익 내부에서도 쌀, 원예특작·축산낙농 등 작목별 이해관계의 대립이 확연해졌다. 또한 쌀과 같은 동일 작목 내에서도 품질에 따라 산지 간 경쟁이 격화되었다. 농업·농촌이익과 밀접한 관련성을 갖고 있는 자민당 국회의원도 지역구 사정에 따라 사분오열되어 당내 최대 의원 집단의 영향력도 예전과 비교가 되지 않을 정도로 약화되었다.

---

18) 猪口孝·岩井奉信(1987), 186쪽.

그 후 농협 농정운동은 농업후계자, 청년조직 등 농가조합원 가족이 주도하는 체제에서 농협 계통조직 임직원이 지도하는 체제로 바뀌었다. 크게 계통조직의 통일적인 방침 아래 지역농업 진흥, 수급 조정, 구조 개선, 예산 운동, 농산물시장개방 대응, 세금대책 등을 전담하는 종합농정조직과 미곡, 야채, 과수, 축산, 낙농 등 작목별·과제별 농정조직을 설치하여 현안에 대응했다. 그러나 조직률이 저조했을 뿐만 아니라 그나마 매년 떨어져 다중의 힘을 배경으로 농업이익을 관철하는 것은 더 이상 불가능해졌다.[19]

3. 산업계·재계의 농정 비판과 국제화농정으로의 전환

1) 일본농업의 국제화와 그 전개과정

(1) 정치경제위기와 농업보호주의로의 긴급 대피

일본농업의 국제화는 이미 쌀 생산 과잉과 재고 누적이 본격화된 1969년의 농정심의회 답신[20]과 이를 바탕으로 한 「종합농정기」에 의해 그 기본적인 '개념'과 '틀'이 만들어져 급진전될 듯이 보였다. 답신의 내용에 입각하여 정리해보면 다음과 같다.

"높은 수준의 쌀값에 의해 농산물의 상대가격에 왜곡이 생기고 토지나 노동력 등 자원의 원활한 이동에 방해를 받게 되었다." 이는 "농업생산의 합리화, 농업구조의 개선 및 농산물 수급 조정 면에서 곤란한 문제를 발생" 시켰다. 이에 기본법농정의 정책 논리를 부분적으로 수정하여 그동안 "사회정의"로까지 인식되어왔던 농공 간의 소득균형이라는 개념을 삭제하고 농

---

19) 全国農業協同組合中央会(1986), 4~17쪽; 全国農業協同組合中央会(1988), 89~92쪽.
20) 農政審議会(1969).

정이념을 지탱해온 가격정책과 생산정책을 구조정책 및 무역정책과 조화시키는 방향으로 조정한다는 것이었다. 고도성장의 종언과 함께 그동안 무역자유화의 유예대상이었던 쌀, 보리 등 국가무역품목이나 쇠고기, 돼지고기, 유제품, 감귤류와 같은 기간적·선택적 확대대상 농산물에 대한 본격적인 시장개방 압력이 시작된 것이다.[21]

그러나 1970년대 들어 정치경제위기가 고조되면서 농업·농촌의 정치적 역할에 대한 재평가가 이루어지고 국제화농정으로의 이행에 제동이 걸렸다. 국제적인 식량위기(1972~1974) 발생, 두 차례에 걸친 석유위기(1973~1979)에 따른 경기침체, 그리고 고도성장의 모순 누적에 의한 사회적 긴장의 고조로 집권보수당의 안정적인 지지계층 역할을 해온 농업종사자를 동요시킬 우려가 있었기 때문이다.

특히 급속한 도시화와 공업화에 의해 도시주민의 생활환경이 악화되면서 이들 사이에서 탈정당적·무당파적 혁신 심정과 요구가 팽배해졌다. 주민의 일상생활과 직결된 지방정치무대에 혁신 계통 수장들이 속속 등장한 것은 이런 현실을 반영한다. 1975~1977년 무렵 혁신계 수장의 지자체는 150여 개, 거주 인구는 전체 인구의 40%대를 육박하는 등 최고조에 이르렀다.[22]

이는 고도성장기를 통해 농촌지역을 중심으로 자민당정권의 안정적인 재생산을 지탱해온 '풀뿌리' 보수주의의 기반이 붕괴되고 도시지역을 중심으로 정부여당의 새로운 대항세력이 출현했음을 의미했다. 현실적으로 1972~73년, 1976년, 1979년 국회의원 선거에서 정권교체까지는 이르지 못했으나 여야당의 당선자 수가 역전되는 등 자민당의 패배가 계속되었다.[23]

---

21) 暉峻衆三編(2003), 183쪽.
22) 津村喬(1978), 71쪽; 三宅一郎外(1986), 135~136쪽.
23) 進藤兵(2004), 242~246쪽.

따라서 혁신지자체의 움직임이 농촌지역에 파급되는 것을 막고 도시지역에 고립시키는 것은 집권보수당의 정권유지를 위한 필수조건이었다. 농촌과 농업에 직접적인 이해관계를 가지고 있는 세력뿐만 아니라 무역마찰을 피하기 위해 농산물시장개방을 주장해온 범보수세력의 산업계·재계도 마찬가지였다. 농업보호의 양적 수준이 지속적으로 저하되는 가운데 『농업백서』와 같은 정책자료나 정치권의 담론에서 "사회적 안정층"으로서의 농업·농촌에 대한 재평가나 위기대응과 같은 실체와 거리가 먼 공허한 논의가 횡행한 것은 이런 상황을 배경으로 했다.

(2) 농업국제화로의 급선회

그러나 정치경제위기로 인해 일시적으로 보호주의로 회귀하는 듯했던 농업정책은 일단 위기가 해소되자 1980년대, 특히 그 후반기에 보호 조치의 전면 삭제 내지 폐지, 농업 부문에 대한 시장 원리 도입, 국가개입 축소 등에서 보듯이 국제화 노선으로 다시 급선회했다. 그것은 1986년 농정심의회의 보고서 『21세기를 향한 농정의 기본방향(21世紀に向けての農政の基本方向)』으로 구체적인 표현을 갖게 되었다. 나아가 1992년 그동안의 우루과이라운드 농업 교섭을 바탕으로 WTO의 농업협정을 받아들일 것을 약속한 '식료·농업·농촌기본법'이 법제화되었다.

여기에서는 "농업 이외에 다른 소득원이 없는 중산간(中山間)지역 등 조건이 불리한 지역"을 제외하고 "농가소득의 안정"이나 "사회자본의 정비"와 같은 "사회정책적 시점"이 완전히 폐기되었다. 대신에 "보다 합리적이고 근대적이며 생산성이 높은 산업으로서 자립할 수 있는 농업을 육성한다"는 "산업정책적 시점"이 전면에 등장한다. 나아가 구조정책을 기본으로 하면서 농공 간 소득균형을 위해 국내자급이 가능하거나 수요증대가 예상되는 부문을 선택적으로 확대하고 가격을 보장한다는 농업정책 상호 간의 분업체계도 유효성을 상실한 것으로 진단했다. 해당 농산물의 생산 과잉과 농산물무역자유화의 진전에 따라 그 기반이 무너지고 생산정책과 가격정책은 완전히 구조정책의 전제 내지 수단으로 전락했기 때문이었다.[24]

이처럼 1980년대에 일본농정체제가 근본적으로 바뀌게 된 것은 단순히 통상마찰과 농산물무역자유화 요구와 같은 외압에 의한 것만은 아니었다. 고도성장 파탄에 의한 일본 자본주의의 성격 변화, 도농·농공 간 인구대이동에 따른 농촌의 정치적 위상 저하, 농업이익의 분열 등 농업보호의 존립기반이 붕괴되었다는 사회구조적 문제도 깊이 관련되어 있었다. 또한 국내자급이 가능하거나 수요증대가 예상되는 품목의 선택적 확대와 가격보장을 통한 소득균형정책이 해당 농산물의 생산 과잉으로 파탄에 이르면서, 농협 계통조직뿐만 아니라 농업종사자 사이에서도 지역별·품종별로 이해관계가 달라졌다. 이에 농업보호의 방법과 내용에 대해서는 견해를 달리하면서도 안정적인 보수정권의 재생산이라는 체제적 관점에서 농촌의 정치적 역할을 평가해온 보수세력 사이에 균열이 발생했다.

그런 가운데 자민당은 각종 이익유도정책의 대상을 기존의 농업·농촌 부문에서 공업·도시 부문으로 돌려 도시지역의 전문직·관리직·판매직 등 이른바 '신중간 대중계층'을 적극적으로 파고들면서 포괄정당(catch-all party)으로 면모를 일신해갔다.[25] 혁신지자체의 등장을 지지기반 확대로 연결시키지 못하고 교조적인 노동조합의 '정치부'에서 벗어나지 못한 채 침체 일로를 걷고 있던 사회당과 비교하면 놀라운 변신과 생명력이었다. 대신 농업·농촌 부문은 중선거구제에서 소선구제로의 제도개혁 논의가 급물살을

---

24) 農政審議会(1986).
25) 이향철(2008), 255~303쪽; 居安正(1983), 217~220쪽; 村上泰亮(1984), 193~194쪽.

타는 속에서 서서히 정치적인 유동상태에 빠져들었다.

2) 산업계·재계의 농업 현안 비판과 농정 제언

(1) 산업계·재계 농업론의 원류

일본 산업계·재계의 농업 현안 비판 및 농정개혁에 관한 정책 제언은 1960년 4월에 나온 경제동우회(經濟同友會)의 「일본농업에 대한 견해(日本農業に対する見解)」까지 거슬러 올라간다. 패전 이후 "최대의 전쟁 잠재력", "군국주의를 이용하여 거대한 이익을 독차지한 집단"[26]을 제거한다는 목적으로 단행된 재벌해체와 군국주의 협력자 추방으로 잠시 주춤했지만, 1952년 4월 28일 대일강화조약(對日講和條約)의 발효와 함께 산업계·재계 유력자가 경영일선에 복귀함에 따라 혼란스러운 정치 상황과 경제현실에 대해 적극적인 발언을 서슴지 않았다.

이들은 대자본 중심의 업종별 연합체인 경제단체연합회(経団連), 전국 경영자의 중앙조직인 일본경영자단체연맹(日経連), 재계 인사의 개인적인 친목단체인 경제동우회(経済同友会), 전국 상공업자의 통합조직인 일본상공회의소(日本商工会議所) 등 다원적 구조로 편성되어 있었다. 또한 각각 정치자금, 노동문제·노무대책, 경제의 이념적인 방향 및 국민경제 전반, 상공업 진흥과 같은 대체적인 역할분담에 따라 정치경제 현안에 대한 발언 및 정책 제언을 정력적으로 전개했다.

고도성장기 산업계·재계의 농업 현안에 대한 발언은 주로 경제동우회가 주도했다. 앞에서 말한 1960년 4월의 「일본농업에 대한 견해」를 시작으로 1964년 2월에는 「농업근대화에 대한 제언(農業近代化への提言)」, 1966년 3

---

26) 有沢広巳·稲葉秀三編(1966), 20쪽.

월에는 「내일의 농업에 대한 전망(明日の農業への展望)」, 1967년 12월에는 「당면한 쌀값 대책과 식량관리제도 개선의 제언(当面の米価対策と食糧管理制度の改善への提言)」, 1978년 12월에는 「일본농업의 시나리오(日本農業のシナリオ)」로 이어지는 다방면에 걸친 농업정책 제언이 이루어졌다. 이러한 제언에 맥맥이 흐르는 사상은, 농업 부문도 다른 산업과 마찬가지로 시장메커니즘을 적용하여 기술혁신을 통해 생산성을 향상시키고 국제경쟁력을 강화해야 한다는 것이었다.

구체적으로는 무역정책과 관련하여 농산물무역자유화, 관세인하, 수입량 확대 등 개방체제를 전제로 합리적인 국제분업을 촉구했다. 그러나 어디까지나 일본농업의 수비범위 내에서의 일이며, 아직은 국내농업의 생산성을 향상시켜 가능한 한 식량자급도를 높이는 것이 바람직하다고 주장했다. 농산물 가격 지지정책에 대해서는 그 필요성은 인정하지만 결코 농가의 소득정책으로 운용해서는 안 된다고 일침을 가했다. 국민경제적 관점에서 경제적 합리성에 반하지 않도록 국제가격과 비교하여 비싼 농산물은 생산비용을 절감하는 방책을 적극적으로 검토하고 경제효율이 나쁜 농산물은 품종개량이나 품목전환을 고려하는 것이 필요하다는 것이었다.

끝으로, 농업구조 개선 및 경영에 대해서는 가족노동 3인을 기준으로 경지면적을 2.5ha로 확대한 자립경영 농가의 창출을 염두에 두고 있었다. 이를 위해 겸업농가가 농업생산을 떠날 수 있도록 이농 조치를 강구하는 한편, 다른 산업 부문이 농업경영에 참여할 수 있는 길을 허용해야 한다고 했다. 아울러 법인화·공동화·기업화 등의 방법을 활용한 협업경영체제 구축도 하나의 방법으로 제시했다.[27]

---

27) 叶芳和·阿部登吾·加藤辰夫(1980), 12~13쪽.

이처럼 산업계·재계는 고도성장기를 통해 국민경제적 관점에서 경제합리주의에 입각한 농업근대화를 농정의 이념으로 내세웠다. 그러나 식량자급도 향상이나 주요 농산물 가격 지지 용인 등에서 알 수 있듯이, 아직은 농업보호정책을 전면 부정하고 있지는 않다는 데 주목할 필요가 있다. 당시의 산업계·재계는 범보수세력으로서 여유와 에토스를 지니고 농업의 경제적 측면보다 "보수정치의 안전판"으로서 정치적 역할을 중시했음을 가늠할 수 있다. 사분오열된 보수세력에 정치적 압력을 가해 보수합동을 유도하고 막대한 정치자금을 체제 유지비로 자민당 본부나 파벌에 제공함으로써 경제발전을 위한 정치체제나 환경을 정비한 것도 같은 맥락에서였다.

그러나 고도성장기를 통해 기업 일변도 산업정책과 재정금융정책으로 정계-관계-재계 유착의 이익정치는 점점 더 공고해졌다. 물론 자민당이 사회구조 변화에 대응해 도시지역의 '신중간 대중계층'에 파고들어 새로운 지지기반을 적극적으로 확충하면서, 농가구성원처럼 그 위상이 점차 위축되어가는 전통적인 지지계층과의 균열은 심화되었다. 자민당의 계층적 본질과 사회적 지지계층의 상위라는 모순의 내공(內攻)은 더 이상 돌이킬 수 없는 상태가 된 것이다. 그러나 범보수연대에서 농가구성원의 정치력과 이를 집적한 농협 계통조직의 농정운동은 아직 무시해도 될 정도로 위축되지 않았으며, 역설적이게도 그런 의미에서 여전히 보수정권재생산에 일정한 영향력을 보유하고 있었다.

(2) 산업계·재계의 농업 현안에 대한 공세 강화 및 비판적 농정 제언

그러나 1980년대 들어 산업계·재계의 농업 현안 비판 및 농정 제언은 그 내용과 빈도·강도에서 이전 시대와 비교가 되지 않을 정도로 근본적인 변화를 보였다. 경제동우회, 경제단체연합회, 일본경제조사협의회 등 경제단체나 관련 정책연구기관이 총출동하다시피 했다. 여기에 전일본노동총동맹(동맹)이나 정책추진노조회의 같은 노동단체도 가세하여 소비자, 산업계, 노동계의 동의 없이는 어떠한 농업정책도 추진할 수 없음을 강조하며 농업을 둘러싼 국내외 정세 변화에 걸맞은 새로운 국제분업론을 주장하고 나섰다.

그 대표적인 것으로 재계 4단체 협찬단체인 일본경제조사협의회의 「식량관리제도의 근본적 개정(食管制度の抜本的改正)」(1980년 9월), 경제단체연합회의 「식품공업으로부터 본 농정의 제문제(食品工業からみた農政上の諸問題)」(1981년 2월), 「일본농업·농정의 금후 바람직한 모습(わが農業·農政の今後のあり方)」(1982년 1월), 「쌀 문제에 관한 제언(米問題に関する提言)」(1987년 7월), 「쌀 조기개방 촉구 결의」(1991년 4월), 경제동우회의 「쌀 개혁의 목표와 방향(コメ改革の目標と方向)」(1988년 10월) 등을 들 수 있다. 마치 농업 관련 연구소를 방불케 하는 산업계·재계 단체의 농업 현안 비판 및 농정 제언은 그 자체로 농업정책의 구조전환을 위한 자기완결적 의미를 가지고 있었다. 나아가 농가구성원이나 농업단체를 국민여론으로부터 고립시켜 식량관리제도의 개혁이나 농산물시장개방 같은 정부여당의 농정개혁을 뒷받침하는 역할도 수행했다.

여기에서는 더 이상 식량자급도 향상이나 농산물 가격 지지와 같은 농업보호주의 논조를 찾아볼 수 없다. 일본의 마지막 폐쇄시장으로 남아 있던 농산물시장에 자유경쟁의 원칙을 도입하고 농협 계통기관이 독점적 지위를 누려온 농산물 유통시장에 자본의 참여를 허용하라는 내용이 주류를 이루었다. 기본적으로 경제단체연합회, 일본상공회의소, 경제동우회, 일본무역회 등 이른바 재계 4단체의 정책 구상을 뒷받침한다고 할 수 있는 일본경제조사협의회는 "식량관리제도에 의해 국제가격의 수 배가 되는 세계에서 제일 높은 추곡수매가를 실현하고도 아직껏 농업경영기반을 확립하지 못하고

있"을 뿐 아니라 "명확한 전망도 가지지 못한 채 생산 조정을 강화"해야
하는 농업현실이 문제이며 "식량관리제도를 개혁함으로써 일본농업의 전망
을 열어야 한다"고 주문했다.[28]

나아가 경제단체연합회는 "토지이용형 농업의 경우 국제경쟁력을 확보하
기 위해서는 경영 규모를 확대하여 생산성을 향상시키는 것이 불가결"한데
일본에서는 "높은 땅값문제가 가로놓여 있기 때문에 2종 겸업농가나 고령
자 농가가 소유한 농지를 임대하여 규모의 경제를 추구하는 토지임대시장
을 육성해야 한다"고 했다.[29] 나아가 농산물 가격 지지에 대해서는 수입규
제를 철폐하여 국제가격이 반영되도록 해야 한다고 했다. 농업단체 등이
국내농업보호의 구실로 이용하는 식량안보론은 비효율적인 일본농업의 현
실로는 불가능하기 때문에 농산물 수입에 의한 비축이야말로 합리적인 대
안이라고 주장했다.[30]

이처럼 1980년대 산업계·재계의 농업론은 국민경제적 관점에서 일본농업
의 현실에 관한 스스로의 책임론을 확인하고 그 연장선상에서 농업근대화
를 추구하는 종전의 주장과 확연히 달랐다. 자본이익을 전면에 내세워 공업
제품의 집중호우식 수출에 의한 미일 무역마찰을 농민과 농업의 희생 위에
서 해소하려는 이기적인 '책임전가론'으로 바뀐 것이다. 이는 미일 경제마
찰 격화에 따라 국제협조적 경제구조로 재편하도록 압력을 받고 있는 데다,
신자유주의 대두 등에 의해 세계적인 규모의 시장통합이 가속화되는 세계
자본주의의 성격 변화에 대한 일종의 처방전으로 제시된 것이었다.

---

28) 日本經濟調査協議會, 「食管制度の抜本的改正」, 1980. 9.
29) 経済団体連合会, 「わが農業·農政の今後のあり方」, 1982. 1.
30) 林信彰(1986), 208~278쪽.

(3) 공산품의 집중호우식 수출과 농업의 희생

일본경제는 2차례에 걸친 석유위기 이후 주요 선진국들이 하나같이 장기 불황에 허덕이는 가운데 방대한 설비투자를 필요로 하는 중화학공업에서 지식집약형 사업으로 산업구조를 전환함으로써 예외적으로 회복세로 돌아섰다. 그것은 당시로서는 연구논문 속에 존재했을 뿐 검증되지 않았던 IC(집적회로)와 컴퓨터기술을 결합한 산업의 ME(micro-electronics)화를 내용으로 했다. 다시 말해, ME기술의 도입 및 국산화, 제품의 양산화, 이를 응용한 신제품 개발, 생산과정 혁신, 관련 기술과 컴퓨터의 결합에 의한 획기적인 정보처리·통신네트워크의 도입 및 이를 바탕으로 한 서비스산업의 발전을 축으로 전개되었다.[31]

지식집약형 사업으로의 산업구조 전환은 처음부터 정부와 산업계·재계가 공동전선을 구축하여 일본경제의 국제경쟁력 강화, 수출확대라는 목표 아래 추진해 나갔다. 〈표 5-3〉에서 보듯이, ME기기 및 자동차와 같은 기존의 기계제품에 ME 관련 기술을 응용한 제품을 하이테크기술의 본고장인 미국

〈표 5-3〉 미국의 무역수지·경상수지 적자 및 대일 부문의 비율

단위: 억 달러, %

		1983	1984	1985	1986	1987	1988
무역수지	합계(A)	△671	△1,125	△1,221	△1,451	△1,595	△1,272
	대일본(B)	△211	△379	△435	△544	△570	△526
	B/A(%)	31.4	32.9	35.6	37.5	35.7	41.4
경상수지	합계(A)	△443	△1,042	△1,127	△1,332	△1,437	△1,265
	대일본(B)	△198	△378	△453	△538	△554	△500
	B/A(%)	44.6	36.3	40.2	40.4	38.5	39.5

* 자료: U. S. Department of Commerce Bureau of Economic Analysis, *Survey of Current Business*, June, 1989, pp. 62~63로부터 작성.

---

31) 이향철(2005), 64~67쪽.

에 '집중호우식'으로 수출함으로써 1980년대의 미국은 전체 무역수지와 경상수지 적자의 각각 31~41%, 36~44%를 일본과의 사이에서 내게 되었다. 여기에 나타나 있지는 않지만, 미일 간의 품목별 무역수지를 보면 미국은 항공기 등 일부 하이테크품목을 제외하고 기계기기, 금속품에서 막대한 적자를 보인 반면, 선진국에 원료·연료를 수출하거나 농산물시장개방 압력을 통해 식료품의 무역흑자 확대로 적자를 메우는, 말하자면 개발도상국가의 특징을 보여주었다.[32]

산업계·재계, 노동단체의 농업 현안 비판 및 농정 제언은 NIRA종합연구개발기구의 「농업 자립전략의 연구—선진국 농업으로 가는 길(農業自立戦略の研究-先進国農業への道)」과 같은 관변 연구기관이 제공한 이론적인 틀로 무장하고 정부여당의 행정개혁·경제구조개혁 노선을 뒷받침하는 형태로 전개되었다. 농업이익을 둘러싼 정치구조 및 정세 변화를 상징적으로 이야기해주는 것이라고 할 수 있다. 그도 그럴 것이, 1980년대 후반 일본의 대미 무역수지와 경상수지 흑자는 500억 달러를 웃돌았지만 당시 미일 간의 현안이던 농산물 12개 품목을 모두 수입한다 해도 3억 달러밖에 되지 않았다. 여기에 수출 가능한 미국산 쌀 200~300만 톤을 추가해도 6억 달러 정도로, 불균형 해소효과는 2% 수준에도 미치지 않았다. 이는 산업계·재계, 노동단체의 농업 현안 비판 및 농정 제언을 단순히 미일 국제수지 불균형 심화에 따른 경제마찰 문제로만 접근할 수 없음을 의미한다.[33]

이와 관련하여 1981년 3월 재정 재건과 국민경제 재편의 청사진을 마련하기 위해 수상 자문기관으로 제2차 임시행정조사회가 출범했다. 재계의 총리로 일컬어지는 도코 도시오(土光敏夫, 1896~1988) 경제단체연합회 명예

---

32) United States-Japan Trade Report(1980), p. 5.

33) 北田芳治·相田利雄編(1987), 235쪽.

회장이 회장으로 참여하는 등 재계 출신 5명, 노동계 출신 2명, 학계 출신 2명, 기타 관료, 언론계 출신 등 21명의 전문위원으로 구성되었다.

농업계 인사가 한 명도 포함되지 않았던 것은 결코 우연한 일이 아니라 농업·농촌문제가 제2차 임시행정조사회의 중요한 개혁논제로 오를 것을 상정한 사전 포석이었다. 산업계·재계에서는 경제단체연합회, 일본상공회의소, 경제동우회, 일본경영자단체연맹, 간사이 경제단체연합회 등 5개 단체 회장으로 구성된 5인회를 구성하여 제2차 임시행정조사회의 '증세 없는 재정 재건' 노선을 전면적으로 뒷받침하는 체제를 갖추었다.

많은 이들이 제2차 임시행정조사회에서 공무원 정원 삭감이나 행정기관 정리 등과 같은 문제를 논의할 것이라고 일반적으로 예상했다. 그러나 막상 뚜껑을 열어보니 행정개혁보다 과도한 농업보호에 대한 비판과 농업보조금의 대폭 삭감이 주요 쟁점으로 다루어졌다. 즉, "농업의 국제화가 진전되는 가운데 수요에 맞추어 국내의 농업생산을 재편성하고 생산성을 향상시킴으로써 내외 가격차를 축소하고 산업으로서 자립할 수 있는 농업의 확립"을 목표로 상정했던 것이다. 농산물 수입을 확대하여 농산물 과잉 공급 상황을 조성하고 여기에 가격메커니즘을 작동하게 함으로써 재정 부담, 소비자 부담을 줄이면서 농업의 재편·합리화를 추구하자는 것이었다.[34]

이와 병행하여 수상의 자문기구인 농정심의회는 전문위원회를 열어 제2차 임시행정조사회의 농업 구상을 구체화하는 작업에 착수했다. 「80년대 농정의 기본방향(80年代の農政の基本方向)」(1980년 10월), 「21세기를 향한 농정의 기본방향(21世紀に向けての農政の基本方向)」(1986년 11월)이 그것이다. 양자 공히 국제화농정을 전면에 내세웠는데, 전자는 아직 "식량 자급력"의

---

34) 臨時行政調査会(1982).

유지라는 표현만은 남기고 있다. 그러나 후자는 좌장을 역임한 마에카와 하루오(前川春雄) 전 일본은행 총재의 이름을 따 이른바 「마에카와 리포트」로 불리는 나카소네(中曾根康弘) 전 수상의 사적 자문기구 '국제협조를 위한 경제구조조정연구회' 보고서의 내용에 따라 실제로도 이념적으로도 식량자급체제에 막을 내리고 수입자유화를 통한 '식량공급력' 확보를 축으로 농업개혁·식량관리제도 개편을 주장했다.[35]

3) 정치주의 보호농정에서 경제합리주의 국제화농정으로의 전환

(1) 정치주의 보호농정의 종언

1970년대 중반부터 1980년대에 걸쳐 일본의 농업정책기조는 크게 바뀌었다. 농업계와 산업계·재계 등 범보수세력의 암묵적인 합의에 바탕을 둔 정치주의 보호농정이 종언을 고하고, 산업계·재계 중심의 경제합리주의 국제화농정으로 전환된 것이다.

그것은 기본적으로 고도성장기에 본격화된 '인구대이동' 추세가 이후에도 멈추지 않고 총취업인구 대비 농업취업인구가 1975년 12.6%에서 1980년 9.8%, 1985년 8.3%로 급속히 감소함에 따라 농업·농촌 부문의 정치적 영향력이 무시할 수 있을 정도로 약화된 것을 배경으로 했다. 뿐만 아니라 농업의 겸업화와 농촌의 혼주화가 심화되면서 농촌사회 내부의 이해관계가 분화되고 다양화된 것도 놓칠 수 없다.

농업노동력의 중추인 농가세대주의 재촌·재택이농이 심화되어 1975년 시점에 농업소득이 부업소득으로 전락한 2종 겸업농가가 60%를 웃돌게 되었다. 또한 자동차의 보급과 도시화의 진전으로 농업과 관련 없는 사람들이

---

35) 原燎平(1987), 60쪽.

농촌지역에 들어와 살게 되었다. 그에 따라 1980년 현재 전국 농촌지역에서 농가가 차지하는 비율은 평균 22.2%였으며, 심지어 평야의 순수 농업지대에서조차 절반에 못 미치는 44.6% 수준으로 떨어졌다.[36)]

이런 상황에서 농협 계통조직은 농업의 새로운 가치와 여기에 걸맞은 농정운동의 방향을 제시하지 못하는 한계를 노출했다. 특히 계통조직의 사업 추진과 경영안정에 도움이 되지 않는다는 판단하에 그동안 농협 청년조직이 주도해온 대중투쟁 방식의 농정운동과 아무런 논의나 합의도 없이 결별을 선언한 것은 주목할 만하다. 이것은 농협 계통조직과 농가조합원, 특히 농정운동의 전위부대이자 농가후계자인 농협청년부 사이에 불신을 낳고 농정운동의 장래에 짙은 그림자를 드리웠다.

이후 농협 수뇌부의 행태는 이러한 균열과 불신의 관계를 봉합하고 해소하기는커녕 돌이킬 수 없는 것으로 만들고 농협 농정운동의 정치적·사회적 영향력을 무력화시키는 결과를 초래고 말았다. 농협 계통조직의 경제사업을 지탱하고 있던 쌀 판매사업을 지키기 위해 농가조합원의 이익을 희생시키는 형태로 스스로 쌀 생산 조정을 제안하고 적극적인 추진자를 자처하고 나섰던 것이다. 농협 농정운동은 농가조합원, 농협청년부 등 농가구성원과 고립된 채로 계통조직에 설치된 종합농정조직, 작목별·과제별 농정조직을 무대로 농협 간부가 주도하는 형태로 바뀌게 되었다.

농협 간부가 주도하는 농정운동이라고 해서 내용과 방법에서 특별히 달라진 것은 없었다. 쌀 등 농산물의 가격 및 생산 조정, 지역농업 진흥, 세금대책 등을 정부여당에 진정하거나 각종 선거에서 특정 후보자를 추천·지지하는 구태의연한 방법을 답습했다. 굳이 달라진 점을 찾는다면, 대중운동적인

36) 暉峻衆三編(2003), 232쪽.

폭발력이 사라진 만큼 정부여당에 훨씬 순응적·체념적으로 되어갔다는 것이다. 나아가 산지 간의 경쟁이 격화되고 지역 간, 작목 간 이해관계가 다양화·분화되면서 농협중앙회 주도로 농정운동을 추진하는 것은 고사하고 목표를 정하는 것조차 용이하지 않은 상황이 되었다.

(2) 파열하는 농촌의원

그러나 농촌지역 출신 국회의원이 여전히 집권자민당의 다수를 차지하고 있었고, 정도의 차이는 있을지언정 소선거구제 도입 이전까지 이들에게 농업이익의 향배는 변함없이 재선의 관건이었다. 달라진 점이 있다면, 농업·농촌 부문의 위상 저하로 인해 이쪽으로 유도할 수 있는 재정자금의 규모가 줄어들었을 뿐 아니라, 지역 선거구에 따라 농산물 작목 간에 혹은 같은 작목 내부에 산지 경쟁이 격화되었다는 것이다. 개별 지역구의 사정에 규정되는 국회의원의 이익유도의 성격과 내용도 분화되었고, 하나의 의원 집단으로서 농업보호자를 자처할 수 없게 되었다.

당선회수가 많은 간부급 의원들은 당의 공식기구인 농림부회와 종합농정조사회를 무대로 재정 재건이라는 국민경제적 관점에서 농업정책을 추진하는 입장을 취했다. 그러나 지역 선거구나 당내에서 재선기반이 상대적으로 확립되어 있지 않은 중견의원이나 소장의원들은 간부급 농촌의원의 주장에 동조할 수 없었다. 당의 공식적인 농정 방침에 저항하여 각각의 지역구 사정에 따라 농촌진흥의원협의회, 농정쇄신동지회, 신농정연구회와 같은 조직을 만들어 폭넓은 농업보호와 농산물 가격 지지를 주장하지 않을 수 없었다.

고시히카리, 사사니시키 등 고급미 산지인 도호쿠 지방 출신 국회의원은 보통미와 같은 기준으로 추곡수매가를 산정하는 것은 부당하다며 품질에 따른 가격 등급화와 고급미에 대한 장려금을 확보하기 위해 동분서주했다.

보통미 산지인 남부 지역 출신 국회의원은 여기에 반론하며 쌀 생산 과잉에
도 불구하고 지역차별 철폐와 일괄적인 쌀값 인상을 요구했다. 같은 정당의
국회의원이라도 출신지역에 따라 '남북전쟁'으로 표현되는 지역 대립 구도
속에 편성되어 있었기 때문에, 자민당의 공식기구인 농림부회와 종합농정조
사회의 역할도 극히 제한될 수밖에 없었다.

1955년 출범 당시 자민당의 지지기반은 농림어업자 43%, 상공업자 25%
로 농림어업 종사자-산업계·재계·자영업자의 연합정권 성격을 지니고 있었
다. 그 후 상공업자의 지지율은 그대로였지만 농림어업자 인구는 급속히
감소하여 1975년에는 19% 수준으로 떨어졌다. 대신에 종래 사회당 지지자
가 압도적이었던 봉급생활자(사무직), 산업노동자를 적극적인 지지계층으로
포섭한 끝에 20년 사이에 각각의 지지율이 13%에서 27%, 15%에서 25%
로 급증하여 '포괄정당(catch-all-party)'의 면모를 갖추어갔다.

이런 경향은 1976~1986년의 10년간 더욱 심화되어 도시부의 자영업·관
리직(32.1%→48.0%), 사무직(18.6%→29.6%), 주부(27.7 %→37.9%), 노동자
(25.9%→35.0%) 등을 중심으로 지지계층을 확대해 나갔다. 농림어업 종사
자의 자민당에 대한 충성도는 다른 계층에 비해 압도적으로 높았고 지지율
도 상승하고 있었지만(60.7%→75.9%) 농림어업 이탈 비율이 이를 상쇄하고
도 남을 만큼 높았기 때문에 전체적으로 자민당 보수정권재생산에 대한 공
헌도는 한 자리 수준으로 떨어지고 말았다.[37]

(3) 농산물 가격정책의 전환과 전면적인 수입자유화
1980년대에 정부여당이 농협 계통조직이나 자민당 농촌의원의 별다른 저

---

37) 朝日新聞世論調査室編(1977), 78쪽; 小林良彰(1991), 40쪽.

항 없이 정치주의 보호농정에서 경제합리주의 국제화농정으로 전환할 수 있었던 것은, 바로 이러한 정치경제 상황을 바탕으로 했다. 농업·농촌 부문의 정치적 역할을 중시하는 보호농정의 빗장이 풀리자, 농산물 가격정책의 전환과 전면적인 수입자유화라는 형태로 경제합리주의 국제화농정이 본격화되었다. 일본농업의 정치구조는 지금까지 전혀 경험해보지 못한 새로운 단계에 접어들었으며, 농협 계통조직 등의 재편이 가속화될 것은 충분히 예상되는 바였다.

1980년대 농정의 기본방향을 제시한 농정심의회 답신 「80년대 농정의 기본방향(80年代の農政の基本方向)」(1980년 10월)에서 가격정책의 중점은 "가격 변동의 방지", "수급 조정 기능에 의한 생산·소비 유도", "농업소득의 유지"로 크게 전환되었다. 특히 가격정책의 "수급 조정 기능을 중시"하여 "과잉 농산물에는 생산자극적인 가격 설정을 피하고", "가격 산정방식 자체를 재검토하여" "수급 현실을 반영한 가격형성을 도모"해야 한다고 했다. 농업소득의 확보는 중핵농가를 중심으로 생각하고 "내외 가격차의 확대를 극력 피하고 가능하면 조금이라도 축소하는 노력"을 강조했다.

나아가 1986년의 농정심의회 보고 「21세기를 향한 농정의 기본방향(21世紀に向けての農政の基本方向)」(1986년 11월)은 부제를 "생산성 향상과 합리적 가격형성"이라고 붙이고 "국민이 납득하는 가격", "내외 가격차의 시정"을 구체적인 과제로 제시했다. 당장은 평균 1.5ha, 목표는 5ha 규모의 경작면적을 기준으로 한 중핵농가의 생산비를 반영하여 구조정책을 유도하고 시장메커니즘을 활용하여 수급 균형을 도모한다는 것이었다. 즉, 기본법농정에서 농산물의 가격보장을 통해 농가소득을 보장한다는 정책목표는 1980년대에 들어 수단으로 바뀌고, 수급 조정, 나아가 구조조정이 가격정책의 목적이 되었던 것이다.

한편 농산물무역정책에서는 주요 농산물의 부분적인 수입량 확대에서 모든 농산물의 전면적인 수입자유화로 정책기조가 바뀌었다. 고도성장을 거치면서 미국의 대외 경제관계가 일본, 서독 등으로부터 공업제품을 수입하고 이들 국가에 농산물과 원료·연료를 수출하는 개발도상국가의 모습을 띠게 됨에 따라, 농산물은 무역불균형의 상징적인 존재로서 집중적인 시장개방의 압력을 받게 되었다. 그러나 예전 같지는 않지만 여전히 자민당의 정권재생산은 농업이익의 향배에 달려 있었고, 산업계·재계가 농업보호를 체제 유지의 기회비용으로 받아들이는 상황도 계속되고 있었다. 따라서 미국으로서도 동아시아 지역의 유력한 동맹자인 자민당정권의 지지기반에 대한 정치적 배려를 우선하여, 주요 농산물 수입량 확대를 요구하는 정도로만 시장개방 압력을 가하는 형국이었다.

그러나 1980년대 들어 치러진 국정선거에서 자민당의 장기적인 지지율 침체가 멈추고 보수·혁신세력의 백중 상황이 소멸된 것으로 판단되는 정황이 보이면서, 미국은 농산물의 전면적인 수입자유화 요구로 선회했다. 1980년과 1986년의 중의원 선거와 참의원 선거에서 자민당이 농촌지역에서는 고전하면서도 도시지역에서는 선전하여 대승을 거둔 것은 자민당의 포괄정당 내지 도시정당으로의 변신이 성공했음을 대내외에 각인시키기에 충분했던 것이다. 여기에는 그동안 미일안보조약에 의해 방위문제와 관련하여 무임승차를 해왔던 일본이 경제문제, 특히 전면적인 농산물시장개방으로 채무를 반환할 때가 되었다는 미국정부의 정치적 해석이 강력히 개재되었다.[38]

그 최종적인 국면은 1986년 가을 전미정미업자협회(U. S. Rice Millers' Association: RMA)가 일본의 쌀 수입 금지 문제를 미국 통상대표부(USTR)에

---

38) 吉岡裕(1987), 72쪽.

제소하고, 미국정부가 직접 나서서 일본의 잔존 수입제한품목을 전면 개방할 것을 요구하며 GATT에 제소한 것으로 표출되었다. 나아가 1988년 6월에는 "국가무역품목이라도 정부가 생산 조정을 하고 있지 않은 경우에는 수입제한 조치를 취할 수 없다"는 GATT 파넬의 해석을 근거로 쇠고기와 오렌지의 시장개방을 밀어붙임으로써 사실상 쌀 하나만이 수입제한품목으로 남게 되었다. 그러나 이나마 대외적으로 GATT의 다자간 교섭과 미국의 신통상법 슈퍼 301조에 의한 2국 간 교섭의 압력이 고조되고, 대내적으로 일반 국민들의 지지와 여론을 호도하는 산업계·재계의 농업 현안 비판의 역풍에 시달리며 고군분투하다가, 우루과이라운드 농업합의를 앞두고 "예외 없는 관세화"를 받아들이지 않을 수 없는 운명에 처하게 되었다.

4. 맺음말

1) 농정 '철의 트라이앵글' 구조의 와해

지금까지 1970년대 중엽부터 1980년대에 걸쳐 급진전된 일본의 국제화 농정으로의 전환을 다양한 이해관계자의 정치적·경제적 역학관계 변화에 초점을 맞추어 살펴보았다. 이 시기에는 대내적으로 쌀 등 주요 농산물의 생산 과잉 및 가격하락이 현안으로 떠올라 농정의 '세기적 대전환'이 이루어졌다. 또한 대외적으로는 미국과 일본의 무역불균형 심화에 따라 농산물 시장개방 압력이 고조되어 쌀을 위시한 국가무역 농산물의 빗장마저 풀려 국내농업시장이 국제적 조정을 받게 되는 시기이기도 했다.

농업이익의 정치화와 관련하여 이 시기 가장 중요한 변화는 고도성장기에 형성된 농협-정부-집권당의 농정 '철의 트라이앵글'로 표현되는 농업·농촌 부문에 대한 이익유도정책이 서서히, 그렇지만 확실하게 와해되어간 것이다. 여기에는 급격한 이농에 따른 농업의 정치적 위상 저하뿐만 아니라 농가의 겸업화와 농촌의 혼주화에 따른 농업이익의 분화·다양화라는 현상이 가로놓여 있었다. 나아가 고도성장의 종언에 따라 재정수입이 감소하는 가운데 쌀을 위시한 주요 농산물이 생산 과잉과 재고 누적에 빠지게 되어 더이상 가격 지지정책을 계속할 수 없었기 때문이기도 했다.

농협 계통조직이 매년 추곡수매가 인상을 요구하고 이에 집권여당이 미가심의회를 이용하거나 직접 정부에 압력을 가해 쌀값 결정을 주도하는 이익유도의 정치과정이 확립된 것은 고도성장기를 통해서였다. 농협 계통조직은 매년 미가심의회의 추곡수매가 결정을 둘러싸고 정부여당과 국회에 생산자의 소득보상을 위해 진정활동을 전개하거나, 심할 경우에는 농가구성원의 집표력을 무기로 정치적 압력을 가하는 것도 서슴지 않았다.

그러나 1970년대 중반부터 1980년대에 걸쳐 농협 계통조직과 집권보수당 모두 전가의 보도처럼 사용해온 유력한 수단을 동시에 상실했다. 그에 따라 자민당은 추곡수매가 인상이나 각종 공공정책을 통해 농업·농촌 부문에 물질적 이익을 유도하기 어렵게 되었다. 농협 계통기관 역시 농가구성원의 정치적 의사를 결집하여 집권보수당을 지원하는 데 어려움을 겪게 되었다. 이익유도 내지 이익교환정치의 지속 여부가 불투명해진 것이다.

그것은 다양한 이해관계자를 하나로 결집시켜주던 추곡수매가 인상운동이 쌀 생산 과잉 및 재고 누적으로 기능부전에 빠졌기 때문이었다. 사실 그동안 농업구조의 변화에도 불구하고 추곡수매가 인상문제는 농가형태에 따라 몰입도의 차이는 있을지언정 유일하게 전업농가, 1종 겸업농가, 2종 겸업농가를 지역농협을 중심으로 결집시켜주는 역할을 해왔다. 그러나 농협 계통조직이 농가조합원의 이익을 희생시키는 형태로 쌀 생산 조정을 제안하고 그 추진기관을 자처하고 나섬에 따라 양자의 균열은 돌이킬 수 없게 되었다. 밑으로부터 농가구성원의 정치적 태도를 결집한 대중운동적인 농협 농정운동은 사실상 종언을 고하게 된 것이다. 그 후 농협 농정운동은 지역농 협의 조합장이나 계통조직의 간부가 정부여당을 대상으로 정책협의를 하는 수준의 조직운동으로 전락해버렸다.

나아가 농업의 이해관계자가 사분오열되어 서로 반목하고 대립하는 상황 이 벌어졌다. 농가조합원과 지역농협의 상호불신, 지역농협 간의 경쟁, 농협 계통기관 내부의 불협화음, 여기에 규정된 농촌 출신 국회의원의 이익 분화 가 그것이다. 기본적으로 벼농사 중심의 동북부 지방과 원예특작·낙농축산 중심의 도시근교·간사이 지방의 작목 간 대립이 가로축을 이루고, 같은 쌀 생산 지역에서도 고급미 산지인 도호쿠·호쿠리쿠 지방과 보통미 산지인 규 슈·시코쿠·간사이 지방의 이해 대립이 세로축을 이루며 상승작용을 일으켰 던 것이다.

2) 수술대에 오른 농업정책

일본의 농업정책은 쌀 등 주요 농산물 생산 과잉 및 재고 누적을 배경으로 1970년대 후반과 1980년대 전반을 정비 시기로 하여 1980년대 후반에 극 적인 구조개혁을 경험했다. 그것은 쌀 등 국가무역품목을 포함한 농산물의 전면 수입자유화를 겨냥한 가격 인하와 이를 통한 국제가격으로의 접근 시 도였다. 뿐만 아니라 식량관리제도를 개편하여 기초식량을 전면적인 관리에 서 부분적인 관리로 전환하여 쌀 시장개방에 대응한 국내 유통의 자유화를 도모했다. 그런 가운데 농가구성원의 정치력이나 농촌의 사회적 안정장치라 는 역할에 의존하여 농업이익을 관철하던 정치주의 농정은 급속히 설 땅을 잃고 말았다. 농협 계통조직은 사업체의 논리를 벗어나지 못하고 농업 그 자체가 갖는 새로운 가치와 비전을 발견하지 못한 채 미궁에 빠져들었다.

그러나 농협 계통조직은 농가구성원이 급속히 감소하여 특정 후보자를 당선시킬 만한 영향력을 잃긴 했어도 여전히 특정 후보자를 떨어뜨릴 만한 힘은 남아 있음에 유의해야 했다. 그것이 전체적인 정치동향을 좌우하는 중요한 변수가 될 수 있음은 그로부터 20년 뒤 2009년 9월 자민당에서 민주당으로의 정권교체과정을 통해 홀연히 확인되었다. 소선구제로의 개편 이후에 일반적으로 1인구로 표현되는 농촌지역 선거구에서 자민당이 거의 대부분의 의석을 상실하면서 민주당에게 정권을 내주게 되었던 것이다.

이는 정책 당국도 농업과 농촌의 위상을 정치나 경제의 차원에서만 접근할 것이 아니라 외부경제효과 혹은 비정치적 역할을 적극적으로 인정하는 자세가 필요함을 시사해준다. 말하자면 홍수 방지, 수자원 보호, 토양침식 방지, 도시주민에 대한 쉼터 제공, 폐기물 처리, 지반침하 방지, 생물다양성 보전, 대기 보전, 환경유지, 전통과 문화의 유지 같은 역할들이다. 일본 산업계·재계의 싱크탱크인 미츠비시종합연구소는 1985년의 데이터를 사용하여 벼농사가 지닌 외부경제효과를 연간 11조 8,700억 엔으로 산출해낸 바 있다. 이는 연간 쌀 생산액 3조 2,226억 엔의 3.7배에 달하는 금액이다.[39]

농업은 단순한 정치·경제문제가 아니라 한 나라의 사회구조와 맞물려 지속가능한 생명력을 담보하는 복합적인 역할을 맡고 있다. 농업의 존재형태는 한 나라의 정치과정 및 경제발전 단계를 상징적으로 보여줄 뿐만 아니라 미래의 지속가능한 사회를 가능케 하는 지표가 된다. 따라서 농업의 정치과정에 대한 연구는 일본보다 더 급격하게 '공업화'를 달성한 한국이나, 이보다 더 급격하게 경제의 '현대화'를 추구하고 있는 중국문제를 생각할 때

---

39) 三菱總合硏究所(2001), 11~12쪽.

많은 시사점을 줄 것이다. 특히 고도성장을 통해 경제대국으로 가는 길은 국내적으로 많은 희생을 치르는 사회갈등의 과정이기 때문에, 이를 조정하고 해결하는 정치의 중요성과 한계점이 무엇인지를 일깨워준다는 점에서 더욱 그렇다.

제6장
쌀 수입관세화 전후의
쌀 유통구조 변화와 그 함의

1. 머리말

1) 일본농업의 정치과정과 쌀 유통구조

제6장은 쌀 수입관세화 수용 및 신식량법 시행을 전후하여 쌀 유통구조가 어떻게 변했고 그 함의는 무엇이었는지를 역사적 관점에서 분석하는 것을 목적으로 한다.

일본정부는 1993년 12월 GATT 우루과이라운드 합의를 받아들이고 95년 1월 새로이 출범하는 WTO에 가맹했다. 우루과이라운드에서 합의한 내용은, 농산물에 대해서도 자유무역을 한층 증진시키기 위해 공산품무역에 적용되던 비관세장벽을 적용하여 예외 없이 관세화하기로 한 것이다. 나아가 수출보조금을 삭감하고 국내농업정책에 대해서도 가격 지지정책 등 생산을 자극하는 농업보호정책을 철폐하기로 했다. 일본은 한국과 공동전선을 펴면서 쌀의 관세화만은 막아보려 했으나 자유무역에 힘입어 성장한 경제대국으로서의 위상에 어울리는 책임을 요구하는 국내외의 거센 압력에 꺾여 결국 농산물 수입자유화를 받아들였다.

결국 일본정부는 마지막까지 남아 있던 수입제한 농산물 가운데 쌀을 제외한 11개 품목을 관세화하고, 쌀만은 2000년까지 관세화를 유보한다는 특례 조치를 받아내는 데 만족해야 했다. 대신 1995년도 국내소비량의 4%에 해당하는 37.9만 톤에서 시작하여 2000년도 동 8%의 75.8만 톤으로 증가하는 도정미(搗精米)를 최소한 의무적으로 수입해야 한다는 조건을 받아들여야 했다. 그러나 유예 기간 종료를 1년 앞둔 1998년 12월 최소의무수입(minimum-access) 물량의 재고 누적문제가 표면화되면서 고율 관세에 의한 쌀 무역자유화 쪽이 농업생산에 미치는 영향이 더 적다는 판단하에 쌀 수입 관세화를 전격 수용하게 되었다.[1]

이런 일련의 움직임은 그동안 일본의 농업과 농업정책을 규정해온 기본 조건과 구조를 바꾸는 획기적인 것이었다. WTO체제의 출범과 쌀 무역자유화는 향후 일본의 농업정책이 국제적인 규약과 항상적인 정합성(整合性)을 가지게 되고 쌀 생산 및 소비에 관련된 모든 상황이 국제무역의 동향과 맞물려 움직이게 되었음을 의미했다.

2) 국가통제 쌀 유통시스템의 종언

여기에 맞추어 일본정부는 1995년 11월 1일 제131회 정기국회에서 종래의 식량관리법을 폐지하고 '신식량법'(「주요 식량의 수급 및 가격안정에 관한 법률」)을 제정하여 시행했다. 1942년 7월 이후 반세기에 걸쳐 일본의 농업 생산 및 농업정책의 근간을 규정해왔던 국가통제의 쌀 유통시스템이 조용히 역사의 뒤안길로 사라진 것이다.

이미 1970년대부터 쌀 생산 조정, 시장메커니즘의 도입 등으로 크게 흔들렸던 식량관리제도는 우루과이라운드 합의에 따른 최소의무수입 물량의 유

---

1) 梶井功(2003).

입 등 대외정세의 변화에 따라 급격한 구조개혁의 물결에 휩쓸렸다. 신식량법은 국내시장의 규제완화, 무역자유화에 따른 쌀 유통구조의 질적인 변화에 대한 제도적 대응이었다. 쌀을 중심으로 하는 농업생산과 자작농체제, 농업협동조합제도와 함께 농업정책의 기본을 형성해온 쌀 유통제도의 개편으로 일본농정은 최대의 패러다임 전환을 맞이하게 되었다.

여기서는 신식량법 제정과 시행을 사이에 두고 이루어진 우루과이라운드 농업합의, WTO체제 출범, 최소의무수입 특례 조치, 전격적인 쌀 수입관세화 수용 등 일련의 농산물무역자유화 조치에 따라 일본의 쌀 유통이 어떻게 바뀌었는지를 각 유통 단계에 주목하여 실증적으로 살펴보려 한다. 결론을 서둘러 말하면, 신식량법 시행으로 중층적인 집하–유통–판매 단계를 배제하고 생산지와 소비지를 직접적으로 연결하려는 움직임이 활발하게 전개되었다는 것이다. 이는 기본적으로 소비자의 취향과 욕구 변화에 민감하게 반응하는 소매업계의 재편에서 출발하여 도매업계의 재편, 생산자의 시장대응 강화로 파급되는 형태를 취했다. 당초 얼마간은 최소의무수입 물량에 대해 일정 한도의 수입차액을 징수하는 등 국가관리의 관성이 계속되었기 때문에 쌀 수입관세화를 받아들인 1998년 무렵부터 쌀 유통체계의 재편이 본격화되었다고 할 수 있다.

다음에서는, 먼저 유통 단계별 구체적 분석에 들어가기에 앞서 신식량법의 제정과 시행에 이르기까지 쌀 유통구조의 역사적 변화를 개관하도록 하겠다. 이는 현행의 제도 변화를 역사적으로 자리매김하는 작업이 될 것이다. 이어서 이런 전망에 입각하여 신식량법의 기본구조와 제도적 특징을 분석하겠다. 특히 최소의무수입 물량의 재고 누적과 조기의 쌀 수입관세화 수용의 관련성을 중점적으로 살펴볼 것이다. 끝으로, 쌀 수입관세화 이후 쌀 유통구조의 변화를 생산·집하 단계, 도매 단계, 소매 단계로 구분하여 실증적으로 분석하는 것으로 논의를 마무리하겠다.

2. 일본 쌀 유통구조의 역사적 변천

신식량법은 이전까지의 쌀 생산–집하–판매과정을 획기적으로 바꾼 법률적 표현이었던 만큼, 일본의 쌀 유통구조의 역사적 변화 가운데 이를 위치시켜 그 구조와 특징을 분석하는 것이 선행되어야 할 것이다. 시기구분에는 관점에 따라 다양한 기준이 있을 수 있겠지만, 여기에서는 쌀과 비료의 유통권을 누가 장악하고 있었는가 하는 유통주체의 변화에 따라 몇 가지 단계로 나누어 살펴보도록 하겠다.

일본 경제시스템의 원형이 전시기에 형성되었다는 전시체제론[2]에 동의하는 것은 아니지만, 메이지(明治)기에 농산물 및 농업생산자재의 유통은 미곡상·비료상 등 민간업자의 수중에 장악되어 있었다. 그 시장은 기본적으로 국가가 개입하지 않고 자유경쟁 아래에 있는 이른바 앵글로색슨적인 고전적인 시장경제시스템이었다고 할 수 있다.[3]

그러나 이러한 자유방임적 쌀 유통시장은 제1차 세계대전 말기부터 쌀값 폭등과 수급 불안정이라는 '시장의 실패(market failure)'에 직면했다. 이는 결국 1918년 8월부터 10월에 걸쳐 전국 41개 부현에서 수백만의 소비자가 쌀값 폭등에 항의하는 이른바 '쌀 소동(米騷動)'이라는 민중폭동으로 이어졌고, 10만 명 이상의 군인을 투입하여 진압해야 하는 정치적·사회적 문제로까지 발전했다.[4] 이러한 민중폭동은 시장에 대한 국가의 개입을 요청하게

---

2) 岡崎哲二·奧野正寬編(1993), 1~32쪽.
3) 持田惠三(1970), 255~263쪽.

되었고, 1920년대 중반 이후 수출입 통제, 최고최저가격 설정, 수급관리 등 점차 쌀 시장에 대한 정부통제가 본격화되었다.[5]

1929년 세계대공황과 연동하여 발생한 일본의 농업공황은 '시장의 실패'를 결정적인 것으로 만들었다. 게다가 15년간이나 계속된 침략전쟁의 늪에 빠져들면서 전쟁 수행을 위해 식량관리의 필요성이 제기되었고, 산업조합을 사업주체로 하는 쌀과 비료의 통제관리체계가 갖추어졌다. 1920년대 중반에 겨우 50%를 넘겼던 산업조합의 농가조직률이 1935년에 농가의 3/4까지 조직하게 된 것은 바로 쌀 시장에 대한 국가개입을 축으로 하는 것이었다. 이를 법적으로 표현한 것이 1942년에 제정된 식량관리법이었다.[6]

이처럼 세계대공황과 농업공황을 직접적인 계기로 하여 이루어진 쌀 시장에 대한 국가개입은, 당시 세계적 조류였던 시장에 대한 국가의 개입과 '큰 정부(big government)' 실현의 일각이었다. 이런 구도는 쌀 생산 과잉 및 재고 누적, 양곡 특별회계 적자 확대, 생산 조정 등으로 이어졌고, '정부의 실패'가 표면화되는 1970년대까지 유지되었다. 신식량법 제정 역시 '정부의 실패(government failure)'를 '시장의 복권'으로 극복하려는 정책적 노력의 일환이었으며 이 역시 세계적인 조류와 분리하여 생각할 수 없는 것이었다.

1) 메이지기 자유경쟁 아래의 쌀 유통구조

(1) 앵글로색슨형 자유경쟁

메이지기 일본의 쌀 유통은 기본적으로 자유경쟁 아래 있었고, 그 주도권은 민간의 유통업자가 장악하고 있었다. 에도시대(1603~1868)의 쌀 유통시

---

4) 今井淸一(2006), 178~190쪽.
5) 大內力(1960), 226~228쪽.
6) 櫻井誠(1989), 112~246쪽.

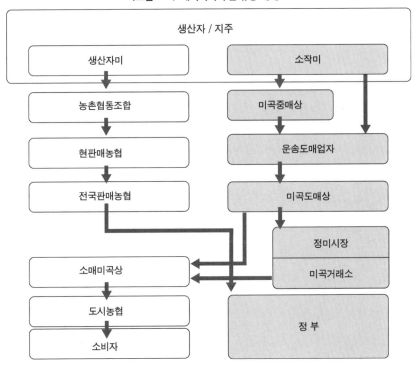

〈그림 6-1〉 메이지기의 쌀 유통 체계도

장을 바탕으로 많은 지역에 국지적인 시장이 형성되어 있었고, 인구 증가와 도시화에 따른 수요 증가 및 철도망의 정비에 따라 점차 전국적인 유통시장으로 확대되었던 것이다. 그 과정에서 다양한 유통 루트가 발생했다가 도태되고, 또한 쌀 상품을 둘러싼 산지 간의 경쟁도 치열하게 전개되었지만, 정부가 시장에 적극적으로 개입하는 일은 없었다. 굳이 말하자면 앵글로색슨형 고전적인 시장경제시스템의 면모를 지니고 있었다고 할 수 있다.[7]

〈그림 6-1〉은 메이지기 일본의 쌀 유통구조를 그림으로 나타낸 것이다.

---

7) 持田惠三(1970), 51~64쪽.

1942년 쌀 시장에 대한 국가의 개입이 식량관리법 제정으로 귀착될 때까지, 이 시기에 시장에 대한 쌀의 공급은 두 가지 루트로 이루어지고 있었다. 하나는 자작농, 자소작농, 소작농을 가릴 것 없이 경작농민이 자기 집에서 소비하는 쌀과 소작료로 물납할 쌀을 제외하고 남은 쌀을 시장에 내놓는 것이었다. 다른 하나는 기생지주이든 재촌지주이든 지주가 소작료로 물납된 쌀을 시장에 판매하는 것이었다.

좀 더 구체적으로 경작농민과 지주가 자기 수중에 남은 쌀을 어떻게 상품화했는지 고찰함으로써 이 시기 쌀 유통의 구조적 특징을 살펴보겠다. 예컨대, 농민적 소상품 생산이 본격화되는 1920년대부터 식량관리법 제정 이전의 1930년대까지 20년을 초기(1921년), 중기(1925~1929년), 말기(1936년)로 나누어 각 시점을 기준으로 얼마만큼의 쌀이 생산되고 그 가운데 얼마만큼이 판매되었는지 살펴볼 것이다.

초기 단계에 전국에서 생산되는 쌀의 총량은 5,530만 석에 달했다. 이 중 2/3(3,670만 석)는 경작농민의 몫으로 남고 나머지 1/3(1,860만 석)은 소작료로서 지주의 손에 넘어갔다. 경작농민은 이 가운데 63%(2,300만 석)를 자기 집에서 소비하고 나머지 37%(1,370만 석)를 판매하여 현금화했다. 한편 지주는 700만 석만 자기 집에서 소비하고 1,160만 석을 시장에 내다팔았는데, 상품화율은 무려 62%에 달했다. 양자를 합해 쌀의 평균 상품화율이 46%에 달했다는 점을 감안하면, 판매량에서 경작농민이 근소한 차로 앞서고 있었다고는 하지만 지주가 쌀 시장의 주역이었다는 것을 알 수 있다.

그러나 중기의 1925~1929년을 거쳐 말기의 1936년에 접어들면서 쌀 시장에서 지주에 의한 소작미 판매비율은 계속 낮아졌고, 경작농민이 점차 쌀 상품화의 주역으로 등장했다.[8] 1936년의 전체 쌀 생산량은 6,730만 석이었는데 경작농민의 몫으로 돌아간 것은 3/4(4,980만 석)으로 늘어난 반면 소작료로 거둔 지주의 몫은 나머지 1/4(1,750만 석)로 줄어들었다. 이 중 경작농민은 46%(2,300만 석)를 자기 집에서 소비하고 나머지 54%(2,680만 석)를 판매하여 현금화했다. 지주의 경우 40%(700만 석)를 주식용으로 사용하고 60%(1,050만 석)를 시장에 내다팔았다. 양자를 합해 쌀의 평균 상품화율은 55%에 달했으며, 판매량이나 상품화율에서 공히 경작농민이 쌀 시장의 주역으로 등장했음을 알 수 있다(제1장 〈표 1-3〉 참조).

(2) 경작농민의 잉여적 쌀 상품화

"통계는 거짓말을 하지 않지만 그것을 사용하는 사람은 거짓말을 한다"는 말이 있다. 앞에서 말한 경작농민과 지주에 의한 쌀 상품화의 통계는 틀림없는 사실이지만, 그것을 숫자로 환원한 결과만 보면 본의 아니게 '부작위의 거짓말'이 될 수 있으므로 이 점에 대해 간단히 언급하고 넘어가겠다. 경작농민의 쌀 상품화는 전체적인 판매량이나 상품화율에서는 지주를 능가했던 것처럼 보이지만 질적으로는 반드시 그렇지는 않았다. 경작농민 가운데 일부 경지면적이 상대적으로 넓은 자작농을 제외하면 대개 쌀을 소상품으로 생산하는 것이 아니라 자기 집에서 소비하거나 소작료로서 지주에게 물납하고 그 잔여분을 판매하는 데 지나지 않았다. 그것은 농업경영의 내발적인 힘이 아니라 외적인 힘에 의해 상품화되는 이른바 '잉여적 공급'이었으며 쌀 유통과정의 전근대적 성격을 상징하는 것이었다.[9]

경작농가는 지주에 비해 수적으로 압도적이었던 만큼 쌀 판매량이 영세하여 가격 교섭력(bargaining power)을 갖지 못했던 데다 출하가 집중되는 추수기에 판매할 수밖에 없어 유리한 가격을 받을 수 없었다. 농가 1호당 평균

---

8) 坂本楠彦(1975); 東畑精一(1933), 156~157쪽.
9) 東畑精一・大川一司(1939), 13쪽.

쌀 판매량은 경작농가의 경우 60킬로그램들이 10부대에도 미치지 못할 정도였고, 지주의 1/3 수준이었다. 경작농민은 영세한 규모였던 데다 서로 분산된 채 부락에 흡착한 쌀 중매상에게 벼가 익을 무렵부터 겨울에 걸쳐 '홍수출하'를 하지 않을 수 없었고, 처음부터 쌀 중매상의 이익만큼 가격차를 감수하지 않으면 안 되었다. 지주가 많은 판매량을 배경으로 거의 연간을 통해 중간상인을 배제한 채 산지집하상이나 운송도매상 같은 도매업자와 직접 거래할 수 있었던 것과 극명한 대조를 이룬다.

이 시기 경작농민에 의한 쌀 상품화의 특성을 이해하기 위해서는 부락에 흡착한 쌀 중매상의 역할과 속성을 이해해야 한다. 쌀 중매상은 산지집하상이나 운송도매상 같은 도매업자와 경작농민 사이에 기생하면서 경작농민의 쌀 판매자로서의 약점을 교묘하게 이용해 '잉여적 공급'의 쌀을 독점적으로 사들였다. 쌀 중매상이라고는 하지만 대부분 지역에서 경작농가에게 토지를 임대한 지주이거나 상인으로서, 경작농민의 영농자금 조달이 쉽지 않다는 사실을 꿰뚫어보고 비료를 외상으로 판매한 뒤 수확기에 쌀로써 그 이자와 원금을 받는 비료상을 겸하고 있었기 때문에 경작농가의 불이익은 더욱 가중되었다.

말하자면 이들은 메이지기 이전부터 농촌에 뿌리를 내리고 경작농민을 착취해온 전근대적 고리대금업자의 흐름을 계승한 존재였다. 경작농가가 자금조달의 어려움을 겪는 시기에 턱없이 비싼 가격을 매긴 비료를 외상으로 공급하고, 그 원리금으로 지불되는 쌀값은 추수기에 후려쳐서 계산하는 것이 그들의 상투적인 수법이었다.[10] 부락의 쌀 중매상은 쌀 주산지의 화물역 부근에 영업소를 둔 산지집하상이나 운송도매상의 휘하에 들어가 경작농민

---

10) 持田惠三(1970), 268쪽.

으로부터 쌀을 사모아 화물차 10톤(160부대) 혹은 15톤(240부대) 단위로 팔아 넘겼다. 이처럼 경작농민이 생산한 쌀은 자기 집에서 소비하는 분량을 제외하고 대부분 시장에 공급되었지만, 그것은 지주에게 물납된 소작미가 지주의 손을 통해 판매되는 것이거나 고리대금업자인 중간상인의 손을 통해 이루어지는 판매로서 그 어느 쪽도 경작농민에 의한 쌀의 상품화, 즉 농민적 상품화라고 할 수는 없는 방식이었다.

2) 쌀 유통에 대한 국가의 개입 및 통제 강화

(1) 자유경쟁 아래의 쌀 유통 혼란

메이지기 쌀 시장은 기본적으로 고전적인 자유경쟁 아래에 있었다는 것은 앞에서 이미 지적했다. 그랬던 만큼 자금력이 있거나 명망이 높은 지주와 상인을 주축으로 하는 산지집하상, 운송도매상, 쌀 중매상이 쌀과 비료를 매점매석하여 생산지와 소비지에서 가격을 조작함으로써 쌀 수급 불안정과 가격폭등 등 심각한 폐해가 발생했다. 1918년에는 쌀값 폭등에 항의하여 수백만의 도시 영세민 부녀자와 노동자가 폭동(쌀 소동)을 일으켜 경찰력으로 막지 못하고 10만 명이 넘는 군인을 투입하여 진압하는 사태로까지 발전했다. 언론매체가 대부분 쌀 소동에서 보인 민중의 행동을 호의적으로 보도하고 근본원인은 민중들의 먹거리문제를 해결하지 못한 정부에 있다고 비판하자, 이번에는 당시 데라우치(寺內正毅) 내각이 신문의 과장보도로 사태가 악화되었다면서 쌀 소동과 관련된 일체의 보도를 금지하는 등 언론탄압에 나섰다. 결국 쌀 소동은 언론탄압 문제로 발전하여 데라우치 내각을 퇴진으로 내몰고, 일본 최초로 작위를 갖지 않은 평민 출신의 하라(原敬) 내각을 출범시키면서 마무리되었다.[11]

그 후 정부는 단기적이기는 하지만 재정자금을 투입하여 쌀값 인하를 유도하는 등 쌀 유통에 대한 정책적 개입을 강화시켰다. 여기에 모든 국민에게 '시장의 실패'를 결정적인 것으로 각인시키고 쌀 시장에 대한 정부개입의 필요성을 제기한 것은 1930년대 전반에 일본농촌을 강타한 농업공황이었다. 이미 1920년대 후반부터 농산물 가격하락으로 불황의 골이 깊어지고 있던 농촌사회는 농업공황을 계기로 누에고치 가격이 생사가격과 연동하여 폭락하고 여기에 쌀값이 뒤따르면서 일본농업의 양대 기둥인 벼농사와 양잠업이 결정적인 타격을 입게 되었다.[12]

쌀 시장에 대한 국가의 개입 및 통제는 농촌협동조합인 산업조합을 보호·육성하여 농촌사회에 흡착한 전근대적인 비료상·미곡상을 배제하고 쌀 유통과 비료 등 영농자재를 공급하는 중추기관으로 자리매김하는 것으로 구체화되었다. 특히 1925년 이후 농촌위기의 심화에 따라 농촌협동조합(산업조합)을 중심으로 쌀과 비료의 유통합리화를 추구하는 산업조합 확충운동이 대대적으로 전개되었다.

(2) 쌀 유통기관으로서 농촌협동조합의 등장

1920년대 중엽까지 산업조합의 전체 농산물 판매액 가운데 쌀이 차지하는 비율은 20%를 조금 넘는 정도였고 그 시장 점유율은 5%도 되지 않는 미미한 수준이었다. 농촌협동조합은 농가조합원의 농업생산 중 가장 큰 비중을 차지하고 있던 쌀의 유통과정에서 별다른 역할을 하지 못한 채 국내시장과 괴리되어 있는 한계를 보이고 있었다.

경작농가가 쌀 시장에서 주체적인 지위를 확보하기 위해서는 산업조합의 공동판매사업을 통해 농가조합원이 판매하는 소량의 쌀을 결집시켜 대량화

---

11) 井上清·渡部徹編(1959/1962).
12) 暉峻衆三編(1996), 144~146쪽.

함으로써 판매의 영세성과 분산성을 극복하는 수밖에 없었다. 그러나 당시의 산업조합은 상품경제의 침투에 따른 농가경제의 긴급한 필요성으로부터 신용사업, 구매사업을 중심으로 발전해왔으나 농민적 소상품 생산의 미발달로 농산물 판매사업에 대한 관심은 상대적으로 희박했다.

쌀을 중심으로 하는 주요 농산물의 판매사업과 비료 등 농업자재의 구매사업을 통일적으로 파악한 산업조합의 유통구조가 확립된 것은 1920년대 말부터 1930년대 초에 걸친 농업공황이라는 위기 상황에서였다. '산업조합 확충운동'을 통해 구매사업과 판매사업의 효율적인 추진을 위한 계통조직이 갖추어졌고, 각각 국가(미곡)와 독점적인 자본(비료제조업체)과 연계하여

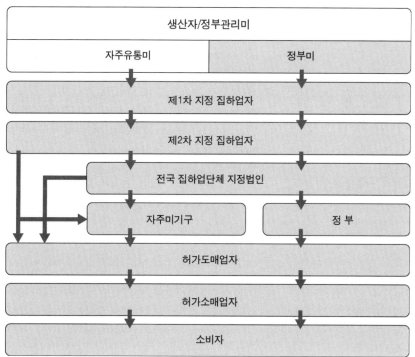

〈그림 6-2〉 식량관리제도 아래의 쌀 유통 체계도

유통망을 구축하는 형태를 취했다. 쌀 판매 및 비료 구매에 대한 국가의 개입 강화는 중일전쟁의 전시체제 아래 종래의 임시적인 쌀 관련 통제법령을 통합해 쌀의 생산–유통–판매에 대한 국가통제를 골자로 하고 산업조합을 실행기관으로 하는 식량관리법의 제정에 이르렀다.

식량관리법은 1960년대 후반에 식량 자급자족 달성과 생산 과잉을 계기로 종래의 소비자 보호에서 생산자 보호로 그 성격이 바뀌었다. 농협 계통조직은 쌀 생산 과잉과 재고 누적으로 추곡수매가가 동결되고 생산 조정이 실시될 때까지 식량관리제도를 토대로 쌀의 판매와 비료의 구매를 독점한, 말하자면 현대판 '미비상(米肥商)'과 같은 사업추진에 주력했다. 농산물 판매와 농용자재 구매를 핵심적인 사업기반으로 삼는 유통 농협의 모습이었다. 그 후 쌀 판매 및 비료 구매를 주축으로 하는 경제사업으로 사업체의 발전과 존속을 기대할 수 없게 되자, 급속히 신용사업과 공제사업에 의존하는 금융 농협으로 성격이 바뀌어갔다.

농협저축의 원천별 내역을 보면, 쌀 판매대금은 1960년에 39%였던 것이 1975년에 21%로 낮아지지만 비료 등 농용자재의 구매대금을 포함하면 30%를 유지하고 있어 여전히 유통 농협의 면모를 보여준다. 그 후 유통 농협의 특징은 급격히 위축되어 1980년대 전반에는 농외수입만 50%를 넘는 금융 농협으로 바뀌었다. 1980년대 후반이 되면 여기에 토지대금이 30% 전후를 차지하는 부동산 농협의 특성이 추가되어 유통 농협의 특성은 근근이 10%대를 유지할 정도로 위축되었다(〈표 5-1〉 참조). 이는 농협 경영이 쌀 판매와 비료 구매의 유통사업에서 농촌에 들어와 사는 다른 업종 종사자와 재촌·재택이농자의 급여소득이나 지역개발에 따른 토지매각자금을 저축으로 흡수하는 금융·공제사업 내지 부동산사업으로 전환되었음을 의미했다.

3. 신식량법의 제도적 특징과 쌀 유통

1) 신식량법의 기본구조와 제도적 특징

(1) 정부에서 민간으로 쌀 유통주체의 변화

1995년 11월 1일, 일본에서 반세기에 걸쳐 쌀의 생산—유통—판매를 규정해온 '식량관리법'은 역사의 뒤안길로 사라지고 '신식량법'(「주요 식량의 수급 및 가격의 안정에 관한 법률」)이 이를 대체했다. 종래의 식량관리제도는 경작농민이 생산한 쌀을 모두 국가에 판매하도록 의무화하고 원칙적으로 국가가 전량 관리하도록 규정했다. 1967년부터 자주유통미(自主流通米) 제도를 신설하여 예외적으로 경작농민이 생산한 쌀의 일부에 대해 국가판매의 의무를 면제시키고 농협 계통기관을 통해 운용할 수 있게 했지만, 쌀 유통의 전반을 정부의 관리하에 두는 정책기조에는 아무런 변화가 없었다.

이에 대해 '신식량법'은 쌀의 생산, 유통, 수급, 가격 결정의 전면에 걸쳐 국가의 책임을 "필요 최소한으로" 축소시켰다. 즉, 국가의 역할을 "쌀 비축의 원활한 운영을 도모하기 위해 필요한 범위에 한하여 정부미를 매입하고" "비축 쌀"이나 "최소의무수입(minimum-access) 쌀"을 운용·관리하는 데 국한시킨 것이다. 일본의 쌀 관리시스템은 정부가 통제하는 제도에서 자주유통미사업의 주체인 농협 계통조직이 관리하는 식량제도로 크게 전환되었다. 나아가 2004년 4월에는 1995년의 식량관리법 폐지와 신식량법 시행에 버금가는 신식량법의 대대적인 개정이 이루어졌다. 종래 농업 종사자나 농업단체의 등록제로 되어 있던 쌀 판매업자의 자격요건이 폐지되고, 누구나 신고만 하면 쌀을 판매할 수 있게 함으로써 농협 계통기관의 독점체제도 무너졌다.

신식량법 시행에 따라 쌀 유통이 어떻게 바뀌고 농협 계통기관의 쌀 사업

위상이 어떻게 변화했는지 정확하게 분석하기 위해서는 어느 정도 물리적인 시간거리를 확보해야 할 것이다. 더구나 쌀 시장에 자유경쟁의 원리를 도입하는 것이 신식량법의 기본적인 정책기조였기 때문에, 농협 계통조직이 주도하는 식량제도 역시 잠정적일 수밖에 없었다.13) 그럼에도 1998년 12월에 일본의 쌀 유통에 결정적인 영향을 미칠 수 있는 쌀 수입관세화가 전격 수용되었기 때문에, 유통 단계별 구조 변화가 유동적인 상태에 있어 실증적

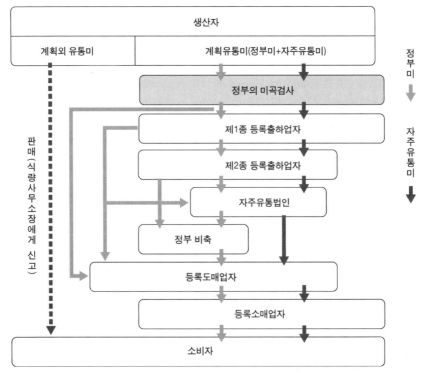

〈그림 6-3〉 신식량법 아래의 쌀 유통 체계도

---

13) 실제로 이 장의 저본이 되는 글을 처음 발표한 것은 신식량법이 시행된 지 채 10년이
되지 않는 2003년 말이었고, 지금 시점에서 되돌아보면 2004년 4월 신식량법의 대대적인
개정과 그 후의 쌀 유통구조 변화를 반영하지 못한 한계는 분명히 있다.

인 분석에 난점이 있다는 점에 유의하면서도 다음 논의를 서두르지 않을 수 없다.

(2) 신식량법의 구상과 정책적 함의

신식량법 시행의 저류에 흐르는 정치경제적 함의는 종래 국가가 주도해온 식량관리를 당시 대내외적으로 활발하게 논의되고 있던 규제완화, 구조개혁, 민영화의 조류에 맞추어 적극적으로 개편하는 것이었다. 즉, 정부통제하에 있던 쌀 유통시스템을 근본적으로 개혁하여 쌀 생산-유통-판매에서 시장 원리가 작동하는 새로운 체제로 바꾸는 것이었다. 이해를 돕기 위해 식량관리법과 신식량법의 차이 및 유통구조의 변화를 〈표 6-1〉을 통해 간단하게 정리한 뒤에 논의를 진행하겠다.

신식량법의 구상과 특징은 대체로 다음과 같은 세 가지 관점에서 접근할 수 있을 것이다. 첫째로, 쌀 유통과 관련한 각종 규제를 대폭 완화하여 시장 원리를 도입한 점이다. 유통의 주체가 정부미에서 민간의 자주유통미로 바뀌고, 쌀값은 소비자와 생산자를 보호하기 위한 이중가격제에서 자주유통미의 수급동향을 반영한 시장가격으로 바뀌었다. 국가가 허가한 지정법인이 쌀 유통을 통제·관리하는 체제에서 사전에 등록한 민간법인이 쌀 유통을 관리하도록 변경하고, 이 규제마저 폐지하여 2004년 이후에는 신고만 하면 누구나 쌀 유통업자로 참여할 수 있도록 했다.

〈그림 6-3〉에서 보는 바와 같이, 쌀 거래의 규제가 대폭 완화되어 자주유통법인의 설치 등 가격결정에 시장 원리가 도입되고 쌀 유통경로가 복선화되었다. 쌀 유통주체가 정부미에서 민간의 자주유통미로 대체되었다고는 하지만 이와 아울러 경작농민과 소비자를 직접 연결하는 '계획 외 유통미'가 새로운 제도이념으로 도입된 것에 유의할 필요가 있을 것이다. 농협 계통

<표 6-1> 식량관리법과 신식량법 비교

	식량관리법	신식량법
목적	· 국민의 식량 확보 및 국민경제의 안정을 도모하기 위해 식량을 관리하고 그 수급 및 가격의 조정, 유통을 관리	· 주요 식량의 수급과 가격안정을 도모하고 국민생활과 국민경제의 안정에 이바지
생산 조정	· 법적인 위치 부여 없음 · 할당식의 생산 조정	· 기본계획에 생산 조정 필요한 수량 명기 · 정부미 매입은 생산 조정 시행자에게 국한, 매입 수량은 농가에 배분 · 생산자의 자주적 판단 존중
비축	· 법적인 위치 부여 없음(비축 개념은 유통재고를 의미)	· 기본계획에 비축량 명기
수출입	· 필요하다고 인정할 때 정부만 가능(국가무역, 수입 금지 상태)	· 기본계획에 수입 수량 명기 · 정부가 수출입(국가무역) · 차익(마크업)의 상환규정 · 매매동시입찰 제도(SBS)
정부미 가격	· 생산자 가격은 재생산 확보, 소비자 가격은 가계안정이 목적(이중가격제) · 미가심의회의 의견 청취	· 생산자 가격은 자주유통미 가격 및 수급동향을 반영하여 재생산 확보와 물가안정이 목적
매도 의무	· 법에 명기(제3조)	· 폐지 · 긴급 시 조항(각의 결정으로 매도 명령)
집하 판매	· 허가제, 지정법인	· 등록제, 자주유통법인
유통	· 정부미가 유통주체이며 자주유통미는 예외 (유통경로 지정) · 특별 재배미	· 민간의 자주유통미를 주체로 하는 계획유통, 수량을 미리 신고하면 계획 외 유통을 인정

조직으로 대표되는 민간 자주유통법인도 오랫동안 정부통제의 쌀 유통 하청기관을 자임하며 사업기반을 구축해왔기 때문에 이것 역시 어디까지나 과도기적 잠정 조치에 지나지 않았다. 이는 머지않은 장래에 다른 상품과 마찬가지로 쌀 유통도 다양한 업자가 신고만 하면 자유롭게 참여할 수 있는 '계획 외 유통미' 방식으로 자유화될 것임을 예견하게 해주는 일이었다.

둘째로, 국가 주도에서 민간 주도로 새로운 쌀 유통과 운영체제를 정비한 점이다. 신식량법은 쌀 유통주체를 정부미에서 자주유통미로 바꾸어 민간 유통시스템으로 전환시키면서 정부와 민간의 역할분담을 규정했다. 정부의 역할은 ① 기본적인 수급 전망 계획의 매크로정책 책정, ② 생산 조정의 추진, ③ 비축미(비축량=생산량 x (1-0.92) x 2년 ± 50만 톤)의 관리, ④ 최소의 무수입 쌀의 운영관리에 한정하고, 그 나머지는 민간조직인 농협 계통조직 등에게 맡긴다는 것이었다. 이처럼 민간 자주유통법인에게 식량관리 기능을 대폭 이양한 것이 신식량법의 커다란 특징이었다.

셋째로, 쌀 수급 조정에 시장메커니즘을 도입한 점이다. 신식량법은 쌀 유통의 근간으로 '계획유통미'(정부미+자주유통미)라는 개념을 도입했다. 정부미의 추곡수매가는 민간의 자주유통미 가격 및 수급동향을 반영하여 재생산을 확보하기 위한 목적으로 결정되었다. 이 제도가 유효하게 기능하기 위해서는 경작농민으로부터 계획유통미를 충분히 확보해 소비자에게 안정적으로 공급해야 하며, 더구나 이것이 쌀 유통량의 대종을 차지해야 했다. 신식량법에서는 비축 보관을 제외하고 쌀 수급 및 재고관리의 주체가 정부에서 농협 계통조직(1992년 4월부터 농협 계통조직은 새로운 농협 이미지를 위해 Agricultural Co-operatives의 두문자를 딴 JA를 약칭으로 사용했다) 등의 이른바 민간으로 넘어갔다. 쌀의 안정적인 생산-유통-공급은 완전히 시장 원리에 따라 이루어졌으며, 계획유통이라고 하지만 가격 원리에 입각해 수급 상황이 조정되었다. 이처럼 쌀 수급과 가격조정에서 시장메커니즘을 확대한 것이 식량관리법과 비교할 때 신식량법의 현저한 특징이라고 할 수 있다.

2) 신식량법과 쌀 수입관세화

(1) 최소의무수입 수용의 오산과 함정

우루과이라운드에서 쌀 수입자유화에 강하게 반대하던 일본정부는 1993년 12월 협상 기간 종결에 임박하여 떠밀리다시피 쌀 수입관세화의 특례조치인 최소의무수입(minimum-access)을 받아들였다. 당시 계산으로는 쌀 수입을 관세화하는 것보다 최소의무수입을 선택하는 쪽이 쌀 수입량이 적고, 따라서 농가에 주는 피해도 상대적으로 경미할 것이라는 판단에서였다.

그러나 막상 1995년 최소의무수입 쌀이 들어오기 시작하자, 국내산 쌀의 재고량도 누적되는 가운데 수입미 재고가 큰 압력으로 작용했다. 특히 최소의무수입 쌀은 대개 일본 국내산 쌀보다 품질이 열악했기 때문에 가공용으로도 소비되지 않고 남아돌아 국가재정에 압박을 가중시켰다. 〈표 6-2〉에서 보듯이, 국가무역의 대상으로 국가가 관리하는 최소의무수입 물량은 1995년 43만 톤, 96년 51만 톤, 97년 60만 톤, 98년 68만 톤으로 각 연도 국내소비량의 3~5% 비율로 들여와 각각 이듬해에 시중에 공급되었다. 쌀 수입관세화로 이행하지 않는다면 남은 유예 기간인 1999년에 77만 톤, 2000년에 85만 톤을 추가로 수입해야 했다.[14)]

일본정부는 쌀의 최소의무수입 물량이 국내산 쌀의 수급에 가능한 한 영향을 미치지 않도록 하기 위해, 국내산으로 대응하기 어려운 가공용, 업무

〈표 6-2〉 **최소의무수입 쌀의 수급 현황**

단위: 현미 만 톤

		1996년도	1997년도	1998년도	1999년도	누계
공급	소계	43	82	70	78	–
	전년도 이월	–	31	10	10	–
	수입량	43	51	60	68	222
용도	소계	12	72	60	68	212
	가공용	12	28	19	28	87
	원조 및 원조용 비축	–	22	37	30	89
	사료용 비축	–	19	–	–	19
	주식	–	3	4	10	17
이월재고		31	10	10	10	–

* 자료: 農林水産省 関係資料綴(2000), JA全農의 내부자료(2000년)로부터 인용.

---

14) 農林水産省 関係資料綴 및 JA全農 内部資料.

용, 비축용 등의 수요에 중점적으로 충당하기로 했다. 그 가운데 매매동시입찰(SBS=Simultaneous Buy and Sell) 방식으로 들어오는 10만 톤 정도의 외국산 쌀은 일반 최소의무수입 쌀과 달리 고급미 중심이므로 만약 이것이 주식용으로 판매될 경우 이를 웃도는 분량의 국내산 쌀을 저개발국 원조 등으로 방출한다는 방침을 세웠다. 1996~1999년까지 4년간 최소의무수입 쌀의 용도는, 원조 및 원조용 비축 89만 톤, 가공용 87만 톤, 사료용 비축 19만 톤이 태반을 차지했지만 국내산을 대체하는 주식용도 17만 톤에 달했다.

최소의무수입 물량이 들어오기까지 가공용, 사료용은 말할 것도 없고 원조용도 국내산으로 충당되었기 때문에, 이를 최소의무수입 물량으로 대체하면 그만큼 국내산 쌀의 실질적인 수요량이 감소하는 것을 의미했다. 특히 최소의무수입 물량이 주식용으로 이용될 경우 이를 웃도는 분량의 쌀을 원조용으로 돌려야 한다는 것도 쌀 수급의 불균형을 촉진하는 요인이 되었다.

이 책에서는 'minimum-access'에 대해 일본에서 일반적으로 사용되는 '최소의무수입' 물량이라는 표현을 사용하고 있지만, 본래 이것은 '최소한의 시장 접근(access) 기회'를 의미하는 것이었다. 법률적으로 '일정 비율의 수량에 대한 수입 기회'[15]를 제공하는 것과 '의무적으로 수입하는 것'은 명백히 다른 내용이다. 그러나 일본정부는 이를 "당연히 일정 비율의 물량을 수입해야 하는 것"으로 해석하고 연도별로 국내소비량의 3~5% 비율로 들여왔던 것이다.[16]

(2) 쌀 수입관세화 수용의 결단

최소의무수입 물량의 외국산 쌀이 들어오면서 당연히 국내산 쌀 재고량에

15) 外務省経済局国際機関第一課(1996), 132~133쪽.
16) 河相一成(2000), 32~33쪽.

풍선효과를 일으켜 1995년 155만 톤에서 1996년 294만 톤, 1997년 362만 톤, 1998년 354만 톤으로 재고량이 급격히 늘어났다. 그렇지 않아도 국내산 쌀의 생산 과잉과 재고 누적을 관리하는 데 골머리를 앓고 있던 정부 당국은 한계에 다다른 과잉 재고 압박 및 수급 조정에 더 큰 어려움을 겪게 되었다.

그런 가운데 쌀 수입관세화를 조기에 받아들이면 매년 0.8%씩 증가하는 수입의무를 절반인 0.4%로 줄일 수 있고, 그러면 2000년에는 8만 톤의 쌀 수입을 줄일 수 있다는 시산을 얻게 되었다. 대신 1kg당 351.17엔의 관세를 지불하면 자유롭게 외국산 쌀을 수입할 수 있지만 고율의 관세를 지불하면서까지 구태여 그것을 국내로 들여오는 것은 현실적으로 불가능할 것이라고 판단했다. 1998년 12월 농림성·자민당·농업단체로 구성된 'WTO 농림수산문제 3자회의'가 1999년 4월부터 최소의무수입이라는 특례 조치를 포기하고 쌀 수입관세화로 전격 이행하기로 결정한 것은 이러한 확신을 바탕으로 하고 있었다.

<그림 6-4>는 최소의무수입 특례 조치를 포기하고 쌀 수입관세화를 전격 수용하는 근거가 된 정부의 시뮬레이션을 개념도로 나타낸 것이다. 1999년 4월에 수입관세화를 수용한 이후에도 국가무역에 의한 외국산 쌀의 최소의무수입은 계속되었으므로 1kg당 최고 292엔의 수입차액(markup)을 징수하고, 1999년도에는 1kg당 351.17엔, 2000년도에는 341엔의 2차 관세만 지불하면 누구나 최소의무수입 물량 외의 외국산 쌀을 수입할 수 있게 되었다. 물론 쌀 수입관세화 수용으로 최소의무수입 물량의 증가율은 절반으로 줄어들어 1999년에는 65.4만 톤, 2000년에는 69.3만 톤으로 억제되었다. 최소의무수입 특례 조치를 계속 유지했다면 각각 최대 77만 톤, 85만 톤을 들여와야 했기 때문에 11.6만 톤, 15.3만 톤 정도의 외국산 쌀 유입을 막은

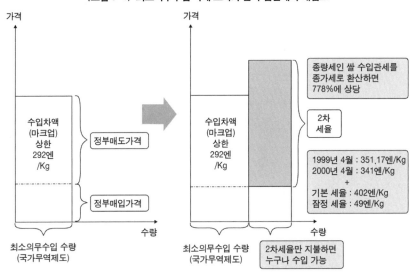

〈그림 6-4〉 최소의무수입 특례 조치와 쌀 수입관세화 개념도

셈이다.[17) 그 이후에도 국가가 최소의무수입 물량으로 수입하는 외국산 쌀
은 매년 줄곧 67만 톤 전후로 묶일 수 있었다.

그러나 쌀 수입관세화로 이행함에 따라 최소의무수입 물량은 줄어들지만
대신에 높은 관세를 지불하고 수입할 수 있는 외국산 물량에는 제한이 없어
졌다. 다만 1999년 4월 쌀의 국경보호 조치가 해제된 뒤 높은 관세를 지불
하고 수입하는 외국산 물량은 1년차인 1999년도 225톤을 시작으로 2000년
98톤, 2001년 69톤, 2002년 202톤으로 정부 예상대로 극히 소량에 머물렀
다. 주로 외식산업용, 건강식품용, 재류외국인 소비용, 실험용, 전시용 등으
로 그 용도도 제한되어 있는 실정이다.

관세액은 1986년에서 1988년을 기준으로 하여 일본정부가 시산한 1kg당
402엔에 대해 매년 2.5%(1kg당 약 10엔)씩 줄여 나가면 1999년에는 351.17

---

17) 農林水産省 関係資料綴, 北出俊昭(2001), 260쪽.

엔, 2000년에는 341엔이 된다. 또한 쌀 수입관세화로 수입이 급증하여 과거 3년간 평균 총수입량의 25%에서 국내소비량의 감소분을 차감한 기준수량을 웃도는 경우에는 세이프가드를 발동하여 관세금액의 1/3을 새로이 추가할 수 있는 안전장치도 강구해두었다.[18]

또한 관세화는 종량세를 기본으로 하기 때문에 품질이나 시장가격에 관계없이 수입되는 물량에 따라 1kg당 얼마씩의 관세가 부과된다. 이 경우 품질이 나쁜 쌀은 들어올 수 없겠지만 고급미는 상황이 다르다. 일본산 쌀의 생산 과잉과 재고 누적이 심화되는 가운데 산지 간 또는 품종 간 경쟁이 격화되어 시세가 떨어지고 외국산 쌀이 동등한 품질을 가지고 생산비를 절감하여 이보다 낮은 가격으로 제공되어 경합하는 것은 원리상 얼마든지 가능하다. 실제로 매년 관세가 2.5%씩 낮아지고 있는 것을 감안하면, 머지않은 장래에 관세의 벽을 넘어 외국산 고급미와 일본산 쌀이 경쟁하는 상황이 올지도 모르는 것이다.[19]

4. 신식량법체제 아래의 쌀 유통구조 변화

신식량법 시행과 더불어 종래 출하업자, 도매업자, 소매업자에게 등록의무를 요구했던 업자등록제도가 계획유통미에서는 폐지되었다. 업태와 관계없이 일정 규모 이상의 쌀 출하 및 판매를 행하는 업자는 관련 행정기관에 신고만 하면 별도의 허가 조치 없이 영업을 할 수 있게 되었다. 이로써 업태 간 상호진출이 활발해지고, 소비자들의 다양한 요구사항을 생산지에 전달하

---

18) 食糧庁監修(1999), 515~519쪽.
19) 伊東正一·大田克洋(1998), 150쪽.

기 어려웠던 국가통제의 다단계 유통이 개선되어 산지와 소비지가 한층 가까워지는 방향으로 유통구조가 바뀌었다.

1980년대부터 표면화된 쌀 유통구조의 변화에도 가속도가 붙었다. 그것은 소비자의 취향과 욕구 변화에 민감하게 반응하는 소매 단계에서 심화되어 점차 도매, 산지 단계로 역류하는 형태로 파급되었다. 그 영향은 구(舊)제도의 관성과 새로운 제도에 대한 적응을 거쳐 1998년 쌀 수입관세화 이후 본격적인 재편으로 나타났다. 다음에서는 소매-도매-산지로 파급된 단계별 유통구조의 변화를 살펴보도록 하겠다.

1) 소매 단계에서의 변화

먼저 쌀 소매 단계에서 신구 제도의 차이를 정리하면 〈표 6-3〉과 같다. 업태 규제가 종래의 허가제에서 등록제로 바뀌고 시정촌(市町村)마다 점포수를 제한하던 종래의 방침을 폐지하여 허가 요건만 갖추면 무제한으로 점포를 개설할 수 있도록 했다. 쌀 유통 단계 중 가장 빨리 시장 원리가 적용되어 기존의 소매상과 신규 개설 업체 사이에 치열한 생존 경쟁이 전개되었다. 〈표 6-4〉는 전국농협연합회(JA전농)의 내부자료에 의거해 신식량법 시행

〈표 6-3〉 쌀 소매 단계에서의 신구 제도 차이

	식량관리법	신식량법
업태 규제	· 점포의 개별적인 허가제(도도부현 지사의 허가)	· 업자별 일괄 등록제(도도부현 지사에게 등록)
영업구역 신규 참여	· 시정촌 단위의 정수	· 정수는 무제한, 점포 신설, 이동의 자유, 배달·통신판매의 자유, 자동판매기, 이동판매의 자유
거래처	· 관할구역에서 도매업자와 제휴하여 판매	· 전국의 등록도매상, 출하업자, 등록소매상과 자유롭게 거래
허가(등록)요건	· 준법, 자금력, 시설, 경험, 수량, 도매상과의 연계	· 준법, 자금력, 시설

에 따른 각 쌀 소매점의 영향을 분석한 것이다. 쌀 전문점과 소비조합(生協) 같은 전통적인 쌀 소매상은 판매가격, 판매금액, 순이익 면에서 매우 불리한 입장이 되고 자금 회전도 악화되었음을 확인할 수 있다. 1994~1998년까지 쌀 전문점 가운데 쌀 판매량이 '감소'되거나 '약간 감소'했다고 대답한 점포는 각각 72%, 18%에 달한 반면, '증가'했거나 '약간 증가'했다고 대답한 점포는 각각 1.5%, 4.9%에 지나지 않았다. 쌀 전문점 정도는 아니지만 소비조합도 비슷한 경향으로 전체의 66%가 쌀 판매량이 '감소'되거나 '약간 감소'했다고 대답하고 '증가'했거나 '약간 증가'했다고 대답한 점포는 21%에 머물렀다.

이는 신규로 쌀 소매시장에 참여한 식품 슈퍼, 종합 슈퍼 등 이른바 양판

<표 6-4> 신식량법 시행 이후 쌀 소매업자 실태

단위: %, +유리, -불리

		구매 가격	상품 구비	수량 확보	판매 가격	판매 총액	순이익	자금 회전	기타
쌀 전문점	+	27.1	33.0	25.6	9.4	5.9	6.4	2.0	1.5
	−	23.2	16.3	18.2	57.6	74.9	72.9	43.3	4.4
식품 슈퍼	+	52.8	66.0	51.9	34.9	40.6	30.2	16.5	0.9
	−	2.4	1.9	0.9	20.3	25.5	30.2	4.7	0.5
종합 슈퍼	+	66.1	89.3	69.6	46.4	62.5	35.7	10.7	0.0
	−	1.8	0.0	1.8	10.7	12.5	33.9	3.6	0.0
편의점	+	14.0	48.8	32.6	14.1	32.6	16.3	7.0	4.7
	−	16.3	7.0	7.0	30.2	18.6	23.3	7.0	4.7
백화점	+	34.6	53.8	28.8	25.0	23.1	13.5	0.0	0.0
	−	7.7	0.0	5.8	30.8	32.7	28.8	0.0	0.0
소비조합	+	23.4	45.5	39.0	18.2	7.8	7.8	1.3	0.0
	−	16.9	3.9	3.9	51.9	64.9	54.5	10.4	2.6

* 자료: JA全農의 내부자료(2000)로부터 작성.

점(量販店)의 판매활동이 상대적으로 유리하게 전개될 수 있는 조건이 형성되었음을 의미한다. 실제로 같은 기간에 종합 슈퍼 가운데 쌀 판매량이 '증가'했거나 '약간 증가'했다고 대답한 점포는 각각 46%, 21%, 식품 슈퍼의 경우 각각 32%, 33%로 양쪽 모두 60%대에 달했다.

이는 1998년 이후 가정의 쌀 구입처가 쌀 전문점에서 양판점으로 이동하고, 소규모 쌀 전문점이 문을 닫는 등 소매 업계의 재편으로 이어졌다. 그에 따라 그동안 조금씩 증가추세에 있던 등록소매업자와 판매소는 급격히 감소했다. 1998년 6월 말 현재 등록된 소매업자와 판매소가 약 11만 명, 18만 개소였던 것이 2002년 6월 말에는 약 8만 명, 14만개 소로 각각 29%, 23%나 줄어들었던 것이다.

그러나 쌀 전문점이 식품 슈퍼, 종합 슈퍼 등에 고객을 빼앗겨 급격히 업자와 판매소가 줄어드는 가운데 양판점에서는 찾아볼 수 없는 쌀 전문점

〈표 6-5〉 쌀 수입관세화 전후의 소비자 쌀 구입처 변화

연도	1994	1995	1996	1997	1998	1999	2000	2001
쌀 전문점	50	39	34	28	21	13	11	10
농협	13	12	11	8	7	5	4	5
생협	26	21	22	19	19	10	13	11
편의점	0	0	1	2	1	0	0	0
슈퍼·백화점	31	28	36	35	35	24	23	26
할인점	0	0	0	0	5	2	3	2
자동판매기	0	0	1	1	1	0	0	0
농가 직접 구매	21	21	22	24	23	18	21	24
친척 증여		25	22	24	30	24	21	19
기타	4	2	2	3	2	2	3	3

* 자료: 食糧庁, 『米麦データブック』(2002年版)으로부터 작성.

만의 특징을 전면에 내세워 상권을 지키려는 '쌀 마이스터 인정제도'와 같은 소매점의 대응도 눈길을 끈다. 이것은 '일본미곡소매상업조합연합회(日本米穀小売商業組合連合会)'가 "쌀에 관한 해박한 지식을 가지고 쌀의 장점을 최대로 살린 도정상품을 개발해 품질 좋은 쌀을 소비자에게 공급하는" 쌀 소매점 품질인정제도이다.[20] 쌀 소매업자를 대상으로 쌀의 품종 및 특성, 정미기술, 보존·보관기술, 밥 짓기 기술과 맛의 평가, 가게 인테리어, 접객매너에 관한 연수를 실시하고 평가시험에서 합격한 이에게 '쌀 마이스터 인정서'를 수여하는 방식이다. 기존의 쌀 소매점이 제도 변경 및 소비행태 등 시장 변화에 대응하는 모습의 일단이라고 할 것이다.

2) 도매 단계에서의 변화

〈표 6-6〉은 쌀 도매 단계에서 식량관리법과 신식량법의 신구 제도 차이를 정리한 것이다. 업태 규제가 허가제에서 등록제로 바뀌고 영업구역, 신규참여, 자격요건 등 거래 규제가 크게 완화되었다. 쌀 도매업계는 신식량법

〈표 6-6〉 쌀 도매 단계에서의 신구 제도 차이

	식량관리법	신식량법
업태 규제	· 허가제(도도부현 지사 허가)	· 등록제(도도부현 지사 등록)
영역 구역 신규참여	· 도도부현 단위 소매업자와 결부하여 영업	· 도도부현 단위 영업을 기본으로 하면서 다른 부현의 영업에 대해서도 요건을 완화
구입처	· 지정법인, 정부, 입찰거래, 도매 간 판매	· 자주유통미: 등록출하업자 지정법인, 자주유통미가격센터 · 정부미, 수입미: SBS(매매 동시 입찰)
허가(등록)요건	· 준법, 자금력, 시설, 경험, 수량, 소매상과의 연계	· 준법, 자금력, 시설, 수량 요건만 충족시키면 제한 없음

---

20) 쌀 마이스터 인정제도에 대해서는 일본미곡소재상업조합연합회 홈페이지(http://www.jrr-a.or.jp/) 참조.

시행을 계기로 많은 업체가 새로이 참가한 데다, 경쟁의 격화에 따라 도매가격이 하락하고 슈퍼마켓 등 대량소매점이 거래조건을 따져 도매업자를 선별하는 삼중고의 현실에 직면하게 되었다. 나아가 장기적으로 중간유통단계를 거치지 않고 다양한 형태로 생산자와 소비자를 직접 이어주는 거래가 주류를 형성할 것이므로 쌀 유통에서 도매업자의 기능과 역할은 날이 갈수록 위축될 수밖에 없다. 이러한 변화에 대응할 만한 자본력이나 경영능력을 갖춘 신규 업체가 전면에 등장하고 그렇지 못한 기존 업체는 도태되어 폐업으로 내몰리거나 극심한 경영악화에 직면하여 업체 간 제휴·연합·통폐합을 모색하는 등 급격한 업계 재편이 불가피하다.

신식량법 시행을 전후하여 쌀 도매업계는 이미 이러한 업계 재편의 소용돌이에 휩쓸려 있었다. 1993~1999년에 걸쳐 소규모 도매업자의 폐업, 대형도매업자 등에 의한 흡수·합병, 도매상 간의 업무제휴, 상사 등 대자본의 참여가 수십 건수에 달했다. 〈표 6-7〉은 그 가운데 중요한 사례만 정리한 것이다. 당시 『일본경제신문』은 신식량법 시행 이후 대부분의 소규모 쌀 도매업자는 연속해서 적자를 보이고 있기 때문에 이미 경영체력이 한계를 드러내 앞으로 재편 움직임은 가속화될 것이라고 예측했다.[21]

실제로 2001년 10월 쌀 도매업자의 전국조직으로 출범한 전국미곡판매사업협동조합(全米販)에는 당초 200개가 넘는 쌀 도매업자가 등록하고 있었으나 업자별 취급 물량에는 커다란 차이가 존재했다. 상위 10%에 해당하는 20개사 정도가 연간 취급 물량 5만 톤 이상, 판매금액 100억 달러 이상으로 전체의 65% 가까운 물량을 취급했다. 나머지는 대부분 산지에 입지한 영세한 도매업자로, 모두 합해도 취급 물량은 전체의 35%에 지나지 않는 등

---

21) 『日本農業新聞』 1999. 12. 10.

<표 6-7> 쌀 도매업계의 재편 동향(1993~1999)

도매상 간의 업무제휴	· 木德(東京) → 丸山物産(神奈川) · 山種(東京) → 上毛米穀(群馬), 梅原米穀(東京) · 마츠하시(神奈川) → 마츠하시라이스(埼玉) · 村瀬米穀(神奈川) → 福島県米(福島), 房総米穀(千葉), 肥後食販(熊本)
도매상 간의 연합	· 木德, 神糧物産, 千葉県食, 栃木中央食販, 이토요카도오, 中央食糧, 福岡購販聯 등 5개사 · 神明, 大阪第一食糧 등 5개사
도매상 간의 합병	· 1991년: 4현 12개 도매상이 5개 도매상으로 합병 · 1994년: 1현 2개 도매상이 1개 도매상으로 합병 · 1995년: 신식량법 시행 이후 합병 움직임 급진전
대자본 참여	· 丸紅 → 이치카와 액트(영업권 양도) · 東食(三井) → 東京食糧(자본 참여) · 伊藤忠 → 고메큐우(자본 참여) · 住友商社 → 糧販(자본 참여) · 도오멘 → 中部食糧(도매자격 취득) · JT → 담배산업 유통경로를 통해 참여 · 세존그룹 → 대형 양관점 西友 PB상품 · 東急그룹 → 東急스토아, 東急백화점 PB상품 · 日商岩井 → 東京野沢 쌀 도매점(경영 참가)

* 자료: JA全農의 내부자료(2000)로부터 작성.

양극화된 모습을 보였다.

　이런 극단적인 영업 규모 차이는 전국적인 규모는 물론이고 지역을 기반으로 하는 사업전개에서도 기존의 경영수법으로 도저히 극복할 수 없는 것이었다. 결국 영세 도매업자들은 지역에서 쌀을 집하하여 상품화하고 이를 전국적으로 사업을 전개하는 대규모 도매업자에게 납품하는 하청업자의 역할을 떠맡음으로써 생존을 도모할 수밖에 없었다. 또한 새로운 쌀 유통방식으로 자리 잡은 인터넷을 활용한 통신판매에서도 생산자 및 소매업자와 경쟁하면서 지역 도매업자로서의 강점을 내세워 차별화시켜 나가는 경영전략이 절실하게 필요해졌다.

3) 산지에서의 변화

신식량법 시행과 쌀 수입관세화로 쌀 생산농가는 가격조건에 훨씬 민감해졌고 다양한 판매방식을 선택할 수 있게 되었다. 그러나 유통주체가 정부미에서 민간의 자주유통미로 바뀌었다 해도 여전히 신식량법체제에서도 농협계통조직이 쌀 유통을 주도하는 구조는 아무런 변화가 없었다.

더구나 2004년 4월 신식량법의 대대적인 개정으로 대규모 생산자를 중심으로 농협 계통기관을 경유한 공동판매를 줄이고 직접 판매를 확대하는 움직임이 가속화될 것이 분명하다. 그리고 앞으로 농협 계통조직의 쌀 판매사업의 대응자세에 따라서 중소 규모 생산자에게도 파급될 가능성도 높다고 할 것이다. 〈표 6-8〉은 각각 JA나가노현농협중앙회, JA효고현농협중앙회관내 쌀 생산농가를 대상으로 신식량법하에서 쌀 판매 의향을 조사한 전국농협연합회(JA전농)의 내부자료를 정리한 것이다. 농가 규모에 관계없이 전반적으로 자유판매 의향이 뚜렷이 나타나는 가운데, 200a 이상 대규모 농가를 중심으로 자유판매 또는 일부 자유판매의 의사가 강력하다는 것을 확인할 수 있다.

〈표 6-8〉 신식량법 아래 쌀 생산농가의 판매 의향(1997~1998)

JA나가노현 농협중앙회	자유판매 (%)	일부 자유판매 (%)	JA효고현 농협중앙회	자유판매 (%)	일부 자유판매 (%)
50a 미만	1	18	50a 미만	9.2	29.0
50~100a	2	23	50~100a	8.1	28.5
100~150a	11	26	100~150a	9.5	29.9
150~200a	22	72	150~200a	6.4	31.8
200~500a	18	40	200~500a	13.8	44.8
500a 초과	26	29	500a 초과	25.0	41.7

* 자료: JA全農의 내부자료(2000)로부터 작성.

금후 농협 계통조직이 쌀 유통에서 주도권을 장악하기 위해서는 '금융 농협' 내지 '부동산 농협'적인 경영지상주의를 탈피하여 영농지도·판매사업을 주축으로 하는 농가조합원의 생산활동에 뿌리를 둔 사업운영체제로 개편하는 획기적인 체질개선이 우선되어야 할 것이다. 그리고 지역농협-현경제농협연합회(JA현경제련)-전국경제농협연합회(JA전농)의 단계별 수수료 징수제도를 신식량법에 맞게 합리적인 수준으로 개편하는 것도 시급한 과제로 떠오르고 있다.

실제로 1996년에는 631만 톤이었던 계통농협을 경유한 쌀의 공동판매가 2001년에는 432만 톤으로 감소하고 생산농가의 직접 판매는 180만 톤으로 증가했다는 것은 농협 계통기관의 체질개선이 그다지 성공적이지 않았음을 의미한다. 또한 2004년 무렵부터 생산농가의 직접 판매가 현상을 유지하는 대신에 지역농협의 직접 판매가 급격히 늘어나고, 그만큼 계통 공판이 줄어드는 현상이 나타나면서 계통조직 내부의 분열현상도 가속화되기 시작했다. 생산지 간 혹은 지역농협 사이에 쌀 집하율과 계통조직 판매율의 격차가 확대된다는 것은, 전국에 공통된 농협 계통기관의 쌀 판매사업이 존립근거를 잃고 있음을 뜻하는 것이다.

5. 맺음말

1) 타산지석으로서 일본의 쌀 수입관세화

이상에서 1995년 11월 신식량법 시행과 1998년 12월 전격적인 쌀 수입관세화 수용을 사이에 두고 구(舊)제도의 관성과 새로운 제도에 대한 적응에 유의하면서 쌀 유통구조의 변화가 소매 단계에서 심화되어 점차 도매, 산지 단계로 역류 파급되는 양상을 살펴보았다. 2004년 4월에는 또다시 1995년의 식량관리법 폐지와 신식량법 시행에 버금가는 신식량법의 대대적 개정이 이루어졌다. 쌀 판매업자의 자격요건이 폐지되고 누구나 신고만 하면 쌀 판매를 할 수 있게 되어 농협 계통조직의 쌀 판매 독점체제는 사실상 해체 국면에 접어들었다. 그 과정에서 지역농협이 계통조직 공동판매에서 이탈하여 직접 쌀을 판매하는 독자적인 시장대응에 나섬으로써 계통조직 내부의 분열현상도 가속화되었다.

전반적으로 쌀 유통과정에 자본력과 경영능력이 있는 새로운 업체가 대거 참가한 데다, 쌀 소비량 감소와 경쟁 격화에 따라 전 유통 단계에서 거래 가격이 하락함에 따라 대규모 생산농가나 대량소매점은 가격조건을 따져 거래업자를 선별하는 경향이 강해졌다. 장기적으로 다양한 형태로 생산자와 소비자를 직접 이어주는 거래가 주류를 형성할 것이므로 쌀 유통에서 중간 유통 단계의 기능과 역할은 날이 갈수록 위축될 수밖에 없다. 이러한 변화에 대응할 만한 자본력이나 경영능력을 갖춘 신규 업체가 전면에 등장하고, 그렇지 못한 기존 업체는 도태되어 폐업으로 내몰리거나 극심한 경영악화에 직면하여 업체 간 제휴·연합·통폐합을 모색하는 등 급격한 업계 재편을 피할 수 없을 것이다. 일본에서 쌀 시장은 부가가치를 보장하는 가장 뜨거운 시장으로 변모하고 있는 것이다. 그러나 이러한 변화의 계기를 제공한 것은 신식량법 시행·개정과 함께 전격적인 쌀 수입관세화 수용이었다는 것을 아는 사람은 그렇게 많은 것 같지 않다.

2004년 말 현재, 앞날이 보이지 않는 소연(騷然)한 한국의 농업정치 현실을 무시하고 지나칠 수 없다. 한국은 WTO의 쌀 수입관세화 유예를 둘러싼 재협상과 농산물의 추가 시장개방을 다루는 도하개발어젠다(DDA) 협상의 타결 시한을 앞두고 여기에 반대하는 농민단체의 시위로 전국이 몸살을 앓고 있다. 1993년 12월 우루과이라운드 협상에서 향후 10년간 최소의무수입 물량만을 허용하고 쌀 시장개방을 미룬다는 일본보다 훨씬 유리한 특례 조치를 받아내는 협상력을 과시했던 한국이었다.

당시 김영삼 대통령은 쌀 시장개방만은 "대통령직을 걸고 막겠다"고 호언장담했으나 그와 그 측근들에게 국제정세를 헤아리는 통찰력과 국내 이해관계자를 설득하는 리더십을 기대하기란 애당초 무리였다. 그는 한국 사회운동에서 유례를 찾아보기 힘든 '신토불이(身土不異)'라는 언어에 복고적인 '식문화 내셔널리즘'을 주입하여 전국의 농업생산자를 규합해 강력하게 쌀시장개방을 반대해온 농협중앙회 한호선 전 회장을 정치적 희생양으로 삼고, 관제 언론을 동원하여 정부의 농정 실패 책임을 핵심에서 벗어난 농협의 비리 쪽으로 돌리는 데 일단 성공함으로써 정치적 위기에서 벗어나는 듯이 보였다. 농협의 조직과 활동이 시대 상황과 맞지 않게 되면 이해관계자와 학식경험자가 한자리에 모여 폭넓게 제도개혁을 논의하고 국민의 대표기관인 국회에서 입법화하는 것이 민주주의국가의 모습이다. 필자가 관견(管見)하는 한, 이것은 명백한 '권력정치의 표상'으로 권력남용 그 이상도 이하도 아니었다.

이후 김영삼 정권은 농업 관련 목적세를 신설하여 합계 62조 원에 달하는 엄청난 예산자금을 농업·농촌 부문에 투입하는 물량공세로 잠시나마 농민의 불만을 가라앉고 농촌에 정치적 안정을 가져왔다. 그러나 비효율적인 예산 낭비의 전형으로서 누누이 비판의 도마에 오르내렸듯이 여기에는 한국의 농촌과 농업에 대한 비전과 미래상이 결여되어 있었다. 결국 정부의 말만 믿고 시설원예 등에 투자했던 농가가 빚더미를 짊어지고 도산한 것은 아직도 기억에 생생하다. 정책 당국과 정치권의 비전 결여, 무정책으로 가시적인 농업구조 개선의 효과를 보지 못한 채 한국은 2004년 말에 다시 쌀 수입관세화 유예에 매달려야 하는 딱한 처지가 되었다.

2) 기로에 선 한국농업

2004년 이후는 쌀 수입관세화를 수용하여 쌀 시장을 관세라는 국제무역의 도구만으로 지켜내야 할 상황이 불가피해질 것이다. 그렇지 않으면 최소의무수입 물량을 기존의 20만 5,000톤보다 더 많이 내주어야 할 처지에 있다. 쌀은 한국인의 주곡으로 농업생산의 30% 이상, 경작면적의 60%를 차지하는 중요한 품목인 만큼, 종전대로 최소의무수입을 유지할 것인지 아니면 수입관세화로 이행할 것인지에 대한 의사결정에서 가장 중요한 것은 주식과 농업소득을 지키는 데 어떤 방식이 더 유리한가 하는 전략적인 판단임은 말할 나위도 없다.

이런 관점에서 일본이 특례 조치 기간 중인 1998년 말에 최소의무수입에서 쌀 수입관세화로 전격적으로 이행한 의미를 냉정하게 되새겨볼 필요가 있다. WTO 규정에 따라 1995년에 시작된 최소의무수입을 계속할 경우 쌀 수입관세화보다 1999년 11.6만 톤, 2000년 15.3만 톤 정도 외국산 쌀을 더 많이 수입해야 한다는 시산이 나왔다. 뿐만 아니라 쌀 수입관세화를 수용하는 것이 2000년부터 본격화되는 WTO 교섭에서 보다 유리한 위치에 설 수 있다고 판단되었다. 또한 쌀 수입관세화의 수용으로 최소의무수입 물량의 증가율은 절반으로 줄어들어 1999년도에는 65.4만 톤, 2000년도에는 69.3만 톤으로 억제되었다. 이후에도 국가가 최소의무수입 물량으로 수입하는 외국산 쌀을 매년 줄곧 67만 톤 전후로 묶어둘 수 있었다. 1999년 4월 쌀의 국경보호 조치가 해제된 이후 높은 관세를 지불하고 수입한 외국산 물량은 1년차인 1999년도 225톤을 시작으로 2000년 98톤, 2001년 69톤, 2002년 202톤으로 정부 예상대로 극히 소량에 머물렀다.

이상의 논의는 일본을 따라 한국도 쌀 수입관세화를 수용해야 한다는 이야기가 아니라, 이해관계자와 정책 당국, 정치권이 한 걸음씩 물러나 어느 쪽이 주곡과 농업소득을 지키는 데 더 유효한 방법인가를 냉정하게 생각하고 합의점을 찾아내야 한다는 것이다. 일본은 농가소득 가운데 농업소득이 차지하는 비율이 한국과는 비교가 되지 않을 정도로 낮고, 1970년대부터 농업구조 개선사업 및 쌀 생산 조정을 실시하는 등 농업국제화에 대비해왔기 때문에 한국과 같은 차원에서 비교할 수 없는 측면이 있다.

그러나 지금 한국의 사정은 1998년 말 일본의 사정과 별반 다르지 않다는 것이 필자의 판단이다. 최소의무수입 물량이 누적되고 있는 가운데 한국이 2004년 쌀 협상에서도 계속적으로 수입관세화의 유예를 받으려면 국내소비량 4%보다 훨씬 더 많은 비중의 쌀을 의무적으로 수입해야 한다. 국민의 식생활 패턴 변화에 따라 쌀 소비량이 점차 줄어들고 있고 현재도 쌀 재고 누적으로 재정적 압박을 받고 있는 상황에서, 추가로 쌀을 의무적으로 수입해야 한다면 한국경제가 짊어지고 가야 할 부담은 더욱 가중될 것이다.

분명한 것은 쌀 수입관세화가 쌀 가격의 대폭 하락과 재배면적의 급속한 감축을 가져와 농업기반 자체를 붕괴시킬 것이라는 우려는 최소한 일본의 경우 맞지 않는 주장이었다는 것이다. 지금 한국의 농업기반은 쌀 수입관세화를 받아들이지 않아도 빈사상태에 와 있고, 농촌사회는 고스트타운으로 변해 있는 사실을 무엇으로 설명할지 궁색할 따름이다.

제3부

농정 '철의 트라이앵글' 구조의 와해

제7장
일본농업의 정치구조 변화와 정권교체

1. 머리말

1) 농민의 반란과 정권교체

이 책의 대미를 장식하는 제7장에서는 자민당에서 민주당으로의 정권교체를 사이에 둔 1990년대 중엽부터 현재에 이르기까지 일본농업·농촌을 둘러싼 정치구조의 변화를 분석한다. 여기에서는 물론 이러한 지각변동을 가져온 정부여당의 농업정책 추진과정에서 소외된 경작농민과 농촌사회에 축적되어온 상대적 박탈감과 변화의 에너지에 주목한다. 나아가 그동안 농가조합원의 영농활동과 경제생활을 결집해온 농협 계통조직 및 중앙조직의 기능부전도 아울러 검토하면서 논의하겠다.

2009년 8월 30일, 일본의 민주당은 중의원의원 총선거에서 절대안정다수를 넘어서는 308석을 획득했다. 이로써 1955년 말 보수합동 이래 1993년 딱 한 차례 예외를 제외하고 모든 중의원 총선거에서 승리하여 정권을 장악해왔던 자민당은 야당으로 전락했고, 민주당이 집권여당의 지위에 올랐다. 이듬해 2010년 7월 11일에 있었던 참의원의원 통상선거에서는 개선 54의석을 밑도는 44의석을 획득하는 데 그쳐 여소야대의 정국이 형성되는 등 그 정치적 안정성이 반드시 굳건한 것은 아니었다. 그러나 하토야마 유키오(鳩山由紀夫), 간 나오토(菅直人), 노다 요시히코(野田佳彦)로 민주당 내부의 수장교체를 통해 정권을 유지하고 있듯이 중의원 다수파 공작을 중심으로 움직이는 정치구조를 감안하면 반드시 정권교체의 의미를 훼손하는 것만은 아니었다.

일본의 역사적인 정권교체는 1990년대 중엽부터 현재화(顯在化)된 농업·농촌을 둘러싼 정치구조의 변화에 의해 정치지형의 변화를 촉구하는 에너지가 축적되어오다가 커다란 정치의 지각변동이 일어난 것이라고 할 수 있다. 업계단체(농협)-관료기구(농림수산성)-집권당(자민당)이 농정의 '철의 트라이앵글(iron triangle)'을 형성하여 고도성장기와 그 후의 안정성장기를 통해 얻은 과실을 농업·농촌 부문에 배분해 장기적인 정권재생산을 담보해온 자민당의 이익유도 정치는 제도피로를 일으키고 기능부전에 빠져들었다. 이에 더 이상 정국을 움직일 정치적 영향력을 갖지 못한 것으로 간주되던 전국의 경작농민이 대거 전통적인 지지정당 대신 새로운 정치세력에 자신들의 영농활동과 생활안정을 위탁하게 되면서 기적적으로 정권교체의 혁명이 일어난 것이다. '보수왕국'으로 표현될 정도로 중의원, 참의원의 국정선거 때마다 일관되게 보수당 지지의 강한 결속력을 보여주었던 일본 동북 지방 6현을 위시한 농촌지역 선거구에서 자민당 국회의원이 대거 낙선한 것은 이를 상징적으로 보여주고 있다.

2) 농협 정치구조의 새로운 문제인식

지금까지 일본농업의 정치과정을 업계단체(농협)-관료기구(농림수산성)-집권당(자민당)의 관계에서 풀어보려는 시도가 없었던 것은 아니다. 일찍이 도쿄대학 사회과학연구소 이시다 다케시(石田雄) 교수는 일견 비정치적으로 보이는 영역까지도 각종 단체를 매개로 정치과정에 편입되어가는 현상에 착안해 그 전형적인 사례로 농협 계통조직을 든 바 있었다. 그는 정상에 가까워질수록 목적 집단의 색채가 강해지고 저변에 가까워질수록 전통적인 인간관계를 집단화하여 지역성에 매몰된 농협 계통조직의 특징에 주목했다. 압력단체로서의 자주성을 관철함으로써 이익을 실현하는 것이 아니라 공권력에 의해 어떤 형태로든 지지를 받아 통제단체 내지 정책침투기관의 역할을 떠맡고 관료기구의 하청 역할을 함으로써 조직을 강화하고 목적을 달성한다는 것이었다.[1]

그러나 이 주장은 지나치게 관료우위론적 관점에 서 있다는 비판을 면하기 어렵다. 조직 원리상 수평적인 관계에 있어야 할 농협 계통조직을 위시한 일본의 압력단체가 권력배분체계 가운데 계열화되어 관료기구의 외곽단체 내지 어용기관에 지나지 않게 되었다는 매우 정태적이고 피상적인 분석의 함정에 빠져 있다. 조직의 규모와 경제적 실력이 정치력 영향력을 규정하여 조직의 과점화가 진전되고 다수자가 아닌 소수자를 위한 압력정치로 전락했다는 것이다.

이런 관료우위론적 관점은 1970년대 후반에 미국의 다원주의적 이익단체 연구가 소개되고 이를 응용한 실증연구가 진행되면서 심각한 도전에 직면했다. 로위 등 미국 정치학자들에 의해 다원주의적 정책결정과정을 설명하는 분석틀로 확립된 이른바 이익단체–관료기구–집권여당의 '철의 트라이앵글 구조'[2]가 그 대표적인 예이다. '철의 트라이앵글' 구조는 세계 다른 민주주의국가에 관해서도 업무영역별로 정치과정에 참여하는 다양한 주체 간의 배타적 유착관계를 설명하는 이론으로 널리 원용되고 있는 분석틀이다.

---

1) 石田雄(1961), 101~156쪽.
2) Lowi(1979).

일본 관련 연구에서도 농업단체, 의사회, 노동조합, 산업계·재계를 대상으로 집권여당의 정책결정 주도성과 영향력을 높이 평가하고 여기에 대응하여 관료기구 및 이익단체와의 역학관계를 재설정하여 다원적인 차원에서 이들 3자가 이익을 최대화하거나 기득권익을 지켜 나가는 정치과정을 분석하는 연구가 활기를 띠게 되었다.[3] 미국 스탠포드대학 명예교수 아오키 마사히코(靑木昌彦)의 포괄적인 정리에 의하면, 산업 분야별로 구성원들의 이익과 요구사항을 단계별로 수렴한 업계단체(농업·농촌 부문의 경우 농협 계통조직)가 관할 관청의 담당부서에 업계의 권익을 최대화하도록 요구한다. 관할 관청도 조직의 유지·성장이나 관련 업계에 대한 재취업(업계의 입장에서는 일종의 볼모) 등의 이해관계를 공유하고 있기 때문에, 재정 당국으로부터의 예산 확보나 권한 획득을 위해 적극적으로 나선다. 각 단계의 산업 분야별 이해조정과 의사결정과정에는 해당 분야의 경력이나 전문적인 지식을 가지고 있는 집권여당의 의원 집단(족의원)이 개입해 업계단체 구성원의 정치적 지지의 대가로 물질적 이익을 유도한다. 말하자면 업계단체-관할관청 담당부서-집권여당 족의원 사이에 서로 물고 물리는 삼위일체적 결탁(collusion) 구조가 형성·강화된다는 것이다.[4]

그러나 지금까지의 분석은 대체로 업계단체-관할관청 담당부서-집권여당 족의원 사이에 상호 이익유도의 결탁구조가 전형적으로 작동하는 시기를 정태적으로 파악하여 일반화시켜온 경향이 있었다. 따라서 그 변화가 쟁점으로 부각되었을 때도 1980년대까지는 유효하게 작동했으나 1990년대에 들어서는 환경 변화에 의해 이율배반이 발생하고 기능부전에 빠졌다는 일반적인 설명 외에 어떤 설득력 있는 분석을 내놓지 못한 것이 현실이다.

---

3) Donelly(1977); 大嶽秀夫(1979); Sone(1982).
4) Aoki(1988); 靑木昌彦(2003); 靑木昌彦(2008).

농업·농촌 부문은 특히 고도성장·안정성장기를 통해 사상 유례를 찾아볼 수 없는 사회경제적 구조변동을 겪었다. 그 와중에 표출된 농협 계통조직의 농가조합원 생산활동 조직화 및 집표력 이완, 농림수산성의 예산 확보 규모 및 운용재량권 축소, 자민당의 지지기반 다양화 및 농가의존율 저하 등은 끊임없이 이들 3자간의 결탁구조를 변질시키는 요인으로 작용했다. 따라서 농업·농촌 부문과 관련해서는 시계열적 관점에서 '철의 트라이앵글' 구조의 형성과 그 변화를 해명하는 내공이 뒷받침되지 않으면 그 본질과 특징을 규명하는 것은 불가능하다고 할 것이다.

3) 지금까지의 논의가 갖는 의미

지금까지 필자는 이 책에서 통시적(diachronic)·공시적(synchronic) 양 시간 축에 규정된 농정 '철의 트라이앵글' 구조의 형성과 그 변화를 동태적으로 분석함으로써 기존 연구의 한계를 극복하려고 시도했다. 만약 그것이 성공 했다면 이 책이 갖는 연구사적 의미는 높이 평가받아 마땅하겠지만 그 부분 은 독자의 몫이지 필자가 관여할 수 있는 바가 아니다.

이 책을 대단원의 마무리로 이끌기 위해 지금까지 논의를 간추려보면 다 음과 같다. 이익단체 내지 압력단체로서 농협 계통조직의 정치과정 참여는 보수합동 이후 농협 계통조직의 생산지도와 농정활동을 무력화시키고 정부 여당의 지배하에 저비용·고효율의 농정조직을 설립하려는 보수정당 및 농 림관료 연합의 농업단체재편성 시도를 저지하고 스스로의 권익을 지켜냄으 로써 가능해졌다.[5]

그러나 고도성장기를 통해 급격한 이농, 농업의 겸업화, 농촌의 비농업인

---

5) 이 책 제3장; 이향철(2006), 161~210쪽.

구 비율 증가(혼주화) 등으로 농협 계통조직의 농가조합원에 대한 장악력이 현저히 저하되면서 농정 '철의 트라이앵글' 구조 역시 약화될 수밖에 없었다. 그럼에도 고도성장에 의한 사회적 모순과 정치적 위기의 현재화에 직면한 산업계·재계를 위시한 범보수진영은 체제의 안전판으로서 농가조합원과 이를 조직한 농협 계통조직의 정치적 역할을 높이 평가하고 농업기본법 가운데 그 조직적 기반을 훼손할 수 있는 내용을 제거하고 쌀 추곡수매가 인상운동에 호응하는 형태로 재정자금을 투입하는 데 동의했다.6)

그러나 농업·농촌 부문의 '철의 트라이앵글'은 쌀을 위시한 주요 농산물 생산 과잉과 재고 누적, 농정 전환이라는 대내적 계기와 농산물무역자유화 및 쌀 수입관세화라는 국제적 요인이 교차하는 1980년대를 전후하여 농업 보호를 둘러싼 보수진영 내의 의견 대립과 분열이 돌이킬 수 없는 상황이 되면서 서서히, 그렇지만 확실히 와해되었다.7) 제7장에서는 바로 이런 논의의 관점을 일거에 현재까지 확장하여 1990년대 중엽부터 본격화된 농업·농촌에 대한 이익유도정책의 재구축에 의해 정치지형의 변화를 촉구하는 에너지가 축적되어오다가 정권교체라는 커다란 지각변동을 일으키게 된 일본 농업의 정치과정을 분석하려는 것이다.

지금까지 일본농업정책은 정치적 보호주의 논의와 경제합리주의 논의가 서로 접점을 찾지 못한 채 길항(拮抗)하는 형태로 전개되어온 경향이 있다. 경제학자들 중에는 농업을 자본의 법칙이 관철되지 않는 특수한 분야로 상정하거나, 반대로 태양광, 강수량, 온도, 토지와 같은 대체 불가능한 생산요소가 갖는 특수성을 무시하고 신고전파적 경제사상이나 정책명제에 경도된 이들도 적지 않았다. 정작 이런 담론에서 하나같이 제자리를 찾지 못했던

---

6) 이 책 제4장; 이향철(2008), 255~303쪽.
7) 이 책 제5~6장; 이향철(2009), 207~237쪽.

것은 소비자에게 안전한 먹거리를 안정적으로 공급한다는 농업 본래의 역할과 기능일 것이다.

농업의 이해관계자(stakeholder)는 경작농민이나 농업단체 관계자뿐만 아니라 소비자, 납세자, 노동자, 기업인 등 모든 사회계층을 망라하고 있다. 또한 농업정책의 향배는 직간접으로 정치·경제·사회의 모든 면에 맞닿아 있기 때문에 특정 학문적 관점에 사로잡히지 않고 서로 인접한 학문의 관점을 총동원하여 잠자리의 눈과 같은 복안(複眼)으로 '누구를 위한 농업인가'를 진지하게 논의하는 것이 필요하다.

여기서는 바로 이런 관점에서 역사적인 정권교체를 전후한 일본농업의 정치과정 분석을 시도한다. 먼저 농업·농촌 부문의 내재적 측면에 초점을 맞추어 농협 계통조직–농림수산성–자민당의 관계 변화를 분석한다. 농촌사회구조의 변화가 농촌 표와 농협 계통조직의 정치적 위상 변화에 어떤 영향을 주었는지를 중심으로 살펴보겠다. 이어 농가조합원의 다양화와 이해 대립, 농협 계통조직으로부터 농가조합원의 이탈과 같은 농협 계통조직 내부의 문제를 분석한다. 끝으로 농업·농촌 부문의 내재적 측면만으로 변화를 설명하기에는 한계가 있다는 판단으로 선거구제 개혁과 관료기구의 위상 변화와 같은 외재적 측면에 초점을 맞추어 분석한다.

2. 농촌사회구조의 변화와 농협 계통조직의 기반 침하

1) 농업·농촌 부문에 대한 이익유도 정치의 한계

1990년대 중엽부터 농협 계통조직–농림수산성–자민당 3자 간에 서로 물고 물리는 이익교환 내지 이익유도를 골자로 하는 농정 트라이앵글 구조가 결정적으로 붕괴되기 시작했다. 아울러 여기에 규정된 농업정책도 하나같이 역할 정지 내지 기능부전에 빠지면서 새로운 농업정치시스템의 재구축을 모색하고 있으나 아직 그 종착점은 보이지 않는다.

이는 농가구성원의 이농에 따른 농협 계통조직의 정치력 쇠락에 농가조합원의 다양화와 이해 대립, 농가구성원과 농협 계통조직의 반목 및 분열, 새로운 형태의 협동조합 출현에 의한 농업단체 간의 경합, 농업 내부의 시장개혁과 같은 농업·농촌 부문의 내재적 구조 변화에 의해 서서히 축적되어온 것이었다. 뿐만 아니라 그에 따른 선거구제 개편이나 선거정수·투표자 개개인의 1표 가치 조정과 같이 기존의 농업정치구조를 뒷받침해온 제도개혁에 의해 촉발되기도 했다.

흔히 정치적 관점에서 농업협동조합의 쇠락을 논할 때 계통조직의 저변을 떠받치고 있던 농업취업자가 고도성장기를 통해 대거 농외로 유출되고 그에 따라 농협 농정운동의 영향력이나 파괴력을 가늠하는 농가 및 농가유권자의 수가 크게 감소한 것을 원인으로 드는 경우가 많다. 이는 전반적으로 특별히 잘못된 이야기는 아니지만, 짚고 넘어가야 할 부분이 있는 것도 사실이다. 일본에서는 엄밀하게 학문적으로 정의된 것은 아니지만 농협과 농가조합원이 자신들의 이익과 권리를 보호하는 특정 후보자를 당선시키기 위해 투표행위를 결집하는 현상을 나타내는 정치용어로 '농촌 표(farm vote)'라는 말이 사용되고 있다. 지역인구 중 농가인구의 비율에서 농외소득이 50%를 넘어서는 2종 겸업농가를 제외한 전업농가, 1종 겸업농가의 농가유권자 비율을 가리키는 개념으로 정의할 수 있을 것이다.

〈표 7-1〉은 정권교체 직후 민주당 정권에서 이루어진 국세조사 및 농업 센서스의 결과를 토대로 지역별 농가인구, 2종 겸업농가, 농촌 표 비율을 산출한 것이다. 쌀 주산지인 아키타(秋田), 이와테(岩手), 야마가타(山形), 후쿠

시마(福島), 아오모리(青森), 미야기(宮城)의 도호쿠 지방 6현에 더해 나가노
(長野), 이바라키(茨城), 도치기(栃木)의 간토 지방 3현, 돗토리(鳥取), 시마네

〈표 7-1〉 일본의 지역별 농가인구 및 농촌 표 비율(2010)

지역명	농가인구 비율(A)		농촌 표 비율(C) =A(1−B)	지역명	농가인구 비율(A)		농촌 표 비율(C) =A(1−B)
		2종 겸업농가 비율(B)				2종 겸업농가 비율(B)	
秋田県	23.0%	63.7%	8.3%	高知県	9.8%	37.5%	6.1%
岩手県	21.2%	63.5%	7.7%	岐阜県	9.8%	78.2%	2.1%
山形県	19.2%	59.4%	7.8%	三重県	9.3%	71.1%	2.7%
福島県	18.1%	68.3%	5.7%	愛媛県	9.3%	46.2%	5.0%
鳥取県	16.6%	67.0%	5.9%	鹿児島県	9.2%	33.4%	6.1%
島根県	16.6%	70.4%	4.9%	長崎県	8.2%	49.1%	4.2%
佐賀県	16.5%	51.4%	8.0%	石川県	8.1%	70.2%	2.4%
新潟県	15.3%	68.3%	4.8%	群馬県	8.0%	51.4%	3.9%
青森県	15.0%	45.8%	8.1%	山口県	7.5%	57.9%	3.2%
福井県	14.8%	81.9%	2.7%	静岡県	5.7%	56.3%	2.5%
長野県	14.1%	59.5%	5.7%	広島県	5.3%	59.8%	2.1%
茨城県	12.9%	62.0%	4.9%	奈良県	5.3%	70.7%	1.5%
富山県	12.9%	83.4%	2.1%	兵庫県	4.9%	72.2%	1.4%
熊本県	12.8%	45.4%	7.0%	千葉県	4.7%	55.3%	2.1%
栃木県	12.8%	64.1%	4.6%	福岡県	4.5%	54.0%	2.1%
香川県	12.7%	65.8%	4.4%	沖縄県	4.0%	31.7%	2.8%
徳島県	12.5%	54.7%	5.6%	京都府	3.8%	64.1%	1.4%
宮城県	12.4%	70.4%	3.7%	北海道	3.8%	12.2%	3.3%
宮崎県	11.3%	37.6%	7.0%	愛知県	3.3%	62.0%	1.3%
大分県	10.6%	53.0%	5.0%	埼玉県	3.3%	60.1%	1.3%
滋賀県	10.6%	81.6%	1.9%	神奈川県	0.8%	53.2%	0.4%
岡山県	10.5%	63.8%	3.8%	大阪府	0.6%	64.8%	0.2%
和歌山県	9.9%	41.8%	5.8%	東京都	0.3%	51.1%	0.1%
山梨県	9.8%	48.9%	5.0%	全国	6.6%	58.6%	2.7%

* 자료: 総務省統計局,『平成22年国勢調査』, 2011; 農林水産省,『2010年世界農林業センサス』, 2011로부터 작성.

(島根), 니가타(新潟), 후쿠이(福井)의 동해 연안지방 4개현 등 22개현은 농가 인구 비율이 11~23%에 머물러 가까스로 농업지역의 면모를 유지하고 있다.

반면 도쿄(東京), 오사카(大阪), 가나가와(神奈川)의 3도부현은 농업인구가 채 1%도 되지 않고, 사이타마(埼玉), 아이치(愛知), 교토(京都), 후쿠오카(福岡), 지바(千葉), 효고(兵庫), 히로시마(広島)의 대도시 혹은 근교지역 7부현은 농업인구가 5% 이하로 농업지역의 면모를 거의 찾아볼 수 없다. 여기서 농업소득보다 농외소득에 더 많이 의존하는 2종 겸업농가를 제외한 순수한 농촌 표의 비율은 더욱 낮아져 아키타, 이와테(岩手), 야마가타(山形)와 같이 가장 높은 지역이라도 전체 유권자의 7~8% 수준에 불과하다.

이 통계분석의 결과를 액면 그대로 받아들이면, 현재 농가인구의 정치적 영향력은 2종 겸업농가의 정치적 태도에 따라 상당히 유동적이기는 하지만, 전국의 거의 절반 정도 되는 지역에서 적지 않은 존재감을 가지고 대세에 영향을 미치고 있으면서도 그 기반은 취약한 상태라고 할 것이다.

2) 농촌 표의 가치와 정치적 영향력의 향방

현재 농협 계통조직은 농가조합원의 감소와 투표권을 가진 농가구성원의 이농으로 "옛날에는 육군, 지금은 농협(昔陸軍, 今農協)", "도시에는 노동조합, 농촌에는 농협(マチに総評, ムラに農協)"이라 이야기되던 1960~70년대의 대중운동 방식의 쌀값 인상 투쟁과 비교할 때 현저히 정치적 영향력이 쇠락했다. 그때처럼 국정선거에서 스스로의 대표자를 후보자로 내세워 의회에 진출시키거나 농가조합원과 농협의 이익을 옹호하는 자를 지원하여 당선시킬 정도의 영향력은 거의 없어졌다고 봐도 틀린 이야기는 아닐 것이다.

농가인구는 1980년 9.1%, 1985년 7.6%, 1990년 6.3%로 1980년 이후

거의 주위에 대한 영향력이 없다고 평가되는 10%를 밑돌면서 완만하게 감소하여 1989년에 바닥을 쳤다. 그런데 기본적으로 30년 가까이 농협 계통조직-농림수산성-자민당의 농정 '철의 트라이앵글' 구조가 나름대로 작동하고 불안정성을 더해가면서도 보수당의 정권재생산은 계속되어왔다. 이는 농가의 정치적 영향력을 겉으로 드러난 통계수치보다 몇 배나 증폭시키는 장치가 존재했으며, 따라서 농업인구의 농외 유출만으로 일본농업의 정치과정을 설명하는 데는 한계가 있음을 보여준다.

<그림 7-1>은 역대 국정선거에서 도시지역 유권자 대비 농촌지역 유권자의 '1표의 가치'를 비교해 그래프로 나타낸 것이다. 먼저 과거 40년간 일관되게 농가유권자 '1표의 가치'가 도시지역 거주자의 그것보다 몇 배나

〈그림 7-1〉 국정선거 도농 1표 격차에 대한 최고재판소 판결

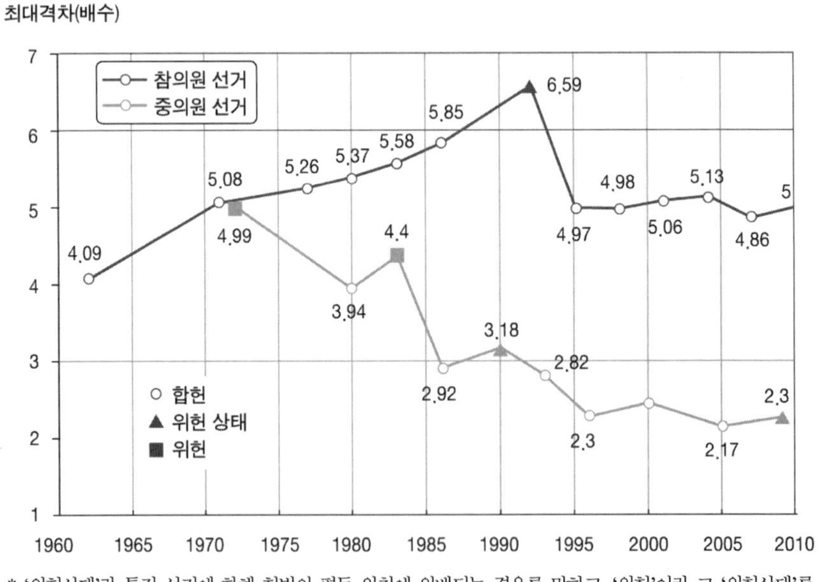

최대격차(배수)

* '위헌상태'란 특정 선거에 한해 헌법의 평등 원칙에 위배되는 경우를 말하고, '위헌'이란 그 '위헌상태'를 시정할 수 있는 합리적 기간이 경과했음에도 개선되지 않은 경우를 말한다.
* 자료: 『東京新聞』 2010. 11. 18; 『読売新聞』 2011. 3. 23.

높은 상태였다는 사실을 지적하지 않을 수 없다. 고도성장기를 통해 농촌지역 선거구에서 도시지역 선거구로 급격히 인구가 유출되었음에도, 기본적으로 행정구역이나 지리적 조건에 지배될 수밖에 없는 선거구 설정의 특성상 그 정수의 조정이 쉽지 않아 도농 간 투표가치의 격차가 확대되었던 것이다.

1994년 중선거구제에서 소선거구제로 개편된 이후, 최고재판소는 종래 참의원 6배, 중의원 3배까지 용인했던 '1표의 격차'에 대한 위헌 기준을 각각 5배, 2배로 축소했지만 도농 간 투표가치의 격차는 여전히 해소되지 않고 있다. 2011년 3월 23일 최고재판소는 중의원의 경우 2배 이상, 참의원의 경우 6배 이상의 격차가 발생한 데 대해 위헌 내지 위헌상태라는 판결을 내렸지만 선거결과 그 자체를 무효처리하지는 않았다.

예를 들어 2010년 9월 현재 중의원 소선거구(1인구)에서 대표적인 도시 내지 도시근교형 선거구인 지바(千葉)현 제4구, 가나가와(神奈川)현 제10구, 도쿄(東京)도 제6구의 선거인명부 등록자 수는 48~49만 명 수준이다. 이에 비해 대표적인 농촌형 선거구인 고치(高知)현 제3구, 나가사키(長崎)현 제3구, 후쿠이현 제3구는 그 절반도 안 되는 21만 명 수준에 머물러 있다. 또한 참의원 선거구(1인구) 가운데 대도시 및 도시근교형 선거구인 가나가와(神奈川)현 선거구, 오사카(大阪)부 선거구의 선거인명부 등록자 수는 각각 122만 명, 119만 명 선인 데 반해, 농촌형 선거구인 돗토리(鳥取)현 선거구, 시마네현 선거구는 각각 그 1/5에서 1/4 수준인 24만, 30만 명 선이다.

이와 아울러 농촌형 선거구는 대도시 내지 도시근교형 선거구에 비해 투표율이 매우 높을 뿐만 아니라 집권보수당에 대한 지지의 질이 높다는 사실을 지적할 수 있다. 농가구성원 가운데 세대주가 '가독(家督)'을 독점적으로 상속하는 메이지민법 전통의 상존으로 상대적인 불만세력에 속하는 2, 3남의 농외전출 및 도시근교 정착이 어느 정도 마무리된 1960년대 중반 무렵부터 도농 간의 자민당 지지율에 대조적인 변화가 발생했다. 도시지역을 중심으로 자민당 평균지지율은 하강 곡선을 그린 반면 농촌지역 선거구의 보수정당 지지율은 일관되게 높아진 것이다. 그 이전에 거의 같은 수준에 있던 도농 선거구의 보수당 지지율 격차는 점차 확대되어 1980년 6월 22일 중참의원 동시선거에서 농촌지역 선거구의 보수당 지지율은 대도시 내지 도시 근교형 선거구보다 2배 정도 높은 64% 수준에 달하게 되었다.[8]

중선거구제에서는 물론 소선거구제에서도 대개 국정선거는 근소한 표차로 당락이 결정된다는 점을 감안할 때, 물론 예전 같지는 않지만 농가구성원 유권자의 투표가치를 몇 배나 증폭시키는 장치가 작동하는 농촌 표의 위력은 단순한 통계수치만으로 평가할 수 없다. 따라서 이들을 저변에 조직한 농협 계통조직의 정치적 영향력 쇠락을 농업취업자 수의 감소와 직접적으로 연결하여 평가하는 논의는 조심스럽게 이루어져야 할 것이다.

자민당에서 민주당으로의 역사적인 정권교체는 2007년 7월 참의원 선거 당시 농촌지역 선거구(1인구)에서의 자민당 참패와 민주당 약진, 2009년 8월 중의원 선거 당시 농촌지역 선거구에서 자민당의 궤멸적 패배의 결과였다. 농협 계통조직에 의한 농가유권자의 조직화가 와해되어 사전에 그 변화의 징후를 파악하는 것이 어려웠을지 몰라도 종래 집권보수당의 충실한 지지기반이었던 농촌 표가 결정적으로 이반되고 농가구성원이 농정과 농협 계통기관에 반대표를 던진 것이 정권교체로 나타났다. 농가구성원은 스스로의 권익과 농업의 이익을 옹호하는 대표자를 내세워 당선시킬 힘은 이미 잃었지만, 반농업적·반농가적 정책을 취해온 정파의 후보자를 떨어뜨리는 데는 여전히 충분한 위력을 가지고 있음을 모두에게 각인시켰던 것이다.

---

8) 이향철(2008), 268쪽, 291쪽.

3. 농가조합원의 이익 다원화와 농협 계통조직의 이완

1) 파열하는 농협 계통조직: 내공하는 조직 원리와 사업방식의 모순 표출

(1) 파열하는 농협 계통조직

농정 '철의 트라이앵글' 구조의 기능부전과 자민당정권의 붕괴는 단지 농가나 농가구성원 감소에만 기인한다고 볼 수 없다. 농가의 다양화와 이해대립, 조직의 이익을 우선하는 농협 계통조직과 여기에 반발하는 농가조합원의 이반과 같은 농업계 내부의 분열도 한몫을 했다. 사실 일본의 농협 계통조직은 조직 원리와 사업방식에서 태생적인 모순을 안고 있으며, 그것이 사회구조의 변화에 따라 내공(內攻)하다가 1990년대 중엽 이후 파열음을 내며 무너진 형국이라고 파악할 수 있을 것이다.

농협 계통조직은 영세한 농가를 조직모체로 하여 단위농협의 경제력과 조직력을 최대한 유지하면서 자본주의 경제의 발전 단계에 따른 외부환경 내지 시장조건의 변화에 대응할 '규모의 경제' 효과를 추구하기 위해 피라미드형 3단계 연합조직체를 구축했다.[9] 여기서는 위로 갈수록 조직모체에 의한 민주적 구속력이 약화되고 협동조합 정신이 퇴색하여 각각 본래의 설립 목적을 벗어나 독립된 경영체로서의 존립을 우선하고 중앙집권적·관료주의적 의사결정을 내릴 개연성이 높아진다.

나아가 농가가 영농 규모를 확대하고 단위농협이 대형 합병 등을 통해 적정 규모를 확보하여 조직과 경영의 자기완결성을 높여가면 연합조직에게 보완 기능을 기대할 근거가 없어진다. 따라서 연합조직의 존립을 위해서는 농가나 단위농협의 외부환경 내지 시장조건 변화에 대한 적응노력을 방해

---

9) 藤谷築次(1974), 356쪽.

하는 퇴행적인 행태를 취하지 않을 수 없었다. 이런 상황에서 농협 계통조직의 사업도 아래로부터 부락 단계의 지역별·작목별 조합원 조직이나 단위조합의 영농과 생활의 필요와 요구를 수렴하기보다는 위로부터 중앙기관 주도에 의해 계획·추진하는 체질이 고착되었던 것이다.

이런 농협 계통조직의 태생적 모순은 농업취업자의 농외 유출(이농), 농가 세대주의 농업생산과정으로부터의 이탈(겸업화), 비농업인의 농촌 유입(혼주화)과 같은 사회구조 변동이 급격히 진전되는 고도성장기를 통해 내부적으로 심화되었다. 그런데 농협 계통조직은 전업농가와 겸업농가를 가릴 것 없이 농업소득의 상당부분을 차지하는 추곡수매가(생산자미가)의 지속적 인상이라는 극히 일원적이고 비교적 단순한 목표를 내걸고 이들을 농정운동으로 규합하여 어떻게든 계통조직을 하나로 엮어 나갈 수 있었다.

(2) 농업이익의 다양화와 농가조합원의 분열

그러나 쌀의 생산 과잉 및 재고 누적, 식량관리 회계의 적자가 확대되면서 농가의 이익은 분열·다원화되었다. 여기에 계통조직의 농정운동을 총지휘하는 농협중앙회가 경제사업의 근간인 식량관리제도를 유지하기 위해 농가 조합원의 이익을 희생하는 형태로 전국 일률적인 쌀 생산 조정을 수용하면서 파국을 맞이했다.[10]

농가조합원의 분열은 쌀값 인상 중심의 농정운동에 대한 시설원예, 낙농 축산, 특작 농가와 같은 전업농가의 불만으로 표출되었다. 쌀은 농가의 중추적인 노동력이 농업생산과정으로부터 유리되어도 보조노동력만으로 경작이 가능한 반면, 시설원예, 낙농축산, 특작 등은 모든 시간을 투입하지 않으면

---

10) 이향철(2009), 216쪽.

불가능했던 만큼, 농가의 불만 양상은 단순한 작목별 농가의 반목에 그치지 않고 전업농가와 겸업농가, 정조합원과 준조합원, 지역별 단위조합의 대립과 같은 형태로 계통조직의 근간을 뒤흔들었다.

이를 돌이킬 수 없게 만든 것이, 1971년부터 2009년 1월 자민당정권의 마지막 농림수산 대신을 지낸 이시바 시게루(石破茂)가 정책 재검토를 표명하기까지 자민당정권 마지막 40년간 수시로 명칭과 내용11)을 바꾸어가며 추진된 휴경, 전작, 농지 전용, 경작 포기를 골자로 하는 쌀 생산 조정정책이었다. 이 기간 동안 자민당정권이 생산 조정을 유도하기 위해 보조금으로 뿌린 재정자금은 6조 엔을 넘었고, 감소된 농지자원만 해도 전체 논 면적의 38%에 해당하는 104만 헥타르에 달할 정도였다.12)

농협중앙회가 계통조직의 경제사업을 지키기 위해 농가조합원의 안정적인 수입원인 쌀에 대해 전국 일률적인 생산 조정을 제안하고 그 실행주체를 자임하고 나선 것은 전국의 단위조합과 농가조합원을 충격에 빠뜨리기에 충분했다.13) 특히 농업생산 현장에서 부락별·작목별로 조직되어 농협의 조직기반 강화나 사업경영 확충의 원동력이 되고 농협 농정운동의 전위대 역할을 해온 농협청년·부인조직이 여기에 강력하게 반발했다. 쌀 출고 저지나 '투쟁하는 농협'의 상징적인 존재인 농협중앙회 회장에 대한 폭언·폭력 등

---

11) 구체적으로는 1971~1975년의 '벼농사 전환대책(稻作轉換對策)', 1976~1977년의 '수전 종합 이용대책(水田綜合利用對策)', 1978~1986년의 '수전 이용 재편대책(水田利用再編對策)', 1987~1992년의 '수전 농업 확립대책(水田農業確立對策)', 1993~1995년의 '수전 영농 활성화대책(水田營農活性化對策)', 1996~1997년의 '신생산 조정 추진대책(新生産調整推進對策)', 1998~1999년의 '긴급 생산 조정 추진대책(緊急生産調整推進對策)', 2000~2003년의 '수전 농업 경영 확립대책(水田農業經營確立對策)', 2004~2009년의 '수전 농업 구조개혁대책(水田農業構造改革對策)'을 말한다.

12) 農林水産省(2007); 全国瑞穂食糧検査協会(2009).

13) 満川元親(1972), 637쪽.

농협의 경영이나 조직 그 자체를 투쟁의 수단으로 삼음으로써 종래와 같은 대중운동 방식의 농정운동은 더 이상 불가능해졌다.[14]

이에 농협 집행부는 1979년 9월 농협농정활동검토 특별위원회를 소집하여 "농협 농정운동은 농협 협동활동의 일환으로 전개하고 조직의 파괴나 농협의 경제활동에 현저한 지장을 초래하는 운동방법을 취해서는 안 되며" "농협청년·부인조직은 농협 활동의 틀 속에서 통일적으로 활동하도록 철저히 지도한다"[15]는 방침을 확인했다. '수단으로서의 농정운동'을 '목적으로서의 경제활동'으로부터 분리시키고 그것을 체제 아래 두는 것을 목적으로 하는 농협 농정운동의 전면적인 개편에 착수했던 것이다.[16]

(3) 농협 농정운동의 형해화

그러나 1980년대 들어 농업 관련 예산의 절대액 감소, 농산물 가격 지지 정책 후퇴, 농가경제의 농업 의존도 격감, 농산물무역자유화 범위 확대 및 관세율 인하 등 농업과 농협 계통조직의 지반 침하는 더욱 심화되었다. 그간 농협 계통조직의 저변을 떠받쳐온 농협청년·부인조직의 에너지를 농정운동에 결집시킬 필요가 절실해졌지만, 농협 집행부는 이들 세력을 배제한 농협중앙회 임직원 주도의 농정운동체제 정비에 박차를 가해 1980년대 중엽에 일단 완성을 보았다.

그것은 종래의 쌀대책이나 농산물 가격 지지 요구 일변도에서 벗어나 농협 계통조직의 정책형성 능력을 제고하여 시정촌, 도도부현, 중앙정부의 정책 입안에 반영시켜 나가는 것을 목표로 내세웠다. 나아가 사업체인 농협

---

14) 山形県農協青年組織協議会(1985), 74~77쪽.

15) 「農政活動の体制の整備強化方針」.

16) 太田原高昭(2004), 47~48쪽.

계통조직과 일정한 거리를 유지하는 농업자에 의한 독자적 정치운동단체를 육성한다는 목표도 포함되어 있었다.[17] 농협 계통조직의 정책 개입은 1987년부터 시행된 '수전농업 확립대책', '수전영농 활성화대책', '신생산 조정 추진대책' 등을 통해 구체화되었다. 경작농민이나 농업단체가 종래 행정 주도로 추진되어온 쌀 생산 조정과 전작의 시행을 떠맡아 행정지도하에[18] 스스로 목표량을 배당하고 강제·견제하는 것이었다. 그러나 농협 농정운동의 개편은 지역별·규모별 농가조합원의 이해 대립이나 농협 계통조직과 농가조합원, 나아가 지역별 단위농협 사이에 가로놓인 정세인식의 간극을 줄이기는커녕 더욱 확대하는 결과를 낳았다. 결국 농협 농정운동은 아무런 실적도 올리지 못하는 유명무실한 것으로 전락하고 농업정책의 입안이나 실행 조건을 더욱 불안정하게 만들었다.

농협 계통조직이 주도하는 쌀 생산 조정과 전작 추진에 대한 농가조합원의 반응은 '유지·강화'(45.9%)와 '완화·폐지'(51.8%)로 완전히 양분되어 있었다. 또한 대규모 농가는 유지·강화를 지지하고 소규모 농가는 완화·폐지를 지지하는 등, 농가 규모별 분열·대립도 얽혔다. 게다가 대도시권을 끼고 있는 간토(関東), 긴키(近畿), 도카이(東海), 쥬고쿠(中国) 지방의 농협과 농가조합원은 완화·폐지를 주장하며 목표량 달성에 미온적이었던 데 반해, 쌀 주산 지역인 홋카이도(北海道), 도호쿠(東北), 호쿠리쿠(北陸) 지방의 농협과 농가조합원은 유지·강화를 외치며 목표량 미달성 농가와 농협에 대한 제재와 불이익을 주장하는 등 이른바 '남북전쟁'으로 표현되는 전통적인 지역 대립 구도까지 가세하여 상황은 더욱 어려워졌다.[19]

---

17) 全国農業協同組合中央会農政運動検討委員会(1986), 4~12쪽, 16~17쪽.

18) 増田萬孝(1998), 174쪽, 180쪽.

19) 農林水産省(2009), 2~16쪽;「米政策アンケートを読み解く」(上),『全国農業新聞』2009.

그러나 농협 계통조직의 수뇌부는 이러한 농가조합원의 현실을 정책에 반영시키기는커녕 기껏 정부여당의 정책과 설명을 답습하는 데서 벗어나지 못했다.[20] 지역농업의 기반을 파괴하는 쌀 생산 조정과 전작을 완화하거나 이에 대한 재정지원을 축소하면 쌀의 공급과잉이 발생한다는 것이었다. 이는 산지 간의 가격 인하 경쟁을 격화시키고 누적된 과잉 재고미의 처리에 방대한 비용을 요구하여 결국 영세한 겸업농가는 물론 농업후계자의 농업경영을 붕괴시키고 지역경제에 악영향을 미친다는 것을 구두선처럼 되뇌는 수준이었다.[21]

그런 가운데 농업자의 정치력을 결집하여 농업이익의 대표자나 대변자를 국회나 지방의회에 진출시킬 목적으로 정비·육성한 농업자 정치운동단체는 농협 중앙조직의 통제를 벗어나 지역별·작목별로 독자적인 행동을 취하게 되었다. 본래 농업자 정치운동단체는 종래와 같이 정부여당에 정치적 압력을 가해 이익을 관철하는 대중운동 방식의 농정운동으로는 더 이상 계통조직의 사업과 농가조합원의 이익을 지킬 수 없다는 판단 아래 직접적인 정치과정 참여를 통해 농협 농정운동을 보강하기 위해 설립된 것이었다.[22]

별도의 정치단체라고는 하지만 각 지부와 분회는 지역농협과 그 지소에 사무실을 두고 있었다. 또한 조합장과 지역별 작목별 농가조합원 조직이나 농협청년부·부인부 조직의 반장이 지부장과 분회장을 겸하는 등 농협 계통조직과 완전히 중첩된 경우도 있었다. 그러나 농협 계통조직이 농가조합원의 최대 현안인 쌀 생산 조정과 관련하여 일방적으로 정부여당의 정책을

---

7. 17.

20) 自由民主党(2009).

21) JAグループ(2009), 12~13쪽.

22) 全国農業協同組合中央会農政運動検討委員会(1986), 16쪽.

농가조합원에게 침투시키는 한, 농업자 정치운동단체를 둘러싼 동상이몽은 해소될 가능성이 거의 없었다. 눈앞의 현실적인 이익을 차치하더라도, 경작 농민에게 쌀의 생산 조정과 전작정책은 농업기반을 파괴하는 반농업정책임에 틀림없었다. 그럼에도 농협 계통기관은 여기 편승하여 경제사업의 기득권을 유지하고 6조 엔에 달하는 전작 보조금으로 신용사업의 이익을 확보했다. 이런 상황에서 농업자 정치운동단체를 통해 농가조합원의 정치력을 결집하는 것은 처음부터 기대할 수 없는 일이었다.

2) '보수왕국' 도호쿠 농촌의 반란

그러면 일본의 대표적인 농업지역으로 자민당 장기집권의 철옹성 역할을 해온 '보수왕국' 도호쿠 지방 6현을 중심으로 이 상황을 구체적으로 살펴보자. 주로 자민당에서 민주당으로의 정권교체를 전후하여 농업자 정치운동단체를 비롯한 각종 업계단체가 어떻게 국정선거에 대응했는가에 초점을 맞추어 분석해보겠다.

1998년 4월에 중도 좌우파의 다양한 세력을 규합하여 출범한 민주당은 쌀을 생산하지 못하게 하는 자민당정권 방식의 생산 조정정책을 폐지하기로 했다. 그에 따른 쌀값 하락과 생산자 소득 감소는 농업자 호별보상제도 도입을 통해 직접적으로 보전(補塡)하겠다는 선거매니페스토를 제시했다.[23]

쌀 생산 조정의 폐기에 따른 소득 감소분을 농협 계통조직을 통하지 않고 호별로 농업자에게 직접 보상함으로써 자민당과 농협 계통조직의 관계를 끊어내는 것이 그 주요 목적이었다. 아울러 민주당은 지역별 작목별 농가조

23) 田代洋一(2010), 36~37쪽, 46~52쪽; 「米の生産調整: 2009衆議院選各党農政公約」, 『日本農業新聞』 2009. 8. 25; 「第45回衆議院総選挙公開質問―どうする基本計画, 農地, 食料, 自給力, 水田対策, WTO・EPA」, 『日本農業新聞』 2009. 8. 12.

합원의 이해 대립 및 갈등구조를 꿰뚫어보고 농업협동조합법 개정안을 제출하여 자민당 지지의 농협이나 토지개량조합의 엄정한 정치적 중립을 요구하는 등 농협 계통조직을 견제하고 나섰다. 각종 농업보조금을 농협 계통조직을 경유하여 농가조합원에 배분하고 농협 계통조직은 농촌 표를 결집하여 보수여당을 지원하는 자민당의 장기집권 장치인 농정의 '철의 트라이앵글' 구조를 해체하지 않고서는 정권교체는 요원하다는 것을 간파하고 있었던 것이다.

새로이 출범한 민주당의 농업자 호별보상제도는 장기에 걸친 쌀 생산 조정 및 쌀값 하락 억제를 통해 농정 트라이앵글 구조 유지에 집착해온 자민당정권과 농협 계통조직의 반농업적·반농민적 행태에 불만을 터뜨리면서도 마땅한 대안을 찾지 못했던 농가조합원의 관심을 끌기에 충분했다. 그것은 결국 2009년 8월 30일 중의원의원 총선거에서 쌀 주산지를 중심으로 민주당에 대한 압도적인 지지로 표출되었고, 50여 년에 걸친 자민당의 장기집권에 종언을 고하는 커다란 원동력으로 작용했다.

이 선거에서 민주당과 자민당은 소선거구에서 각각 221석(73.7%), 64석(21.3%), 비례대표에서 87석(48.3%), 55석(30.6%), 전체 308석(64.2%), 119석(24.8%)을 획득하여 민주당의 압승으로 판가름 났다. 그것은 〈그림 7-2〉에서 보듯이 홋카이도, 도호쿠, 호쿠리쿠에서 의석 획득률이 각각 91.7%, 84.0%, 60.0%로 일본을 대표하는 쌀 주산지에서 민주당이 압승한 결과였다. 또한 전국적으로 참의원 선거에서 '1인구'로 분류되는 농촌지역 선거구나 대도시근교 농업지대(긴키 85.4%, 미나미칸토 84.5% 등)에서 농가조합원의 자민당 이반 현상이 두드러지게 나타났다.[24]

---

24) 田代洋一(2010), 7~10쪽.

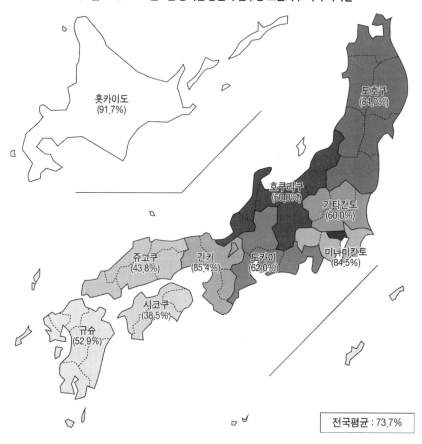

〈그림 7-2〉 2009년 8월 중의원 총선거 민주당 소선거구 의석 획득률

홋카이도
(91.7%)

도호쿠
(84.0%)

호쿠리쿠
(60.0%)

기타칸토
(60.0%)

쥬고쿠
(43.8%)

긴키
(85.4%)

도카이
(62.0%)

미나미칸토
(84.5%)

시코쿠
(38.5%)

규슈
(52.9%)

전국평균 : 73.7%

　자민당에서 민주당으로의 정권교체 이후 각종 이익단체와 업계단체를 중심으로 특정 정당과 일정한 거리를 두려는 움직임이 활발해졌다. 그런 가운데 그동안 자민당의 장기집권을 뒷받침해온 농협 계통조직 내부에서도 농가조합원의 의향을 받아들이는 형태로 자민당과의 과도한 유착관계를 청산하려는 움직임이 표면화되었다. 정권교체에서 핵심적인 역할을 한 쌀 농가를 대상으로 앞으로 농협 계통조직과 정치의 관계를 어떻게 설정해야 하는

가를 물었던 의식조사에서도 이는 분명히 나타났다. 즉 "정치에 관계해서는 안 된다"가 28.5%, "민주당·자민당과 등거리를 유지해야 한다"가 25.2%, "집권여당이 된 민주당의 지지로 돌아서야 한다"가 13.0%로 나온 반면 종래와 같이 "자민당 지지를 유지해야 한다"는 불과 7.4%밖에 나오지 않았던 것이다.[25]

이전까지 농협 계통조직의 정치적 중립을 요구하는 민주당에 강력히 반발해온 전국농협중앙회(JA全中)도 정권교체 이후 1개월가량 지난 2009년 10월 8일 열린 전국농협대회에서 종래의 자민당 지지 일변도의 자세를 수정했다. "정부여당을 비롯해 모든 정당에 대해 농가조합원의 목소리를 주장하는 농정운동을 전개한다"는 '전방위 대응'의 특별결의를 채택한 것이다.[26] 그러나 전국농협대회의 특별결의는 전국농협중앙회의 기회주의적 변신으로 비춰져 오히려 민주당과 자민당 양쪽의 불신감을 사고 농가조합원의 냉소의 대상이 되었다.

이러한 농협 농정운동의 방향전환을 상징적으로 보여주는 것이 종래 집권여당의 총리(수상)와 농림수산성 대신(大臣)만 초대되던 전국대회 석상에 모든 야당의 대표를 초청한 것이었다. 나아가 이는 2010년 7월 11일 참의원 선거를 앞두고 좀 더 극적인 형태로 표출되었다. 자민당이 농협청년부 전국조직(전국농협청년조직협의회)의 회장을 역임한 바 있는 몬덴 에이지(門伝英慈)를 일방적으로 비례구 후보로 옹립해 농협 계통조직의 지지를 복원하려한 것이다. 그러나 2009년 8월 중의원 선거에서 자민당을 지지했던 일본 최대의 농업자 농정운동 정치조직인 전국농업자농정운동조직연맹(전국농정련)은 자민당의 제안을 뿌리치고 추천후보에 대한 지지를 거부했다. 나아가

---

25) 「東北大調査」, 『朝日新聞』 2009. 10. 25.
26) 『朝日新聞』 2009. 10. 9.

지역에 따라 자주적으로 지지 정당을 결정한 곳도 있지만, 전국조직으로서는 농협 계통조직 내부의 인물을 후보로 옹립하지 않고 지역 농정련의 자주적인 판단에 맡긴다는 '정치적 중립'의 원칙을 천명했다.[27]

〈표 7-2〉는 2010년 7월 참의원 선거를 앞둔 도호쿠 지방 업계단체의 선거 대응을 정리한 것이다. 의사연맹, 치과의사연맹, 건설업협회와 같은 업계단체는 전반적으로 민주당·자민당 공동지지나 자유투표로 방침을 전환했지만 일부 지역에서는 여전히 자민당 지지의 관성이 강력하게 작동하고 있었다. 반면 그 어떤 업계단체보다 자민당의 충실한 지지모체였던 농업자 농정연맹(농업자농정운동조직연맹)과 토지개량정치연맹은 민주당과 자민당 지지의 양다리를 걸치거나 자유투표 방침이 대부분이었고 일부는 민주당

〈표 7-2〉 도호쿠 지방 업계단체의 선거 대응(2010년 7월 참의원 선거)

선거구	개선 의석 수	농업자 농정연맹	토지개량 정치연맹	의사연맹	치과의사 연맹	건설업 협회
아오모리현	1	자유투표	자유투표	자유투표	민주당 자민당	민주당 자민당
이와테현	1	민주당	민주당	자유투표	자유투표	자유투표
미야기현	2	자유투표	자유투표	민주당	민주당 자민당	자유투표
아키타현	1	자유투표	민주당 자민당	자민당	자민당	자민당
야마가타현	1	자유투표	자유투표	자민당	민주당 자민당	자민당
후쿠시마현	2	민주당 자민당	자유투표	자민당	민주당 자민당	자유투표

* 자료: 이 표는 2010년 참의원 선거를 앞두고 동북 지방의 각종 미디어가 업계단체의 선거 대응을 조사하여 보도한 내용으로 일본 동북대학 정보과학연구과 가와무라 가즈노리(河村和德) 교수의 발제문에서 인용한 것이다.

---

27) 『朝日新聞』 2010. 10. 9.

지지를 표명하는 등 자민당 이반이 두드러지게 나타나고 있었다.

4. 선거구제 개편 및 농정 '철의 트라이앵글' 구조의 와해

1) 자민당 농림의원의 이해 대립과 분열

(1) 소선거구제 도입과 이익유도 정치

이상에서 일본의 농정 '철의 트라이앵글' 구조 와해 및 정권교체를 농업·농촌 부문의 내재적 요인에 초점을 맞추어 살펴보았다. 농가조합원 구성원의 이농에 따른 농업협동조합 정치력 약화, 농가의 다양화와 이해관계 대립, 농가조합원과 농협 계통조직의 분열·대립 등과 같은 요인이 기존의 농업정치구조에 근본적인 변화를 초래했다. 농협 계통조직의 정치적 영향력과 위상을 담보해온 농가조합원의 다양화 및 이해관계 대립이 농정 트라이앵글의 일각을 무너뜨리는 역할을 한 것은 틀림없는 사실이다.

이러한 농업·농촌 부문의 내재적 요인에 더해 외재적 요인도 농업정치시스템의 기능부전을 부추긴 중요한 요인으로 작용한 사실을 무시할 수 없다. 농가조합원의 이해 대립에 따른 자민당 농림의원의 이해 대립 및 분열, 선거구제 개편에 따른 자민당의 농협 의존도 감소, 그리고 정치권의 정책 주도에 따른 관료기구(농림수산성)의 발언권 약화가 서로 상승작용을 일으키면서 기존의 농업정치구조를 와해시키는 데 일조했다.

일본은 1994년 정치개혁의 일환으로 그간 "금권부패정치의 원흉"으로 지목되어온 중선거구제를 폐지하고 소선거구 비례대표 병립제(소선거구 300의석, 비례대표 200의석)를 도입하는 중의원 선거 제도개혁을 단행했다. 1996년 중의원 선거를 시작으로 2000년, 2003년, 2005년, 2009년까지 5차례 소선거구제로 국회의원 선거를 치렀는데 그때마다 농촌 표의 자민당 지지는 퇴조했다. 특히 1998년 민주당 출범 이후에는 머지않은 장래의 정권교체를 암시라도 하듯이 무당파 부동표와 함께 농촌 표가 대거 농업자 호별보상제도를 들고 나온 민주당 지지로 몰리는 현상이 나타났다.[28] 그것은 선거구제 개편을 계기로 자민당 소속 의원 가운데 전통적인 지지모체인 농협 계통조직의 권익 보호에 나서는 사람이 급격히 줄어들고 농업·농촌 부문에 물질적 이익을 유도하는 데 소극적이 되어갔기 때문이다.

그런데 농협 계통조직-농림수산성-자민당의 농정 트라이앵글 구조가 급격한 사회변동에도 불구하고 장기에 걸쳐 유지되고 작동되어온 것은 중선거구제라는 일본 특유의 선거구제에 힘입은 바가 컸다. 중선거구제란 대체로 1선거구에서 3~5명씩, 약 130개의 선거구에서 500명이 넘는 국회의원을 선출하는 대선거구제와 소선거구제의 중간형태이다. 어떤 정당이든 집권당의 지위에 오르기 위해서는 각 선거구에 평균 2명 이상의 후보자를 옹립하여 의원정수의 과반수 당선자를 내는 것이 필요하다.

다양한 이념과 이익이 교차하는 도시지역에서는 아무래도 다당제적 양상을 보이기 때문에 결국 농업·농촌이익의 향배가 자민당 소속 의원의 재선은 물론 정권재생산에 사활적인 의미를 지니게 된다. 자민당 소속 의원은 대도시지역을 제외하면 70% 가까이가 어떠한 형태로든 농업·농촌의 이익과 관계하고 있는 '농림족'(농림의원)이었기 때문에 고도성장과 농산물시장개방에 따른 농업기반 침하에도 불구하고 농가조합원을 독점적으로 조직한 농협 계통조직을 통한 이익유도에 적극적일 수밖에 없었다.

---

28) 田中愛次·河野勝·日野愛郎·飯田健·読売新聞世論調査部(2009).

(2) 농촌 정치지형의 변화

자민당 장기집권을 농촌지역의 정치세력 배치를 통해 보면, 사회당에 1석을 내주고 나머지 복수 의석을 자민당 각 파벌의 공인 후보자가 경쟁하여 나누어 갖는 이른바 '1과 1/2 정당제'적 양상으로 표출되었다. 이념적으로 지지계층을 달리하는 사회당 후보자와의 경쟁보다 같은 당의 다른 파벌이 공인한 '동류 간의 대결'이 훨씬 치열했고, 근소한 표차로 당락이 결정되는 가혹한 양상이었다. 더구나 같은 선거구에서 같은 당 후보자끼리 박빙의 대결을 벌이다 보니, 당 차원의 정책이나 선거메니페스토를 내걸고 싸우는 것은 아무런 의미도 없었다. 결국 자민당의 공식조직은 국가의 권력구조를 결정하는 국회의원 선거에서 아무런 역할도 하지 못했으며, 오로지 후보자 개인의 후원회나 소속 파벌, 당과 정부 내의 직책 등에 의지하여 선거구 주민에게 물질적 이익을 유도하는 데 매달리지 않을 수 없었다.[29]

자민당 의원이 농업·농촌 부문의 전반적인 위상 저하에도 불구하고 농산물 가격 지지, 식량관리제도 유지, 세제혜택, 농업보조금 증액, 공공사업 확충 등과 같은 농협 계통조직의 요구 실현에 적극적이었던 것은, 바로 이러한 당내의 경쟁과 위기를 몇 배로 증폭시키는 선거구 사정이 도사리고 있었다. 특히 농촌 표는 대도시 부동표에 비해 자민당 지지의 결집력(투표율)과 충성도(지지율)가 매우 높다는 특성이 있었다. 그런 까닭에 농촌 표를 독점적으로 결집하여 국회의원 선거 때마다 집표기구의 역할을 하는 농협 계통조직의 정치적 향배는 바로 자민당 의원 개인의 재선은 물론 자민당정권재생산의 관건을 쥐고 있었다고 해도 과언이 아니었다.

자민당 소속 의원의 농업·농촌 부문에 대한 이익유도나 농협 계통조직의

---

29) Ramseyer and Rosenbluth(1993), pp. 16~37.

권익 보호는 상공업, 수산업, 운수업 등 다른 부문에 비해 선거구의 농업사정에 강하게 규정되어 서로 협력하거나 대립하는 양상을 보였다. 농가조합원의 이익이 다원화되기 이전 1960~70년대만 해도 농림의원(mob)을 대표한 수장급 의원(master)의 역할이 두드러졌다. 개별 농림의원이 농가조합원이나 농협 계통조직의 쌀값 인상 요구액을 수렴해서 올리면 이른바 '농림 8인방'으로 불리는 정부여당 내에서 막강한 발언권을 확보한 농림의원 수장이 나서서 미가심의회를 무대로 그것을 정책가격으로 확정시키는 일사불란한 방식이었다. 자민당은 추곡수매가(생산자미가) 결정의 주도권을 장악하기 위해 점차 자문기관인 미가심의회에 대한 개입을 강화했고, 국회의원 선거라도 있을 때는 답신이 나온 뒤에도 정부에 압력을 가해 추가 인상을 실현하는 경우도 있었다. 학식경험자 등의 전문적 중립위원은 자민당의 개입과 압력에 의해 자신들의 조정 역할이 유명무실해지면 사직하거나 답신을 내지 않는 방식으로 저항하여 미가심의회가 종종 기능부전에 빠지고 정치인 배제 논란이 제기되기도 했다.[30]

2) 농림의원의 농촌·농협 의존도 저하

(1) 분열하는 농림의원

그러나 지도부와 일반 의원 집단의 강력한 결속력을 자랑했던 자민당 농림의원도 1980년대에 쌀 생산 과잉과 재고 누적, 식량관리 회계 적자 확대로 농가조합원의 이익이 다원화되면서 분열되기 시작했다. 농림부회, 종합농정조사회, 미가위원회 등 당내 공식조직을 장악하고 있었던 것은 당선회수가 많은 '농림 8인방' 같은 농림의원 지도부(농림족의 '정규군')였다. 그들

---

30) 農政調査委員会編(1978), 281~287쪽, 301~315쪽.

은 당선회수에 비례하여 정부여당 내에서 막강한 발언권과 영향력을 확보하고 있었던 만큼, 이전처럼 농업이익이나 농협 권익을 일방적으로 옹호하기보다 국가재정 전체 차원에서 식량관리제도를 재검토하고 추곡수매가를 책정하는 태도를 취하게 되었다.

그러나 당내 기반이 확고하지 않고 선거구 사정도 안정되지 않았던 일반 농림의원(농림족의 '게릴라부대')은 지도부의 의사에 반해서라도 농가조합원이나 농업자 농정운동조직의 지지를 결집하는 것이 더욱 절실했기 때문에 각기 지역구의 농업이나 농협 사정에 따라 분화되었다. 중견 의원과 소장 의원은 당내 공식조직과 별도로 각각 농촌진흥의원협의회(농림족의 '베트콩부대')와 농정쇄신동지회(농림족의 '아파치부대') 같은 정책 집단을 형성하여 독자적인 농업보호와 쌀값 인상운동을 펼쳤다.

나아가 고급미 산지인 도호쿠·호쿠리쿠 지방 출신 농림의원은 지역농협이나 농가조합원의 주장에 동조하여 생산 과잉의 시대야말로 품질에 따른 가격 등급화와 양질미에 대한 생산보조금 확대가 필요하다고 주장했다. 한편 보통미 산지인 남일본·긴키 지방 출신 농림의원 역시 지역농협이나 농가조합원의 주장에 동조하여 재고 누적에도 불구하고 어디까지나 일괄적인 추곡수매가 인상을 주장하고 나섰다. 작목별·지역별 농가조합원의 이해 대립이나 농협 계통조직 내부의 균열은 그대로 자민당 농림의원의 출신지역별 대립구조에 투영되어 농림의원들의 '남북전쟁' 내지 '자중지란'을 연출했다.[31] 이처럼 자민당 농림의원은 1994년 소선거구제로 개편될 때까지 당선회수별로 또는 지역별로 분열·대립을 거듭하면서 서서히 농가조합원 구성원의 지지를 상실하고 그 결과 자민당 자체의 기반도 점차 침하되었다.

---

31) 猪口孝·岩井奉信(1987), 185~188쪽.

결국 자민당은 더 이상 농협 계통조직과 같은 전통적인 지지모체의 지원만으로 정권재생산에 필요한 지지표를 끌어 모을 수 없는 상황에 이르렀다. 어떤 형태로든 점차 비중이 커지고 있는 도시지역의 중소 상공업자, 회사원, 무당파 등 정치적 부동층에게 적극 파고들어 지지기반을 확대하지 않으면 정권 유지를 기대할 수 없었다. 투입비용만큼 정치적 결과를 거두지 못하는 전통적인 지지모체에 대한 이익유도의 고비용 정치구조를 타파하기 위해 도입한 것이, 중의원 선거구를 세분화하여 선거구마다 1인씩 선출하는 단순 다수결 방식의 소선거구제였다. 자민당 집권 말기의 고이즈미(小泉純一郎) 정권(2001. 4~2006. 9)에서 보듯이 전통적인 지지모체를 결집시키는 정책이나 비전보다 도시지역 유권자 특유의 정치적 유동성에 휘둘려 대중의 인기에 영합하는 포퓰리즘이 만연하게 된 것은 바로 이 때문이었다. 일본정치의 우경화도 이런 현상과 밀접하게 연결되어 있다.

(2) 농림의원의 후계자 부족

여기에 더해 그동안 농업·농촌 부문에 대한 이익유도에 열성적이던 농림의원이 소선거구제 도입 이후 당의 공식조직이나 정부 내에서 자취를 감춘 사실에 주목할 필요가 있다. 2003년 중의원 선거를 앞두고 영향력 있는 농림의원이 대거 정계를 떠난 뒤 그들을 대신할 후계자가 좀처럼 나타나지 않고 있다.[32] 단순 다수결 방식의 소선거구제에서는 의석을 획득하기 위해서 다양한 계층으로부터 골고루 지지를 획득하는 것이 무엇보다 중요하다. 아무리 농촌지역 선거구라도 농가조합원이나 농협 계통조직을 대상으로 한 정치공약만으로는 충분하지 않게 된 것이다.

---

32) 全国農業者農政運動組織協議会(2000), 1쪽.

이제 농림의원들에게도 농촌 표의 중요성이 떨어졌고, 이전처럼 농가조합원의 요구에 적극적으로 부응하지 않아도 된다는 인식이 생겨나기 시작했다. 중선거구제 아래 자민당 농림의원에게 요구된 것은 농림수산성이나 재무성(구 대장성)으로부터 지역 선거구에 필요한 재정자금을 얻어내기 위한 정책적 전문성이었다. 그러나 선거구제 개혁 이후에는 특정 분야의 정책 '전문가'는 아무런 인센티브를 갖지 못하게 되었고, 다방면의 지식과 경험을 가진 '만능선수'가 각광을 받았다.[33]

소선거구제 도입은 농업취업자의 이농에 따른 농업·농촌 부문의 정치적 위상 저하, 농가조합원의 다양화 및 농협 계통조직으로부터의 이탈 등에 의해 약화 일로에 있던 업계단체(농협 계통조직)-정부(농림수산성)-집권당(자민당)의 농정 트라이앵글을 완전히 기능부전의 상태에 빠뜨리는 역할을 했다. "소선구제 도입으로 농업 부문이 입은 최대의 피해는 농촌 표밭의 기반이 침하되고 자민당 농림의원의 상태가 바뀌고 만 것이다"[34]라는 일본농협 관계자의 자조적인 고백이 이를 상징적으로 보여준다.

자민당 내부에서 농림의원 지도부가 의장을 맡고 있던 각종 농업 관련 조사회와 위원회는 폐지되고, 농협 계통조직과 같은 업계단체와 협력을 강화하고 있던 농림의원 개개인도 당에 종속되어 그 대리인이나 하수인으로 바뀌었다. 농협 계통조직이나 그 정치단체인 농업자 농정운동조직은 더 이상 농업이나 농촌지역의 이해를 대변하는 후보자를 찾아 국회로 보낼 힘을 잃어버렸다. 국정 전반에서 농업·농촌 부문의 발언권이 현저히 감소된 것이다.[35]

---

33) Mulgan(2000), pp. 380~385.

34) 『日本農業新聞』 1998. 5. 11.

35) 全国農業者農政運動組織協議会(2003), 8쪽.

그와 아울러 농업정책의 주도권이 장기에 걸친 자민당 농림의원과 농림수산성 관료의 연합전선에서 수상의 지도력을 바탕으로 하는 내각으로 넘어갔다. 그동안 농업정책을 둘러싸고 관료 주도냐 정치 주도냐 하는 논쟁이 이어져왔으나, 1980년대 전직 농림관료 출신 농림의원이 당내 농업 관련 조직이나 위원회를 장악함에 따라 정치 우위가 확정되는 듯이 보였다.

그러나 1990년대 일본경제의 "잃어버린 10년"이라는 장기불황을 초래한 농협 계통 금융기관 등의 주택금융전문회사(住専)에 대한 융자(농협 계통 금융기관의 융자액 5조 5,000억 엔)가 상당부분 불량채권화되는 사건이 발생했다. 그 처리과정에서 농협 계통조직은 융자기관으로서 책임도 지지 않고 채권 포기에도 일체 응하지 않은 채 농림의원을 대거 동원하여 재정자금 6,850억 엔을 투입해 문제를 정치적으로 해결하는 괴력을 발휘했다.

그러나 이는 금융위기 해결을 장기화시키는 업계단체와 관료기구의 유착에 대한 국민적 비판을 야기했다. 개혁의 '대상'인 관료기구가 더 이상 개혁의 '주체'로 행동하는 것을 허락할 수 없다는 여론이 대세를 이루었다. 이를 계기로 일본농정은 수상과 관련 부서의 대신으로 구성된 내각 주도로 정책을 기획입안·통합 조정하는 체제(2001년 내각부의 출범)로 개편되었다. 농림수산성은 이전과 달리 정치에 중립적이고 무관심한 존재로 내각이 결정하고 국회가 심의·통과시킨 농업정책이나 관련 법률을 실시하는 단순한 대리인으로 행동하도록 요구받았다.

5. 맺음말

이상에서 2009년 8월 30일 역사적인 자민당-민주당 정권교체를 사이에 둔 1990년대 중엽부터 현재까지 일본농정의 '철의 트라이앵글' 구조와 그 안에서 업계단체(농협 계통조직)–관료기구(농림수산성)–자민당의 서로 물고 물리는 이익교환관계의 변형과 붕괴과정을 분석했다.

먼저 농가구성원의 이농에 따른 농협 계통조직의 정치력 쇠락과 그것이 갖는 의미를 살펴보았다. 농협과 농가조합원이 자신들의 이익과 권리를 보호하는 특정 후보자를 당선시키기 위해 벌이는 투표행위의 결집을 나타낸 '농촌 표(farm vote)'라는 개념을 통해 보면, 확실히 농가구성원의 정치력은 전국에서 가장 대표적인 농업지역이라도 전체 유권자의 7~8%에 머무르는 매우 취약한 상태가 되었음을 부정할 수 없다.

그러나 여기에는 최소한의 지역균형 유지라는 맥락에서 근본적으로 해결하기 힘든 도농 선거구의 '1표의 가치' 문제가 개재되어 있다. 아울러 농촌형 선거구는 대도시 내지 도시근교형 선거구에 비해 투표율이 매우 높을 뿐만 아니라 집권보수당에 대한 충성도가 높다는 사실도 놓쳐서는 안 된다. 농가의 정치적 영향력을 겉으로 드러난 통계수치보다 몇 배나 증폭시키는 장치가 존재하고 있음을 무시하고는 농업의 정치구조를 제대로 파악할 수 없다. 일본의 역사적 정권교체를 농촌 표의 동향과 관련하여 분석하면, 농가구성원은 스스로의 권익과 농업의 이익을 옹호하는 대표자를 세워 당선시킬 힘은 이미 잃어버렸지만 반농업·반농가적 정책을 취해온 정파의 후보자를 떨어뜨리는 데는 여전히 충분한 위력을 가지고 있었다고 할 수 있다.

농가의 다양화와 이해 대립, 조직의 이익을 우선하는 농협 계통조직과 여기에 반발하는 농가조합원의 이반과 같은 농업계 내부의 분열도 농정 트라이앵글의 기능 약화와 자민당정권의 붕괴에 한몫을 했다. 일본의 농협 계통조직은 조직 원리와 사업방식에 태생적인 모순을 안고 출범했다. 그것은 농업취업자의 농외 유출(이농), 농가세대주의 농업생산과정으로부터의 이탈

(겸업화), 비농업인의 농촌 유입(혼주화)과 같은 사회구조 변동이 급격히 진전되는 고도성장기를 통해 내부적으로 심화되었다.

농협 계통조직은 전업농가와 겸업농가를 가릴 것 없이 농업소득의 상당부분을 차지하는 추곡수매가의 지속적인 인상이라는 극히 일원적이고 비교적 단순한 목표를 내걸고 이들을 농정운동으로 규합하여 어떻게든 계통조직을 하나로 엮어 나갈 수 있었다. 그러나 쌀 생산 과잉 및 재고 누적, 식량관리 회계 적자가 확대되면서 농가의 이익은 분열·다원화되어 돌이킬 수 없어졌고, 농협중앙회가 경제사업의 근간인 식량관리제도를 유지하기 위해 농가조합원의 이익을 희생하는 형태로 전국 일률적인 쌀 생산 조정을 수용하면서 파국을 맞이했다.

여기에 더해 선거구제 개편에 따른 자민당의 농협 의존도 감소나 정치권의 정책 주도에 따른 관료기구(농림수산성)의 발언권 약화와 같은 외재적 요인도 농업정치시스템의 기능부전을 부추기는 중요한 요인으로 작용했다. 1994년 중선거구제 폐지와 소선거구 비례대표 병립제 도입을 골자로 하는 중의원 선거 제도개혁을 계기로 농촌 표가 자민당 지지에서 이탈하여 무당파 부동표와 함께 대거 농업자 호별보상제도를 들고 나온 민주당 지지로 몰리는 현상이 나타났다.

선거구제 개편을 계기로 자민당 소속 의원 가운데 전통적인 지지모체인 농협 계통조직의 권익 보호에 나서는 사람이 현저히 줄어들고 농업·농촌 부문에 물질적 이익을 유도하는 데 소극적이 되었다. 자민당 내부에 농림의원 지도부가 의장을 맡고 있던 각종 농업 관련 조사회와 위원회는 폐지되고, 농협 계통조직과 같은 업계단체와 협력을 강화하고 있던 농림의원 개개인도 당에 종속되어 그 대리인이나 하수인으로 전락했다. 농협 계통조직이나 그 정치단체인 농업자 농정운동조직이 더 이상 농업이나 농촌지역의 이해를 대변하는 후보자를 지원하여 국회로 보낼 수 없게 됨에 따라 국정 전반에서 농업·농촌 부문의 발언권이 현저히 감소되었다.

이처럼 농업·농촌에 초점을 맞추어 본 자민당의 정치적 쇠락은 관료기구(농림수산성)와 농협 계통조직이 공조하여 쌀 생산 조정에 의한 생산유통 카르텔을 형성하고 공공사업을 통한 재정자금의 살포로 농촌 표를 결집시켜온 이익유도정책과 여기에 규정된 농업정책이 파탄한 데 따른 것이었다. 이전까지는 농업정책의 기본 축을 쌀을 중심으로 하는 농산물 가격 지지와 이를 통한 농가의 소득보장에 두고 생산 과잉이 문제가 되면 경지면적 조정(전작)과 경작 포기를 강요하고, 쌀 시장개방에 즈음해서는 고율의 수입관세화를 받아들여 국내가격을 유지하는 방식으로 대응해왔다.

농협 계통조직은 스스로 광역합병 등을 통해 경영합리화를 추구하면서도 농가의 경영 규모 확대에는 매우 부정적이었을 뿐만 아니라 쌀 생산 조정 및 고율의 수입관세화까지 받아들이면서 고미가정책을 유지함으로써 겸업농가가 농업생산과정에서 이탈하는 것을 막았다. 자민당과 농림수산성은 소농체제와 쌀 생산 유통을 조직과 사업의 근간으로 하는 농협 계통조직을 재정적으로 지원·육성하며 그 정치력과 경제력에 의존해 정권재생산과 예산 확보를 이루어왔다. 농업은 경제문제에 그치지 않고 당파를 떠나 국회의원의 당락을 결정짓는 가장 정치적인 산업 분야였던 것이다.

그러나 이러한 농업·농촌 부문의 '철의 트라이앵글'은 1990년대 중엽 본격화된 농산물무역자유화, 농업 내부의 시장 원리 도입, 고비용 정치체제의 개혁, 농업의 환경보전 역할에 관한 인식 제고 등에 의해 급격히 그 유효성을 상실했다. 농촌인구가 급속히 감소하는 가운데 농촌에 비농업인구가 함께 어울려 사는 혼주화 현상이 진전되면서 농업 진흥과 농촌 발전의 논리가 충돌했다. 또한 겸업농가를 "농촌사회의 유지 발전에 중요한 역할을 하는"

"농촌의 사회적 안정층"36)으로 자리매김하여 농업정책의 주축으로 삼음으로써 정작 전업농가가 농업정책과 농협으로부터 소외되고 이반되는 현상이 발생했다. 나아가 선거구제 개혁으로 종래 지역농업과 농협의 보호자를 자처해왔던 자민당 후보자들이 서서히 당의 대리인으로 변모되면서 자민당과 농협의 유대가 약화되고 정책형성과정에서 농업단체와 농업의원의 발언권이 현저히 약화되었다.

그런 가운데 다양한 정파를 규합하여 새로운 정치세력으로 부상한 민주당은 농산물의 생산비와 시장가격의 차이를 농가에 직접 보상하는 '호별 소득보상정책'을 내세워 농촌지역에서 지지기반을 확대해 나갔다. 종래 농가의 생산활동과 일상생활을 집적한 농협 계통조직을 통해 농업보조금을 배분함으로써 농가를 간접 지원하던 정책수단을 부정하고 농가에 대한 직접 지불로 전환한 것이다. 이는 농협 계통조직-농림수산성-자민당의 유착 및 이익 유도정책의 해체를 요구하는 것일 뿐만 아니라 여기에 규정되어온 농업정책 전반의 수정을 요구하는 것이었다. 이는 민주당이 야당 시절부터 "농협 계통조직을 특정 정당을 위해 이용해서는 안 된다"는 조항의 삽입을 골자로 하는 농업협동조합법 개정안을 제출하거나, 집권 후에도 정부통달 등을 통해 농협의 정치적 중립을 요구해온 것과 무관하지 않았다.37)

지금까지 일본의 농업정책은 농가의 정치적 성향과 농협 계통조직의 집표능력을 중시한 정치주의적 보호농정과, 농업생산의 특수성을 무시한 채 농산물을 다른 공업제품과 같이 다루는 경제합리주의적 국제화농정이 길항하는 형태로 전개되어왔다.38) 그 어느 쪽이든 소비자에게 안전한 먹거리를

---

36) 農林水産省(1979), 163쪽.

37) 『每日新聞』 2008. 11. 25; 『産経新聞』 2011. 6. 8.

38) 이향철(2009), 207~237쪽.

안정적으로 공급한다는 농업의 본래적 역할이나 바람직한 모습으로부터 상당한 거리가 있는 주장이다. 지난 38년 동안 농협 계통조직-관료기구(농림수산성)-자민당의 '철의 트라이앵글' 구조 아래 쌀의 생산 과잉을 막아 쌀값을 높은 수준으로 유지하기 위해 추진되어온 쌀 생산 조정(전작)정책은, 다른 생산요소와 대체할 수 없을 뿐만 아니라 일단 다른 용도로 전환되면 다시 본래의 상태로 되돌릴 수 없는 '불가역성'을 특징으로 하는 농지자원을 지속적으로 파괴하는 것이었다.

마찬가지로 산업계·재계를 중심으로 하는 국제화농정의 신고전파적 경제사상 내지 정책명제도 무역불균형 해소를 위해 제한된 자원을 공업 부문에 특화하여 재배분할 것을 요구한다. 이 역시 부양인구에 비해 상대적으로 희소한 농지자원의 폐기를 부추기는 비현실적이고 반사회적인 주장이라 아니할 수 없다. 지금이야말로 "누구를 위한 농업인가" 하는 원점으로 돌아가 농업정책의 재구축을 서둘러야 할 시점이다. 민주당의 농업정책이 구체적으로 어떤 모습으로 전개될지 현재 단계에서 가늠하기 어렵지만, 쌀 생산 조정의 중단과 '농업자 호별보상제도'는 적어도 농업단체의 기득권 유지를 위해 농업자원을 파괴하는 자민당정권 농업정책의 근간을 부정한 것이라는 점에서 일정한 평가를 내릴 수 있을 것이다.

글을 맺으며

이 책은 자민당에서 민주당으로의 정권교체에 이르기까지 일본농업·농촌을 둘러싼 정치구조의 변화를 분석하는 것으로 모든 논의를 마무리했다. 2012년 12월 26일 자민당은 3년 4개월 만에 다시 집권당으로 복귀했다. 이는 아베 신조(安倍晉三)를 중심으로 하는 자민당의 극우세력이 중국의 부상, 새로운 미·중 대국관계의 전개, 미일안보조약의 유효성 등 외교안보문제를 둘러싼 국민 일반의 불안을 포퓰리즘적 수법으로 선동하여 권력을 획득한 것으로, 농업·농촌을 둘러싼 정치 상황의 변화에 의한 것은 아니다. 다만 2014년 5월 느닷없이 아베 수상의 자문기관인 내각부(內閣府)의 규제개혁회의에서 전국농협중앙회(JA全中)의 지역농협 경영지도나 감사 권한 폐지, 농산물 판매사업을 전담하고 있는 전국농협연합회(JA全農)의 강제적인 주식회사화, 지역농협으로부터 신용사업 분리 및 농림중앙금고의 지점화를 골자로 하는 농협개혁안이 제언되었다. 현재 정부여당은 이 농협개혁안을 토대로 정책협의에 들어가 앞으로 5년에 걸쳐 집중적으로 제도개혁을 추진하기로 하고, 농협 계통조직도 자체의 개혁안을 마련해 대응하기로 했으므로 그 귀추가 주목된다. 제3장에서 살펴본 것처럼 농협 계통조직을 무력화시키기 위한 고노 이치로 농상의 농업단체재편성 시도가 60년의 세월을 뚫고 다시 등장한 듯한 느낌이 든다.

다만 여기에서 우려되는 것은 내각부 규제개혁회의에 참가하는 민간 전문가 대부분이 기업인이나 관변 학자로 채워져 있어 경제적 효율과 경쟁력을 전면에 내세울 뿐 생명산업으로서 농업의 가치와 농업생산의 특수성을 충분히 이해하지 못하고 있을 수 있다는 점이다. 뿐만 아니라 2009년 여름의 중의원 선거에서 농촌지역에서 궤멸적 패배를 당하고 정권을 내준 경험이 있는 자민당 농림의원들은 벌써부터 농협 계통조직을 건드리고는 선거에서 살아날 수 없다고 아우성이다. 특히 중앙당의 개입을 꺼리고 조직표가 당락을 좌우하는 참의원이나 지방정치무대에서는 전전긍긍이다. 실제로 2015년 1월 15일 실시된 사가현(佐賀縣) 지사 선거에서는 농협 개혁이 중요 쟁점이 되어, 정부여당의 전면적인 지원을 받은 공인 후보가 농업자 농정운동조직연맹(농정련) 등 농협 관련 단체의 지원을 받은 무소속 후보에게 4만 표 가까운 표차로 대패하는 일이 발생했다. 이 '사가쇼크'는 통일지방선거와 참의원 선거를 앞둔 자민당을 혼란에 빠뜨리기에 충분했으며, 농협의 농가구성원 집표력과 정치력을 유지시키는 방향으로 농협개혁방향을 수정하게 했다. 농협 계통조직도 여세를 몰아 조건투쟁에 나서, 전국 700여 지역농협에 대한 전국농협중앙회(JA全中)의 감사·지도권한 폐지를 용인하는 대신에 도도부현 농협중앙회를 농협법상 '연합회'로 존속시키고 농가가 아닌 준조합원도 농협사업 이용에서 배제하지 않는다는 타협을 이끌어냈다. '수상 1강'의 정치체제 아래서도 농협 계통조직은 수상의 체면을 세워주는 대신 대부분의 기득권을 유지하는 놀라운 정치력을 발휘한 것이다.

여기서도 정치공학적 계산이 우선되고 농업과 농업생산의 기본가치에 관한 차분한 논의는 결여되어 있는 듯이 보인다. 농업은 인간의 먹거리를 생산하는 생명산업이다. 사람은 누구나 먹지 않고는 살아갈 수 없다. 그러나 농업생산은 기본적으로 계절, 기후, 토양 등 자연의 제약을 받고 있다. 따라서 인간의 필요에 따라 그 산출량을 늘리거나 줄이는 데 한계가 있게 마련이다. 봄이 되면 땅을 일구어 씨앗을 뿌린다. 여름에는 온갖 정성을 들여 가꾼다. 가을이 되면 거두어들인다. 이것은 자연의 법칙이요 섭리이다. 아무도 거역할 수 없다. 때때로 큰 비에 논밭이 떠내려가기도 하고, 태풍을 만나 정성들여 가꾼 농작물이 피해를 입기도 한다. 그리고 저온 현상으로 농작물이 성장을 멈추고 열매를 맺지 못한 채 가을을 맞는 일도 있다. 이러한 자연의 위력 앞에 인간은 어찌 해볼 도리도 없는 한낱 무력한 존재에 불과하다.

또한 겨울이라고 빈손으로 놀고 있는 것은 아니다. 농가경제가 자급자족적 생산에서 상품생산으로 바뀐 뒤 농산물은 상품으로서 끊임없이 도회지의 소비시장으로 빠져나가고 있다. 그것은 토지의 영양분이 상품이 되어 농촌을 떠나는 것을 의미하며, 그만큼 지력이 감소되고 있음을 의미한다. 따라서 가을추수가 끝나면 객토를 하거나 퇴비 등을 넣어 지력을 길러주어야 한다. 그러지 않으면 이듬해 농사의 풍년은 기대할 수 없다. 아무리 비옥한 토지라도 단물만 빼먹고 자양분을 보강해주지 않으면, 지금 우리 농촌처럼 황폐해지고 아무것도 길러내지 못하는 척박한 땅으로 변하고 말 것이다.

게다가 농산물은 살아 숨 쉬는 상품이라는 성격을 지니고 있다. 적절한 가공 처리를 하거나 냉장시설 등을 갖추지 않는 한, 1년이고 2년이고 무작정 보관할 수 없다. 덩치가 큰 농산물을 살아 숨 쉬는 채로, 아니면 최소한의 가공 처리를 통해 신선한 상태로 소비자에게 공급하는 것이 농업의 본래적 기능이다. 농산물이 생산자의 손을 떠나 소비자에게 도달하기까지 보관창고 및 냉장시설의 건설, 운송도로망의 확충, 가공시설의 정비 등 개별 농가로서는 감당할 수 없는 막대한 사회간접자본의 투자가 필요하다. 이렇게 농산물의 생산에서 소비에 이르는 전 유통과정에서 일관되고 체계적인 시책이 이루어지고 있을 때 비로소 그 나라는 진정한 의미의 농업정책을 가지고 있다고 말할 수 있는 것이다.

필자가 강조하는 것은 다름이 아니라 국가정책의 일환으로서 농업정책을 논의하거나 사회경제문제로서 농업문제를 바라볼 때 농업의 가치와 농업생산의 본질적인 특징을 너무 소홀히 하거나 무시하게 된다는 점이다. 농업은 생산활동이나 생산물의 특성상 정부나 정치 집단의 정책적 배려가 끼어들게 마련이다. 농업은 단순히 경제 논리만으로 움직이는 산업이 아니다. 농업만큼 한 나라의 정치 상황과 직접적으로 맞물려 돌아가는 산업 분야도 없을 것이다. 그렇다고 해서 농업을 경제주의와 정치주의의 양 측면에서만 파악하는 것은 농업문제를 너무 단순화시킬 가능성이 있다.

농업은 지역사회를 유지시키는 역할을 하며 그 사회적 비용은 농업의 경제적·정치적 가치를 훨씬 능가한다. 농업·농촌·농협문제에서 특정 정당의 지지기반과 관련시켜 정책을 추진할 경우, 농촌인구의 감소 등으로 유권자 집단으로서 농촌지역의 정치적 지위가 저하되면 농업은 보호할 가치가 없는 산업으로 인식될 가능성이 있다. 한편 경제효율과 생산성을 최고의 가치로 내세우는 경제주의적 농업정책의 경우, 국제비교우위에 의한 국내농업기반의 붕괴와 농업 부문에 대한 산업계·재계 등 비농업세력의 지배를 피할 수 없다. 경제효율이라는 미명하에 토양의 침식이 진행되고 생태계가 파괴되어 지속 가능한 농업을 기대할 수 없게 될 것이다. 지금 우리는 농업의 환경보전 기능과 지역사회 유지라는 보다 근원적인 가치에 주목하지 않으면 안 되는 시대의 한복판에 서 있다. 그것은 전국농협중앙회(JA全中)로부터 지도·감사권이나 행정에 의견을 진술하는 건의권을 폐지하고 다른 업계단체와 같은 일반 사단법인이나 법적 권한이 없는 농협 계통조직의 연합회로 전환하는 것과는 차원이 다른 시급하고 중요한 일이다.

부록

참고문헌
찾아보기

참고문헌

제1장 농민적 소상품 생산과 협동조합 유통구조의 확립

이향철(1987),「일본 파시즘의 국가개조 사상 연구」,『동양사학연구』 제25집, 동양사학회.

第十九銀行(1920),「諏訪製絲業槪觀」, 上田市: 第十九銀行.

江口圭一(1976),『都市小ブルジョア運動史の硏究』, 東京: 未來社.

古桑實編(1982),『協同組合運動への證言』上卷, 東京: 日本經濟評論社.

伏見信孝(1974),「農村構造の變化と産業組合の展開」,『日本史硏究』 第139·140號.

八十二銀行(1968),『八十二銀行史』, 長野: 八十二銀行.

早川直瀬(1923),『養蠶勞動經濟學』, 東京: 同文館.

早川直瀬(1927),『蠶絲業經濟講話』, 東京: 同文館.

東山農事株式會社新潟支店(1922),『第三回差配人會議速記錄』, 新潟: 東山農事株式會社新潟支店.

井上晴丸(1949),『日本協同組合論: 理論と史的分析』, 東京: 硏進社.

伊藤正直(1976), 「水田單作地帶における地主的地方銀行群の衰退過程──大正~昭和初期の秋田縣を對象として」,『金融經濟』 第159號.

伊藤淑太編(1961),『長野商工會議所六十年史』, 長野: 長野商工會議所.

上條宏之(1973),「恐慌下農民運動と經濟更生運動の實態」,『季刊現代史』 第2號.

加瀨和彦(1974), 「1920年代における産業組合普及の意義とその限界」, 『土地制度史學』 第65號.

近藤康男(1966),『新版協同組合の理論』, 東京: 御茶の水書房.

水野武夫(1935),『農業倉庫利用論』, 東京: 高陽書房.

持田惠三(1970),『米穀市場の展開過程』, 東京: 東京大學出版會.

森武麿(1971),「日本ファシズムの形成と農村經濟更生運動」,『歷史學硏究』 別冊特輯.

森武麿(1973),「戰時經濟體制下における産業組合」,『一橋論叢』 第70卷 第4號.

森武麿(1974),「日本ファシズムと農村協同組合」,『日本史硏究』 第139·140號.

長野縣編(1972),『長野縣政史』 第2卷, 長野: 長野縣.

長野縣編(1990),『長野縣史』通史編 第9卷, 長野: 長野縣.

長野縣內務省農務課(1932),『長野縣の不況實情』, 長野: 長野縣.

長野縣農會(1936),『信州農業の槪觀』, 長野: 長野縣農會.

中村政則(1979),『近代日本地主制史研究: 資本主義と地主制』, 東京: 東京大學出版會.

日本銀行調査局編(1928),『製絲金融』, 東京: 日本銀行調査局.

日本農業發達史調査會編(1978),『日本農業發達史』 第7卷, 東京: 中央公論社.

日本商工會議所(1939),『産業組合に關する日本商工會議所建議要覽』, 東京: 日本商工會議所.

西垣恒矩(1913),『米穀經濟論』, 東京: 丸山書籍部.

農民運動史研究會編(1961),『日本農民運動史』, 東京: 東洋經濟新報社.

農林省經濟更生部編(1930~1939),『産業組合要覽』, 東京: 農林省經濟更生局.

農林省農務局(1936),『農家小組合ニ關スル調査』, 東京: 農林省農務局.

農商務省農務局(1922/1981),『小作爭議ニ關スル調査(小作參考資料)』 其の一・其の二, 東京: 龍溪書舍.

農林省農務局編(1926~1937),『産業組合要覽』, 東京: 農林省農務局.

小倉武一・打越顯太郎編(1961),『農協法の成立過程』, 東京: 協同組合經營研究所.

大門正克(1981),「産業組合の擴充と農村構造の再編—長野縣南安曇郡溫(ゆたか)村の事例を中心に」,『土地制度史學』 第91號.

大門正克(1983), 「農民的小生産の組織化と農村支配構造—1920年代近畿型地域の小作爭議狀況との關聯で」,『日本史研究』 第248號.

大門正克(1987),「農村社會構造分析」, 伊藤正直・鈴木正幸,『戰間期の日本農村』, 東京: 世界思想社.

大鎌邦雄(1979),「大正期における農會と産業組合」, 湯澤誠編,『農業問題の市場論的研究』, 東京: 御茶水書房.

奧谷松治(1947),『日本協同組合史』, 東京: 農業協同組合研究會.

坂本楠彥(1956),『日本農業の經濟法則』, 東京: 東京大學出版會.

坂本令太郎編(1958),『長野縣産業組合史』 昭和の卷, 長野: 長野縣農協中央會.

産業組合中央會(1926),『日本産業組合史』, 東京: 産業組合中央會.

産業組合中央會編(1925),「産業組合振興刷新に關する要綱」, 東京: 産業組合中央會.

産業組合中央會編(1928),『産業組合と小作問題に關する調査』, 東京: 産業組合中央會.

産業組合中央金庫編(1926/1927/1929),『農村市街地信用組合金融事情調査』 第一回・二回・三回, 東京: 産業組合中央金庫.

産業組合中央會長野縣支會(1935),『長野縣産業組合靑年聯盟竝婦人會活動狀況』, 長野: 産業組合中央會長野縣支會.

産業組合中央會長野縣支會(1931), 「信濃銀行の休業と産業組合の對應槪要」, 長野縣編(1990),『長野縣史』 近代資料編 第5卷, 長野: 長野縣.

産業組合史編纂會編(1965/1966), 『産業組合發達史』 第1～5卷, 東京: 産業組合史刊行會.

産業組合青年聯盟全國聯合常任書記編(1935),『産業組合政治活動と産青聯』, 東京: 高陽書院.

千石興太郎(1928), 「産業組合主義經濟組織」, 『産業組合』 第227號.

千石興太郎(1929), 『産業組合主義經濟組織の話』 産業組合宣傳叢書 第10輯, 東京: 産業組合中央會.

鈴木茂三郎(1936), 『財界人物評論』, 東京: 改造社.

高橋泰隆(1974), 「日本ファシズムと農村經濟更生運動の展開」, 『土地制度史學』 第65號.

帝國農會(1919. 1～1943. 9), 『帝國農會報』 第1卷1号～第33卷9号, 東京: 帝國農會.

帝國農會編(1928), 『農家組合』, 東京: 帝國農會.

帝國農會編(1929), 『農家生産物受給竝共同出荷狀況調査』, 東京: 帝國農會.

東畑精一(1933), 『農産物價格統制』, 東京: 日本評論社.

東畑精一・大川一司(1939), 『米穀經濟の研究 (1)』, 東京: 有斐閣.

暉峻衆三(1970), 『日本農業問題の展開 (上)』, 東京: 東京大學出版會.

暉峻衆三(1983), 『日本農業問題の展開 (下)』, 東京: 東京大學出版會.

辻誠(1937), 『日本産業組合史講』, 東京: 高陽書院.

上田商工會議所編(1935), 『上田市商工年鑑』, 上田市: 上田商工會議所.

上田商工會議所編(1943), 『上田商工會議所五十年史』, 上田市: 上田商工會議所.

渡邊信一(1927), 「我國に於ける米の共同販賣に就て」, 『經濟學論集』 第6卷 第2號.

渡邊鐵藏(1932), 「購買組合の受くる寵遇と商工業者の蒙る壓迫」, 『商工調査』, 東京商工會議所編 第46號(1932. 11).

渡邊鐵藏(1934), 『中小商工業死活の問題: 商權擁護の主張』, 東京: 千倉書房.

柳田國男(1902), 『最新産業組合通解』, 本位田祥男・東畑精一・川野重任編(1971), 『協同組合の名著』 第2卷, 東京: 家の光協會.

安田常雄(1979), 『日本ファシズムの形成と民衆運動』, 東京: れんが書房新社.

全國農業協同組合中央會編(1988), 『産業組合中央會史』, 東京: 全國農業協同組合中央會.

『産業組合年鑑』, 産業組合中央會(각 연호).

『産業之礎』, 産業組合中央會長野支會(각 연월호).

『長野縣の産業組合』, 長野縣(각 연호).

『長野縣農會報』, 長野縣農會(각 연호).

『長野縣統計書』, 長野縣(각 연호).

『長野縣蠶絲業統計』, 長野縣(각 연호).

『米穀時報』, 農林省(각 연호).

General Headquarters, Supreme Commander for Allied Powers, GHQ/SCAP(1990), *History of the Non-military Activities of the Occupation of Japan: Agricultural Cooperatives*, 1945 through December 1950, reprint version, 東京: 日本図書センター.

제2장 일본 농업협동조합법의 성립과정

이향철(2001), 「일본에 있어서의 농민적 소상품 생산과 유통구조의 확립─나가노현의 산
    업조합 확충운동을 중심으로」, 『한국협동조합연구』 제19권(2001. 12).

アメリカ國務省編(1949), 『中國白書: 米國の對華關係』, 東京: 朝日新聞社.

ドーア(1960), 「進駐軍の農地改革構想─歴史の一斷面」, 『農業總合研究』 第14卷 第1号.

ドーア(1965), 『日本の農地改革』, 東京: 岩波書店.

古郡節夫(1944), 『農業団体法』, 東京: 帝國産業出版社.

外務省特別資料部編(1949), 『日本占領及び管理重要文書集・第2卷』, 東京: 東洋經濟新報社.

現代法制資料編纂會編(1984), 『戰後占領下法令集』, 東京: 國書刊行會.

合田公計(2001), 「占領後期における農協政策 I」, 農協法50年改正における連合.

今村奈良臣(1983), 『現代農地政策論』, 東京: 東京大學出版會.

井上晴丸＝立田信夫(1937), 『日本産業組合論』, 東京: 叢文閣(『昭和前期農政經濟名著集』
    13, 東京: 農文協, 1981에 수록).

井上晴丸＝立田信夫(1949), 『日本協同組合論─理論と史的分析』, 東京: 研進社.

岩本純明(1978), 「農地改革─アメリカ側からの照射」, 思想の科學研究會編, 『共同研究・
    日本占領軍』, 東京: 現代史出版會.

岩本純明(1979), 「占領軍の對日農業政策」, 中村隆英編, 『占領期日本の經濟と政治』, 東
    京: 東京大學出版會.

經濟企畵廳(1976), 『現代日本經濟の展開: 經濟企畵廳30年史』, 東京: 經濟企畵廳.

研究會記錄(1959), 「農業協同組合法制定の經過と問題点─当時の關係者を中心とする研
    究會記錄」(1959. 10. 29), 小倉武一・打越顯太郎編(1961), 『農協法の成立過程』,
    東京: 協同組合研究所.

國立國會図書館調査立法考査局編(1966), 『戰後政党の農林水産政策集・下卷』, 東京: 國立
    國會図書館調査立法考査局.

滿川元親(1972), 『戰後農業団体發達史』, 東京: 明文書房.

長原豊(1989), 『天皇制國家と農民: 合意形成の組織論』, 東京: 日本經濟評論社.

農地改革記錄委員會編(1952), 『農地改革顚末概要』, 東京: 農政調査會.

農地改革資料編纂委員會(1974), 『農地改革資料集成』 第一卷, 東京: 農政調査會.

農業協同組合制度史編纂委員會編(1967/1969), 『農業協同組合制度史』 通史編3冊・資料編3
    冊, 東京: 協同組合経營研究所.

農林大臣官房總務課編(1957～1976), 『農林行政史』 全15冊, 東京: 農林協會.

農林漁業基本問題調査事務局編(1960), 『農業の基本問題と基本對策・解說版』, 東京: 農林
    統計協會.

農林省農林經濟局農政課編(1952), 『農業団体制度の改正顚末』, 東京: 農林省.

農商務省農務局(1936), 『農家小組合ニ關スル調査』, 東京: 農商務省.

小倉武一·打越顯太郎編(1961), 『農協法の成立過程』, 東京: 協同組合研究所.

五百旗頭眞(1985), 『米國の日本占領政策: 戰後日本の設計図 (上)』, 東京: 中央公論社.

大藏省財政史室編(1981), 『昭和財政史第: 17卷 資料 1』昭和 27〜48年度, 東京: 東洋経濟新報社.

大豆生田稔·松村敏(1994), 「農業會から農協へ」, 西田美昭編, 『戰後改革期の農業問題: 埼玉縣を事例として』, 東京: 日本経濟評論社.

ラデジンスキー(1952), 「日本の農地改革」, 『世界各國における土地制度と若干の農業問題』 その一, 東京: 農政調査會.

齋藤仁編(1983), 『農業協同組合論』, 東京: 農產漁村文化協会.

齋藤孝(1974), 「アメリカの對外政策と日本占領」, 東京大學社會科學研究所編, 『戰後改革 (2) 國際環境』, 東京: 東京大學出版會.

產業組合史編纂會編(1965/1966), 『產業組合發達史』第1〜5卷, 東京: 產業組合史刊行會.

食糧廳食糧管理史編集室編(1957), 『食糧管理史·5 制度篇各論下』, 東京: 食糧廳.

帝國農會編(1928), 『農家組合』, 東京: 帝國農會.

帝國農會史稿編纂會(1972), 『帝國農會史稿』 記述編, 東京: 農民敎育協會.

暉峻衆三編(1996), 『日本農業100年のあゆみ: 資本主義の展開と農業問題』, 東京: 有斐閣.

全國指導農協連合會淸算事務所編(1959), 『全指連史(文章編)』, 東京: 同事務所.

Fearey, Robert A.(1943), "Japanese Post-war Economic Considerations", July 21, 1943, 大藏省財政史室編(1976), 『昭和財政史—終戰から講和まで: 第20卷 英文資料』, 東京: 東洋経濟新報社.

Fearey, Robert A.(1945), "Japan: Agrarian Reform", October 26, 1945, 大藏省財政史室編(1976), 『昭和財政史—終戰から講和まで: 第20卷 英文資料』, 東京: 東洋経濟新報社.

Foreign Economic Agency(1945), *Economic Foreign Policy of the United States with respect to Japan*, Second Revised Draft, January 1, 1945, 大藏省財政史室編(1976), 『昭和財政史—終戰から講和まで: 第20卷 英文資料』, 東京: 東洋経濟新報社.

General Headquarters, Supreme Commander for Allied Powers, GHQ/SCAP(1945), *Memorandum for Land Reform*(9, December, 1945).

General Headquarters, Supreme Commander for Allied Powers, GHQ/SCAP(1990), *History of the Non-military Activities of the Occupation of Japan: Agricultural Cooperatives*, 1945 through December 1950, reprint version, 東京: 日本図書センター.

United States War Department(1945a), *Agricultural Associations in Japan*, Series of Civil Affairs Guide, War Department Pamphlet no. 31〜11, May 1945(War Dept:

Washington, D. C).

United States War Department(1945b), *Agriculture and Food in Japan*, Series of Civil Affairs Guide, War Department pamphlet no. 31~10, July 15, 1945(War Dept: Washington, D. C).

United States War Department(1945c), *Price Control and Rationing of Food in Japan, R& A no. 2453*, Series of Civil Affairs Guide, War Department pamphlet no. 31~58, September 5, 1945(War Dept: Washington, D. C).

제3장 농업단체재편성과 농업·농촌 부문에 대한 이익유도정책의 형성

이향철(2003), 「일본농업협동조합법의 성립 및 제도 형성에 관한 연구」, 『한국협동조합연구』 제21집 제2호(2003. 12).

이향철(2005), 『일본경제—잃어버린 10년의 사투 그리고 회생』, 서울: 제이엔씨.

朝日新聞社経済部編(1950), 『朝日経済年史(昭和25年版)』, 大阪: 朝日新聞社.

檜垣德太郎(1951), 『農業委員會法の解説』, 東京: 農政調査會.

兵藤釗(1997), 『勞働の戰後史』下卷, 東京: 東京大學出版會.

井堀利宏·土居丈朗(1998), 『日本政治の経済分析』, 東京: 木鐸社.

五十嵐仁(1998), 『政党政治と勞働組合運動: 戰後日本の到達点と二十一世紀への課題』, 東京: 御茶の水書房.

猪口孝·岩井奉信(1987), 『「族議員」の研究: 自民党政權を牛耳る主役たち』, 東京: 日本経済新聞社.

石田雄(1961), 『現代組織論: その政治的考察』, 東京: 岩波書店.

石川英夫(1958), 「農業協同組合の三つの顔」, 『中央公論』第73卷 第5号(1958. 5).

岩本純明(1979), 「占領軍の對日農業政策」, 中村隆英編, 『占領期日本の政治と経済』, 東京: 東京大學出版會.

自由民主党編(1979), 『日本の政党』, 東京: 自由民主党廣報委員會出版局.

川越俊彦(1993), 「食糧管理制度と農協」, 岡崎哲二·奧野正寬編, 『現代日本経済システムの源流』, 東京: 日本経済新聞社.

國立國會図書館編(1966a), 『戰後政党の農林水産政策集』上卷, 東京: 國立國會図書館調査立法考査局.

國立國會図書館編(1966b), 『戰後政党の農林水産政策集』下卷, 東京: 國立國會図書館調査立法考査局.

協同農業普及事業二十周年記念會編(1968), 『普及事業の二十年: 協同農業普及事業二十周年記念誌』, 東京: 協同農業普及事業二十周年記念會.

マクマホン・ボール(1992),『日本占領の日々: マクマホン・ボール日記』,竹前榮治,菊池
　　努譯,東京: 岩波書店.

松村謙三(1964),『三代回顧録』,東京: 東洋経濟新報社.

村松岐夫・伊藤光利・辻中豊(1986),『戰後日本の壓力団体』,東京: 東洋経濟新報社.

民主主義科學者協會農業部會編(1948),『日本農業年報』第1集,東京: 月曜書房.

滿川元親(1972),『戰後農業団体發展史』,東京: 明文書房.

永江雅和(2013),『食糧供出制度の研究: 食糧危機下の農地改革』,東京: 日本経濟評論社.

中曾根康弘(1985),「新しい日本の主體性」,『月刊自由民主』第352号(1985. 5).

日本政治學會編(1960),『日本の壓力団体(年報政治學1960)』,東京: 岩波書店.

農地改革記錄委員會編(1951),『農地改革顚末概要』,東京: 農政調査會.

農地改革資料編纂委員會編(1974),『農地改革資料集成(第1卷): 第一次農地改革篇』,東京:
　　農政調査會.

農地改革資料編纂委員會編(1982),『農地改革資料集成(第14卷): GHQ/SCAP 資料篇』,東
　　京: 農政調査會.

農業協同組合制度史編纂委員會編(1967/1969),『農業協同組合制度史』通史編3卷・資料編3
　　卷・別卷1,東京: 協同組合経營研究所.

農民教育協會(1966),『全國農業會議所等組織沿革調査報告書: 農業會議所十年史』,東京:
　　農民教育協會.

農民運動史研究會編(1961),『日本農民運動史』,東京: 東洋経濟新報社.

農林省農林経濟局農政課編(1954),『農業団体制度の改正顚末』,東京: 農林省農林経濟局農
　　政課.

農村更生協會(1952),「農事會法要綱(案)」(1952. 3. 29),農業協同組合制度史編纂委員會編,
　　『農業協同組合制度史 第五卷・資料編 II』,東京: 協同組合経營研究所,1967/1969.

農村更生協會(1954),「農事會法案要綱」,日本農業研究會,『日本農業年報』第1集,東京:
　　中央公論社.

小倉武一(1965),『日本の農政』,東京: 岩波書店.

小倉武一・打越顯太郎編(1961),『農協法の成立過程』,東京: 協同組合研究所.

ラデジンスキー(1952),「日本の農地改革」,『世界各國における土地制度と若干の農業問
　　題』その一,東京: 農政調査會.

大藏省財政史室編(1984),『昭和財政史—終戰から講和まで: 第18卷 資料2』,東京: 東洋
　　経濟新報社.

食糧廳食糧管理史編集室編(1957),『食糧管理史 V 制度篇 各論 (上)』,東京: 食糧廳.

P. C. シュミッター・G. レームブルッフ編(1984),『現代コーポラティズム I: 団体統合
　　主義の政治とその理論』,山口定監譯,東京: 木鐸社.

田口富久治(1969),『社會集団の政治機能』,東京: 未來社.

暉峻衆三編(1996),『日本農業100年のあゆみ: 資本主義の展開と農業問題』, 東京:有斐閣.

ワリンスキー編(1984),『ウォルフ・ラデジンスキー農業改革: 貧困への挑戦』, 齋藤仁外監譯, 東京: 日本経済評論社.

全國指導農業協同組合連合會淸算事務所(1959a),『全指連史(本文編)』, 東京: 全國指導農業協同組合連合會淸算事務所.

全國指導農業協同組合連合會淸算事務所(1959b),『全指連史(資料編)』, 東京: 全國指導農業協同組合連合會淸算事務所.

全國農業委員會協議會(1952),「農業団体再編成に關する決議」(1952. 4. 20), 滿川元親,『戰後農業団体發展史』, 東京: 明文書房, 1972.

全國農業委員會協議會(1952),「農業指導団体」(1952. 6. 26), 滿川元親,『戰後農業団体發展史』, 東京: 明文書房, 1972.

全國農業會議所編(1965),『全國農業會議所に對する農林大臣の諮問及び答申集』, 東京: 全國農業會議所.

『朝日新聞』1951. 5. 2.

『朝日新聞』1956. 1. 21.

『毎日新聞』1955. 12. 27.

『朝日新聞』1956. 1. 23.

Calder, Kent E.(1988), *Crisis and Compensation: Public Policy and Political Stability in Japan, 1949~1984*, Princeton, New Jersey: Princeton University Press.

Chira, Susan Deborah(1982), *Cautious Revolutionaries: Occupation Planners and Japan's Post -war Land Reform*, Tokyo, Japan: Agricultural Policy Research Center.

Fearey, Robert A.(1945), "Japan: Agrarian Reform", October 26, 1945, 大藏省財政史室編(1976),『昭和財政史―終戰から講和まで: 第20巻 英文資料』, 東京: 東洋経済新報社.

General Headquarters, Supreme Commander for Allied Powers, GHQ/SCAP(1945), *Memorandum for Land Reform*(9, December, 1945).

General Headquarters, Supreme Commander for Allied Powers, GHQ/SCAP(1990), *History of the Non-military Activities of the Occupation of Japan: Agricultural Cooperatives*, 1945 through December 1950, reprint version, 東京: 日本図書センター.

Ladejinsky, Wolf Isaac(1936), "Agricultural Policies in Japan: Rice", *Foreign Corps and Markets*, vol. 33 no. 3.

Ladejinsky, Wolf Isaac(1937), "Farm Tenancy and Japanese Agriculture", *Foreign Agriculture*, vol. 1 no. 9.

Ladejinsky, Wolf Isaac(1939), "Agrarian Unrest in Japan", *Foreign Affairs*, vol. 17 no. 2.

Ladejinsky, Wolf Isaac(1945), "Agriculture in Japan: Prewar", *Foreign Agriculture*, vol. 9 no. 9.

Ladejinsky, Wolf Isaac(1951), "The Plow Outbids the Sword in Asia: How General MacArthur Stole Communist Thunder with Democratic Land Reforms, Our Most Potent Weapon for Peace", *Country Gentleman*(now Farm Journal) June 1951.

Pempel, T. J. (1981), *Policy and politics in Japan: Creative Conservatism*, Philadelphia: Temple University Press.

Walinsky, Louis J. ed.(1977), *Agrarian Reform as Unfinished Business: the Selected Papers of Wolf Ladejinsky*, World Bank Research Publications, New York: Oxford University Press.

제4장 고도성장기 일본농촌의 사회경제구조 변화와 농업단체

이향철(1987), 「일본 파시즘의 국가개조 사상 연구」, 『동양사학연구』 제25권(1987. 1).

이향철(2005), 『일본경제—잃어버린 10년의 사투 그리고 회생』, 서울: 제이앤씨.

이향철(2006), 「일본농업단체재편성과 농촌·농업 부문에 대한 이익유도정책의 형성」, 『한국협동조합연구』 제23집 제2호(2006. 2).

한호선(1991), 「일본의 자유민주당과 농업협동조합의 이익교환체계에 관한 연구」, 명지대학교 행정학 박사학위 논문.

団野信夫(1961), 「農林漁業基本問題調査會の答申一內容と性格」, 日本農業研究會編, 『農業基本問題と基本對策(日本農業年報第10集)』, 東京: 中央公論社.

藤谷築次(1974), 「協同組合の適正規模と連合組織の役割」, 農業開發研修センター編(桑原正信監修), 『現代農業協同組合論 第1卷: 農協運動の理論的基礎』, 東京: 家の光協會.

深谷進·新井義雄·朝野勉(1954), 「戰後農民運動史」, 古島敏雄編, 『勞働者と農民(日本資本主義講座 第7卷: 戰後日本の政治と經濟)』, 東京: 岩波書店.

林信彰(1983), 『反·農業つぶしの農業論: 財界提言批判』, 東京: 家の光協會.

法政大學大原社會問題研究所編(1955), 『1956年版·日本勞働年鑑』 第28集, 時事通信社, 1955年 11月.

逸見謙三·加藤讓編(1985), 『基本法農政の経済分析』, 東京: 明文書房.

今村奈良臣(1978), 『補助金と農業·農村』, 東京: 家の光協會.

井村喜代子(2000), 『新版·現代日本経濟論: 戰後復興, 経濟大國, 90年代大不況』, 東京: 有斐閣.

石田博英(1963), 「保守政党のビジョン」, 『中央公論』, 1963年 1月.

石川英夫(1958), 「農協の三つの顔」, 『中央公論』 第73巻 第5号(1958. 5).

伊藤正直(1988), 『高度成長から「経済大國」へ』, 東京: 岩波書店.

人口問題審議會編(1984), 『日本の人口·日本の社會: 高齢化社會の未來図』, 東京: 東洋経済新報社.

日本開發銀行10年史編纂委員會編纂(1963), 『日本開發銀行10年史』, 東京: 日本開發銀行.

梶井功(1970), 『基本法農政下の農業問題』, 東京: 東京大學出版會.

加茂利男(1994), 「現在日本型政治システムの成立」, 『シリーズ日本近現代史 4』, 東京: 岩波書店.

経済企畫廳編(1961), 『昭和36年版経済白書』, 東京: 大藏省印刷局版.

経済企畫廳編(1976), 『現代日本経済の展開: 経済企畫廳30年史』, 東京: 大藏省印刷局.

経済企畫廳調査局編(各年号), 『経済要覧』, 東京: 大藏省印刷局.

経済企畫廳調査局(1972), 『日本経済の現況』, 東京: 大藏省印刷局.

國立國會図書館調査立法考査局編(1966a), 『戰後政党の農林水産政策集(上卷)』, 東京: 國立國會図書館調査立法考査局.

國立國會図書館調査立法考査局編(1966b), 『戰後政党の農林水産政策集(下卷)』, 東京: 國立國會図書館調査立法考査局.

近藤康男(1955), 『激動期の農村社會』, 東京: 東京大學出版會.

近藤泰男編(1982), 『日本農業年報第30集·基本法農政の總点檢: 20年の總括』, 東京: 御茶ノ水書房.

紺野与次郎(1961), 『日本農村の階級分析』, 東京: 新日本出版社.

升味準之輔(1969), 『現代日本の政治体制』, 東京: 岩波書店.

滿川元親(1972), 『戰後農業団体發展史』, 東京: 明文書房.

中村政則(1995), 「1950〜60年代の日本: 高度経済成長」『岩波講座日本通史(第20卷 現代1)』, 東京: 岩波書店.

中村隆英(1993), 『日本経済(第3版)』, 東京: 東京大學出版會.

中村隆英·宮崎正康編(1997), 『過渡期としての1950年代』, 東京: 東京大學出版會.

日本農業研究會編(1958), 『日本農業年報(第8集)』, 東京: 中央公論社.

野口悠紀男(1995), 『1940年体制』, 東京: 東洋経済新聞社.

農業復興會議編(1955), 『1955年版·日本農業年鑑』, 東京: 家の光協會.

農業復興會議編(1958), 『1958年版·日本農業年鑑』, 東京: 家の光協會.

野尻重雄(1959), 『村と人間』, 東京: 明文堂.

農民教育協會(1966), 『全國農業會議所等組織沿革調査報告書: 農業會議所十年史』, 東京: 農民教育協會.

農林漁業基本問題調査會(1960), 『農業の基本問題と基本對策: 解説版』, 東京: 農林統計協會.

農林省農林経済局統計調査部編(1968), 『作物統計(昭和42年産·no. 10)』, 東京: 農林統計協會.

農林省農林經濟局統計調査部(1963/1965),『農家經濟調査報告: 第5集·農家生計費統計(1963~1965年度)』, 東京: 農林省農林經濟局統計調査部.

農林水産省編(2002),『農產物貿易レポート』, 東京: 農林統計協會.

農林省(1957),『(訂正版)農林水産業の現狀と問題点』, 東京: 農林省.

農林水産省農林水産技術會議事務局編(1993),『昭和農業技術發達史 第2卷·水田作編』, 東京: 農林水産技術情報協會.

農林水産省經濟局統計情報部編(1966/1983),『農家就業動向調査: 農家子弟の新規學卒者の動向』, 東京: 農林統計協會.

農林統計協會編(1975/1978/1978),『図說農業白書』, 東京: 農林統計協會.

農政調查委員會編(1978),『日本の農業116:米価·米価審議會の記錄1』東京: 農政調查委員會.

農政調查委員會編(2000), 『食料·農業·農村基本法關係資料:第一卷·農業基本法に關する研究會』, 東京: 農政調查會.

農政審議會編(1969),『「最近における農業の動向にかんがみ農政推進上留意すべき基本的事項についての諮問」に對する答申』, 東京: 農政審議會.

農政審議會編(1980),『80年代の農政の基本方向』, 東京: 農政審議會.

農政審議會編(1982),『「80年代の農政の基本方向」の推進について: 健康で豊かな食生活の保証と生産性の高い農業の實現を目指して』, 東京: 農林弘濟會.

農政審議會編(1986),『21世紀へ向けての農政の基本方向: 農業の生産性向上と合理的な農產物価格の形成を目指して』, 東京: 創造書房.

農政ジャーナリストの會編(1959),『季刊農政の動き6·農業基本法の課題』, 東京: 協同組合協會.

農政ジャーナリストの會編(1968), 『農林官僚を解剖する(日本農業の動きNo.11)』(東京: 日本農林企畫協會.

小倉武一(1965),『日本の農政』, 東京: 岩波書店.

小倉武一(1967),『ある農政の遍歷』, 東京: 新葉書房.

岡崎哲二·奧野正寬編(1993),『現代日本經濟システムの源流』, 東京: 日本經濟新聞社.

大野和興(1984),「農協と選舉」,『日本農業年報32集·農民と選舉』, 東京: お茶の水書房.

大田弘(1957),「いわゆる全購連事件の本質」, 日本農業研究會編,『日本農業年報』 第7卷.

大嶽秀夫(1999),「利益政治による自民党支配―升味準之輔」,『高度成長期の政治學』, 東京: 東京大學出版會.

田代洋一(1989),「一九八〇年代における農業保護政策の撤退とその背景」,『季刊科學と思想』 第74号(1989. 10).

暉峻衆三(2003),『日本の農業150年』, 東京: 有斐閣.

津村喬(1978),『革新自治体』, 東京: 教育社.

內田健三(1969),『戰後日本の保守政治: 政治記者の証言』, 東京: 岩波書店.

上野千鶴子(1990), 『家父長制と資本制:マルクス主義フェミニズムの地平』, 東京: 岩波書店.

渡辺治(1994), 「保守合同と自由民主党の結成」, 『シリーズ日本近現代史 4 』, 東京: 岩波書店.

遊上孝一(1956), 「農民運動の方針(案)への批判」, 『前衛』 第122巻(1956年 10月).

全國農業會議所編(1961), 『農業基本法──その背景と內容の解說』, 東京: 全國農業會議所.

全國農業協同組合中央會編(1956), 『最近の農政問題』, 東京: 全國農業協同組合中央會.

『日本農業新聞』

Bell, Daniel(1973), *The Coming of Post-Industrial Society: A Venture in Social Forecasting*, New York: Basic Books.

Calder, Kent E.(1986), *Crisis and Compensation: Public Policy and Political Stability in Japan, 1949~1986*, Princeton, N. J: Princeton University Press.

Scalapino, Robert A. and Masumi Junnosuke(1962), *Parties and Politics in Contemporary Japan*, Berkeley, Calif: University of California Press.

제5장 일본농업의 국제화와 이해관계자의 대응

이향철(2005), 『일본경제-잃어버린 10년의 사투 그리고 회생』, 서울: 제이앤씨.

이향철(2008), 「고도성장기 일본농촌의 정치경제구조의 변화와 농업단체」, 『한국협동조합연구』, 제26-1(2008. 8).

한호선(1991), 「일본의 자유민주당과 농업협동조합의 이익교환체계에 관한 연구」, 명지대학교 행정학 박사학위 논문.

有澤廣巳·稻葉秀三編(1966), 『資料·戰後二十年史(第2經濟)』, 東京: 日本評論社.

朝日新聞世論調査室編(1977), 『日本人の政治意識』, 東京: 朝日新聞社.

原燦平(1987), 「農業縮小を打ち出した農政審答申」, 『經濟』 第274号.

林信彰(1986), 『反·農業つぶしの農業論: 財界提言批判』, 東京: 家の光協會.

猪口孝·岩井奉信(1987), 『「族議員」の研究: 自民党政權を牛耳る主役たち』, 東京: 日本経濟新聞社.

石田雄(1961), 『現代組織論: その政治的考察』, 東京: 岩波書店.

石川英夫(1973), 「農協の三つの顔」, 『中央公論』(1973. 5).

居安正(1983), 『政党派閥の社會學: 大衆民主制の日本的展開』, 東京: 世界思想社.

叶芳和·阿部登吾·加藤辰夫(1980), 「農業に對する各界政策提言の解剖」, 『國民經濟』, 國民經濟研究會, no. 143(1980. 5).

川越俊彥(1993), 「食料管理制度と農協」, 岡崎哲·奧野正寬編, 『現代日本経濟システムの源流』, 東京: 日本経濟新聞社.

北田芳治·相田利雄編(1987), 『円高不況下の日本産業: 國際産業調整の進展と産業政策』, 東京: 大月書店.

小林良彰(1991), 『現代日本の選擧』, 東京: 東京大學出版會.

三菱總合研究所(2001), 『水田のもたらす外部経濟效果に關する調査·研究報告書: 水田のもたらす效果はいくらか』, 東京: 三菱總合研究所.

滿川元親(1972), 『戰後農業団体發展史』, 東京: 明文書房.

三宅一郎外(1986), 『日本政治の座標: 戰後四〇年のあゆみ』, 東京: 有斐閣.

村上泰亮(1984), 『中間大衆の時代: 戰後日本の解剖學』, 東京: 中央公論社.

野口悠紀雄(2002), 『1940年体制—さらば戰時経濟』, 東京: 東洋経濟新報社.

農政審議會(1969), 『「農政推進上留意すべき基本的事項について」の答申』, 東京: 農政審議會.

農政審議會(1986), 『21世紀へ向けての農政の基本方向: 農業の生産性向上と合理的な農産物価格の形成を目指して』, 東京: 農政審議會.

岡崎哲·奥野正寛編(1993), 『現代日本経濟システムの源流』, 東京: 日本経濟新聞社.

臨時行政調查會(1982), 「行政改革に關する第3次答申: 基本答申」, 東京: 臨時行政調查會(1982. 7. 30).

櫻井誠(1989), 『米: その政策と運動(下①)』, 東京: 農文協).

進藤兵(2004), 「革新自治体」, 渡辺治編, 『高度成長と企業社會』, 東京: 吉川弘文館.

武田哲夫·小田原高昭(1986), 『明日の農協: 理念と事業をつなぐもの』, 東京: 農山漁村文化協會.

竹中久二雄編(1997), 『農政の總括とパラダイム轉換: 新しい基本法への課題』, 東京: 筑波書房.

暉峻衆三編(2003), 『日本の農業150年: 1850~2000年』, 東京: 有斐閣.

津村喬(1978), 『革新自治体』, 東京: 敎育社.

山下一仁(2009), 『農協の大罪』, 東京: 宝島社新書.

吉岡裕(1987), 「日米貿易摩擦とアメリカの農業政策」, 『農業経濟研究』, 日本農業経濟學會編, 第59巻 第2号.

全國農業協同組合中央會(1986), 「農協農政運動轉換の方向について」, 東京: 全國農業協同組合中央會(1986. 11. 12).

全國農業協同組合中央會農政運動檢討委員會(1986), 『農協農政運動轉換の方向についておよび檢討経過』, 東京: 全國農業協同組合中央會(1986. 12).

全國農業協同組合中央會農政運動檢討委員會(1988), 『農協の活動に關する全國一齊調査結果報告(文章編)』, 東京: 全國農業協同組合中央會.

全國農協靑年組織協議會(1986), 『農協靑年部のあゆみと活動』, 東京: 全國農協靑年組織協議會.

全國農協青年組織協議會·全國農業協同組合中央會(1987), 『農協青年部必携』, 東京: 全國
　　農協青年組織協議會.

Calder, Kent E.(1988), *Crisis and Compensation: Public Policy and Political Stability in Japan, 1949~1986*, Princeton, N. J: Princeton University Press.

Ramseyer, J. Mark and Rosenbluth, Frances McCall(1993), *Japan's Political Marketplace*, Cambridge, Mass.: Harvard University Press.

United States, Congress House, Committee on Ways and Means, Subcommittee on Trade(1980), *United States-Japan Trade Report: Prepared for the Subcommittee on Trade of the Committee on Ways and Means by its Chairman and the Members of its United States-Japan Trade Task Force*, Washington: U.S. Government Printing Office, September 5, 1980, 96th Congress, 2d Session. Committee print. WMCP: 96~68.

제6장 쌀 수입관세화 전후의 쌀 유통구조 변화와 그 함의

外務省經濟局國際機關第一課編(1996), 『解說WTO協定』, 東京: 日本國際問題研究所.

井野隆一(1996), 『戰後日本農業史』, 東京: 新日本出版社.

伊東正一·大田克洋(1998), 「変貌する世界の米経濟: 生產·消費·流通の最新動向」, 『食糧白書』, 東京: 農文協.

梶井功(2003), 『WTO時代の食糧·農業問題』, 東京: 家の光協會.

梶井功編(2004), 『米政策の大轉換(日本農業年報50)』, 東京: 農林統計協會.

河相一成(1994), 『食管制度と経濟民主主義』, 東京: 新日本出版會.

河相一成(2000), 『恐るべき「輸入米」戰略: WTO協定から米と田んぼを守るために』, 東京: 合同出版.

北出俊昭(1995), 『新食糧法と農協の米戰略』, 東京: 日本経濟評論社.

北出俊昭(2001), 『日本農政の50年: 食糧政策の檢証』, 東京: 日本経濟評論社.

北出俊昭(2006), 『協同組合本來の農協へ: 農協改革の課題と方向』, 東京: 筑波書房.

北出俊昭(2010), 『変革期における農協と協同組合の価値』, 東京: 筑波書房.

古寺彰(2000), 『WTO体制の法構造』, 東京: 東京大學出版會.

三國英實·來間泰男編(2001), 『日本農業の再編と市場問題』, 東京: 筑波書房.

持田惠三(1970), 『米穀市場の展開過程』, 東京: 東京大學出版會.

野口悠紀雄(2002), 『1940年体制: さらば戰時経濟』, 東京: 東洋経濟新報社.

農林統計協會編集(各年号), 『図說食料·農業·農村白書』, 東京: 農林統計協會.

岡崎哲二·奧野正寬編(1993), 『現代日本経濟システムの源流』, 東京: 日本経濟新聞社.

大內力(1960), 『日本農業史』, 東京: 東洋経濟新報社.

坂本楠彦(1975), 『日本農業の経濟法則』, 東京: 東京大學出版會.

櫻井誠(1989), 『米: その政策と運動(上)』, 東京: 農文協.

生源寺眞一(2003), 『新しい米政策と農業·農村ビジョン』, 東京: 家の光協會.

食糧廳編(1999), 『食糧關係主要法規集』, 東京: 大成出版.

瀧澤昭義·細川允史·甲斐諭·早川治編(2003), 『食料·農產物の流通と市場』, 東京: 筑波書房.

暉峻衆三編(1996), 『日本農業100年のあゆみ: 資本主義の展開と農業問題』, 東京: 有斐閣.

東畑精一(1933), 『農產物価格統制』, 東京: 日本評論社.

東畑精一·大川一司(1939), 『米穀経濟の研究』第一卷, 東京: 有斐閣.

吉田俊幸(2003), 『米政策の轉換と農協·生產者』, 東京: 農文協.

제7장 일본농업의 정치구조 변화와 정권교체

이향철(2005). 『일본경제―잃어버린 10년의 사투 그리고 회생』, 서울: 제이앤씨.

이향철(2006), 「일본농업단체재편성과 농업·농업에 대한 이익유도정책의 형성」, 『한국협동조합연구』 23(2).

이향철(2008), 「고도성장기 일본농촌의 정치경제구조의 변화와 농업단체」, 『한국협동조합연구』, 26(1).

이향철(2009), 「농업의 국제화와 이해관계자의 대응에 관한 일고찰」, 『한국협동조합연구』 27(2).

靑木昌彦(1992), 『日本経濟の制度分析―情報·インセンティブ·交涉ゲーム』, 東京: 筑摩書房.

靑木昌彦(2003), 『比較制度分析に向けて』, 東京: NTT出版.

靑木昌彦(2008), 『比較制度分析序說: 経濟システムの進化と多元性』, 東京: 講談社.

藤谷築次(1974), 「協同組合の適正規模と連合組織の役割」, 桑原正信編, 『現代農業協同組合論』, 東京: 家の光協會.

猪口孝·岩井奉信(1987), 『「族議員」の研究: 自民党政權を牛耳る主役たち』, 東京: 日本経濟新聞社.

石田雄(1961), 『現代組織論―その政治的考察』, 東京: 岩波書店.

JAグループ(2009), 「「新·基本計畵」「水田農業政策」への對応―「生產調整」は今後も不可欠」, 『週刊農林』 2055(2009. 6. 25).

自由民主党(2009), 『政策BANK(2009年衆議院議員總選擧政策集)』, 東京: 自由民主党.

增田萬孝(1998), 『現代農業政策論―X21世紀の食料·農業·農村を見据えて』, 東京: 農林統計協會.

滿川元親(1972),『戰後農業団体發展史』, 東京: 明文書房.

農林水産省(1979),『昭和53年農業の動向に關する年次報告(農業白書)』, 東京: 農林水産省.

農林水産省(2007),「米の生産調整について」, 東京: 農林水産省, 2007. 11.

農林水産省(2009),『米政策・水田農業政策に關するアンケート調査の結果について』, 東京: 農林水産省, 2009. 7, http://www.maff.go.jp/j/finding/mind/pdf/ 20090707_ enquete1.pdf: 2012.1.10. 검색).

農政調査委員會編(1978),「米価・米価審議會の記錄3」,『日本の農業: 明日への歩み』 第118集.

太田原高昭(2004),「低成長期における農業協同組合: "制度としての農協"の盛衰」,『北海學園大學經濟論集』, 第52卷 第2·3合併号.

大嶽秀夫(1979),『現代日本の政治權力經濟權力』, 東京: 三一書房.

大嶽秀夫(1999a),『高度成長期の政治學』, 東京: 東京大學出版會.

大嶽秀夫(1999b),『日本政治の對立軸: 93年以降の政界再編の中で』, 東京: 中央公論社.

佐伯尙美(2005),『米政策改革 I』, 東京: 農林統計協會.

田代洋一(2010),『政權交代と農業政策: 民主党農政』, 東京: 筑波書房.

田中愛次·河野勝·日野愛郎·飯田健·讀賣新聞世論調査部(2009),『2009年, なぜ政權交代だったのか──讀賣·早稻田の共同調査で讀みとく日本政治の轉換』, 東京: 勁草書房.

山形縣農協青年組織協議會(1985),『縣農青協30年史』, 山形: 同協議會.

全國農業協同組合中央會農政運動檢討委員會(1986),『農協農政運動轉換の方向についておよび檢討経過』, 1986年 12月, 農協中央會 內部資料.

全國農業者農政運動組織協議會(2000),「農林議員も後継者不足?」,『農政運動ジャーナル』 第30号.

全國農業者農政運動組織協議會(2003),「安全な食料供給と健全な農業農村の發展に向けて」,『農政運動ジャーナル』 第50号.

全國瑞穗食糧檢査協會(2009),『平成22年版 米麥データブック』, 東京: 瑞穗協會.

Aoki, Masayoshi(1988), *Information, Incentives and Bargaining in the Japanese Economy*, New York: Cambridge University Press.

Calder, Kent E.(1988), *Crisis and Compensation: Public Policy and Political Stability in Japan, 1949~1986*, Princeton, N. J: Princeton University Press.

Donelly, M. W.(1977), "Setting the Price of Rice", Pempel, T. J. ed., *Policymaking in Contemporary Japan*, Ithaca: Cornell Univ. Press.

Mulgan, Aurelia George(2000), *The Politics of Agriculture in Japan*, London and New York: Routledge.

Lowi, Theodore J.(1979), *The End of Liberalism*, 2nd edition, New York: Norton.

Pempel, T. J. ed.(1977), *Policymaking in Contemporary Japan*, Ithaca: Cornell Univ. Press.

Ramseyer, J. Mark and Rosenbluth, Frances McCall(1993), *Japan's Political Marketplace*, Cambridge, Mass: Harvard University Press.

Sone, Y.(1982), "Interest Groups in Japan and the Process of Political Decision-Making", Essay for the International Colloquium on Comparative Studies on Japanese Society, 1982.

찾아보기

가

가격 교섭력 49, 279, 335

가독상속(家督相續) 266

GATT 케네디라운드 247

가지이 이소시(梶井功) 226

가케메(掛目) 65

감량경영 236

겸업농가 92, 225, 237, 240, 254, 259, 295, 301, 310, 313, 317, 324, 371~373, 378, 379, 382, 397, 398

겸업화(兼業化) 18, 19, 91~93, 222, 226, 235, 242, 255, 264, 279, 281, 288, 294, 298, 299, 301, 317, 324, 368, 378, 397

경영 순화론 193, 197

경영제일주의 283, 301

경제과학국 125, 126, 129, 130, 132, 134, 141

경제단체연합회(経団連) 256, 309, 311~313, 315, 316

경제동우회 256, 309, 311, 312, 316

경제사업 순화론 132, 159, 192, 216

경제합리주의 농정 251, 255

계획 외 유통미 343, 344

계획유통미 345, 350

고노 이치로(河野一郎) 159, 160, 203, 204, 207, 208, 210, 212, 216~219, 257, 401

고이즈미(小泉純一郎) 393

곡물 자급률 247

곤노 요지로(紺野与次郎) 274

곤도 야스오(近藤康男) 27

구리하라 하쿠주(栗原百壽) 28

구스미 요시오(楠見義男) 126

국가무역품목 306, 323, 325

국민소득배증(國民所得倍增) 264

국제화농정 19, 224, 289, 290, 305, 306, 316, 317, 321, 323, 399, 400

권업은행 37, 62, 66, 102, 103

그라디단체프(Gradidanchev) 126, 132

기계화 빈곤 244

기본법농정 18, 92, 143, 224, 226, 229, 230, 285, 295, 298, 305, 321

긴노다마고 239

나

노동력의 열악화 222, 226, 281

농가소득 31, 244, 245, 259, 273, 282, 283, 293, 295, 307, 321, 362

농가소조합 29, 32, 36, 37, 39, 41, 48~51, 58, 61, 86~88, 104, 106~108

농가실행조합 58, 128, 129, 133, 135, 136, 290, 295, 296

농가의 2, 3남 91, 221, 235, 236, 238, 239, 242, 244, 260, 266, 267, 269, 270, 272, 273, 276, 280, 282, 295, 375

농가후계자 222, 318

농공 간 비대칭적 교역관계 240, 241, 245

농공은행 37, 62, 102, 103

농림부회 304, 319, 320, 391

농림수산성 21, 365, 368, 370, 374, 386, 388, 389, 394~400

농림족(농림의원) 220, 389, 391, 392

농민조합 38~40, 80, 83, 84, 90, 96, 97, 123, 124, 139, 141, 150, 158, 161~166, 169~173, 183, 185, 197, 210, 213, 214, 217, 223, 230, 260, 267, 269, 270~

276, 282, 293

농사실행조합 28, 50, 51, 87, 88, 106, 107, 120, 121, 129, 135~137, 175, 290

농사회 159, 195, 196, 197

농사회 법안 159

농사회법요강안 195, 197

농산물무역자유화 19, 143, 224, 225, 283~285, 287, 288, 308, 310, 330, 369, 380, 398

농산물 생산 과잉 284, 325, 369

농업개량위원회 151, 152, 158, 173, 181~188, 213~215

농업기본법 18, 222~224, 226, 227, 230, 247~251, 254, 255, 258~266, 271, 277, 281, 285, 369

농업기술지도 151, 182, 184, 204, 207, 208

농업단체재편성 12, 15, 17, 108, 134, 146, 150, 152, 153, 155~161, 173, 181, 182, 184~186, 188, 191, 193, 195~201, 203~205, 207, 208, 210, 212, 213, 215~219, 223, 250~252, 269, 271, 275, 368, 401

농업보조금 153, 154, 172, 218, 253, 256, 257, 270, 285, 292, 316, 384, 390, 399

농업보호주의 18, 225, 259, 261, 263~265, 281, 289, 305, 312

농업소득 91, 142, 222, 237, 240, 244, 245, 259, 276, 317, 321, 361, 362, 373, 378, 397

농업위원회 144, 150~152, 158~160, 162, 173, 181, 182, 184, 186, 188, 189, 191, 195~198, 200~203, 205, 206, 208, 212~214, 216~218, 247~252, 254, 258

『농업의 기본문제와 기본대책』 259

농업자 호별보상제도 13, 383, 384, 389, 397, 400

농업조정위원회 151, 152, 158, 159, 173~177, 181, 186, 187, 213, 215

농업창고 54, 57, 58

농업협동조합중앙회(농협중앙회) 145, 146, 161, 200~202, 206, 210, 211, 216, 217, 251, 278, 279, 297, 319, 357, 360, 378~380, 386, 397, 401, 402, 404

농업회 88~90, 96, 97, 100, 107, 108, 111, 112, 114~116, 118, 119, 121, 126~130, 132, 136~138, 144, 152, 163, 172, 175, 182~184, 192, 195, 214, 219

농업회의소 158~160, 200~203, 205~208, 211, 216, 223, 248~250, 261, 275

농정쇄신동지회 319, 392

농정활동·생산지도사업 분리론 197

농지개혁 11, 16~18, 90, 93, 95~97, 109~112, 117~121, 123~126, 136, 138, 141~143, 150~153, 158, 161~163, 165~170, 173, 177, 178, 180~182, 185, 188, 191, 197, 205, 209, 213~216, 218, 219, 221, 222, 230, 239, 241, 250, 260, 266, 269~271, 274, 280, 282, 286, 293

「농지개혁에 관한 각서」(농민해방지령) 95, 96, 98, 116~119, 124, 141, 168

농지법 90, 93, 118, 142, 143

농지위원회 151, 152, 158, 173, 177~181, 185~188, 213~215

농지조정법 177, 179

농지조정법 개정법(제2차 농지개혁안) 95, 124, 151, 177

농촌 공공사업비 154, 172

농촌인구의 과소화 225, 230

농촌 표(farm vote) 370~373, 376, 384, 389, 390, 394, 396~398

농촌갱생협회 159, 195, 197

농촌경제 갱생계획 70

농촌경제 갱생운동 25, 26, 28, 29, 31, 88, 105, 107, 120

농촌진흥의원협의회 319, 392

농협청년부 295~298, 302, 318, 382, 386

농회 17, 25, 34, 36, 38, 48, 49, 77, 100~102, 104, 105, 107, 108, 112, 113, 138, 152, 159, 160, 182~184, 192, 193, 195~197, 207, 209, 216, 217, 219

다·라

다케노코(筍) 생활 174

닷지라인 186, 191

닷타 시노부(立田信夫) 119

대일강화조약 139, 187, 189, 309

대일이사회(Allied Council for Japan) 123, 169

WTO 19, 224, 285, 307, 328~330, 348, 359, 361

도나리구미(隣組) 136, 137

도코 도시오(土光敏夫) 315

도하개발어젠다(DDA) 359

라데진스키(Wolf I. Ladejinsky) 111, 167~170

릿지웨이(Matthew B. Ridgway) 151

마

「마에카와 리포트」 317

마츠무라 겐조(松村謙三) 123, 141, 165, 166

맥마흔 볼(W. MacMahon Ball) 169
맥아더(Douglas MacArthur) 94, 98, 110, 111, 117, 127, 139, 141, 151, 168
몬덴 에이지(門伝英慈) 386
미가십의회 18, 223, 224, 231, 270, 276~278, 293, 304, 324, 344, 391
미곡자치관리법안 71, 84
미비상(米肥商) 34, 54, 340
미츠이 미이케(三井三池) 229
『민정가이드(Civil Affairs Guide)』 112, 116, 121
민정국 125, 126, 129, 132, 134
민주당 13, 15, 20, 152, 203, 204, 216, 221, 223, 326, 364, 365, 371, 376, 383~387, 389, 395, 397, 399~401

바

반반산운동 77, 81
반산운동 69~79, 84
「보수당의 비전」 268
"보수정치의 안전판" 289, 311
보호주의 농정 255
부과금제도 159, 195, 198, 216
부과금 징수 152, 159, 198, 216
비료사업통제법안 71, 85

사

사가쇼크 402
사회당 97, 123, 139, 141, 147, 153, 154, 161, 164, 166, 169, 205, 209, 210, 213, 217, 229, 230, 247, 259~261, 268~276, 281, 291, 293, 294, 308, 320, 390
산미개량운동 36, 37, 103
산업조합 16, 17, 24, 25~34, 37~51, 54~63, 65~89, 96, 97, 100~108, 110~113, 119, 136~138, 144, 152, 159, 192, 195, 196, 209, 216, 219, 252, 294, 332, 338~340
「산업조합 진흥쇄신에 관한 요강」 40
산업조합 진흥쇄신운동 56, 79
산업조합 청년연맹 전국연합(산청련) 79~86
산업조합 확충운동 25~29, 31, 32, 40~42, 50, 51, 58, 61, 69, 70, 73, 75, 77, 78, 81, 86~88, 106, 107, 338,

339
산업조합법 37, 38, 46, 51, 103, 107
산업조합중앙회 37, 40, 46, 80, 86, 103
산업조합확충 5개년 계획(5개년 계획) 16, 26, 69~71, 73, 74, 84, 105
산잠처리통제법안 71, 85
3짱농업 240, 242
생산기술지도-경제사업 종합론 159, 193, 216
셴크(Hubert G. Schenck) 127
소선거구 비례대표 병립제 388, 397
소선거구제 13, 291, 319, 375, 376, 388, 389, 392~394
소작수지계산서 35
쇼와(昭和)공황 25, 26, 31, 60, 64, 66, 70, 73, 87, 105
시나노(한자)은행 62, 63, 67, 68, 73
식량관리법 118, 175, 224, 299, 329, 332, 334, 340, 341, 343~345, 351, 354, 359
식량관리제도 143, 154, 156, 253, 257, 286, 292, 297~299, 310, 312, 313, 317, 325, 329, 339~341, 378, 390, 392, 397
식량안보론 313
식료·농업·농촌기본법 224, 226, 285, 307
신농정연구회 319
신식량법 19, 20, 224, 286, 328~332, 341~345, 350~352, 354~359
신통상법 슈퍼 301조 323
쌀 마이스터 인정제도 354
쌀 생산 조정정책 379
쌀 소동 331, 337
쌀 수입관세화 20, 328~330, 342, 345, 346, 348~351, 357~359, 361, 362, 369

아

아오키 마사히코(青木昌彦) 367
야나기타 구니오(柳田國男) 33
연합군총사령부(GHQ) 16, 93, 95, 96, 98~100, 111, 114, 115, 118~127, 129~131, 133~135, 137, 141, 157, 166, 167, 173, 194, 213, 271
5인 감시제(五人組) 137
오구라 다케카즈(小倉武一) 119, 193
와타나베 데츠조(渡邊鐵藏) 72
외국경제국 111, 112, 114, 115, 121
우루과이라운드 19, 224, 285, 307, 323, 328~330, 345,

웰슈(Edward C. Welsh) 132
유가미 고이치(遊上孝一) 274
이노우에 하루마루(井上晴丸) 27, 70, 119
이농(離農) 19, 93, 222, 223, 235, 238, 254, 259, 262~
　264, 281, 300, 301, 310, 317, 324, 340, 368, 371,
　373, 378, 388, 394, 396
이시다 다케시(石田雄) 28, 287, 365
이시다 히로이데(石田博英) 268, 270
이익유도정책 19, 150, 190, 213, 218, 219, 230, 271,
　298, 308, 324, 369, 398, 399
이익유도 정치 12, 21, 156, 272, 365, 370, 388
이중가격제 285, 343, 344
이케다 도시야(池田俊也) 119
이케다 하야토(池田勇人) 229, 257, 264, 271
1955년체제 154, 228, 229
1960년체제 228
1과 1/2 정당제 156, 272, 291, 390
1촌락 1조합 46, 47
일본경영자단체연맹 309, 316
일본경제조사협의회 311, 312
일본농민조합 38, 163~166, 275
일본상공회의소 71, 72, 74, 222, 249, 256, 309, 312,
　316
「일본의 농업과 식량」 116
「일본의 농업단체」 112, 114, 115, 121
일본형 압력단체 287
『일본점령의 비군사적 활동사』 122
임시행정조사회 315, 316
잉여적 공급 53, 335, 336

자

자민당 12, 13, 18~21, 153, 154, 156, 160, 161, 209,
　210, 212, 213, 217~221, 224, 229, 230, 247, 254,
　259~264, 268, 270~273, 276~283, 289, 291~294,
　299, 303, 304, 306, 308, 311, 319, 320, 322, 324,
　326, 348, 364, 365, 368, 370, 374, 376, 377, 379, 383
　~402
자유당 152, 166, 203~205, 216, 221, 223
자유유통미 303
자작농창설 특별조치법 95, 124, 177
자주유통미 341, 343~345, 354, 357

자주유통법인 343~345
작목별 생산부회 295, 296
적지적산(適地適産) 248
전국농업회의소 158~160, 201, 203, 205, 206, 216, 248
　~250, 261
전국농협연합회(JA全農) 201, 206, 351, 357, 401
전국농협중앙회(JA全中) 201, 206, 210, 211, 251, 278,
　279, 386, 401, 402, 404
전국미곡판매사업협동조합 355
전미정미업자협회 322
전시체제 연속설 228
전업농가 92, 236, 237, 240, 254, 295, 301, 302, 324,
　371, 378, 379, 399
전일본농민조합연합회 230, 270, 275, 276
정책추진노조회 312
제19은행 42, 62, 67
제63은행 62, 67
족의원 156, 367
존 쿠퍼(John L. Cooper) 125, 126, 132
종합농정 144, 160, 195, 206, 207, 217, 225, 265, 302~
　305, 318~320, 391
종합농정단체 160, 206, 207, 217
종합농정조사회 304, 319, 320, 391
죽마경제 186
중선거구제 271, 288, 291, 308, 375, 376, 388, 389, 394,
　397
중앙미가대책본부 297
지프 공출 174
집단취업 239
집표력(集票力) 21, 273, 282, 283, 288, 290, 292, 304,
　324, 368, 402

차·카·타·파

천연자연국 115, 131
총력전체제 228
최소의무수입 20, 329, 330, 341, 345~349, 360~362
추곡수매가(생산자미가) 154, 163, 218, 223, 224, 230,
　245, 265, 270, 272, 273, 275~279, 282, 288~290,
　292, 293, 295~298, 301~304, 312, 319, 324, 340,
　345, 369, 378, 391, 392, 397
칼로리 자급률 247
통합참모본부 전략정보국 115

포괄정당   13, 154, 308, 320, 322

풀뿌리 보수주의   273

「피어리 문서」   111, 112

피어리(Robert A. Fearey)   109~111, 167, 168

하

하디(R. J. Hardie)   125, 127

하스미 야스시(荷見安)   211

협동조합 원칙   121, 127, 130, 144, 301

협상가격차   55

호쿠리쿠(北陸) 상업회의소 연합회   71

혼주화(混住化)   19, 93, 235, 279, 289, 294, 298, 299,
     301, 317, 324, 369, 378, 397, 398

히라노 사부로(平野三郎)   160, 210, 217

히라노 시안   160, 210, 212, 217, 218

히라키 게이(平木桂)   119

히라타 도스케(平田東助)   31